COURS PHILOSOPHIQUE

ET INTERPRÉTATIF

DES INITIATIONS

Anciennes et Modernes.

Paris. — Imp. de P. Baudouin, rue des Boucheries, 38.

COURS PHILOSOPHIQUE

ET INTERPRÉTATIF

DES INITIATIONS

Anciennes et Modernes.

PAR

J.-M. RAGON.

« ... Bien que la Maçonnerie ait été créée pour l'uni-
« versalité des hommes, si ses adeptes n'ont pas un certain
« degré de culture intellectuelle, ils ne pourront jamais
« bien comprendre nos symboles..... »

(Extrait du rapport officiel présenté, le 15 juin 1839, aux Loges de l'alliance helvétique, par le frère Roschi, député Grand-Maître, président par intérim de la grande Loge nationale Suisse).

PARIS,
BERLANDIER, LIBRAIRE - EDITEUR,
Rue Chilpéric, 4, près St-Germ.-l'Auxerrois.

1841.

LA LOGE

CHAPITRALE ET ARÉOPAGISTE

DES TRINOSOPHES,

EN SES

3 ATELIERS,

AU

GRAND ORIENT DE FRANCE.

S.·. S.·. S.·.

TTT.·. CCC.·. et TTT.·. RRR.·. FFF.·.,

Les officiers dirigeant les travaux des trois ateliers de la R.·. Loge française et écossaise des *Trinosophes*, ont la faveur de vous informer qu'un Cours interprétatif des initiations anciennes et modernes eut lieu chez les Trinosophes pendant les années 5,818 et 5,838, par le F.·. Ragon, 33e.·., leur Vénérable fondateur.

L'auteur s'est attaché à prouver que la Francmaçonnerie

est une science digne des méditations des sages de toutes les époques, et qui présente trois choses :

« L'image des temps anciens,
« Les tableaux des causes agissantes dans l'Univers,
« Et le livre dans lequel sont inscrits la morale de tous « les peuples et le code qui doit les régir. »

Neuf discours forment ce Cours.

L'instruction qu'il présente à l'esprit du maçon studieux en ayant fait connaître l'utilité, les Frères qui l'ont entendu, tant visiteurs que Trinosophes, en sollicitent l'impression. L'auteur y consent, et nous venons vous prier d'y donner votre assentiment, persuadés que les officiers du Grand Orient qui ont assisté à quelques séances du Cours ne vous en rapporteront qu'un témoignage satisfaisant.

Nous avons, TTT.·. CCC.·. et TTT.·. RRR.·. FFF.·., la faveur de vous saluer p.·. l.·. n.·. m.·. q.·. v.·. s.·. c.·. et av.·. t.·. l.·. h.·. q.·. v.·. s.·. d.·.

LES OFFICIERS DE LA LOGE,

Signé : Bernaux, 30e.·., vén.·. — C. Guilhery, 30e.·., 1er surv.·., Martin. R.·. C.·., 2e surv.·.—Henri Wentz, 33.·. OR.·. et député.

LES OFF.·. DU SOUVERAIN CHAPITRE,

Signé : Périn de Joinville, 30e.·., T.·. S.·. — J. Lejeune, fils aîné, 30e.·., 1er G.·. S.·.—Belin, 30e.·., 2e G.·. surv.·. —Bernaux, 30e.·., OR.·., — Vautier, 30e.·., trés.·.

LES OFF.·. DU SUPRÊME CONSEIL,

Signé : Henri Wentz, 33e.·., G.·. Me.·. — Périn de Joinville,

30e.·., 1er grand juge. — Moitié, 30e.·., 2e., grand juge. Wentz de Lacretelle, 30e.·., or.·. — Vautier, 30e.·., grand trés.·.

O.·. de Paris, le 8e jour du 9e mois de l'an de la V.·, Lum.·. 5,839 (8 novembre 1839, E.·. V.·.)

PAR MANDEMENT.

Le secrét.·. gén.·. de la R.·. L.·. et du Souv.·. Ch.·. — G.·. Chancel.·. du Sup.·. Cons.·.

THEROUANNE.·., 30e.·.

Scellé et timbré par nous garde des Sc.·., timb.·. et arch.·. des trois Ateliers.

DÉCOURCELLE, 30e.·.

G.·. O.·. DE FRANCE.

O.·. de Paris, le 10 mars 1840.

Planche du F.·. Bazot, chef du secrétariat du G.·. O.·. au F.·. Ragon,

Pour l'informer que le G... O.·., en Comité central, a, dans sa séance du 25 février dernier, autorisé l'impression du *Cours Philosophique et interprétatif des Initiations anciennes et modernes*, et qu'Extrait du procès-verbal lui sera transmis plus tard.

Cours Philosophique

ET INTERPRÉTATIF

DES

INITIATIONS ANCIENNES ET MODERNES.

O.·. de Paris, 24 avril 1840 (ère profane).

LA LOGE FRANÇAISE ET ÉCOSSAISE, CHAPITRALE ET ARÉOPAGISTE

DES TRINOSOPHES,

aux RR.·.LL.·. et aux Maçons des deux hémisphères.

Bellum vitiis, Pax hominibus.

S.·. S.·. S.·.

TTT.·. CCC.·. et TTT.·. RRR.·. FFF.·.,

Un Cours philosophique et interprétatif des initations anciennes et modernes eut lieu chez les Trinosophes, pendant les années 5,818 et 5,838, par le F.·. Ragon, 33me degré, leur Vénérable fondateur à l'O.·. de Paris.

L'intérêt que, chaque fois, il a produit, porta les frères qui l'ont entendu, tant visiteurs que Trinosophes, à en solliciter l'impression considérée comme utile pour l'ordre maçonnique. Le Grand-Orient, prié, le 8 novembre dernier, par les officiers dirigeant les travaux de nos trois ateliers, d'y donner, après examen, son adhésion, nomma une commission de neuf membres pris par tiers dans chacune de ses chambres. Cette commission se fit communiquer l'ouvrage, et son rapport ayant été approbatif, l'autorisation d'imprimer fut donnée le 25 février dernier par le Grand Orient, en comité central.

Ce Cours offre, en neuf leçons, un corps complet de doctrines maçonniques, où l'étude approfondie de l'antiquité et l'interprétation des emblêmes sont autant de mines précieuses que doivent explorer les maçons studieux de tous grades et de tous rites.

Il prouve la possibilité de faire, même hors des grades dits symboliques, des découvertes curieuses dans les degrés supérieurs, c'est-à-dire dans la maçonnerie historique, philosophique et emblématique moderne, dite *Haute Maçonnerie*.

Le silence qui doit être absolu sur tout ce qui constitue le dogme et les révélations maçonniques ne s'est jamais appliqué aux recherches historiques ni aux révélations philosophiques, aussi l'ouvrage n'est-il ni un *Manuel*, ni un *Tuileur*, ni un *Cathéchisme* maçonnique; et quoiqu'il s'y trouve des instructions nouvelles sur les grades que l'on possède, le maçon du grade inférieur n'y découvrira pas tout ce qu'il faut pour pénétrer illicitement dans la tenue d'un grade supérieur au sien. Le profane même, en le lisant, n'y apprendra pas autre chose qu'à estimer un Ordre qui, d'après nos principes, ne devrait être ouvert qu'aux vertus et aux talents.

Mais ce Cours nous a paru indispensable :

Aux Présidents des Loges, Chapitres et conseils, pour les guider, avec fruit, dans la vraie direction des travaux.

Aux Orateurs de ces divers ateliers, pour les aider dans l'interprétation des grades et dans les instructions qui doivent conduire au but de l'institution.

Et a tout Maçon qui s'adonne à l'étude de la science initiatique et qui veut y faire des progrès.

C'est d'après toutes ces considérations que nous vous recommandons, avec confiance, cette nouvelle œuvre maçonnique, et que nous vous invitons à y souscrire.

Nous sommes, avec estime et la plus tendre fraternité,

TTT.·. CCC.·. et TTT.·. RRR.·. FFF.·.,

Vos dévoués et TTT.·. affectionnés FFF.·.

Perin de Joinville, Vén.·., 30e.·. degré.

Martin, 1er.·. Surv.·., R.·. ✝.·. Chassaigne, 2e Surv.·., 30e.·.

Vu par nous Or.·.

Bernaux, 30e.·.

Timbré et scellé par nous

De Courcelles, 30e.·., Garde des sc.·. et arch.·.

Par mandement de la R.·. L.·.

Therouanne, 30e.·., Secrétaire.

A LA GLOIRE DU G.·. A.·. DE L'UNIVERS.

Grand Orient de France.

O.·. de Paris, le 7 juillet 1840 (ère vulgaire.)

AU F.·. RAGON.

T.·. C.·. F.·.,

Nous vous adressons extrait du procès-verbal du Grand Orient, en comité central, qui vous accorde l'autorisation de faire imprimer votre Cours interprétatif des Initiations anciennes et modernes.

Nous saisissons, avec plaisir, cette occasion pour vous renouveler, T.·. C.·. F.·., nos sentiments d'affection fraternelle.

Par Mandement du G.·. O.·.,

Le secrétaire *ad interim* de la Chambre de correspondance et des finances.

Signé : P. Morand.

EXTRAIT du Procès-verbal du G.·. O.·., en Comité central, du 25e jour du 12e mois 5,839. (25 février 1840, ère vulgaire.)

Nº d'Annotation 27,987. — O.·. de Paris.

Les Officiers dignitaires des trois ateliers des Trinosophes sollicitent du Grand Orient l'autorisation d'imprimer le

COURS INTERPRÉTATIF DES INITIATIONS ANCIENNES ET MODERNES, par le F.·. RAGON, Vénérable fondateur de la loge des TRINOSOPHES.

Le Frère rapporteur de la commision nommée pour examiner l'ouvrage du Frère RAGON, expose que cet ouvrage est philosophique et moral ; qu'il est écrit avec profondeur et sagesse ; qu'il offre, généralement, dans les explications des mystères et des symboles maçonniques, des rapprochements heureux et des vues élevées qui ont demandé beaucoup de recherches et la connaissance des langues anciennes de la part de l'auteur, et que si, quelquefois, sa manière d'envisager un grade peut être controversée, il a soin d'appuyer son raisonnement par des arguments qui paraissent toujours logiques et rationnels; que le GRAND ORIENT doit encourager, de tout son pouvoir, les Maçons studieux et instruits qui s'adressent à lui pour obtenir l'autorisation d'imprimer, du moment où il est reconnu que le but de l'auteur est louable et moral, et qu'il n'est pas en contradiction avec les principes de l'Institution.

Les frères consultés, plusieurs entendus, la commission, en ses propositions, et le frère orateur, en ses conclusions,

Le Grand Orient, en comité central,

Arrête :

1° Le frère RAGON est autorisé à imprimer son COURS INTERPRÉTATIF DES INITIATIONS ANCIENNES ET MODERNES.

2° La présente autorisation est accordée sans approuver ni improuver le système interprétatif suivi par l'auteur pour expliquer les grades et les symboles maçonniques.

3° Extrait du présent arrêté sera délivré au frère RAGON qui, s'il le fait imprimer, devra rapporter textuellement les trois paragraphes qui composent ledit arrêté.

Par mandement du Grand-Orient,

Le secrétaire *ad interim* de la chambre de correspondance et des finances.

Signé : P. MORAND.

Extrait du procès-verbal de la fête d'ordre célébrée au Grand Orient de France,

Le 24 juin 1840, ère vulgaire.

« Dans la séance du 25 février dernier, votre comité « central a accordé au F.·. Ragon, ancien vénérable, fon- « dateur de la loge des *Trinosophes*, Orient de Paris, sur le « rapport d'une commission nommée par les trois Chambres « adminitratives (1), l'autorisation d'imprimer un écrit « maçonnique ayant pour titre : *Cours interprétatif des Ini- « tiations anciennes et modernes*. Le Grand Orient n'ayant « pas à juger les systèmes particuliers avancés par les au- « teurs, a dû se renfermer dans un examen consciencieux de « l'ouvrage sous le rapport moral; il a dû aussi s'assurer s'il

(1) Voici les noms des officiers du Grand Orient qui ont composé cette commission :

CHAMBRE DE CORRESPONDANCE.	FF.·. BESSIN. — DE LA CHANTERIE. — POUCHET.
CHAMBRE SYMBOLIQUE.	FF.·. LEFEBVRE D'AUMALE. — PILLOT. — H. WENTZ.
SUPRÊME CONSEIL DES RITES.	FF.·. BERTRAND. — JANIN. — MORAND.

Trois Réunions eurent lieu au local du Grand Orient, les 11 décembre 1839, 8 et 21 février 1840, pour entendre la lecture de l'ouvrage par l'Auteur.

« ne contenait aucun précepte, aucune maxime en contra-
« diction avec les principes qui dirigent l'association ma-
« çonnique. Ce n'est donc qu'après une délibération sagement
« murie qu'il a été reconnu que l'ouvrage du F.·. Ragon
« était écrit dans un but louable et éminemment philoso-
« phique; qu'il était l'œuvre d'un Frère profondément ins-
« truit, digne, en tout point, des suffrages unanimes qu'il
« venait d'obtenir, par le fait même de vótre décision.

A

LA RESP.·. LOGE

CHAPITRALE ET ARÉOPAGISTE

DES

TRINOSOPHES,

Régulièrement constituée aux Rites Français et Écossais,

A L'O.·. DE PARIS,

ET A TOUS LES TRINOSOPHES RÉPANDUS SUR LE GLOBE.

S.·. S.·. S.·.

TTT.·. CCC.·. FFF.·.,

Il y a trente ans, le feu sacré de l'Initiation, entretenu par quelques maçons instruits, brillait dans certains Orients de province, et ne se manifestait qu'à des intervalles longs et inégaux dans les Ateliers de la capitale. Les Loges parisiennes, prenant alors trop au sérieux la lettre de nos rituels, ne produisaient souvent que le sourire du désenchantement sur les visiteurs étrangers.

Elevé dans le rigorisme conservateur des Loges départementales (1), d'où, si la lumière ne jaillit pas toujours vivement, la régularité des travaux ne pâlit jamais, je voyais, avec peine, le *laisser-aller* des ateliers de Paris, qui, influant même sur les *tenues* du chef de l'Ordre, en rendait l'aspect *désappointant* et pénible aux maçons dévoués et habitués à travailler sur des plans plus savants et plus symétriques.

Forcé, en 1815, par des amis non initiés, d'élever une Loge à Paris (2), je voulus tenter un essai : je n'admis que des profanes, et, sans l'aide d'aucun maçon, je les instruisis et les disciplinai sous le nom provisoire de VRAIS AMIS (3).

N'ayant à craindre la contrariété d'aucun préjugé moderne antérieur, et sûr de mes nouveaux disciples, je répandis largement parmi eux l'instruction initiatique. Dès que je fus certain que l'interprétation des trois grades, c'est-à-dire de toute la maçonnerie antique, avait été conçue et bien apprise, j'ouvris le temple naissant, déjà peuplé de néophytes nom-

(1) J'ai reçu la lumière, en 1803, dans la R.·. Loge LA RÉUNION DES AMIS DU NORD, Orient de BRUGES, ex-département de la Lys (Belgique).

(2) Une Notice sur l'Origine de la Loge des TRINOSOPHES éclaircira, plus tard, ce fait historique.

(3) En commémoration du chapitre de ce nom, à l'Orient de Gand, dont je fus un des fondateurs.

breux, aux maçons réguliers, puis à quelques amis, officiers du Grand Orient.

Ces dignes visiteurs, frappés de la régularité des travaux, étonnés des connaissances qui, dès l'origine, plaçaient le nouvel atelier au niveau des ateliers les plus distingués de la capitale, nous trouvèrent aptes à nous mettre en lumière, et, le 15 octobre 1816, après une année juste d'existence intérieure, nous nous présentâmes à la régularisation maçonnique. Ces mêmes officiers du Grand Orient signèrent ma demande de constitution, et vos devanciers, mes Frères, après avoir montré qu'ils avaient été de VRAIS AMIS, prouvèrent qu'ils pouvaient être d'excellents TRINOSOPHES. C'est sous ce beau titre, devenu célèbre, que le Grand-Orient nous installa solennellement, aux rites français et écossais, le 11 janvier 1817. Vos cachets et votre bannière, si l'interprétation s'en est conservée parmi vous, doivent vous rappeler votre point de départ scientifique, qui vous valut bientôt un chapitre de ROSE-CROIX (1) et un conseil de KADOCHS, 30e degré (2).

Nous nous livrions à l'étude, et un COURS PHILOSOPHIQUE ET INTERPRÉTATIF *des Initiations anciennes et modernes* eut lieu pendant l'année 1818. Ce fut lui qui donna à la maçonnerie d'alors l'élan progressif qui la sortit de l'ancienne ornière. Vingt ans après, vous avez désiré que ce Cours fût renouvelé. C'est donc à vos encouragements, à votre indulgence

(1) Demandé le 15 février 1817, installé le 7 juillet suivant.
(2) Demandé le 15 novembre 1817, installé le 11 avril 1818.

persévérante que je dois ce nouveau travail, et c'est à votre sollicitation qu'est due son apparition dans le monde maçonnique. Je pense ne pouvoir mieux faire, pour m'acquitter d'une dette sacrée, que de vous prier, TTT.·. CCC.·. FFF.·., D'ACCEPTER LA DÉDICACE DU COURS PHILOSOPHIQUE ET INTERPRÉTATIF DES INITIATIONS ANCIENNES ET MODERNES. Placé sous vos auspices, l'ouvrage inspirera confiance et sécurité. Ce que les TRINOSOPHES ont approuvé ne paraîtra pas indifférent aux Maçons des autres Loges.

Vous avez dit que chacune des lectures du Cours vous avait intéressés. Les commissaires du Grand Orient m'ont, avec la même bienveillance, répété les mêmes paroles ; mon but a été atteint, car, en intéressant d'aussi illustres Frères, ce Cours ne pourra qu'aider à l'instruction des adeptes zélés.

Après cinq années de présidence primitive, j'eus d'illustres successeurs qui ajoutèrent à la splendeur des TRINOSOPHES, « de cette Loge dont la renommée, disait l'un d'eux, « a été si grande ; dont l'éclat, comme un faual placé à l'entrée d'une île hospitalière, attirait vers elle tous ceux qui « prenaient quelque intérêt à la science maçonnique, à la « science de la morale (1). »

Un autre célèbre Frère (2) vint, en 1822, s'affilier à vos

(1) Discours du F.·. DESGRANGES, 5819. Extrait de l'*Orateur franc-maçon*, p. 165.

(2) Le F.·. DÉSÉTANGS.

dignes travaux, dont il rehaussa de nouveau l'éclat, et répandit, avec persévérance et talent, sa renommée et la vôtre jusque dans les Orients étrangers (1). Que ces ILLUSTRES FRÈRES veuillent bien recevoir ici le faible hommage de

(1) A ce sujet, je crois devoir citer ce passage de l'*Abeille maçonnique*, où l'auteur, appréciant très bien les choses de son époque, mais ne tenant aucun compte des faits antérieurs, qu'il ignorait sans doute, considère avec raison la fondation de la Loge des TRINOSOPHES comme « un fait important, par l'influence, dit-il, que cet ill.·. at.·. a exercée sur les trav.·. « des Loges de la capitale. Composée des hommes les plus remarquables, « la Loge des Trinosophes, principalement dirigée par le F.·. Dését.·., « M.·. éclairé et plein de zèle (a), a rectifié les grades symb.·. qu'elle « donne avec le plus pompeux appareil, et souvent en présence de quatre « cents FF.·. Ces cérémonies sont rehaussées par l'éloquence des plus il- « lustres orateurs du barreau moderne (b), et jamais les doctrines et le but « de la Maçonnerie n'avaient été clairement et si savamment exposés que « dans cette Loge. Elle a fait école ; elle a rendu ce service que les Maçons, « dégoûtés de l'insignifiance des travaux dirigés inhabilement, ont senti le « charme et l'intérêt de la Maçonnerie, et conçu toute son importance. »

(L'*Abeille maçonnique*, 22 mars 1830.)

a) Le F.·. Désétangs fut, après le fondateur, celui qui comprit le mieux ce que valait le titre de TRINOSOPHES, et ce qu'il imposait au président de la Loge.

Un Maçon ne peut pas dire : *Je suis* NEUF MUSES; *je suis* SEPT ÉCOSSAIS, bien qu'il soit membre des RR.·. Loges qui portent ces titres ; mais il dira fort bien : *Je suis* TRINOSOPHE. Pour le prouver et se montrer digne de ce nom, il a peut-être, plus qu'un autre maçon, besoin d'études et de savoir, et c'est au Vénérable à y pourvoir.

Trisonophe signifie *qui sait ou étudie trois sciences*, par allusion aux *trois premiers grades* qui sont toute la Maçonnerie antique dont le Trisonophe doit être l'observateur et le gardien fidèle, tout en ne dédaignant pas l'instruction renfermée dans les grades supérieurs, dont les trois premiers sont la base.

Cette dénomination fut donnée en 1815, époque où les hauts grades faisaient irruption dans l'Ordre, sans compter un nouveau rite qui s'annonçait avec quatre-vingt-dix degrés.

Que la TRINOSOPHIE et la MAÇONNERIE CLASSIQUE, qui ne sont qu'une même chose, continuent à habiter le même temple, et à développer, sous la même bannière, leurs belles doctrines humanitaires !

(b) Les FF.·. BERVILLE, DUPIN *aîné*, DUPIN *jeune*, BARTHE, MÉRILHOU, DUPONT-DE-L'EURE, ODILON-BARROT, etc.

J'associe à ces noms illustres le F.·. CHEMIN-DUPONTÈS, trinosophe, dont les discours et les écrits n'ont pas moins contribué à répandre la lumière chez les Trinosophes et dans le monde maçonnique.

ma reconnaissance, que je leur offre comme Trinosophe et comme Maçon.

Agrééez, TTT.·. CCC.·. et bien-aimés FFF.·., avec les sentiments d'une vive gratitude et d'un inaltérable attachement, mes vœux sincères pour votre prospérité.

Je suis, dans l'unité paisible des N.·. S.·.,

Votre dévoué et très affectionné F.·.,

J.·.-M.·. Ragon, 33e degré.

O.·. de Paris, le 1er mars 1841.

INTRODUCTION.

L'Initiation eut l'Inde pour berceau. Elle a précédé la civilisation de l'Asie et de la Grèce; et en polissant l'esprit et les mœurs des peuples, elle a servi de base à toutes les lois civiles, politiques et religieuses.

On a dit qu'un édifice est bien près de s'écrouler quand on peut voir ses fondations. A ce compte, la maçonnerie est impérissable, car depuis long-temps on convient et on répète que son origine se perd dans la nuit des siècles : *Son temple a le temps pour durée, l'univers pour espace.*

Instrument de civilisation, et qui date du premier peuple civilisé, la maçonnerie procède avec art ; ses moyens sont certains, son terme reste inconnu jusqu'à ce qu'on y parvienne. Elle a pour base la reconnaissance envers le premier Être et l'étude de la nature ; pour attrait et pour voile, le mystère ; pour clef, l'allégorie ; pour lien, la morale; pour but, la perfection et le bonheur de l'homme; et pour résultat, la bienfaisance.

Marchant à l'émancipation de l'intelligence humaine, et voulant échapper aux soupçons ombrageux du pouvoir civil, et à l'intolérance sacerdotale de tous les temps, elle a dû s'entourer de mystères, de précautions et de cérémonies souvent futiles. Toujours militante pour abattre les obstacles qui s'opposent aux progrès des lumières, elle n'a pas toujours eu le loisir de construire, à cause du silence et des précautions qui ont accompagné sa marche à travers les siècles; peut-être touchons-nous à une époque où ses théories doivent en partie se réaliser.

Divisons pour régner, ont dit les fourbes: *Unissons-nous pour résister*, ont dit les premiers maçons; et, sous l'allégorie d'un temple immatériel élevé au *Grand Architecte de l'Univers* par les sages de tous les climats, et dont les colonnes, symboles de *force* et de *sagesse*, sont partout couronnées des *grenades de l'amitié*, la maçonnerie comprend, dans chaque nation, l'élite des hommes généreux et bienfaisants, pris dans toutes les classes sociales. Écartant les distinctions prééminentes, elle ne connaît que celles qui brillent par les talents et la vertu; la persévérance dans un commun travail est la première condition de son existence.

Un corps n'existe pas sans une âme, une société sans un principe fondamental d'association. Aussi, la société maçonnique présente-t-elle, par ses affiliations, une hiérarchie universelle, basée sur la fraternité, sur la liberté, sur l'égalité.

Les mots *liberté*, *égalité*, proférés dans nos loges, ont un sens étranger à la politique, et sont purement moraux; la liberté des maçons, c'est l'obéissance raisonnée opposée à l'obéissance passive, qui est l'esclavage. Sans l'égalité, la maçonnerie tombe dans l'inertie; mais elle n'est pas cette égalité monstrueuse, fille de l'anarchie, qui n'enfante qu'une licence destructive. La régénération de l'égalité primitive, approuvée par la raison et réclamée par les liens sociaux, est un des principes fondamentaux de son institution et son principe indestructible.

D'ailleurs, la maçonnerie ne s'immisce jamais dans les questions de gouvernement ou de législation civile et religieuse; et, tout en faisant concourir ses membres au perfectionnement de toutes les sciences, elle en excepte, en loge, positivement deux, quoique des plus belles : la *politique* et la *théologie*, parce que ces deux sciences divisent les hommes et les peuples que la Maçonnerie tend constamment à unir.

Au sein des confédérations sociales et à l'ombre des gouvernements politiques, elle fonda une confédération d'hommes qui établirent un gouvernement universel, toujours égal, toujours paisible, et qui se maintient sans lois coërcitives (1). Elle captive l'esprit et le cœur par la

(1) Ce qui justifie le titre de *Maçon libre*, ou *Franc-Maçon*.

Des frères dont les Loges ne jouissent pas de la liberté exclusive d'affiliation peuvent-ils se dire *Maçons libres*? Donnons-en un exemple que présente le procès-verbal de la séance tenue, le 3 décembre 1838, par la Grande Loge *Royal York à l'amitié*, Orient de Berlin, mentionnant l'envoi à la Grande Loge de Hambourg du *Rescrit* du ministre de la police contre les Polonais, et dont nous ne rapportons ici que ce qui est relatif aux affiliations maçonniques dans le royaume de Prusse :

... « En me procurant l'honneur de communiquer officieusement ces « renseignements (*sur les Polonais*) à messieurs les Officiers de la Grande « Loge *Royal York à l'Amitié*, je ne puis me dispenser de leur transmettre « aussi officiellement les volontés de Sa Majesté, qui entend qu'à l'avenir « toutes propositions d'affiliation, qui pourront être faites par les Loges « étrangères, *et particulièrement par les Loges françaises*, devront être

douceur et la sagesse de ses maximes, dont la base est l'amour de l'humanité. Admettant tout individu vertueux au partage de ses bienfaits, et prenant ses membres chez toutes les nations amies ou ennemies, elle rend son empire universel. Le riche y apprend le mépris généreux de l'or; le militaire, qu'il est plutôt fait pour aimer et protéger les hommes que pour les détruire; l'homme politi-

« soumises à mon examen. Les Loges de votre Obédience vous adresseront « les propositions, et vous me les transmettrez avec votre avis. J'ajouterai « encore que je recevrai avec reconnaissance, de messieurs les Officiers de « la Loge *Royal York à l'Amitié*, les communications qu'ils voudront « bien m'adresser sur les affiliations qui ont pu être faites ou proposées, « depuis 1832, avec les Loges étrangères, *et notamment celles de* « *France*. »

Berlin, 31 octobre 1838.

Le Ministre de l'Intérieur et de la Police,
Signé DE ROCHOW.

On nous assure que deux des grandes Loges de Berlin n'admettent encore à nos mystères que des chrétiens; les Juifs doivent, selon elles, en être exclus. Quels sont les prétextes? — Antipathies de religions et de mœurs. — Mais, raison de plus pour les admettre. — Quelle est la vérité? — Déconsidération politique, haine irréfléchie de peuple à peuple; tels sont les motifs que de vrais Maçons ne peuvent et ne doivent jamais partager. Preuve encore que ces deux Loges de Berlin ne sont pas composées de *Maçons libres*, libres d'esprit, au moins; car ils pourraient protester contre le joug politique. On voit que ces Frères appartiennent à l'initiation *restreinte*, qui n'est plus l'initiation primitive, ni celle observée par le Grand Orient de France. Plaignons ces frères : un Maçon courbé sous le joug des préjugés anti-humanitaires est à peine dans le sentier de l'initiation, et, s'il ne secoue son aveuglement, la lumière lui sera toujours interdite, et sa présence dans l'initiation n'est qu'une anomalie.

Quand la Maçonnerie parvint dans l'Occident, les Maçons, pour leur sécurité, étaient obligés de pratiquer la religion de leur nation. Aujourd'hui, et depuis long-temps, on laisse à chacun son libre arbitre; dès qu'il est homme intègre ou homme d'honneur, sa croyance s'harmonise toujours avec les opinions de tous; c'est ainsi que la Maçonnerie se trouve être un vaste centre d'union.

que, que les mœurs, l'opinion, l'attachement à la patrie, et non les armées, sont la force des Etats; mais qu'il n'y a pas d'attachement sans confiance, de confiance sans lois justes, impartiales et irrévocables pour tous; le despote, ou l'homme enclin au despotisme, que l'égal de l'égal ne peut être le maître de son égal, et que celui qui est obligé de faire observer la loi est lui-même soumis à la loi; le citoyen, qu'il doit être livré à ses propres forces, à son propre mérite, pour que chacun puisse, par lui-même, devenir tout ce qu'il peut être (1); le Maçon, qu'il n'est, dans la Maçonnerie, comme dans le monde, que l'élève de la loi; qu'il ne peut ni ne doit rien y changer; seulement, il la désire claire et formelle, pour qu'elle n'ait jamais besoin de commentaire ni d'interprétation; enfin le haut initié, qu'il doit tirer de la morale maçonnique le même avantage qu'Aristote disait avoir tiré de la philosophie, et qui le portait à faire, sans être commandé, ce que les autres ne font que par la crainte des lois (2).

Quand les prêtres égyptiens disaient : *Tout pour le peuple*, *rien par le peuple* (3), ils avaient raison;

(1) *Du gouvernement de la France, et du ministère actuel*, etc.

Cette maxime fort juste de M. *Guizot* ne trouve son application que dans la Maçonnerie, où la liberté des forts ne produit pas, comme dans le monde profane, l'esclavage des faibles.

(2) Aristote était initié.

« Un initié, dit Cicéron, doit pratiquer les vertus qui sont en son pou-
« voir : *la justice, la fidélité, la libéralité, la modestie, la tempérance;*
« avec ces vertus, on fait oublier les talents qu'on n'a pas. »

(*De Off., lib.* 1er, *c.* 33.)

(3) Le savant *Boulanger*, ennemi du fanatisme et de l'imposture, a reconnu que les anciens mystères ont été inventés plutôt en faveur des peuples que des prêtres.

(*Antiquité dévoilée*).

chez un peuple ignorant, la vérité ne doit être dite qu'aux gens de bien ; mais chez un peuple éclairé, cette maxime, qui formait la base de la double doctrine égyptienne, et qui s'est perpétuée en Europe jusqu'au dix-septième siècle, est absurde. Nous avons vu de nos jours : *Tout par le peuple, rien pour le peuple*, faux et dangereux système. La véritable maxime est celle-ci : *Tout pour le peuple et avec le peuple.* Elle est pratiquable aujourd'hui, surtout en France, où les préjugés disparaissent même chez les individus de la classe inférieure (1).

Les prêtres égyptiens (2) firent des mystères une école où l'initié, qui pouvait subir les épreuves physiques et morales, était admis à la connaissance des sciences

(1) « Ce serait un beau livre à faire, a dit le frère Guerrier de Dumast, « que celui qui aurait pour titre : *De l'Utilité des Préjugés chez les an-* « *ciens Peuples, et de leurs Inconvénients chez les Peuples modernes.*

Voici l'effet assez récent d'un préjugé contre les Maçons :

L'illustre frère *Stassart*, président du Sénat belge, désigné, chaque année, par ses collègues, depuis la création de cette assemblée, a été remplacé parce qu'il était *Grand Maître des Francmaçons.*

Le *Modérateur*, journal de Mons, en denonçant ce fait en octobre 1838, a pris occasion de publier ce quatrain :

« Le clergé, du Sénat ressaisissant l'empire,
« Élimine STASSART par de bonnes raisons :
« Des gens qui veulent tout détruire
« Peuvent-ils souffrir *les Maçons?*

(2) « Les prêtres égyptiens n'étaient pas, absolument parlant, dit Laurens, des ministres de la religion. Ce mot de *prêtres*, que la traduction a mal interprété, a une acception bien différente de celle que nous lui appliquons parmi nous. Dans le langage de l'antiquité, et surtout dans le sens de l'initiation des prêtres de l'ancienne Egypte, le mot *prêtre* est synonyme de *philosophe.* »

« L'institution des prêtres égyptiens parait n'être qu'une confédération de sages réunis pour étudier l'art de gouverner les hommes, pour concentrer le domaine de la vérité, en moduler la propagation, en arrêter la trop dangereuse dispersion. »

(*Essais hist. sur la Fr.·. Maçonn.·.*, p. 142 et 143.)

et des arts dont les maçons se bornent, aujourd'hui, à donner la nomenclature aux néophytes. Dépouillé de son ignorance et imbu de notions saines et vraies sur toutes choses, l'aspirant devenait apte à connaître le dogme sacré d'un seul Dieu, et le dogme de l'immortalité ; alors purgé de tout préjugé religieux, il était admis à la manifestation de l'initié et présenté à la vénération du peuple.

Les prêtres égyptiens participaient au pouvoir gouvernemental. Aucune autorité, ni même la société ou les familles n'avaient pas le droit de leur demander compte des individus entrés dans l'intérieur de leur temple, et qui ne reparaissaient plus.

Ils conservaient pure la religion des anciens patriarches, antérieure à toutes les religions connues, et la confiaient à la raison éclairée des initiés, pour la transmettre d'âge en âge, avec les sciences et l'amour de l'humanité. Aussi l'Égypte fut-elle, à cette époque, le rendez-vous de tous les hommes célèbres.

« Quatre colléges, établis dans cette contrée et dirigés par les prêtres ou les initiés, offraient à tous les étrangers les moyens de s'instruire ou de satisfaire leur curiosité.

« C'est dans celui de Thèbes que *Pythagore* puisa sa science des nombres. *Thalès* et *Démocrite* vinrent s'instruire à celui de Memphis. *Orphée* y trouva, dit-on, tous les matériaux nécessaires à sa mythologie. *Platon* et *Eudoxe* séjournèrent quelque temps dans celui d'Héliopolis et s'y perfectionnèrent, l'un dans la morale, l'autre dans les connaissance mathématiques. Enfin, *Lycurgue* et *Solon* trouvèrent, dans celui de Saïs, tous les secrets de la législation. Ils étonnèrent ensuite l'univers par leur profonde politique (1).

L'initiation n'était pas une science, car elle ne renfermait ni règles, ni principes scientifiques, ni enseignement spécial. Ce n'était pas une religion, puisqu'elle ne possédait ni dogme, ni discipline, ni rituel exclusivement religieux, mais elle était une école où l'on enseignait les arts, les sciences, la morale, la législation, la philosophie et la philanthropie, le culte et les phénomènes de la nature, afin que l'initié connût la vérité sur toute chose.

Tout ce que l'Indoustan, la Perse, la Syrie, l'Arabie, la Chaldée, la Sydonie, les prêtres de Babylone possédaient de notions était connu des prêtres égyptiens.

C'est donc la philosophie indienne, exempte des mystères (2), qui, après avoir pénétré dans la Perse et la Chaldée, donna naissance à la doctrine des mystères égyptiens. C'est ainsi que l'on trouve que les symboles non mystérieux et les figures prises dans les trois règnes, dont se servaient les Indiens, les Persans, les Chaldéens pour transmettre leurs pensées, ont précédé les hiéroglyphes égyptiens; et cette philosophie primitive a servi de base à la philosophie moderne.

Tous les philosophes, tous les législateurs qui ont illustré l'antiquité, sont sortis de l'initiation, et c'est à

(1) *Laurens*, Essais hist. sur la Fr.·. Maçonn.·.

(2) Il paraît certain que les Brames avaient des mystères qui n'étaient que théogoniques. Il n'exista pas d'autres mystères indiens. Originairement, ces prêtres étaient électifs, comme les officiers de nos Loges, et ils avaient le droit de faire recevoir, avec de faibles épreuves, leurs fils, d'où vient l'usage maçonnique de favoriser les *Lowtons*, ou fils des Frères. Mais, moins sages que les Maçons modernes, ils ne s'arrêtèrent pas là; ils parvinrent à substituer totalement les droits du sang à ceux du mérite réel; et c'est ainsi que le corps des Brames se changea en caste.

l'extension donnée par eux des mystères qu'on a dû les modifications bienfaisantes qui s'opéraient dans la religion des peuples qu'ils éclairaient. « Dans le chaos des super-« stitions populaires, il y eut, dit Voltaire, une insti-« tution qui empêcha l'homme de tomber dans un entier « abrutissement; ce fut celle des mystères. »

Sa doctrine, don précieux de l'Inde savante, fut connue et mise en pratique par Zoroastre (1).

Confutzée, qui vivait cinq siècles avant l'ère chrétienne, s'en inspira. On la retrouve dans cette maxime: *Qui n'aime point son frère n'a aucune vertu*. Il donna pour préceptes aux hommes : *Prudence* et *Charité*; aux femmes : *Obéissance* et *Travail* (2). Confutzée ne parle ni du silence, ni du serment, ce qui prouve que les mystères n'existaient pas en Chine.

Clément d'Alexandrie, parlant des grands mystères, dit : *Ici finit tout enseignement. On voit la nature et les choses.* Si l'on n'y eût enseigné que des vérités morales dont les initiés étaient, pour la plupart, pénétrés, auraient-ils mérité ces éloges magnifiques des hommes éclairés de l'antiquité, et surtout des Pindare, des Plutarque, Isocrate, Diodore, Platon (3), Euripide, So-

(1) Les *Parsis*, derniers héritiers de la doctrine et de la gloire de Zoroastre, reçurent le nom de *Guèbres* (en hébreu *Ghebor*, en français *B.....*, transposition de consonnes comme *Morphé* et *forma*), pour désigner une turpitude attribuée de tous temps, par l'ignorance et la calomnie, aux membres des Sociétés secrètes. Les califes ont détruit les Parsis pour faire régner le dieu de Mahomet à la place du dieu de Zoroastre.

(2) Et ailleurs : *Travailler, obéir, se taire.*

(3) « Il y a bien de l'apparence que ceux qui ont établi les *mystères*, ou « les assemblées secrètes des initiés, n'étaient pas des personnages mépri-« sables, mais des génies puissants qui, dès les premiers siècles, ont voulu

crate, Aristophanes, Cicéron, Épictète, Marc-Aurèle et autres; philosophes ennemis de l'esprit sacerdotal, ou historiens attachés à la recherche de la vérité. On y enseignait donc toutes les sciences et l'on revélait, sans doute, des traditions orales ou écrites qui remontaient au premier âge du monde.

Prétextat, proconsul d'Achaïe, homme doué de toutes les vertus, disait, au quatrième siècle de l'ère vulgaire, que ce serait rendre la vie insupportable aux Grecs que de les priver des *mystères sacrés qui lient le genre humain* (1).

L'observation des grands phénomènes de la nature, conduisant l'homme à la connaissance du Grand Être, unique et universel, l'invitait, par l'étonnement que cause un ordre si admirable dans sa constante régularité, à lui rendre un culte d'adoration qu'une saine philosophie prenait soin de dégager de toute superstition, en dévoilant à l'initié les merveilles de la divinité, attribuées, par le vulgaire, à des dieux secondaires, que l'erreur et la

« nous faire comprendre, sous ces *énigmes*, que celui qui arrivera dans « les régions invisibles, sans être purifié, sera précipité dans l'abîme; tan- « dis que celui qui y parviendra, purgé des souillures de ce monde et ac- « compli en vertus, sera reçu dans le séjour de la divinité. »

(*Socrate dans le Phédon*, de Platon, ch. 21).

Dans le même écrit, Socrate ajoute : *Les initiés sont sûrs de venir dans la compagnie des Dieux.*

(1) La Maçonnerie, présentée, dans un excellent opuscule d'un Trinosophe, comme le *Lien des peuples*, rappelle cette belle locution de Prétextat.

Dans une planche de l'illustre frère Bouilly au rédacteur du *Globe*, en date du 7 mars 1839, on lit : « Je ne connais rien qui puisse donner une idée « plus vraie de ce lien magnifique qui nous unit vous et moi, et que *Frédéric*-le-Grand surnommait, à si juste titre, le *lien sacré des peuples*... »

(*Globe*, p. 66.)

cupidité avaient personnifiés et isolés du Grand Être.

Alors la nécessité de donner à la vérité un voile momentanné, fit que les mystères se répandirent chez tous les peuples de la terre, afin que, sans danger pour leurs croyances, on pût y propager la vérité, les arts et les sciences utiles au bonheur de l'homme.

Dans le principe, en Grèce, tous les hommes n'avaient pas un droit égal à l'initiation. Les Athéniens seuls purent d'abord y participer. Un étranger pouvait devenir Athénien par la loi en se faisant adopter par un citoyen. Ainsi *Hercule* fut, dit l'histoire, initié comme fils adoptif de *Pylius*. Ce nom de *Pylius* fut ensuite donné à l'initié qui présentait un étranger à l'initiation, à cause, sans doute, de sa signification, *introducteur*, venant du mot *pyle*, une porte (1); de là, les *parrains* dans la maçonnerie et dans l'église chrétienne. *Aphydius* servit de parrain à *Castor* et *Pollux*. Hippocrate et Anacharsis ne purent être initiés qu'après que leurs noms eurent été inscrits parmi les citoyens d'Athènes (2).

Les Brames, les prêtres de Memphis, de Samothrace, d'Eusis, d'Orphée, et les Esséniens eux-mêmes, n'admettaient à leurs mystères que des hommes d'une certaine classe, tandis que nos temples s'ouvrent pour tout homme libre qui présente les garanties morales et scientifiques voulues par les statuts.

Moïse fut le premier initié (3) qui ait établi le culte

(1) Court de Gebelin, *Hist. du Calendrier*.

(2) Une loi solennelle défendait l'entrée du Temple aux esclaves, aux Mèdes et aux Perses, ennemis naturels des Athéniens, aux criminels; enfin, à tous les hommes dont la conscience n'était pas pure.

(3) Certains usages conservés et prescrits dans sa loi prouvent qu'il était initié. D'ailleurs, Strabon, Diodore, disent positivement qu'il était un

public du dieu des initiés, du vrai Dieu. Leur loi servit à former son *décalogue*. Il gouverna la nation juive en prêtre, en législateur et en roi, et chercha, par ses préceptes, à l'isoler. Pour mieux assurer son pouvoir, il la remplit d'une idée flatteuse, en lui persuadant qu'elle était le peuple *élu* de Dieu. Par ce moyen, il inspira aux Juifs un mépris, une méfiance, et même une haine pour toutes les autres nations, afin qu'ils ne fissent aucune alliance avec des étrangers, ni individus d'autres religions. Malgré leurs péripéties, les Juifs observent encore ces préceptes anti-sociaux. Aussi, leur religion, émanation des mystères égyptiens, dont la conservation n'est due qu'à leurs persécutions et à leur isolement, ne pouvait être qu'un essai imparfait, puisqu'elle ne s'applique qu'à un seul peuple. Mais l'initiation primitive ayant pour but la perfection et le bonheur du genre humain, le Judaïsme ne devait avoir qu'un temps, et de son sein initiatique devait naître une religion libérale, plus pure, qui n'appelle plus seulement une nation, mais tous les peuples du monde à la participation de ses mystères. Ce nouveau culte parut, et ses formes, et la hiérarchie de ses prêtres, se trouvent imitées des usages et des rituels des initiés prédécesseurs des Maçons.

Salomon (1), roi initié et renommé par sa sagesse, fit

prêtre d'Héliopolis, et l'Ecriture nous apprend qu'*il avait été élevé dans toute la sagesse des Egyptiens*. (Il y a environ 3,500 ans.)

Quelques auteurs assurent que Marie, sœur de Moïse, était initiée aux mystères, car elle disait au peuple hébreu qu'elle parlait à l'Eternel, comme Moïse

Prés de deux siécles auparavant, *Joseph* avait été initié; sans cela, il n'eût pas épousé Aseneth, fille de Putiphar, prêtre d'Héliopolis et gouverneur d'On (*Héliopolis*).

(1) On place sa naissance 1040 ans avant celle de Jésus.

construire le temple de Jérusalem, représentant la nature, et qu'il dédia à un dieu unique. Ce fut une nouvelle manifestation publique du dogme d'un seul dieu. L'existence de ce temple célèbre résulta donc d'une idée initiatique mise à exécution par des initiés aux anciens mystères (1). Cette vérité explique comment la religion juive a donné naissance à toutes les institutions de la catholicité.

Après la construction du temple, Salomon accorda aux prêtres des immunités, *leur conféra* l'autorité secondaire, en leur prescrivant de s'occuper de l'*instruction publique*, de la *conservation des mystères* et de l'*étude des sciences* indiquées par Moïse.

Les initiés juifs accommodèrent à leur croyance les mystères égyptiens dont ils conservèrent le fond et la forme. Et comme depuis la destruction du temple de Jérusalem, sa reconstruction a toujours été le vœu du peuple juif, ces initiés, devenus chrétiens (2), adoptèrent,

(1) Ainsi, cette sublime idée de l'unité de Dieu, cause de la mort de *Socrate*, six siècles après, toutes les religions la doivent à l'antique initiation et à la philosophie secrète de l'Égypte, mais non au judaïsme, comme l'ont pensé quelques écrivains. Les prêtres initiés enseignaient, long-temps avant Moïse, qu'il y avait un Dieu unique et suprême qui avait conçu le monde par son intelligence avant de le former par sa puissance et par sa volonté.

Larcher et d'autres auteurs ont erré en regardant la doctrine des mystères comme entachée de matérialisme, puisque la BONNE DÉESSE (l'Univers, le Grand Tout) était considérée comme créée par PROMÉ-THÉ ou CADM-US (l'être incompréhensible, la première cause); comme depuis, MINERVE, ou la *Sagesse éternelle*, devint fille du cerveau de Jupiter.

En représentant donc comme époux le *Soleil* et la *Lune*, on ne les substituait pas à *Jéhova*; et, dans les grands mystères, lorsqu'on détruisait cette apothéose aux yeux de l'Epopte, on ne le laissait pas sans dieu.

(2) Les premiers chrétiens n'étaient que des Juifs réformés, qui suivaient la loi de Moïse avant que la religion nouvelle eût pris et consolidé sa forme extérieure. Ils ne portaient pas, contre leurs compatriotes restés fidèles au judaïsme pur, la haine fanatique qui, plus tard, anima les disciples du Christ contre ceux de Moïse.

pour but de leurs mystères, l'édification d'un temple symbolique qui aurait pu leur faire prendre le titre de *maçons libres*. Ils conservèrent la Bible comme livre sacré et loi fondamentale qui fournit au nouveau voile de l'initiation les mots et les formules hébraïques dont fourmille la plupart de nos grades.

Laurens dit à ce sujet : « La Franc-Maçonnerie paraît « être une image parfaite de l'association des prêtres égyp- « tiens, perpétuée jusqu'à nous par l'intermédiaire des « Esséniens, des Thérapeutes, des assètes juifs. Les pra- « tiques et les cérémonies constitutives de la Maçonnerie « attestent ces rapports que confirme l'uniformité des « rites à cet égard (1). »

Éclairés, au milieu d'un peuple ignorant, les Esséniens, seuls, n'offraient point de sacrifices sanglants au temple de Jérusalem. Ils n'avaient point d'esclaves à leur service, regardant l'esclavage comme injurieux à la nature humaine.

Les grades chapitraux et autres ne sont que des additions, plus ou moins heureuses, faites aux trois premiers grades dans des temps déjà reculés, et qui sont dues en partie aux *philosophes hermétiques*, lorsqu'ils travaillaient à la recherche de la pierre philosophale, folie qui, plus tard, donna naissance à la belle découverte de la chimie ; et en partie à un reste de doctrine judaïque conservée par les initiés de l'Orient qui la transmirent aux Templiers. Ces derniers, soit en Suède, soit en Ecosse, augmentèrent ensuite la collection des grades, en substituant à la catastrophe naturelle que mentionnent toutes les théogonies, la catastrophe qui détruisit leur ordre.

(1) *Essais hist. sur la Fr.˙.-Maçonn.˙.*

Il est naturel de penser que les croisés, armés pour conquérir la Terre-Sainte et y planter l'étendard de la croix, ayant trouvé les mystères conservés dans cette partie de l'Asie par le peu de chrétiens qui s'y trouvaient, les auraient adoptés comme un lien de plus qui les unissait à des hommes qui pouvaient leur être utiles.

Ainsi les chevaliers hospitaliers de St-Jean-de-Jérusalem, plus connus sous le nom de Templiers(1), reçurent en Asie l'initiation avec les formules et le voile judaïques. Initiés dès l'institution du Temple, ils propagèrent en Europe les mystères maçonniques ; et, sans doute, la pratique secrète de ces mystères aura servi de fondement à l'accusation d'athéisme et d'irreligion qui a causé leur fin tragique. Ceux qui échappèrent à ce désastre trouvèrent, dans les mystères mêmes, en Suède et en Ecosse, un refuge, des consolations et des douceurs. Jusques-là, les initiations se transmettaient oralement. Rien ne s'écrivait. Ensuite les rituels se formulèrent et s'écrivirent, puis les grades pullulèrent, qui n'avaient et n'ont encore de la Maçonnerie que la forme.

(1) Le nom de *chevaliers du Temple* ne se rapportait pas, comme on le croyait à l'église du Saint-Sépulcre : par suite de leurs idées mystiques, les chefs de l'Ordre avaient eu en vue un autre temple, plus digne sans doute de la Divinité: *le monde entier peuplé d'hommes libres et vertueux.* C'est à la construction de ce temple qu'ils travaillaient ; et celui qu'autrefois Jérusalem avait vu s'élever sous le règne de Salomon en était le symbole, moins encore à cause de sa magnificence, que de son unité. Aussi, quoique le nom de Templiers prévalût, ils n'avaient pas perdu entre eux celui de Maçons. Nicolaï, qui n'en veut pas convenir, en fournit lui-même, par le fait suivant, un des plus forts arguments. En Italie, d'anciennes églises qui ont appartenu à l'Ordre avant son abolition, conservent, par tradition, le nom d'églises della *Massone* ou *Maccione*. N'est-ce pas dire que les peuples, avant de les appeler ainsi, s'étaient aperçus que Franc-maçon ou Templier était la même chose?

(*Guerr. de Dum.* p. 149.)

Les croisés, pendant leur séjour en Orient, ont étudié toutes les variantes qui caractérisaient les sectes chrétiennes. Ils se sont attachés aux doctrines des gnostiques et des manichéens qui leur paraissaient moins altérées que celles des prêtres de Rome. Ces altérations manifestes, connues des Templiers, ont dû refroidir la dévotion de ces chevaliers pour le clergé romain et pour son chef.

Les croisés connaissaient aussi la mauvaise issue qu'avait eue, dans Athènes, la publication du crucifiement de Jésus, dont la croyance était rejetée par les Athéniens, parce qu'un événement analogue, qui faisait le sujet d'une tragédie d'*Eschyle*, ayant pour titre PROMÉTHÉE LIÉ, avait été représenté sur leurs théâtres, 500 ans avant l'ère chrétienne. Prométhée leur paraissait être le type du dieu incarné des Juifs : tous les deux expirent sur une montagne ; tous les deux se soumettent à la loi d'un autre dieu, pour sauver le genre humain ; tous deux ont le côté droit percé, *Prométhée* par un vautour, *Jésus* par une lance, le premier sur un rocher, celui-ci sur une croix ; tous les deux expirent par le même tourment ; et, dans les angoisses du crucifiement, au moment d'expirer, les deux victimes expiatoires exhalent les mêmes paroles, c'est-à-dire que les Evangiles répètent les expressions d'Eschyle émises cinq siècles auparavant (1).

Mais ce qui rendait aux croisés les deux croyances identiques, c'est que Prométhée avait un ami, nommé *Océan*,

(1) Voir la traduction de cette tragédie par l'Anglais *Potter*.

Promethée, Prometheus, Proma-théos, Brama-theos. Dans le Tamoul, langue dérivée du Sanscrit, *Brama* se prononce *Prama*. L'*a* indien s'est aussi changé en *o*, car *navam*, neuf, a bien certainement formé *novem*; *pada*, *poda*, etc.

(*Guerr. de Dum.*)

qui, dans les anciennes mythologies, s'appelle aussi *Piercus*. Or, on lit dans la tragédie d'Eschyle qu'*Océan*, ou *Piereus*, renia son ami au moment où la colère de dieu en fit une victime des péchés de la race humaine. On sait que *saint Pierre*, qui vivait du produit de la mer ou de l'*Océan*, en fit autant (1).

Tous ces faits, tous ces rapprochements et d'autres encore que nous pourrions citer, étant parvenus à la connaissance des Croisés, qui n'étaient pas de profonds théologiens, leur persuadaient que tous ces dieux, issus de la même origine, n'étaient que des figures poétiques et religieuses du soleil (2).

LesTempliers, qui recueillaient ces doctrines et qui savaient l'abus qu'on en faisait à Rome, renoncèrent à suivre la religion de saint Pierre; ils adoptèrent celle de l'apôtre bien-aimé, et devinrent *johannistes* (3). Il y eut schisme secret, et, selon quelquesauteurs qui rapportent ces faits, c'est ce schisme, joint aux mystères recueillis en Orient et conservés par eux, qui fut une des causes de leur condamnation par la cour de Rome, et un motif d'accueil par les Francmaçons ou initiés de Suède, d'Écosse et de France.

(1) On trouve, dans l'*Hermès-Maçonnique*, un parallèle curieux entre *saint Pierre* et *Janus*. (Tom. II, p. 276.)

(2) La Maçonn., considérée comme le résultat des religions égyptienne, juive et chrétienne, par Reghellini.

(3) Hugues de Payens, instruit de la doctrine ésotérique et des formules initiatoires des chrétiens d'Orient, fut, en 1118, revêtu du pouvoir patriarchal, et placé, disent les chroniques, dans l'ordre légitime des successeurs de *saint Jean-Baptiste*, qui ne quitta jamais l'Orient, et dont la doctrine parut plus pure que celle de *saint Pierre* et des autres apôtres qui, en portant les dogmes de Jésus chez des peuples lointains, furent forcés de se prêter aux mœurs et aux usages des nations qu'ils visitaient, et d'admettre des rites qui n'étaient plus ceux de l'Orient.

Il est donc évident que l'initiation a précédé les religions existantes, et que son dogme, sa morale, ses rituels leur ont servi de base. Ses conquêtes ont été et sont encore celles de l'intelligence. Elle prépara cette grande émancipation humaine que vint prêcher Jésus, et que le christianisme consacra.

Si les prêtres modernes étudiaient de bonne foi le point de départ des cultes qu'ils professent, ils se convaincraient de cette vérité ; ils se feraient initier aux mystères maçonniques, ils se désabuseraient sur le compte des Maçons, et, au lieu de voir en eux des hommes irréligieux, des novateurs ennemis de leurs cultes, ils trouveraient des conservateurs fidèles des dogmes primitifs, des amis et des frères. Ce fait, que nous voudrions voir généraliser, a été trouvé tel par les quelques abbés et prêtres qui se sont fait admettre à nos travaux.

« L'ordre des Francs-Maçons est connu de tout le « monde, mais personne n'en a tant parlé que ceux qui « le connaissent le moins (1). » Les auteurs qui ont écrit contre ne le connaissaient pas davantage. Les abbés *Baruel*, Lefranc et Proyard, Mirabeau et d'autres écrivains, ont été abusés par certains grades de Templiers et par quelques grades d'*Elu* et de *Kadosch*, où le poignard cesse d'être une allégorie mithriaque pour devenir un instrument odieux de vengeance sur des personnages existants alors ou sur leurs successeurs. L'indignation et les accusations de ces auteurs pouvaient être fondées à l'égard de ces grades ; mais que n'imitaient-ils l'auteur du *Tombeau de Jacques Molay*, que ne se faisaient-ils initier ? Ils auraient, comme lui, reconnu que

(1) *Discours de M. Delpy à l'Académie des Jeux floraux, à Toulouse.*

la véritable Maçonnerie, ou les trois premiers grades, était digne de leurs éloges et beaucoup au-dessus de leurs atteintes. Ils auraient aussi reconnu qu'ils n'avaient flétri que des grades commémoratifs d'un événement historique d'un pays ou d'une catastrophe particulière, et qui n'avaient de maçonnique que la forme, grades que tout Maçon instruit rejette et méprise.

« Le premier pape qui persécuta la Maçonnerie prouva « qu'il ne comprenait plus le christianisme qui établit l'égalité des hommes devant Dieu, et qu'il ignorait l'essence de « notre institution qui, à cette égalité, ajoute celle de tous « les hommes entre eux, comme le christianisme, en les « appelant tous frères, car l'égalité ne peut reposer que « sur le sentiment fraternel. Seulement le christianisme « ne maintient cette idée qu'à l'état de sentiment reli- « gieux, tandis que les formes maçonniques la font passer « à l'application politique (1). »

Notre institution peut revenir avec orgueil au point d'où elle est partie. Quel gouvernement politique peut en dire autant? Ce retour est plus encore interdit aux religions établies, parce que la marche intéressée de leurs prêtres est souvent en sens inverse des volontés et des besoins de la société.

« La Maçonnerie n'est d'aucun pays; elle n'est ni fran- « çaise, ni écossaise, ni américaine; elle ne peut pas être « suédoise à Stockolm, prussienne à Berlin, turque à Cons- « tantinople, si elle y existe; elle est une et universelle. Elle

(1) C'est cette loi d'égalité qui a toujours rendu la Maçonnerie chère aux Français. Tant que l'égalité n'existera réellement que dans les loges, la Maçonnerie se conservera en France.

Trop courtisans pour apprécier au même degré les bienfaits de la liberté, bon nombre de Français ne s'en doutent pas, et s'en passent fort bien.

« a plusieurs centres d'action, mais elle n'a qu'un centre
« d'unité qui est le plus grand bienfait de la philosophie
« antique. Si elle perdait ce caractère d'universalité et
« d'unité, elle cesserait d'être la Maçonnerie.

« Dans chaque état doit exister indispensablement une
« grande loge centrale, parce qu'aucune société secrète
« n'a le droit de se former, encore moins celui d'en ins-
« tituer d'autres, sans l'assentiment avoué ou tacite de
« l'autorité civile ou politique. Notre association surtout
« tient, par des liens secrets, au droit public, et il n'est
« pas permis, même de faire le bien, contre la volonté du
« prince ou de l'autorité.

« Mais ces loges centrales n'ont que le droit de police,
« et nullement celui de doctrine ; car, autrement, il y au-
« rait autant de doctrines, par conséquent, autant de Ma-
« çonneries qu'il y aurait de sociétés politiques (1). »

Ceci répond à cette objection faite à l'association :

« Un corps qui veut avoir l'air d'un ordre doit adopter
« les caractères essentiels qui distinguent les établisse-
« ments de cette espèce : l'ordre de Saint-Lazare n'avait
« qu'un commandeur, celui de Malte qu'un grand-maître,
« celui de Saint-Michel qu'un protecteur, ainsi de toutes les
« associations de ce genre ; pourquoi, dans la Francma-
« çonnerie, plusieurs Grands-Maîtres, en Angleterre, en
« France, en Suède et jusque dans les Pays-Bas? De
« plus, chaque nation doit avoir le même privilége, et
« cependant, à l'étranger, il est fort ordinaire de rencon-
« trer, dans une même ville, des loges constituées par le
« Grand-Maître d'Angleterre, une autre par le Grand-

(1) F∴ Bomard, *la Rose de la Vallée.*

« Orient de France. Ce patrimoine fictif doit être l'attri-
« but d'un seul. »

Rien ne s'opposait à ce que ce fût ainsi ; on pouvait même primitivement nommer le premier Grand-Maître à Londres, et, après lui, le second à Paris, et continuer alternativement ainsi ; ces deux capitales étant, dans les temps modernes, les deux plus grands foyers de civilisation. Le contraire n'a produit aucun inconvénient ; on y aurait, sans doute, gagné plus d'uniformité, mais non plus de concert, parce que l'unité de principe et de but, qui constitue la base immuable de l'association, ne peut produire, de la part des divers centres ou Grands-Orients étrangers, qu'un centre d'action comme si elle émanait d'un centre unique ; c'est quand la politique des gouvernements aura cette base uniforme que les peuples, unis, confédérés et heureux n'en feront qu'un (1).

La Maçonnerie n'est pas une religion. Celui qui en fait une croyance religieuse la fausse et la dénature (2). Le bramiste, le juif, le mahométan, le chrétien, le protestant, qui ont leur religion sanctionnée par les lois, les temps et les climats, doivent la conserver, et ils ne

(1) « La Maçonnerie, une partout, et par son essence, et par ses principes, n'a ni centre unique, ni gouvernement général ; et ce n'est pas le moindre de ses phénomènes que cette unité de vues, cette conformité de doctrines qu'elle présente sur toute la terre, sans que ces vues ou cet doctrines partent d'un chef ou d'un comité directeur. Ce fait isolé établis que la vérité forme sa base, car elle seule est immuable : partout ailleurs, l'unité de principes disparaît aussitôt qu'une secte ou qu'une partie n'est plus attachée au centre régulateur commun. »

(*Almanach de la Maç.·. Symbol.·. Belge*, 5827.)

(2) Le docte évêque *Grégoire*, dans son *Histoire des Sectes Religieuses*, passe en revue les écrivains qui ont traité de la Francmaçonnerie. D'après lui, le savant mathématicien *Lagrange*, de l'Institut, croyait et disait qu'*elle était une religion avortée*. — Le mathématicien n'était pas un initié.

peuvent avoir deux religions ; car les lois sociales et sacrées appropriées aux usages, aux mœurs et aux préjugés de tels ou tels pays, sont l'ouvrage des hommes.

La Maçonnerie, dont les inspirations ont une haute portée, est le résumé de la sagesse divine et humaine, c'est-à-dire de toutes les perfections qui peuvent le plus approcher l'homme de la Divinité. Elle est la *morale universelle* qui convient à l'habitant de tous les climats, à l'homme de tous les cultes. Comme ces derniers, elle ne reçoit pas la loi, elle la donne, parce que sa morale, *une* et *immuable*, est plus étendue et plus universelle que celle des religions *natives*, toujours exclusives, puisqu'elles classent les individus en païens, en idolâtres, schismatiques, sectaires, infidèles, tandis que la Maçonnerie ne voit, dans tous ces religionnaires, que des hommes leurs frères, auxquels elle ouvre son temple pour les affranchir des préjugés de leurs pays ou des erreurs de la religion de leurs pères, en les portant à s'aimer et à se secourir les uns les autres : car le Maçon plaint et fuit l'erreur, mais il ne la hait ni ne la persécute.

D'après ce que nous venons d'exposer, on voit qu'il est facile à la Maçonnerie, dite symbolique, d'établir et de prouver son antique et honorable origine, et le noble but qu'elle s'est toujours proposé d'atteindre, tandis qu'il serait difficile aux possesseurs des hauts grades, nommés Ecossais, d'en faire autant. La Maçonnerie n'a jamais démontré et propagé que des vérités tendant directement au bonheur de l'homme. Toutes les directions que tendent à lui faire prendre les hauts grades vers des vengeances inutiles, vers la théosophie, la chevalerie, la cabale, l'hermétisme, l'alchimie, l'illuminisme, les templiers, le jésuitisme, malgré le but qui pouvait rattacher ces dérivations au système général d'amélioration de l'homme, étaient, pour les vrais Maçons, des aberrations qui, malgré le voile maçonnique qui les couvre, sont étrangères au but universel de la Francmaçonnerie.

On convient généralement que les *trois* premiers grades sont simples, faciles à comprendre, et que leur *unité* présente un système maçonnique satisfaisant. Qu'ajoutent à la morale de ces grades les *trente* degrés écossais surabondants? Dira-t-on qu'ils initient le néophyte à l'histoire des anciens peuples, à la science de leurs gouvernements, à la connaissance de leurs lois, de leurs mœurs, de leurs usages, par leurs rapports avec les faits qui forment la base de ces grades? Le Maçon qui compterait sur ce moyen pour faire des études *classiques* ou historiques quelconques, aurait la déception pour résultat.

Leur origine, pour la plupart d'entre eux, est, maçonniquement parlant, injustifiable, puisqu'elle dévoile un intérêt personnel ou celui d'une secte, d'une coterie, d'un parti, et souvent un but de spéculation basée sur la faiblesse des Maçons (1). Il est curieux pour l'observateur

(1) ... « Il est constant que la Maçonnerie existait en France avant les associations des hauts grades; que les hauts grades sont arrivés brusquement, nombreux et divers; qu'ils se sont, on ne sait pas bien comment implantés dans la Maçonnerie, et qu'en reconnaissance du droit d'hospitalité qu'ils avaient reçu de l'institution première, ils ont prétendu la dominer, et, superbes, se sont efforcés de la repousser au dernier rang de la hiérarchie maçonnique, se donnant pour ses supérieurs; que la Maçonnerie, lassée de la domination tyrannique des nouveaux arrivés, les a repoussés; que, n'ayant captivé que quelques membres de la Grande Loge de France, ils se sont rejetés dans la Grande Loge Nationale, sa rivale, qui les a accueillis; mais que, bientôt, cette dernière Grande Loge les a forcés de reculer, de s'anéantir devant les quatre ordres français qu'elle s'empressa de créer; que toutes les associations écossaises disparurent même avant la

de voir que, tandis que la morale simple et pure des trois premiers grades éclaire l'homme sur ses défauts, et attire particulièrement son mépris sur l'orgueil et la vanité, les

révolution française, et ne reparurent que long-temps après la réunion des deux Grandes Loges de France sous le titre de Grand Orient, en vertu du concordat de 1799; que la réapparition des réunions écossaises et de l'autorité qu'elles créèrent entre elles ne date que de 1804; qu'un concordat entre le Grand orient et ces associations eut lieu cette même année, par suite duquel les associations écossaises étaient fondues dans le Grand Orient, qui déclarait, en leur faveur, professer tous les rites; que ces associations, de leur propre mouvement et de leur unique volonté, se séparèrent du Grand Orient en 1805; qu'elles obtinrent le protectorat du Grand-Maître-Adjoint, le prince Cambacérès, soit comme Grand Maître, soit comme Vénérable d'honneur de leurs nombreuses factions ou nuances de rites, TOLÉRANCE, sans doute, plutôt que PUÉRILE VANITÉ de la part de cet éminent et puissant personnage qui, D'UN SEUL MOT, pouvait les rattacher irrévocablement au grand faisceau, c'est-à-dire au Grand Orient; enfin que ces associatons, détruites ou dissoutes, par suite des événements politiques de 1814, se sont reproduites depuis, parce qu'elles avaient moins à craindre de l'autorité maçonnique, le Grand Orient, non plus protégé, mais simplement toléré, et du Grand-Maître-Adjoint qui n'existait plus en cette qualité, et qui, s'il eût existé encore, pouvait revenir sur la protection qu'il accordait aux associations écossaises, parce qu'il était devenu facile de le convaincre que leur existence semi-légale était dangereuse pour la paix publique en Maçonnerie.

« Voilà des faits constants.

« On a dit aux associations écossaises, rivales ou dominatrices du Grand Orient, de son rite, des hauts grades, et même de la bonne et simple Maçonnerie : Où sont vos titres constitutifs ou de transmission, ou de filiation des créateurs du rite à leurs successeurs immédiats, et de ceux-ci à vous? Comment justifiez-vous autrement que par des affirmations sans preuves, des successions sans héritiers directs, des dégénérations forcées, comment, vous a-t on dit, justifiez-vous de ce que vous appelez votre possession d'état légale? Comment, dans le domaine de la morale, où il doit y avoir amour de la justice et de la paix, où la franchise et la loyauté sont de rigueur, pouvez-vous, contre la possession légitime ou solennellement légitimée, attaquer ce qui est, vouloir établir et faire prédominer ce qui a toujours été mis en problème, ce qui a été rejeté par le premier pouvoir maçonnique, et détruit, par le pouvoir qui lui a succédé, autant de droit, de fait, que par la création des quatre ordres français? Comment, Français, pouvez-vous chercher à détruire le rite national au profit d'un rite étranger qui n'est qu'une superfétation maçonnique, et non la Maçonnerie elle-

hauts grades, dont la morale devrait être plus *élevée* ou plus épurée, tendent à réveiller, à encourager ces mêmes défauts, et s'en servent pour classer fastueusement le Maçon dans une hiérarchie fort inutile ; c'est que la première Maçonnerie est dans le vrai.

L'existence de tout rite supérieur aux trois degrés est due à une longue tolérance, qui ferma les yeux sur une usurpation constamment envahissante, et dont il faut au-

même, qui existait avant votre rite? Comment osez-vous, surtout, être en hostilité permanente avec le pouvoir légal reconnu de tous les ateliers de France? Comment, enfin, avez-vous l'étrange courage d'armer les esprits les uns contre les autres, et de mettre en feu la France maçonnique, pour augmenter le nombre de vos partisans, soit en provoquant la défection, soit en semant partout la turbulence, le trouble, et cette haine inévitable, leur fille et leur auxiliaire, qui, bientôt, ne fera plus distinguer le monde maçon du monde profane?

« C'est là ce qu'on leur a dit ; nous, nous leur dirons : « Frères du rite écossais, jetez-vous plutôt dans les bras que vous tendent les Frères du rite moderne, puisque c'est ainsi que vous le qualifiez ; et, confondus les uns et les autres dans de fraternels embrassements, oubliez vos dissentions, et ramenez ainsi le calme à l'horizon maçonnique, chargé de nuages en ce moment, et d'orages pour l'avenir. Membres du rite français et du rite écossais, ils seront heureux de vous voir aussi membres des deux rites; ensemble, vous travaillerez au grand œuvre de la fraternité universelle, et vous prouverez, par l'exemple, cette sainte fraternité, que, les uns et les autres, vous prêchez ; ensemble, vous administrerez les deux rites; ensemble, vous combattrez vos ennemis, qui ne vous divisent, car ils vous animent en secret les uns contre les autres, que pour mieux et plus promptement vous détruire. Les grands exemples de l'histoire et les faits domestiques sont là pour vous prouver leurs projets et pour vous annoncer votre sort, si, par une GÉNÉROSITÉ MUTUELLE entre vous, vous ne prévenez votre perte qu'ils méditent avec tant d'art, qu'ils travaillent avec tant d'ardeur, et qu'ils ont déjà tant avancée...... Nos Frères des rites écossais et français, embrassez-vous, réunissez-vous, vivez en paix, en frères, et que la Maçonnerie ne soit pas seulement un beau mot, qu'elle soit une belle et excellente chose? Quel précieux legs alors vous ferez aux siècles et aux peuples à venir! »

(LE TUILEUR EXPERT, p. 144 et suiv.)

jourd'hui et pour l'avenir subir une partie du joug. Nous disons une partie, car l'œuvre est si incohérente, d'après l'aveu même de ses propagateurs, que le joug entier est impossible. Que penser, par exemple, de l'*écossisme ?* Son système, dont tous les grades ne viennent pas d'*Ecosse*, se composait de *vingt-cinq* degrés, qui devaient plus que suffire aux besoins de l'instruction secrète des propagandistes, puisque ordinairement on n'en conférait que *cinq*. Voilà donc une superfluité de *vingt grades ;* et cependant, des intrigants sont parvenus à en élever le nombre à *trente-trois*, desquels on ne confère aujourd'hui que *sept* grades, sans que les loges, c'est-à-dire les Maçons de bon sens, aient signalé et rejeté une telle anomalie, qui, heureusement, ne frappe de ridicule que les fastes de la *haute Maçonnerie*. Cependant, un *chapitre*, celui du *Père de Famille*, vallée d'Angers, se récria vivement (1), encore ce fut plutôt contre le prix exorbitant de la marchandise que contre sa monstruosité ; et, quoique l'éveil fût donné, on n'en profita pas.

Il n'y pas de chapitre sans loge, ou sans que cette loge en ait fait la demande. Un chapitre a donc besoin, pour exister, de l'appui d'une loge, car dès qu'elle cesse ses travaux, elle entraîne de droit la cessation de tout atelier dont elle est la base. Mais il y a beaucoup de loges sans chapitre, ce qui indique qu'elles peuvent s'en passer, ainsi que le prouve la respectable loge des *Neuf-Sœurs*, constituée à l'Orient de Paris, le 11 mars 1776, et qui n'a jamais voulu devenir chapitrale, ni aréopagiste, pen-

(1) Voir *Hermès Maçonnique*. tom. 1, p. 296. Extrait d'un discours prononcé le 27 février 1812, *au souv.˙. chap.˙. écoss.˙. du rite ancien et accepté*, *du* PÈRE DE FAMILLE, vallée d'Angers, sur l'existence *impossible* d'un conseil de 33° degré pour la France.

sant, avec raison, qu'un chapitre ou un aéropage de *princes* et *souverains* maçons ne lui rendrait pas les grands hommes qui l'ont illustrée et qui décorent ses fastes, tels que *Franklin* et *Voltaire*, qui furent de simples maîtres (1). La réserve remarquable de cet atelier est une protestation constante contre les hauts grades.

Que diraient leurs partisans, si toutes les loges, même celles pourvues d'un chapitre, imitant la sagesse de la loge des *Neuf-Sœurs*, prenaient la résolution de fermer les ateliers dits *supérieurs*, pour ne conférer que les *trois premiers grades* avec tous les développements qu'ils peuvent comporter, et de ne recevoir pour visiteurs que les frères décorés du tablier sans tache, ou du cordon de *maître*, n'exceptant que celui, couleur aurore, du Grand Orient ?

Cependant, tout schisme cesserait, et l'unité maçonnique renaîtrait aussitôt ; car le schisme ne date que de l'apparition des hauts grades et de leurs cordons ; il ne parviendra pas à tuer la maçonnerie, mais il la désole.

Ce sont les hauts grades qui, dans les derniers temps, ont attiré sur la maçonnerie l'éveil et quelquefois les persécutions de l'autorité, et la haine des écrivains profanes (2).

(1) Réception de Voltaire, à 84 ans, le 7 avril 1778 ; sa pompe funèbre, le 28 novembre suivant. Le tablier d'*Helvétius*, fondateur de la Loge, lui fut remis, il le baisa avant de le ceindre.

Diderot et d'Alembert devaient se faire recevoir à cette Loge. L'Académie s'y opposa, dans la crainte du clergé.

(2) Les lois générales de la Francmaçonnerie, en Russie, exigent, entre autres choses :

Que les Loges n'auront aucun secret pour l'autorité suprême de l'État.

Qu'elles ne dépendront, directement ni indirectement, d'aucun système

Il est quelquefois arrivé que des délégués se présentant, un jour de tenue ou de fête maçonnique, pour interdire, au nom du souverain, la maçonnerie dans ses états, les officiers de la loge les accueillaient et disaient : Avant de nous condamner, *venez*, *entendez* et *jugez*. Les initiait-on à un grade d'*Élu* ou de *Kadosch*; de *Prince Rose-croix* ou de *Chevalier du Soleil*, ou à tout autre grade pompeux existant alors ? On s'en gardait bien, parce que effectivement ce n'est pas là qu'est la maçonnerie ; mais on les recevait au grade d'apprenti, et le bandeau de l'erreur, comme celui de l'aspirant, après ses trois voyages, tombait de leurs yeux ; ils fraternisaient avec les maçons, et, sur leur rapport, l'interdiction était rapportée.

Puisqu'un frère, quoique maçon, ne peut se dépouiller entièrement des faiblesses de l'homme vulgaire, nous pensons que l'existence des hauts grades est devenue, en maçonnerie, une sorte de nécessité, non pas à cause de la hiérarchie qu'ils établissent, et qu'on devrait aban-

admettant des supérieurs inconnus ni de Grands Orients, ou Grandes Loges de pays étrangers quelconques.

Qu'elles n'aient rien de commun avec les rêveries des mystagogues, les principes des illuminés, l'alchimie ou toute idée contraire aux lois naturelles ou positives.

Qu'elles ne travailleront pas au rétablissement d'ANCIENS ORDRES DE CHEVALERIE.

Que tout Maçon qui aurait connaissance d'une trame secrète tendant à troubler l'ordre public, à compromettre l'autorité suprême, ou à d'autres buts semblables, est obligé d'en prévenir, sur-le-champ, les autorités. (Code des lois de la Grande Loge d'*Astrée*, à l'Orient de Saint-Pétersbourg, 5815.)

NOTA. Malgré toutes ces garanties, un rescrit impérial, du 2 août 1822, a supprimé, en Pologne et en Russie, toutes les associations secrètes, compris celle des Francmaçons. Les fonctionnaires publics ont dû renoncer à ces associations, ou à leurs fonctions. Tout membre de Loge a dû signer la promesse qu'il cesse de faire partie des réunions maçonniques.

donner au monde profane, ni à cause de la magie des titres et des cordons qu'ils prodiguent; mais parce que quelques-uns de ces grades, bien conférés, excitent à l'étude de la science maçonnique et entretiennent une émulation qui tourne à l'avantage de l'institution. Et comme, en toute chose, il faut du bon sens, nous ne trouvons que le régime du Grand Orient de France qui présente un système simple, rationnel et suivi, ainsi que le prouve l'interprétation des sept grades au-delà desquels il n'y a plus d'interprétation maçonnique possible, à moins de se répéter.

La Mâçonnerie, dans les temps antérieurs, ne pouvant pas établir, dans des statuts écrits, qui devaient naître plus tard, ces lois organiques qui constituent la stabilité et la prospérité des institutions humaines, confia à ses formes libérales, et à mesure du progrès des lumières, à ses rituels, cette influence morale qu'elle exerce d'une manière occulte sur les peuples. Les réglements des loges, comme autant de liens législatifs, donnèrent ensuite un mouvement puissant et uniforme qui émanait d'un centre connu des initiés qui, avec discernement et sagesse, dirigeaient uniformément cet ensemble d'action. Mais on conçoit qu'avant d'arriver là, les traditions orales durent être long-temps la boussole qui servit de règles aux initiés pour faire progresser l'institution, et l'on remarqua même que son progrès ne s'arrêta pas dans les temps où les Vénérables étaient propriétaires et dictateurs de leurs loges, malgré ce mélange bizarre de despotisme et de liberté. Mais ce qui est le plus remaquable, c'est d'avoir habitué le peuple à voir, avec calme et sans appréhension, nos réunions se former mystérieusement et se tenir loin de lui. Ces réunions, malgré le danger qu'elles faisaient naître, présentaient un attrait irrésistible, surtout pour les membres qui assistaient à d'autres assemblées d'hommes, parce qu'ils reconnaissaient que ce n'est véritablement qu'en loge que l'on peut voir en beau la nature humaine.

« C'est à la maçonnerie seule que l'on doit l'affiliation de toutes les classes de la société. Elle seule pouvait opérer cette fusion qui, de son sein, a passé dans la vie des peuples. Elle seule pouvait promulguer cette loi humanitaire dont l'action ascendante, qui tend à la grande uniformité sociale, marche à la fusion des races, des classes diverses, des mœurs, codes, coutumes, langages, modes, monnaies, et mesures (1). Sa vertueuse propagande deviendra la règle humanitaire de toutes les consciences. »

« Toute réforme généreuse, tout bienfait social provient d'elle, et s'ils survivent, c'est que la maçonnerie leur prête son appui. Ce phénomène n'est dû qu'à la puissance de son organisation. Le passé lui appartient, et l'avenir ne peut lui échapper. Par son immense levier d'association, elle est seule capable de réaliser, dans une communion génératrice, cette grande et belle unité sociale conçue par les *Jaunez* (2), les *Saint-Simon*, les *Owen*,

(1) Jean faisait baptiser, dans le Jourdain, les pénitents, pour les purifier de leurs fautes ; et, de même que les disciples de Jésus, il ne s'inquiétait pas de la croyance des nouveaux prosélytes qui demandaient à être baptisés, ni de la religion de ceux qui les présentaient. De nos jours, certains prêtres catholiques romains refusent le baptême aux enfants des parents non inscrits sur leurs livres, ou présentés par des chrétiens d'un rite différent. D'où l'on peut conclure que le catholicisme suit, à cet égard, une marche opposée à la Francmaçonnerie.

(2) « Le mouvement social a, depuis long-temps, occupé la Maçonnerie en général, et le Grand Orient de France surtout. Dans le siècle dernier, le mouvement était produit par des hommes laborieux, qui appelaient le concours de leurs semblables à l'*union* et au *bien-être* humanitaire. Li-

les *Fourrier*. Que les maçons le veuillent et les généreuses conceptions de ces penseurs philantropes cesseront d'être de vaines utopies.

« Les monastères qui, dans l'origine, étaient des asiles de paix et d'études fortes et consciencieuses ; les républiques industrieuses du moyen-âge ; les corporations utiles en leurs temps en étaient des imitations. Remercions la Mâçonnerie, si tout marche à l'association. L'imprimerie l'a puissamment secondée, en harmonisant l'esprit des nations (1), et la vapeur accomplit matériellement l'œuvre commencée depuis tant de siècles, en diminuant les dis-

sez *Condorcet* ; consultez le journal l'*Instruction Sociale* ; voyez les avantages de l'association déjà préconisées, en 1804, dans la *Décade philosophique*.

Mais il paraît, dit le *Globe*, à qui nous empruntons cette note, que la plus persistante impulsion provient du frère *Pierre-Ignace* Jaunez-Spouville, né à Metz vers 1740. Dès l'âge de vingt ans, ses idées sur les questions sociales germaient déjà dans sa tête. On rapporte que, dans ses voyages, ayant remarqué le bonheur dont jouissaient certaines tribus aux environs du Caucase, où régnait l'abondance, il conçut son projet d'organisation sociale. Secrétaire de l'Ordre de Malte, à Paris, sous le marquis d'Argenteuil, grand bailli de l'Ordre, il eut occasion de voyager en Russie et en Asie.

Cet homme sage et modeste n'eut jamais la pensée de monter sur un piédestal. Il eut de fréquentes relations avec M. de Saint-Simon, ambassadeur d'Autriche, oncle de *Saint-Simon* que la secte *Saint-Simonienne* s'est efforcée de rendre fameux. Ce dernier *Saint-Simon* était ami de *Jaunez*, mais il ne comprit jamais les conseils que celui-ci lui donnait; de là le corps de doctrine informe de *Saint-Simon*, que les *Saint-Simonniens* modernes ont déroulé à nos yeux sans succès.

« Dans tous les pays étrangers qu'avait parcourus Jaunez, il s'était créé beaucoup de sympathies. L'écrit où il déposa ses idées date de 1805; c'est une espèce de catéchisme social en récit dialogué. Un de ses amis, M. Buquet, le fit imprimer alors sous le titre de *Philosophie de Ruvarebohni*. (Pays dont les habitants sont heureux et bons.) »

(1) Nous reproduisons ici, avec plaisir, deux strophes de l'Hymne, imprimé et chanté à Strasbourg, devant la statue de Gutemberg, le 24 juin

tances et en poussant les peuples à se connaître, à s'unir et à se confondre. Tout tend donc à l'unité et à ne faire des hommes qu'une grande famille.

« Les associations profanes ne sont, pour la plupart, que des coalitions qui mettent les peuples perpétuellement en guerre ; celles des maçons ne représentent que des lois d'ordre et d'harmonie. »

En bonne politique, les grands états ne doivent pas avoir d'alliances, et les petits états ne doivent pas y compter; bien différents des centres maçonniques ou Grands-Orients étrangers dont l'alliance est une, éternelle et universelle.

Mais, s'écrient quelques optimistes, que reste-t-il à faire en maçonnerie? question oiseuse tant que les frères ne pratiqueront pas les doctrines de l'initiation.

1840, jour de son inauguration; une partie des bienfaits de la Presse s'y trouve retracée :

« Moderne espérance
« De l'humanité,
« Presse à qui la France
« Doit la liberté,
« Par toi la parole
« Sait briser les fers ;
« Tu sers de boussole
« A tout l'univers.

« Poursuis ta carrière,
« Soleil des États !
« Verse la lumière
« Sur tous les climats !
« Foyer d'où vient luire
« Tout noble penser ;
« Toi qui sus détruire,
« Tu sauras créer.

« Il ne reste plus rien à faire en maçonnerie ?

« Un frère n'appelle-t-il pas encore devant les tribunaux un frère de sa loge pour une chose qui pourrait facilement être vidée en famille ?

« Ce sanguinaire préjugé du point d'honneur, hideux héritage de la barbarie, interdit entre frères par nos lois fondamentales, et que la magistrature française, pénétrée de nos inspirations, poursuit courageusement, a-t-il disparu du sol que vous habitez ? Les Maçons élevés en dignité en sont-ils tous à l'abri, au risque du scandale que leurs passions non subjuguées peuvent commettre, malgré le frein inutile du serment ?

« L'esclavage, cette horde du Nouveau-Monde et d'un peuple qui se dit libre, ne déshonore-t-il pas encore les nations, qui, tout en croyant pratiquer nos maximes, rejettent la main protectrice que leur tendent des hommes honorables qui prévoient l'époque où le brisement des chaînes sera terrible contre les tyrans de l'humanité ?

« La peine de mort, cette grande exigeance sociale contre les droits individuels, est-elle une matière suffisamment éclairée, discutée ?

« Le sort de la classe ouvrière est-il défini ? Cette question palpitante d'intérêt, cet orage lointain dont le grondement avertit le sage, ne résonne-t-il pas à vos oreilles ? Ne voyez-vous pas les nuages s'amonceler, et, couvrant comme un réseau toutes les populations de la terre, produire, parmi les individus, les désastres d'un tremblement de terre dans une grande cité ?

« Au milieu de ces petites passions qui affadissent vos séances, quand elles ne sont pas tuées par ces continuels rappels au règlement, passe-temps des petits esprits, et par ces infatigables amateurs de conseils d'administration *quand même*, quel grand problème social ou quel projet utile peut être mis en discussion?

« Non, il n'est point passé le temps d'être utile pour vous-mêmes et pour les autres : avez-vous excité toutes les vertus, couronné tous les mérites?

« Vous avez de grands Inspecteurs, que font-ils? Où sont vos missionnaires? Les prêtres nous haïssent, parce qu'ils nous ignorent, pourquoi ne les éclaire-t-on pas?

« Il y a un demi-siècle, lorsque l'aurore de la liberté se leva sur la France pour éclairer les nations, et que le cri de réforme retentit avec un éclat et une puissance dont le vieux monde tressaille encore, vous, descendants d'initiés qui gouvernaient les empires, qu'avez-vous fait?... Comme citoyen, je n'ai rien à demander; mais comme Maçon? Vous avez laissé fermer vos temples. Sous le consulat et sous l'empire, ils ne se sont r'ouverts que pour recevoir un peuple de courtisans qui se livraient à la flatterie, aux fêtes et aux banquets. Vous devintes presque des hommes sous la restauration : l'incorrigible émigré et le prêtre envahisseur vous avaient donné de l'énergie, et vous veilliez au poste d'honneur. A la révolution des trois jours, après que le peuple eut, momentanément, fait place nette, et reconquis, je ne dirai pas la liberté, mais l'égalité, vous vous êtes dit : l'égalité est le but de la Maçonnerie, et puisque la Maçonnerie est dans les rues, il est inutile d'aller en loge. C'est ce qui est arrivé après que la courtisanerie eut, dans vos temples, brûlé son encens devant les idoles de l'époque.

« Tout cela n'est pas de la Maçonnerie ; et direz-vous encore que rien ne reste à faire? Mais au moins il reste à apprendre.

« Ceux qui venaient chez vous boire à vos sources, s'abreuver de vos doctrines, puiser à votre énergie, se brillanter de votre éclat et se saturer de popularité pour arriver au pouvoir, sont-ils encore parmi vous?... Honneur à ceux d'entre eux que la simplicité de cœur y ramène !

« Vous avez besoin de concorde, d'union et de paix; pourquoi y a-t-il parmi vous des hommes qui allument les rivalités et excitent les jalousies, deux vices qui devraient vous être inconnus? Vos débats doivent avoir lieu sous l'empire de la modération et du désintéressement; pourquoi ces vives ardeurs et ces ambitions prétentieuses? Quel rapport y a-t-il entre vos paroles et vos actes? Quand la Maçonnerie est nulle pour vous, quelle puissance voulez-vous qu'elle ait au-dehors? La Maçonnerie reste toujours pure au milieu de ce désordre, et quand chacun de ses membres pourra, avec vérité, en dire autant de lui-même, elle reprendra *force et vigueur*.

« Dans de certaines solennités, d'où viennent ces questions de préséance? Aux époques d'élections, quelle crise n'excite pas le choix des dignitaires? Les brigues sillonnent le temple, bouleversent l'esprit des frères, sèment des haines, organisent les hostilités et divisent les frères en plusieurs camps. Le mérite réel est-il le but des nominations? Non, sans doute, car il n'y aurait pas de combat. Celui qui a invoqué le suffrage de la majorité sera souvent le dernier à se soumettre à la loi de cette majorité (1). »

Voici ce que disait à la loge, le 25 avril 1784, l'orateur de la *Triple Lumière* à l'Orient de Paris (2), dans

(1) Discours du frère Pinet, officier du Grand-Orient.
(2) Le frère Gorgereau, avocat au parlement.

un discours sur la flatterie, et dites quel changement le temps et la sagesse vous ont fait subir.

« En vain pense-t-on que rien de nouveau ne peut plus être dit sur la Maçonnerie, que tous les textes sont épuisés. Ce champ qui avait paru si fertile ne serait plus qu'un vaste désert, où l'on ne trouve pas même à glaner. Toutes les vertus s'y trouvent célébrées de cent façons différentes; on ne peut que s'exposer à l'insipidité des redites.

« Quel est le perpétuel sujet de vos discours? Tous regorgent de louanges que vous vous adressez universellement les uns aux autres; partout, nous osons nous supposer tels que nous devrions être, et jamais nous ne nous considérons tels que nous sommes. Cependant, est-il vrai que toutes nos actions soient autant d'hommages à la vertu? Descendons au fond de nos cœurs; examinons-nous, tous, d'un œil absolument impartial, et répondons-nous à nous-mêmes : pouvons-nous nous rendre le consolant témoignage que, toujours, nous sommes rigides observateurs de nos devoirs?

« En indiquant l'écueil où vient se briser notre imprudente raison, c'est mettre un terme au prestige de la vanité. Anéantissons cette odieuse flatterie qui ternit les travaux des Maçons. Soyons hommes, si nous ne pouvons plus être sages.

« De toutes les sociétés humaines, la plus propre à former le véritable homme de bien, sous tous les rapports possibles, est, sans contredit, la Maçonnerie. Mais quelque bien conçues que soient ses lois, elles ne changent point entièrement la nature de ceux qui doivent les observer; à la vérité, elles les éclairent, elles les guident; mais comme elles ne peuvent les diriger qu'en réprimant la fougue de leurs passions, souvent celles-ci prévalent, et l'institution est oubliée.

« Les lois sont les lumières des sages; mais le Maçon qui s'adonne à ses passions et aux erreurs de ses sens, a besoin d'être éclairé par la peinture des dangers qu'il se prépare. Les Egyptiens, qui nous ont transmis les pratiques de l'ancienne sagesse, et dont les institutions morales et politiques resteront à jamais mémorables, font la critique de nos mœurs; après nous être loués réciproquement et outre mesure de notre vivant, nous avons d'excellents frères qui, sur notre cercueil, déversent de nouveau et à pleines mains l'éloge. Aucun de nous ne mourra sans avoir été un modèle de toutes les vertus, et un rayon éblouissant de la lumière céleste. En Egypte, où la Maçonnerie était plus cultivée que la vanité, on ne pouvait être admis dans l'asile sacré des tombeaux qu'après avoir subi le jugement le plus solennel. Les juges tenaient leur assemblée au-delà d'un lac qu'ils passaient dans une barque (1). Dès qu'un homme était décédé, son corps était conduit à ce redoutable tribunal. Un accusateur public parcourait l'histoire de sa vie, sous tous les aspects; il portait le flambeau de la vérité dans toutes ses actions; les rois mêmes étaient, comme les plus simples citoyens, soumis à la rigueur de cette épreuve. Si l'on parvenait à prouver que la conduite du défunt avait été mauvaise, on en con-

(1) On arrêtait le mort sur le bord du lac, et le grand-prêtre disait à haute voix :

« Qui que tu sois, rends compte à la patrie de tes actions; qu'as-tu fait « du temps et de la vie ? La loi t'interroge, la patrie t'écoute, la vérité te « juge. »

Alors les princes comparaissaient sans titre et sans pouvoir, réduits à eux seuls, escortés seulement de leurs vertus et de leurs vices.

damnait la mémoire en présence de toute la nation, et son cadavre restait privé des honneurs de la sépulture. Quel spectacle pour une épouse sensible! quelle leçon pour un fils qui n'était pas un monstre (1)!

« Les Maçons, pénétrés de l'excellence de leurs principes, ont dû tendre à universaliser leur institution, à lui faire envahir l'univers, et le succès a sanctionné l'entreprise.

« Mais, vous dit-on, votre œuvre a vieilli; l'acacia décrépit est devenu stérile et ne produit plus d'ombrage; la Maçonnerie ne porte plus l'étendard d'avant-garde. — Erreur! hypocrisie! Le peuple est-il libre? Les préjugés de la terre ont-ils tous disparu? N'y a-t-il plus d'inimitiés parmi les hommes? La cupidité et le mensonge n'existent-ils plus? La tolérance et l'union existent-elles parmi les sectes religieuses? Maçons, marchez toujours; éclairez l'intelligence des peuples; reconstituez la société, réformez les lois, avancez toujours. Placés entre deux éternités, celle qui est devant vous sera toujours égale à celle qui sera derrière; mais que cette pensée ne vous arrête pas.

« La Maçonnerie ne peut cesser d'être qu'en cessant de comprendre le progrès social, c'est-à-dire en renonçant à son but qui est de protéger toutes les tentatives d'é-

(1) Les sermons des prédicateurs, pendant le carême, ne sont que de faibles imitations de ces usages. Peut-être doit-on donner la même origine à ces *mercuriales* qui ont lieu dans les premiers tribunaux de France, où la justice de la terre soumet son administration à la sage coupelle du ministère public, et semble, en ces jours de réforme, déposer, pour ainsi dire, tout l'appareil de son autorité pour recevoir les impressions d'une austère critique, et s'affermir de plus en plus dans l'exercice de ses devoirs.

Les Maçons sont-ils plus affermis dans les leurs que tant de graves personnages?

mancipation intellectuelle. Si toutes les innovations venaient à être persécutées, la Maçonnerie seule en deviendrait le refuge mystérieux. »

Si nous avons cessé d'être les plus avancés en progrès scientifiques, soyons toujours les plus éclairés et les plus avancés en progrès sociaux.

Mais, nous dit-on encore, pourquoi tant de mystères? pourquoi se cacher pour enseigner la vertu et faire le bien? pourquoi ne pas travailler au grand jour? enfin, pourquoi des secrets et des serments?

Du premier grade au dernier, l'allégorie sert de base à l'enseignement; elle soutient la constance de l'initié, en lui dessillant les yeux à chaque découverte. Un grade de plus le dépouille insensiblement des liens et des intérêts profanes, pour l'attacher plus activement à la grande famille humaine.

Tous les anciens peuples ont eu des initiations secrètes, pourquoi les nations modernes n'en posséderaient-elles point? « Est-il vraisemblable que les mystères « d'Athènes et de Memphis, offrant, et dans leurs hié« roglyphes, et dans leur but, les rapports les plus frap« pants avec les emblèmes et l'institution de l'ordre ma« çonnique, celui-ci ne soit point la continuation de ces « antiques sociétés. S'il ne se voit point de lacune ni d'in« terruption dans le monde physique, pourquoi y en au« rait-il dans le monde moral (1)? »

(1) *Ce que c'est que la Franc-Maçonnerie*, par P. de Joux.
« Qui ne sait que tout ce qu'Athènes produisit de plus illustre en ta« lents, en génie et en vertus, était d'abord, comme exclusivement, reçu « aux grands mystères d'Eleusis? Eh bien! l'abus de la chose devint tel « qu'on initia bientôt, sans distinction, toutes les familles de l'Attique; et « qu'un enfant n'était confié à sa nourrice qu'après avoir reçu l'initia« tion! » (*idem.*)

Que la Maçonnerie change ses usages, elle n'est plus la Maçonnerie, elle cesse d'être. Tout, chez elle, sert d'étude; ses allégories sont souvent des lois, et ses formes mêmes sont des principes. Celui-là seul qui sait apprécier, devine, saisit et profite. Un mot seul à l'appui de cette vérité : le monde profane parle de réforme pour l'éligibilité des législateurs; regardez les élections maçonniques, jugez comment elles s'opèrent, et dites-nous combien il vous faudra de débats pour approcher de cette forme maçonnique. On y arrive insensiblement; et lorsqu'on y sera parvenu, le pays entier se transformant en un temple, la Maçonnerie sera partout, et ce jour-là seulement elle existera sans mystère.

Substituer à la pureté de nos emblèmes, à la simplicité de nos cérémonies et de nos rituels, un *romantisme maçonnique*, qui bouleverse nos grades, ainsi que cela s'est vu de nos jours, c'est déposséder la maçonnerie classique de sa souveraineté universelle. Ce replâtrage, qui ne produit aucune instruction nouvelle, est plutôt nuisible qu'utile à l'ordre. On l'a dit, et nous le répétons : qui veut toucher aux formes maçonniques n'est pas un initié, n'est pas un vrai Maçon. Novateurs, qui prétendez réformer une institution qui a survécu à tant de générations sans altérer son esprit, conservez ses rituels, si vous ne voulez pas que vos métamorphoses la tuent. Elle doit rester, pour les adeptes à venir, ce qu'elle fut pour ses fondateurs; on ne refait pas des doctrines parfaites. Qu'a-t-on besoin de changer ce qui, depuis des siècles, est universellement admis sans conteste et sans blâme.

Tout membre d'une société libre a le droit de proposer ce qui lui paraît utile pour le bien de tous et pour la propagation de la société. Notre Ordre n'ayant recueilli que des esquisses, ne possède, parmi des matériaux immenses et curieux, aucun travail complet qui présente un corps de doctrines; nous avons cru devoir composer ce *Cours*. Veut-on que ce ne soit qu'un essai ? Alors, qu'un autre frère plus habile vienne compléter ce travail; notre tâche aura été remplie, notre but atteint, si, mettant nos frères sur la voie, nous avons pu rendre quelque service à l'Ordre.

« L'histoire de la Maçonnerie, c'est l'histoire de la « philosophie; aussi n'a-t-elle pas encore un historien « qu'elle puisse avouer. » Les auteurs qui ont essayé de s'occuper de cette partie essentielle et si curieuse d'un Ordre aussi ancien, et qui traversa les siècles modernes avec une persistance qui ne paraît pas devoir finir, n'étaient malheureusement que des érudits, et non des initiés (1). Ils ont pris le mortier des maçons vulgaires pour le ciment de l'initiation moderne. Ils ont confondu l'architecture monumentale, qui a produit des sociétés de compagnons, avec l'architecture morale, qui produisait des législateurs et des fondateurs de sociétés philosophi-

(1) Dans une histoire philosophique à faire de la Maçonnerie, les *Acta latomorum*, ouvrage qui, avant de faire autorité, a besoin d'être vérifié, n'auraient d'intérêt que comme notes. L'auteur, possesseur d'archives curieuses, ne les déchiffrait que matériellement; c'est ainsi que la Maçonnerie n'a pas été comprise.

« Ce furent les *Jésuites* qui traduisirent, dans leurs œuvres, maison par « *latomia*, maçon par *latomos*.

« Ce dernier mot veut dire *tailleur de pierre*, et *latomia* une carrière, « une prison, une demeure secrète et cachée.

« Ils adaptèrent ces deux mots aux frères Maçons pour expliquer qu'ils « ne sont que des hommes sans lumière, pareils aux pierres brutes des « carrières, et qu'il faut les employer avec adresse, à leur profit, pour « relever leur ordre... » (REGHELLINI, *la Maç. cons. comme le résultat des religions égypt., juive et chrét.* (1829.)

ques. Privez ces écrivains de chaux, de sable et de moellons, ils ne peuvent plus rien édifier. Demandez-leur d'élever un temple, sans entendre le retentissement d'un coup de marteau, ils ne comprendront pas. Comprendront-ils mieux, si on leur dit que le Maçon travaille la truelle d'une main et l'épée de l'autre ? Non.

Toutes ces choses, qui, pour la plupart, ont été dites ou écrites avant nous et mieux, sont toujours bonnes à être reproduites, et cette reproduction avait ici sa place naturelle en tête d'un Cours interprétatif de nos usages et de nos symboles. J'ai, selon les prescriptions de la maîtrise, *rassemblé ce qui est épars*.

La Maçonnerie mérite d'être connue, et a le droit de l'être. Les titres de sa fondation ne peuvent qu'honorer ses fondateurs et l'humanité entière.

Les Maçons ne prétendent pas s'ériger en précepteurs du genre humain ; mais si l'Asie a produit et conservé les mystères, c'est la Maçonnerie qui, dans l'Europe, en a régularisé les dogmes, l'esprit, l'action, et qui a développé les avantages moraux que l'humanité doit en retirer. C'est elle qui, plus conséquente et plus simple dans sa marche, a mis fin à ce vaste panthéon allégorique des mythologies anciennes. Elle est alors devenue une science.

Si elle eut d'illustres fondateurs, elle peut se glorifier de compter, parmi ses membres, dans les temps modernes, des personnages non moins célèbres et honorables. Nous citerons seulement, sans parler des vivants :

Pour les philosophes : *Frédéric-le-Grand*, *Wasington*, *Thomas Payne*, *Voltaire*, *Helvétius*, *Court-de-Gébelin*, *Vieland*, *Roucher*, *Florian*, *Parny*, *Cabanis*, *Ginguéné*, *François de Neuf-Château.*

Pour les têtes couronnées : *Napoléon* (1), *Charles XIII*, roi de Suède.

Pour la magistrature : *De Pont-Carré*, *Dupaty*, *Henrion-de-Pensey*, *Desèze*, le prince *Cambacérès*, *Régnault-de-Saint-Jean-d'Angély*.

Pour l'ordre ecclésiastique : les abbés *Jardin* (2), *Don Pernetti* (3), *Rosier* (4), *Bertolio*, littérateur (5), *de Saint-Simon*, *de Villeneuve* (6), *Pingré*, astronome, *Sicard*, *Delille*.

Pour les savants : *Franklin*, *Condorcet*, *Delalande*, astronome, *Fourcroy*, *Fontanes*, *de Lacépède*, *Delaplace*.

Pour l'armée : *Le maréchal de Saxe*, *Kellermann*, *Beurnonville*, *Lauriston*, *La Fayette*, *Foy*, *Macdonald*, *Maison*, etc.

Pour les artistes : *Talma*.

« Il est de l'essence et de la nature du Maçon de cher-« cher la lumière partout où il croit pouvoir la trouver (7). »

(1) Il fit proclamer, en 1805, grand-maître de la Maçonnerie en France, son frère le prince *Joseph*, qui ne fut jamais reçu Maçon, et ne put point paraître aux travaux du Grand Orient. Le 13 décembre 1805, le prince *Cambacérès* fut installé à la dignité de premier grand-maître adjoint au prince *Joseph*.

(2) Il fut député, en 1778, au Grand-Orient, par la grande loge provinciale de Lyon.

(3) Religieux bénédictin, abbé de Burgel, né à Roanne, en 1716, mort à Valence en 1800. Il est auteur de plusieurs grades maçonniques hermétiques.

(4) Littérateur, auteur de plusieurs écrits didactiques ; l'un des fondateurs du Grand-Orient de France, en 1778.

(5) Il est auteur de *la Société des Francs-Maçons considérée comme utile à l'humanité, aux mœurs et aux gouvernements* (1777), et de la circulaire envoyée aux loges par la mère-loge philosophique, en 1791, pour les inviter à la fidélité à la constitution et au roi.

(6) Ces deux abbés furent convoqués au convent de Paris, en 1785.

(7) Grand Orient de France, *Circulaire*.

En attendant, on donne au Maçon le titre glorieux d'enfant de la lumière, et on le laisse enveloppé de ténèbres !

Nous avons cru nécessaire de diriger les regards des Maçons vers le véritable point de vue de l'institution. Ceux mêmes qui pensent favorablement de nos réunions, s'imaginent-ils tout l'intérêt que peut offrir la science maçonnique dans ses développements ? Nous ne donnons que des esquisses qui inspireront, sans doute, à des peintres plus habiles des tableaux plus achevés.

Tout en écrivant avec franchise et vérité, il est des convenances que nous n'avons pas méconnues. Tout ce que notre ordre a de *mystérieux* dans ses usages, dans ses moyens de reconnaissance et d'admission en loge, doit rester dans le secret du Temple, c'est-à-dire dans le cœur de l'initié, pour la garantie de l'institution.

Nous écrivons pour intéresser et instruire, et non pour être indiscret ni dangereux ; aussi l'aspirant aux grades maçonniques peut nous lire avec confiance et sans crainte de s'égarer.

Nous ne sommes animé par aucun esprit de système, nous prenons la Maçonnerie telle qu'elle était à son berceau, et nous indiquons l'origine des voiles nouveaux qui, dans le moyen-âge et depuis, ont couvert ses emblêmes, en lui conservant toujours son unité de principe et d'action.

Nous cherchons à démontrer, en établissant que la *Francmaçonnerie* est une science, combien l'opinion des profanes et de beaucoup de Maçons repose sur des notions imparfaites et même erronées.

Nous démontrons aussi ce qu'il y a de curieux et d'utile dans cette série d'instructions qui composent la hiérarchie des initiés.

Nous avons réuni dans un ordre plus restreint et pour chaque grade, afin de le faire mieux connaître et de faciliter l'étude de la maçonnerie, tous les documents épars dans des récits fastidieux, où, souvent, ils restent inaperçus et ignorés par beaucoup de frères; et quand nous avons rencontré des lacunes, nous avons suppléé de notre mieux, pour coordonner un tout digne des Maçons studieux, et que, peut-être, le véritable initié ne consultera pas sans fruit.

Nous ignorons si, en faisant cet ouvrage, nous avons fait une bonne action, puisqu'on peut en composer un meilleur; mais, en le faisant publier, la Loge des *Trinosophes* fait une meilleure action, parce qu'elle a espéré qu'il excitera l'émulation et inspirera le goût de l'étude parmi nos jeunes frères.

C'est pour les Maçons dignes de ce nom que ce Cours a été fait. Il ne sera pas sans intérêt pour les frères dont l'esprit observateur et studieux aura su découvrir toute l'excellence de notre institution. Pour ceux, surtout, qui aiment à étudier le principe de son existence, les antiquités curieuses de son histoire, ses symboles instructifs, son enchaînement, ses conséquences et les grands rapports qui l'unissent à la morale et au bonheur de l'humanité.

SUR

LES ANCIENS MYSTÈRES (1).

Outre le culte public que les anciens rendaient à chaque lieu du paganisme, il y avait un culte secret appelé les *Mystères* (2), auxquels on n'admettait que ceux qui avaient été préparés par de certaines cérémonies qu'on nommait *initiations*.

Les nations qui s'entre communiquaient leurs dieux n'en introduisaient pas toujours le culte secret en même temps que le culte public : on sait que celui de Bacchus, par exemple, fut introduit à Rome long temps avant qu'on en admît les mystères; mais quelquefois aussi l'on n'adoptait un dieu étranger qu'afin d'avoir l'occasion d'en établir et d'en célébrer le culte secret; telle fut, chez les Romains, l'introduction du culte d'Isis et d'Osiris.

Les cultes anciens les plus répandus ont été ceux d'Orphée, de Bacchus, d'Eleusis et de Mythra. Plusieurs nations barbares en reçurent la connaissance des Egyptiens mêmes, avant qu'elle fût parvenue dans la Grèce : les druides de la Bretagne qui tenaient leur religion d'Egypte, célébraient les orgies de Bacchus (3).

(1) En donnant ici ce morceau d'architecture et la pièce qui le suit, nous pensons être utile aux Maçons studieux qui désirent connaître les diverses opinions des philosophes anciens *sur les mystères*, et s'instruire sur l'origine de l'Ordre maçonnique.

(2) Strab. *Georg*. lib. 10.

(3) Denis l'Africain.

Mais les mystères qui ont, pour ainsi dire, englouti tous les autres, sont ceux d'Eleusis, qu'on célébrait à Athènes en l'honneur de Cérès. Tous les peuples voisins négligèrent bientôt ceux qui étaient affectés à leur nation pour ne plus célébrer que ceux d'Eleusis, et, en peu de temps, tous les peuples de la Grèce et de l'Asie-Mineure y furent initiés. Ils se répandirent dans tout l'empire romain et même au-delà de ses limites (1). Zosime dit qu'*ils embrassaient tout le genre humain* (2), et Aristide les appelle *le temple commun de toute la terre* (3).

L'importance qu'obtinrent les mystères étonnera moins, lorsque l'on considérera la nature des lieux où ils prirent naissance. Athènes passait pour être de toutes les villes de la terre la plus fameuse par sa dévotion (4). C'est d'après cette remarque que Sophocle, faisant allusion à sa fondation, l'appelle l'*édifice sacré des dieux* (5) ; c'est dans le même esprit que saint Paul a dit : *O vous, Athéniens, qui, en toutes choses, êtes religieux jusqu'au suprême degré* (6) ; de là vint qu'Athènes servit, en fait de religion, de modèle et d'exemple à tout le reste du monde.

Il y avait, dans les fêtes éleusiniennes, deux sortes de mystères, les grands et les petits ; ces derniers n'étaient qu'une espèce de préparation à des initiations plus élevées ; on y admettait tout le monde. On y faisait ordinai-

(1) Omitto Eleusinam sanctam illam et augustam ; ab initiantur gentes orarum ultimæ. (Cic. *de Nat. Deor.* lib. 1.)

(2) Zos. lib. 4.

(3) Aristid. *Eleusinia.*

(4) Joseph. *contrà Apion.* lib. 2.

(5) *Electra*, act. 2.

(6) *Act. apost.* cap. 17, v. 22.

rement un noviciat de trois ans, quelquefois de quatre. Suivant Clément d'Alexandrie, ce qui s'enseignait dans les grands mystères concernait l'univers, c'était la fin, le comble de toutes les instructions; on y voyait les choses telles qu'elles sont, on y envisageait la nature et ses ouvrages (1).

Les anciens, pour exprimer avec plus de force et de facilité l'excellence des mystères, publiaient que les initiés seraient plus heureux après la mort que les autres mortels, et que, tandis que les âmes des profanes, en quittant leurs corps, seraient enfoncées dans la boue, et demeureraient ensevelies dans l'obscurité, celles des initiés s'envoleraient aux îles fortunées, au séjour des dieux (2).

Platon disait que le but des mystères était de rétablir l'âme dans sa pureté primitive, dans cet état de perfection dont elle était déchue (3). Epictète disait : *Tout ce qui s'y trouve ordonné a été institué par nos maîtres, pour l'instruction des hommes et pour la correction des mœurs* (4).

Proclus prétendait que l'initiation aux mystères élevait l'âme, d'une vie matérielle, sensuelle et purement humaine, à une communion, à un commerce céleste avec les dieux (5). Il ajoutait que l'on y faisait voir aux initiés une variété de choses, de formes et d'espèces différentes

(1) Clém. d'Alexand. *Strom.* 5.

(2) Plato *Phædone.* — Aristides *Eleusinia, et apud Stobæum sermone*, etc. — *Schol. Aristophan. Ranis.* — Diog. Laert. *in Vitâ Diog. Cynici.*

(3) Plato *Phædone.*

(4) Epict. *apud Arrian. Dissert.* lib. cap. 21.

(5) Procl. *in Remp. Platon.* lib. 1.

qui représentaient la première génération des dieux (1).

La pureté des mœurs et l'élévation de l'esprit étaient des qualités recommandées et prescrites aux initiés. *Lorsque vous faites des sacrifices*, dit Epictète (2), *ou que vous adressez des prières aux dieux, préparez-vous-y avec pureté d'esprit et de cœur, apportez-y les mêmes dispositions que celles qui sont requises pour approcher des mystères.*

Quiconque aspirait à être initié devait avoir une réputation sans tache et passer pour homme vertueux ; il était ensuite sévèrement examiné par le mystagogue ou président des mystères. Suétone raconte que Néron (3), voyageant en Grèce, après le meurtre de sa mère, et ayant envie d'assister à la célébration des mystères d'Eleusis, n'osa le faire : le reproche intérieur de son crime le détourna de ce dessein. Antoine, au contraire, n'imagina point de meilleur moyen, pour se disculper, aux yeux du monde, de la mort d'Avidius Cassius, que de se faire initier aux mystères d'Eleusis (4).

Soumis à des institutions si vertueuses, les initiés étaient regardés comme les seuls hommes heureux. Aristophanes (5), dont les sentiments sont propres à faire connaître ceux du peuple, fait ainsi parler les initiés : *C'est sur nous seuls que luit l'astre favorable du jour; nous seuls recevons du plaisir de l'influence de ses rayons, nous qui sommes initiés et qui exerçons en-*

(1) Procl. *in Platon. Thol.* lib. 1, cap. 3.
(2) Epict. *Arrian. Dissert.* lib. 3, cap. 21.
(3) Suet. *Vita Neron.* cap. 34.
(4) Jul. Cap. *Vita Ant., Phil. et Dion. Cass.*
(5) Aristoph. *Chorus Ranis*, act. I.

vers le citoyen et l'étranger toutes sortes d'actes de justice et de piété.

Plus on était initié d'ancienne date et plus on était respectable (1). Bientôt même ce fut un déshonneur que de ne plus l'être, et quelque vertueux que l'on fût ou que l'on parût être, si l'on n'était point initié, on devenait suspect au peuple : ce fut le cas de Socrate.

Les mystères furent bientôt aussi universels par le nombre des personnes de toutes sortes de rangs et de conditions qui les embrassèrent, que par l'étendue des pays où ils pénétrèrent ; les hommes, les femmes, les enfants, tout fut initié ; c'est la description qu'Apulée fait de l'état des mystères en son temps (2) : on croyait alors l'initiation aussi nécessaire que, depuis, les chrétiens ont cru le baptême. Enfin, cette passion était devenue si grande et si universelle, que, dans un temps où le trésor public était épuisé, ça a été une ressource pour l'Etat, si l'on en croit le rapport du commentateur d'Hermogène, où l'on voit que le gouvernement d'Athènes ayant éprouvé un grand besoin d'argent, Aristogiton fit une loi par laquelle il prescrivait une certaine somme à payer par quiconque voudrait être initié.

On donnait à l'initié le titre d'*epoptès* (epopte) qui signifie celui qui voit les choses telles qu'elles sont, sans voile ; au lieu qu'auparavant il s'appelait *mystès* (myste, *voilé*) qui signifie tout le contraire.

(1) Aristid. *Orat.*
(2) *Met.* lib. II.

LES MYSTÈRES

INSTITUÉS PAR LES LÉGISLATEURS.

Les instructions sublimes que l'on recevait dans les mystères sur les matières les plus importantes pour le genre humain, apprenaient à vaincre la barbarie des peuples, à polir leurs mœurs et à établir le gouvernement sur ses véritables principes, ce qui prouve que les mystères furent originairement inventés par des législateurs qui avaient puisé leurs lumières à l'antique sagesse de l'Inde.

La ressemblance exacte qui se trouve entre les cérémonie des mystères grecs, égyptiens et autres ; ce qu'on enseignait dans les uns et dans les autres, prouvent qu'ils venaient originairement d'Egypte. D'ailleurs, Hérodote, Diodore de Sicile et Plutarque le disent expressément, et toute l'antiquité est unanime sur ce point. Cependant des Etats et des villes de la Grèce eurent de longues et vives disputes sur l'origine des mystères. Les Thraces, les Crétois et les Athéniens prétendaient en être chacun les inventeurs, et soutenaient n'avoir rien emprunté les uns des autres. Le scandale causé par quelques Maçons de nos jours sur l'excellence ou la prééminence de leurs rites, rappelle ces vieilles querelles ; mais le prétexte s'en évanouissait dès que l'on avait recours aux mystères d'Egypte, comme à une origine commune et incontestable (1). Or, ce fut le magistrat qui forma et qui établit en Egypte le culte religieux, dont il tourna les cérémonies et les dogmes vers des fins politiques.

Les sages qui les portèrent d'Egypte en Asie, en Grèce et dans la Bretagne, étaient tous rois ou législateurs, comme *Zoroastre*, *Inachus*, *Orphée*, *Melampus*, *Trophonius*, *Minos*, *Cyniras*, *Erecthée et les Druides*.

Une autre preuve de l'origine politique des mystères, c'est que le souverain y présidait dans les mystères d'Eleusis. Il était représenté par un président appelé *Basileis*, qui signifie *roi* (2), sans doute en mémoire du premier fondateur. A ce président étaient adjoints quatre officiers choisis par le peuple, et appelés Epimelètes (curateurs) (3). Les prêtres n'étaient que des officiers subalternes, et n'avaient aucune part dans la direction suprême des mystères.

Le dogme peut encore venir à l'appui de cette assertion ; car on enseignait généralement aux initiés de mener une vie vertueuse pour obtenir une immortalité bien heureuse, et certes, cette doctrine était celle des législateurs et n'était pas celle des prêtres ; ils donnaient l'Elysée à meilleur marché : quelques oblations, quelques sacrifices, quelques cérémonies, c'était tout ce qu'ils exigeaient.

(1) C'est ainsi que, de nos jours, il n'y a de schisme que pour les hauts grades ; les discutants reviennent toujours, pour s'entendre, aux trois premiers degrés, comme à une origine vraie, incontestable et commune à tous.

(2) D'où le nom de basilique à un temple avec un dôme, à un tribunal suprême.

(3) Meursii *Eleusinia*, cap. 15.

Locke l'a remarqué avec beaucoup de force et d'éloquence : « Les prêtres, dit-il, ne s'occupaient point à enseigner « aux prêtres la vertu. Ceux qui étaient observateurs « ardents et scrupuleux de cérémonies, qui étaient ponc- « tuels les jours de fête et de solennité, et exacts dans « les autres pratiques vaines et superstitieuses de la reli- « gion, la sacrée faculté leur assurait que les Dieux « étaient satisfaits, et c'est à quoi le peuple se bornait. « Peu fréquentaient les écoles des philosophes pour y être « instruits de leurs devoirs, et apprendre à discerner ce « qu'il y avait de bien ou de mal dans leurs actions ; les « prêtres étaient plus commodes, et tout le monde s'adres- « sait à eux. C'était en effet une chose plus aisée de faire « des lustrations et des sacrifices que d'avoir une con- « science pure et de suivre avec persévérance les précep- « tes de la vertu. Un sacrifice expiatoire, qui suppléait « au défaut d'une bonne vie, était plus commode que la « pratique actuelle des maximes sévères de la morale. »

On peut donc être assuré qu'une institution où l'on enseignait la nécessité de la vertu, devait son origine aux législateurs, pour le dessein desquels la vertu était absolument nécessaire(1).

Tous les anciens législateurs ont été initiés. L'initiation aux mystères rendait leur caractère sacré, et en sanctifiait les fonctions; il était de leur politique d'ennoblir, par leur propre exemple, une institution dont ils étaient les auteurs, et c'est cette initiation que Virgile fait recommander à Anchise par Enée, lorsqu'il lui dit : *Passez en Italie, menez-y des jeunes gens d'élite, coura-*

(1) *Dissertation*, 5.

geux. Vous aurez à combattre, dans le Latium, un peuple rude et barbare ; mais, auparavant, descendez aux enfers (1). »

Suivant mon opinion, dit Isocrate, interlocuteur, dans un des dialogues de Platon, *ceux qui ont établi les mystères, quels qu'ils soient, étaient fort habiles dans la connaissance de la nature humaine* (2). Cicéron les regardait comme d'une utilité si grande pour l'État, que, dans la loi où il proscrit les sacrifices nocturnes (3) offerts par les femmes, il excepte expressément les mystères de Cérès et les sacrifices de la Bonne Déesse. Il appelle, à cette occasion, les fêtes éleusiniennes des mystères augustes et respectables, et la raison qu'il allègue, pour l'exception qu'il fait dans ses lois en leur faveur, c'est qu'il n'a point en vue les Romains seuls, mais encore toutes les nations qui se gouvernent par des principes justes et certains: « Il me semble, ajoute-t-il, qu'Athènes, « entre plusieurs inventions excellentes, divines et si utiles « pour le genre humain, n'en a produit aucune compa- « rable aux mystères, qui, à une vie sauvage et féroce, « ont substitué l'humanité et l'urbanité des mœurs; c'est « avec raison qu'on les caractérise par le terme d'initia-

(1) *Enéide.*

(2) Plat. *Phæd.*

(3) Les premiers chrétiens, à l'imitation des cérémonies du paganisme, avaient coutume de s'assembler dans l'église pendant la nuit pour y célébrer les vigiles ou veilles des fêtes ; ce qui se faisait, dans le commencement, avec une sainteté et une pureté édifiantes ; mais, en peu de temps, il s'y introduisit tant d'abus qu'on fut dans la nécessité de les abolir (*a*). Et, suivant le rapport de Ciceron, Diagondas le Thébain ne trouva point d'autre moyen, pour remédier aux désordres des mystères, que de les supprimer (*b*).

(*a*) Bellarmin. *de Eccl. Triumph.* lib. 2, cap. 14.

(*b*) Cic. *de Leg.* lib. 2, cap. 15.

« tion ; car c'est par eux véritablement que nous avons « appris les premiers principes de la vie, et non seulement « ils nous apprennent à vivre d'une manière plus conso- « lante et plus agréable, mais ils adoucissent encore les « peines de la mort par l'espérance d'un meilleur sort(1). »

Pendant que les mystères étaient encore renfermés dans l'Egypte, et que les législateurs grecs y allaient pour être initiés, il est naturel qu'on n'ait parlé de cette cérémonie qu'en termes pompeux et allégoriques. C'est à quoi contribuant en partie la nature des mœurs des Egyptiens, plus encore le caractère des voyageurs, mais, plus que tout, la politique des législateurs, qui, de retour dans leur pays, et voulant civiliser un peuple sauvage, jugèrent qu'il était utile pour eux-mêmes et nécessaire, par rapport au peuple, de parler de leur initiation, où l'état des morts leur avait été représenté en spectacle, comme d'une descente réelle aux enfers. Cette manière de parler continua d'être en usage, même après que les mystères eurent été introduits dans la Grèce, comme l'indique la fable de la descente d'*Hercule* et de *Thésée* aux enfers. Mais il y avait toujours quelque chose dans l'allégorie, qui découvrait la vérité cachée sous l'emblême. Aussi l'on disait d'*Orphée* qu'il était descendu aux enfers par le pouvoir de sa lyre (2), ce qui montre évidemment que c'était en qualité de législateur; car on sait que la lyre est le symbole des lois par lesquelles il civilisa un peuple grossier et barbare.

(1) Cic. *de Leg.* lib. 2, cap. 14.

(2) Ovid. *Métam.*

[illegible]

COURS PHILOSOPHIQUE.

PREMIÈRE PARTIE.

INSTRUCTION PRÉLIMINAIRE,

GRADES MAÇONNIQUES.

PREMIÈRE SÉRIE.

En France, la Maçonnerie, sous le titre de *rite français* ou *rite moderne*, se compose de *sept* grades divisés en *deux* séries.

La première série nommée *Maçonnerie Symbolique* (1) ou *Maçonnerie Bleue*, à cause de la couleur du cor-

(1) L'épithète *symbolique*, imposée *exclusivement* au *trois premiers degrés* par les inventeurs des hauts grades et employée, sans réflexion, par leurs successeurs, devrait signifier que leur *haute Maçonnerie* est sans symbole. Alors quel nom donner aux voiles qui couvrent les mystères de ses grades? Cette dénomination qui ne doit être que sous-entendue dans la *vraie Maçonnerie*, à moins de dire *Francmaçonnerie*, est donc une naïveté, et même une critique des hauts grades; car lorsqu'il ne s'agit pas

don de *Maître*, se compose, comme dans toute Francmaçonnerie, de *trois* grades :

Apprenti,
Compagnon,
Maître.

Ces grades sont du ressort des Loges.

Les Loges sont, en France, constituées au *rite français* ou au *rite écossais* qui en diffère peu, ou sous les deux rites. Toutes les fois que nous disons *Loge*, nous n'entendons parler que de l'antique et vraie Maçonnerie, composée des trois premiers degrés ou grades, dont l'usage est général en France et à l'étranger. Sans eux, il n'est point de Francmaçonnerie (1), et, long-temps, ils

de Maçonnerie symbolique, c'est qu'il n'est question que de la maçonnerie matérielle des architectes mondains.

Puisqu'on tient à ce qu'il y ait plusieurs *Maçonneries*, les distinguer par la couleur des cordons est moins illogique.

Dans les hiéroglyphes ou peintures symboliques, on désigne ordinairement l'*Apprentissage* par la couleur *bleue*, le *Compagnonnage* par la couleur *jaune*, et la *Maîtrise* par la couleur *noire* (celle de la première chambre.)

(1) Quand l'initiation, en présence d'un culte ostensible né d'elle, eut besoin, pour perpétuer la pureté de son dogme, de recourir à un voile nouveau, les initiés supposèrent l'édification d'un temple allégorique et tout spirituel, pour but de l'association. Ils changèrent ses dénominations (a). Les outils et la plupart des termes des maçons pratiques devinrent naturellement les symboles et le langage des initiés qui, en Angleterre, prirent plus tard le titre de *free-mason*, *free-masonry* (prononcez

(a) C'est, dit-on, à partir du sixième siècle que l'ancienne initiation, perdant peu à peu son nom et ses insignes, prit celui de *Francmaçonnerie*, et, sous ce voile nouveau, naquirent les insignes modernes.

On sait que les mystères d'*Eleusis* survécurent à tous les autres; ils brillaient encore d'un grand éclat dans la Grèce et dans l'Univers, que, déjà les cultes secrets des divinités des Dactyles, des Curètes, des prêtres d'Adonis, des Cabirès, ceux d'Égypte même avaient disparu; ils furent supprimés sous l'impitoyable Théodose, bourreau des Thessaloniens qu'il fit massacrer, et ne furent entièrement détruits qu'en 396 de l'ère vulgaire. Ils ne purent ensuite être propagés que par tradition et sous le sceau du plus grand secret.

ont été et seront toute la Maçonnerie, c'est-à-dire un pacte d'union entre tous les hommes, une fraternité univer-

fri-méçon', *fri-méçon'ry*), maçon libre, maçonnerie libre; et, en France, celui de *Franc-Maçon*, *Franche-Maçonnerie*.

Lors de l'introduction de ces dénominations, l'adjectif *franc* variait selon le genre et le nombre du mot qu'il précédait; on écrivait les *Francs-Maçons*, on disait une *Franche-Maçonne*. Mais quand l'institution se répandit, ces mots devinrent plus usités, et il arriva ce que l'usage introduit souvent dans le langage vulgaire, c'est que ces dénominations furent syncopées. Dès lors le prépositif *franc* cessa d'être variable, et l'on est venu à dire et à écrire *Franc-Maçon*, *Franc-Maçonne*, *Franc-Maçonnerie*. Un peuple a le droit de modifier son langage et son orthographie. Les expressions essentiellement maçonniques ne sont pas du domaine de l'Académie ni d'aucun lexigraphe, puisqu'il faut être initié pour les comprendre. Aujourd'hui que la Francmaçonnerie a pris plus d'extention, le même usage a encore syncopé cette dénomination; on dit simplement la *Maçonnerie*.

Un initié qui ferait un dictionnaire maçonnique se garderait bien d'écrire, comme l'Académie, dans la 6e édition (1835) de son dictionnaire : « Franc-Maçon, s. m., celui qui est initié à la Franc-Maçonnerie. *Il a été « reçu Franc-Maçon. Une loge de Francs-Maçons.* » — Mais puisque vous soumettez *franc* à la règle des nombres, vous devez, en bonne logique, le soumettre également à la règle des genres, et dire *Franche-Maçonnerie*. Vous écrivez *Francs-Maçons*, comment écririez-vous le pluriel de *Franc-Maçonne* ?

On lit, dans la 8e édition (1834) du dictionnaire de Boiste : « *Franc-Maçon, Franc-Maçonne, Franc-Maçonnerie.* » Mais cet auteur, ainsi que Laveau (2e édition, 1828), se taisent prudemment sur le pluriel de *Franc-Maçonne*.

Le dictionnaire de Napoléon Landais (3e édition, 1836) reproduit la même faute que celui de l'Académie; mais son auteur va plus loin; car voulant, d'après le dictionnaire de Raymond (2e édition, 1835, et son supplément au dernier dictionnaire de l'Académie), donner l'étymologie du mot *franc-maçon*, il dit, dans l'ignorance de son sujet : « Comme les *Fran-« çais* ou les *Francs* ont été plus ardents que *toutes* les autres *nations* à la « conquête de la Terre-Sainte, on a pu *lui* donner l'épithète de *Francs-Ma-« çons.* » — Mais *Francmaçonnerie* devrait alors signifier *maçonnerie des Français* ou *des Francs*, ce qui serait un non-sens, puisque la Francmaçonnerie est une corporation universelle à l'usage de tous les peuples sans aucune exception. » Si l'étymologie recueillie par MM. Raymond et Landais était vraie, les Maçons anglais et écossais auraient dit et écrit

selle où sont admis nationaux et étrangers, dès qu'ils sont Maçons ou dignes de le devenir.

French-Mason, French-Masonry. Cette donnée se trouve dans les *Fastes Universels* de Buret de Longchamp, et en meilleur style.

Pour éviter toute erreur et empêcher toute ambiguité, nous écrivons, sans le trait-d'union, le mot *Francmaçonnerie* et ses dérivés, et nous pensons qu'à l'imitation de beaucoup de mots français dont l'ortographie est contractée, et avec raison, on pourrait supprimer le *c*; le radical serait encore assez sensible.

MAÇONNERIE BLEUE.

Premier grade Symbolique.

GRADE D'APPRENTI.

ALLOCUTION

A LA R.·. LOGE DES **TRINOSOPHES** (1).

S.·. S.·. S.·. (2)

TT.·. CC.·. et RR.·. FRERES,

C'est un phénomène particulier à ce siècle qu'au moment où la liberté de penser, de parler et d'écrire se généralise, et où les progrès augmentent dans les sciences; lorsque l'érudition n'est plus le monopole d'un certain état; que les lumières pénètrent dans toutes les classes sociales avec les nouvelles découvertes et toutes les vérités de la nature, base des cultes et du bonheur des hommes; lorsque l'on dévoile tous les mystères, que l'on pénètre dans la profondeur de la création et qu'on scrute les voies,

(1) Séance du vendredi 2 février 1838.

(2) Cette salutation maçonnique est la plus ancienne de toutes. On remarque, dans l'*Antiquité dévoilée*, l'analogie curieuse du mot *salus*, salut, et *salos* trois. Sa triplicité est une marque d'honneur et de flatterie : le triple *Sanctus* de la Messe équivaut à *Sanctissimus*. Nous avons conservé une partie de cet usage antique dans le *Monsieur*, *Monsieur* de la suscription de nos lettres. Peut-être, primitivement, a-t-on écrit trois fois *Monsieur*.

les causes et les effets de chaque phénomène ; lorsqu'enfin la philosophie recule ses limites ; c'est précisément dans ces moments progressifs de lumière et de clarté que la Maçonnerie, cette belle philanthropie organisée (1) qui, jadis, avant-garde de l'humanité, chez les peuples opprimés, présidait aux hautes sciences, (2) qui, depuis, donna l'idée de l'*Encyclopédie* (3), et qui continuait, dans ses tenues secrètes, les Ecoles de sagesse de la docte antiquité, semble aujourd'hui, dans Paris surtout, négligée et presque délaissée, malgré les écrits et les efforts d'illustres Initiés.

La Maçonnerie doit-elle être à la remorque de la civilisation, elle qui, naguère, marchait à sa tête et la propageait parmi les hommes? Non, sans doute; appelée à

(1) Partout la Maçonnerie cherche à guérir les plaies sociales : l'infirmerie royale d'Edimbourg, construite en 1738, est due à la munificence des Maçons. La Bourse de cette capitale est aussi un de leurs bienfaits. Ils en posèrent la première pierre en 1753, au nombre de sept cents frères, décorés de leurs insignes.

En 1784, le Grand Orient de France fit paraître une circulaire relative à la fondation d'établissements pour les orphelins, dits *Enfants trouvés*. Une nation qui connaît le prix des hommes, la Hollande, a demandé qu'on lui permît d'élever tous les enfants trouvés, à condition de n'en rendre qu'un tiers à la France, à un âge convenu, et de garder le surplus pour son propre accroissement. Ce que ces voisins voulaient faire, les Maçons proposaient de le demander à l'Etat.

De nos jours, toutes les infortunes trouvent un soulagement dans la Maçonnerie.

(2) D'après d'anciennes chroniques, trois mille ans avant *Franklin*, les initiés toscans, précepteurs des Romains, connaissaient, dit-on, l'art de diriger le fluide électrique et de diriger le tonnerre.

(3) Le projet d'un dictionnaire de toutes les sciences avait été conçu, en Angleterre, par des Maçons qui avaient même recueilli des matériaux pour son exécution, bien avant qu'on pensât, en France, à la fameuse *Encyclopédie*. (Voir, dans l'*Hermès Maçonnique*, tom. Ier, p. 359, le discours prononcé par le F.·. Ramsay, en 1740.

éclairer le monde, elle ne se dessaisira jamais entièrement du dépôt que lui ont confié ses instituteurs (1). La Maçonnerie peut sommeiller chez un peuple, mais elle brille avec plus de splendeur chez d'autres nations.

En perdant la possession exclusive de tous les avantages intellectuels et physiques, la Maçonnerie aurait-elle aussi perdu son plus bel attribut : la liberté d'action (2), le droit de la direction sociale? Certainement, non. Les anciens mystères concentraient, dans le sanctuaire du Temple, les connaissances humaines que les Maçons modernes n'acquirent que pour les repandre dans le monde.

C'est la Maçonnerie qui, en Europe, a donné naissance à la civilisation, et c'est le progrès de la civilisation qui a établi les différences entre la Maçonnerie actuelle et les anciennes initiations.

Mais les méditations des hommes sont encore loin d'avoir découvert tout ce qui peut contribuer au bonheur du genre humain. La Maçonnerie doit, tôt ou tard, produire ce résultat. Travaillons, appliquons-nous à nous rendre dignes d'elle, et nos travaux en recevront plus d'éclat. Mais avant de savoir où nous allons et l'apprendre à nos néophites, sachons d'où nous venons.

C'est pour atteindre ce but louable que la Loge des Trinosophes a décidé qu'un *Cours d'Interprétations Maçonniques* qui déjà avait eu lieu par son vénérable fondateur en 1818, serait reproduit par lui, et qu'à compter de ce jour, il y aurait, pour ses trois ateliers, le premier vendredi de chaque mois, collation et interprétation d'un

(1) C'est du sein de la réunion de *Mason's house* qu'est sortie la *Société royale* de Londres.

(2) *Introduction*, p. 19 et suivantes.

grade maçonnique. Puisse cet exemple, que renouvellent les Trinosophes, avoir des imitateurs, ou, du moins, exciter l'émulation parmi les Maçons ! La Maçonnerie expliquée est la vérité sans voile, où l'on trouve la raison de tous les siècles, et où doit s'alimenter la raison de tous les âges.

Nous allons essayer de satisfaire à cette nouvelle décision de la Loge.

FRÈRE NOUVELLEMENT INITIÉ (1).

« Si le sentiment inquiet de la surprise doit s'imprimer dans l'âme de celui qui, durant un profond sommeil, serait transporté dans un lieu dont, même en imagination, il ne se serait fait aucune idée, plus encore tout ce qui

(1) Le mot *initié*, dans son sens primitif et général, et dont l'étymologie rappelle le vêtement blanc qu'il recevait jadis, signifiait qu'il commençait une nouvelle vie : *novam vitam inibat*. *Apulée* dit que l'initiation est la *résurrection à une nouvelle vie*.

Le mot d'*aspirant*, de *postulant*, de *candidat* ou de *néophyte* s'emploie indistinctement et à tort, dans quelques cahiers ou régulateurs, pour désigner le *récipiendaire ;* voici la définition de ces mots qui en indique l'application régulière :

L'*aspirant* ou le *postulant* (*a*) est celui qui demande à être initié. Dès que la Loge a consenti à son admission, il est *candidat* (*b*). Admis aux preuves, il est *récipiendaire* (*c*). Une fois reçu, c'est un *néophyte* (nouveau-né) ou *initié* au grade conféré.

(*a*) Celui qui sollicite avec instance son admission dans une société. Anciennement, on appelait *postulant*, *postulante* celui, celle qui demandait à entrer au couvent.

(*b*) Celui qui, chez les Romains, aspirait à une charge, à une dignité, revêtait une robe Blanche (*candida*), d'où (*candidatus*). Par extension, et en Maçonnerie, on appelle *candidat* celui qui aspire à un grade, à une dignité ou fonction. Autrefois, en Pologne, l'aspirant au trône s'appelait *candidat*.

(*c*) On donne ce nom à celui ou celle qui se présente pour être *reçu* solennellement dans une corporation quelconque.

vous environne dans ce moment, tout ce qui frappe vos regards doit vous surprendre, vous étonner et exciter en vous le besoin de multiplier les questions : c'est véritablement ici que vous avez des yeux sans voir et des oreilles sans entendre. D'où viennent les Maçons? Que font-ils? Voilà, sans doute, les premières questions que vous brûlez de m'adresser.

Si je voulais suivre la série des idées que les cérémonies de votre réception ont dû faire naître dans votre esprit, je devrais examiner avec vous la nature de l'ordre dans lequel vous venez d'entrer, et vous retracer les devoirs que vous avez à remplir; je devrais vous dire, par exemple, que la Maçonnerie est une association qui, subsistant depuis une longue suite de siècles, a toujours été reconnue comme le sanctuaire des bonnes mœurs, l'asile de l'innocence, l'école de la sagesse et le temple de la philanthropie; qu'à la porte de ce temple, chacun de nous dépose et oublie les titres pompeux dont a pu nous décorer la société civile; qu'ici l'équitable niveau rend chaque individu à lui-même; et que chacun de nous y voit son égal dans son frère.

Je devrais vous dire encore qu'un vrai Maçon pratique éminemment la bienfaisance, cette vertu si consolante pour les malheureux, vertu qui inspire la confiance et nous fait concilier la dignité, le rang avec l'affabilité et la bonté. Je vous dirais que le Maçon, ami de tous les hommes, père de tous les infortunés, sait, par des soins et des secours secrets, arracher l'indigence au désespoir; que les obligations qu'il contracte, tiennent au bonheur de la société; qu'il ne vit que pour l'utilité du genre humain, et que les principes inaltérables de l'ordre ramènent à la paix les esprits les plus bizarres, et font disparaître ces moments d'humeur ou de caprice qui troublent, trop souvent, les sociétés du monde profane; mais il n'entre pas dans le plan de cette instruction de vous entretenir de ces objets, et mon but est de fixer vos idées sur les cérémonies de votre initiation (1).

Toutes les associations fondées sur des mystères (2), c'est-à-dire sur des secrets inconnus au vulgaire, ont eu des initiations et des initiés. Mais comme il n'est aucune de ces associations particulières formées chez les différents peuples du monde, qui ne doive céder la prééminence à la Francmaçonnerie, de même aussi cette dernière se distingue des autres par ses cérémonies et la nature de ses épreuves.

Pour vous convaincre de cette vérité, je pourrais dérouler les fastes de l'histoire, et vous faire connaître tout ce qui a été transmis sur les divers mystères de l'antiquité, tels que ceux d'Isis, d'Eleusis et autres; mais comme, en ce moment, cet examen nous conduirait trop loin, et que je désire cependant vous démontrer ce que je vous avance sur la différence des épreuves, je vais vous donner un tableau raccourci de celles d'*Eleusis* et des cérémonies de l'initiation à ses mystères (3).

Je ne promènerai pas votre imagination sur les neuf

(1) On a dit, avec raison, que l'*initiation* était une *tradition organisée et conservatrice des sciences secrètes*.

(2) Du verbe grec *mucin* (fermer), d'où *museria* (silence), *musés* (initiés). *Mustérion*, mystère, vient du primitif *mu*, silence; en sanscrit, *Muka*, muet; en latin, *Mutus*. La mue des oiseaux ne dérive de *Mutare*, changer, que sous le rapport du *silence* qu'ils observent pendant le renouvèlement de leur plumage.

(3) *Eleusis* signifie *retour*, *arrivée*.

En effet, le nom de cette ville, située près d'Athènes, rappelle l'arrivée de Cérès dans cette partie de l'Attique. Les médailles d'*Eleusis* repré-

jours de préparations auxquelles étaient soumis les initiés ; sur la foule des acteurs, les pompes et l'ordre des cérémonies ; le tumulte inséparable de leurs développements ; les hymnes, les danses, les invocations répétées à *Inachus;* les symboles solennels élevés dans les airs, les corbeilles mystiques, le son des lyres, le bruit des instruments d'airain, et ces pauses graves employées pour les sacrifices. Je passerai sous silence la précipitation avec laquelle on traversait le pont de *Céphise;* la majesté des monuments qui s'élevaient le long de la voie sacrée ; en un mot, l'assemblage des moyens employés dans les cérémonies préparatoires pour séduire et charmer le vulgaire ; je vais vous transporter au dernier jour des épreuves, et vous peindre celles qui précédaient immédiatement l'initiation.

Représentez-vous l'aspirant seul dans un endroit préparé pour le recevoir ; il est étendu sur une peau de bête fauve. Il a devant lui un vase de *cicéon*, liqueur en usage dans les mystères d'Eleusis. La solitude où il se trouve lui inspire de l'effroi. En vain se représente-t-il qu'il a paru sur les bords du torrent consacré aux neuf Muses, qu'il a été purifié à *Agra*, sur les rives mystiques du divin *Illysus*, qu'il a immolé l'animal consacré, posé le *pied*

sentent cette déesse sur un char traîné par deux dragons ; au revers, un sanglier.

« Eleusis est peut-être l'ancien nom grec de la *liberté*. Il semble qu'il « soit resté un indice de cette signification dans le nom d'homme *Eleu-* « *sius*, synonyme *d'Eleuthère*. »

(*Guerr. de Dum.*)

Nous ferons remarquer ici que le mot *cérémonie* a une origine initiatique, car il vient de *Cereris munia*, *formalités* ou rites des fêtes de Cérès, pendant lesquelles on faisait *avec pompe* des oblations à la *déesse*.

Des auteurs pensent que le mot français *guéret* vient de *Cérès*, qui anciennement s'est écrit *Hérès* et *Gérès* (Cic. *de Nat. Deor* II.)

gauche sur les peaux des victimes immolées à *Jupiter Melechius*, qu'il a jeûné, qu'il a promis de commencer une vie nouvelle, et qu'il a satisfait, avec résignation, à tout ce qu'on a exigé de lui. Guidé par la curiosité, irrité par l'attente, encouragé par la fermeté qu'il a montrée dans les épreuves auxquelles il a déjà été soumis, en en craignant cependant de nouvelles qui pourraient être plus sérieuses et surpasser ses forces, il flotte entre l'espérance et la crainte ; il sent son cœur défaillir au milieu des sentiments contraires qui l'agitent, il veut néanmoins ne pas se laisser abattre, et, pour se rassurer, il boit quelques coups de cicéon : bientôt sa tête se trouble, des spectres l'assiégent ; il veut les toucher, ils disparaissent. Il est au milieu des scènes les plus effrayantes de la physique. Frappé de terreur, n'étant plus maître de ses sens, il se jette le visage contre terre pour se soustraire à la vue d'un spectacle qui le glace d'effroi ; à l'instant même s'enfonce le plancher qui le soutient, la foudre éclate avec fracas, et l'aspirant est précipité au fond d'un abîme éclairé par les reflets des flammes qui présentent au loin l'aspect d'une mer de feu. Il est dans une grotte hideuse, hérissée de pointes de fer ; il n'aperçoit, de tous côtés, que dangers et douleurs ; il se soutient à peine ; il ne voit, il n'entend plus rien ; une sueur froide découle de tout son corps ; il se croit à sa dernière heure. Déguisé en *Lares* (1), des ministres impitoyables le flagellent et le rappellent au sentiment de la vie par celui des tortures ; un spectre le saisit par les cheveux et l'emportant dans les airs, le dépose sur la pointe d'un rocher qui s'élève au

(1) Les *Lares*, dieux domestiques, présidaient à la sûreté extérieure des maisons, et les *Pénates* à la sûreté intérieure ou au ménage.

milieu d'un océan de flammes ; debout sur ce sommet escarpé, il jette des cris de désespoir ; il glisse, croit rouler dans un brasier vaste et ardent; traverse des nuages enflammés, et tombe dans un étang d'où les prêtres le retirent, et dans lequel on prétend que plusieurs initiés perdirent la vie par l'effet de la frayeur. Là, on le confie aux soins d'une prêtresse de *Cérès*. Elle lui annonce qu'il doit traverser l'empire de *Pluton*, en passant par des bois sombres que le noir *Cocyte* (1) entoure de ses ondes; mais que s'il veut en revenir, il faut qu'il aille, au fond d'une épaisse forêt, chercher un arbre touffu, dont il détachera un *rameau d'or*, sans lequel il ne peut parvenir dans le Tartare.

Le malheureux candidat s'avance silencieusement, et roulant en secret des pensées sinistres ; il aperçoit la forêt, dont l'épaisseur redouble son effroi : comment y pénétrer, comment percer cette profondeur, comment y apercevoir, y trouver, y prendre ce rameau brillant.....? Au même instant, une colombe fend les airs, et s'élevant au-dessus des gouffres de l'Averne (2), plane lentement et va s'abattre et se percher sur l'arbre précieux. L'éclat de l'or pénètre et brille à travers l'obscurité, l'initié redouble d'efforts, il parvient au pied de l'arbre et cueille le rameau. La lueur d'un crépuscule pâle s'aperçoit ; la terre s'ébranle et frémit ; les échos retentissent du cri d'effroi des animaux ; tout annonce l'approche d'une divinité. Bientôt l'aspirant traverse la profonde obscurité qui l'en-

(1) Ce mot, en grec, signifie *pleurs, lamentations;* parce que ce fleuve, selon la fable, ne se grossit que des larmes des méchants.

(2) Ce nom, en grec, signifie *privé d'oiseaux;* parce que le lac de Campanie exhalait des vapeurs si infectes que les oiseaux n'en pouvaient approcher.

vironne et les déserts de Pluton peuplés de spectres; il veut les attaquer, les combattre; la prêtresse s'y oppose. Il arrive enfin près du fleuve, sur les bord duquel se trouve le nocher des enfers; le noir *Caron*, à la vue du précieux rameau, s'approche de la rive et reçoit, dans sa barque, le nouvel ami des dieux et le transporte, avec son guide, sur la rive opposée. L'initié s'approche du palais de Pluton et suspend le rameau sacré à l'entrée du ténébreux séjour. Bientôt l'*Élysée*(1) s'offre à ses regards; il est ravi de la beauté du lieu, et sa vue, fatiguée par une longue obscurité et par les objets qui l'ont frappée, se repose délicieusement sur le spectacle enchanteur que lui présente la demeure des dieux et des sages. Enfin, après avoir parcouru, avec une curiosité pleine de charme, ces régions fantastiques, il arrive, par une porte d'ivoire (2), jusqu'au temple de la déesse. Il est admis, et se trouve dans une salle mystique d'une grandeur immense et resplendissante de clarté. La lumière paraît jaillir d'une figure haute, imposante, suspendue au milieu du temple et offrant l'image de la nature. Les prêtres sont rangés en ordre, l'Hiérophante (3), se levant de son trône, écarte, avec sa baguette d'or, le voile suspendu entre le sanctuaire et la foule. Une pompe éclatante frappe les yeux de tous les initiés. La statue de la nature (4) se meut et semble faire connaître à ses adorateurs combien ils doivent se trouver heureux de ce qu'elle veut bien s'offrir à leurs

(1) Lieu de *délivrance*, de *délices*.

(2) Voir le sixième chant de l'*Énéïde*.

(3) Ce mot, en grec, signifie *celui qui révèle ou explique les choses sacrées* (les mystères).

(4) La statue d'*Isis*.

regards. La procession en l'honneur de la déesse s'exécute, et les mystères sont terminés.

Vous venez d'apprendre, frère nouvellement admis, combien l'initié aux mystères anciens avait d'épreuves à subir avant d'arriver au terme de ses vœux. Neuf jours suffisaient à peine pour le conduire au temple, lorsque vous y êtes introduit après une heure d'épreuves. Et cependant, l'initié d'Eleusis avait-il une récompense plus flatteuse que celle que vous venez d'obtenir? Non, sans doute : il était admis dans un temple dédié à la nature, comme vous l'êtes dans un temple décoré des mêmes attributs, et élevé à la gloire du Grand Architecte de l'Univers. L'ordre qui s'y trouvait représenté et observé, indiquait la loi naturelle, que les initiés considéraient comme l'unique et véritable religion, la seule qui puisse plaire à la Divinité qu'ils honoraient, puisqu'elle a pour résultat la charité, c'est-à-dire l'amour de ses semblables. Vous n'avez pas, comme l'initié de Memphis (1), traversé des bois sombres ; vous n'avez pas rencontré des spectres hideux ; vous n'avez couru aucun danger : quelques instants de séjour dans un cabinet de réflexion, quelques pas incertains, quelques voyages plus ou moins difficiles, quelques légères contradictions enfin, ont suffi pour vous procurer l'avantage inappréciable d'être admis dans le temple de la vérité et de la vertu (2).

(1) Ancienne capitale de l'Egypte, sur le bord occidental du Nil. Le Caire a été bâti de ses ruines sur le bord oriental.

(2) Toutes les relations attestent que les initiations anciennes avaient un appareil imposant, ineffaçable des grandes vérités qui en étaient le résultat. Et des Maçons modernes, au demi-savoir, sont venus, traiter de charlatans ceux qui, avec succès, rappelaient ces antiques cérémonies !

Vous attendez sans doute encore, frère nouvellement initié, quelques détails explicatifs sur divers points de votre réception. Ceux que je vais vous retracer vous donneront les moyens de vous rendre compte à vous-même, du but de notre ordre et de ses allégories ; elles ont été si sagement méditées, que, sous quelque point de vue qu'on les considère, elles sont applicables au bonheur de l'homme. Vous reconnaîtrez, mon frère, en assistant à nos travaux, que la Maçonnerie, sous la plume savante des orateurs de cet atelier, est à la fois l'interprétation du grand livre de la nature, le récit de phénomènes physiques et astronomiques, la philosophie la plus pure, l'origine des fables de tous les cultes ; qu'elle est enfin le puits où la vérité semble s'être réfugiée. Ainsi, dans chaque grade moderne, vous reconnaîtrez trois choses : *L'image des temps anciens*, *le tableau des causes agissantes dans l'univers*, *et le livre dans lequel sont inscrits la morale de tous les peuples*, *et le code qui doit les régir pour les rendre heureux.*

Chez les anciens, le grade que vous venez de recevoir, entièrement consacré aux épreuves physiques, était spécialement l'emblème du commencement de l'année ou du printemps, pendant lequel le soleil croît, acquiert des forces, et passe la ligne qui sépare les signes inférieurs des signes supérieurs. Au moral, il était l'emblème de l'enfance ou du printemps de la vie, figurée par la pierre brute, susceptible de recevoir toutes les formes, sous la main d'un artiste habile. Dans nos temps modernes, ce grade acquit un plus grand degré d'intérêt, en présentant l'image emblématique du principe des sociétés humaines. En effet, les premiers hommes, en quelque sorte muets à leur naissance, n'eurent point, dans l'origine, de langage proprement dit ; voilà pourquoi l'apprenti ne doit point parler en loge; et en effet, qu'aurait-il à dire ? Instruirait-il ? mais sur quoi ? il ne sait rien encore; questionnerait-il ? mais sur quoi ? il ignore ce dont on s'occupe. Il attend donc qu'il ait vu et entendu; alors il devient Compagnon, et il peut avec fruit interroger les Maîtres.

A mesure que les hommes se sont multipliés, le besoin de s'entre aider a frappé leur imagination. Ils ont dû adopter des signes pour s'entendre, et, avec l'accroissement d'un plus grand nombre d'idées, remplacer ensuite ces signes par l'expression articulée des mots; donner à ces mots une fixité ou une signification régulière; enfin, former successivement une sorte de langage; et, plus les humains se sont multipliés, plus aussi leurs besoins se sont étendus, et plus encore leur langage a dû se perfectionner.

Mais où trouver des traces de ces premiers éléments de la civilisation, si ce n'est dans la Maçonnerie, que je considère comme un point central de développement des facultés intellectuelles de l'homme.

En effet, où trouver un rapport plus direct entre ces observations et la pratique de nos mystères ? Le récipiendaire est présenté en loge, les yeux couverts d'un bandeau épais; ces ténèbres du corps figurent celles de son âme; il est dépouillé de ses métaux, et en partie de ses vêtements, nos mœurs ne pouvant plus souffrir la nudité. Le candidat figure, dans cet état, l'homme de la nature. Initié, il reçoit aussitôt un vêtement nommé par nous *décoration*, pour lui rappeler qu'il appartient à la civilisation, et que celle-ci doit son origine et ses progrès aux mystères anciens (1).

(1) La moralité, premier fruit de la sociabilité, a conduit l'homme à se vêtir, en commençant par le vêtement qu'indique la pudeur native.

Ensuite, on lui enseigne à se faire comprendre de ses frères, d'abord par signes et attouchements, premier degré de l'entendement humain ; puis, le premier mot communiqué lui est *épelé*, pour lui apprendre le mécanisme des langues et le second degré de notre intelligence. Ce premier mot signifie *initiation, commencement* ; il reçut le nom de *Sacré*, avec cette interprétation : *La sagesse est en Dieu*, pour faire entendre que la SAGESSE (1) doit être la base de tout lien social, de toute religion, comme la Maçonnerie est l'origine et la source de toutes les vertus sociales.

Le second mot, appelé *mot de passe*, est prononcé par syllabe, troisième degré de notre perfectionnement, et premier point de départ vers l'instruction et l'étude.

Ce mot mystérieux est le nom de celui qui, dit-on, inventa l'art de travailler les métaux. Il est aisé de reconnaître, à cet indice, l'époque de la naissance des arts. Plus tard, vous lui reconnaîtrez une autre interprétation.

Les épreuves et les voyages de l'apprenti sont encore, comme autrefois, l'emblème de la vie de l'homme (2). Il entre faible et nu dans une route semée d'écueils et de dangers. L'ignorance de l'enfance, la fougue des passions de la jeunesse, le trouble, les agitations de l'âge mûr,

(1) Ce mot, en Maçonnerie, ne veut pas dire *prudence* ; il signifie, comme chez les anciens, la *science des choses*.

(2) Suivant le rite *antique*, l'aspirant voyageait dans les souterrains et non dans le temple. A la fin de ses courses, il trouvait cette inscription :

« Quiconque aura fait ces voyages, SEUL et sans crainte, sera purifié par le *feu*, l'*eau* et l'*air*, et ayant pu vaincre la frayeur de la mort, ayant son âme préparée à recevoir la lumière, il aura droit de sortir du sein de la *terre*, et d'être admis à la révélation des grands mystères. »

Il avait le droit de retourner sur ses pas, si le courage pour aller plus loin lui manquait.

les infirmités de la vieillesse, sont autant de maux auxquels il est livré, et dont la philosophie peut seule l'aider à supporter le fardeau. Placé sans défense sur cette terre de douleur, que deviendra-t-il sans le secours de ses frères ?

Les purifications, qui ont accompagné les voyages, rappellent, sans cesse, que l'homme n'est jamais assez pur pour parvenir au temple de la philosophie. Voilà pourquoi l'initiation était considérée comme un sacrement.

Frère nouvellement initié, le breuvage qu'on vous a donné est, par son amertume, un emblème des chagrins de la vie et des obstacles qui précèdent l'initiation ou la découverte de la vérité. Qu'il soit pour vous un breuvage du *Léthé* ou d'*oubli* à l'égard des fausses maximes que vous avez puisées parmi les profanes !

Le second breuvage est pur ; vous l'avez trouvé plus doux (1). Qu'il soit un breuvage de *Mnémosine* ou de *mémoire* pour les leçons que vous recevrez de la sagesse.

Ces deux purifications signifient que votre cœur ne doit plus s'abreuver à l'avenir qu'à la source limpide et fraîche des eaux de la vérité.

Nous vous avons parlé de la saignée et de l'application d'une marque inaltérable ; ces choses ne sont plus, parmi nous, qu'un simulacre ; mais, dans les mystères de l'antiquité, elles existaient réellement.

Un moment, pendant les épreuves, on vous a offert, comme dans l'antique initiation, le choix de vous retirer ou d'aller plus avant ; votre persistance courageuse vous

(1) Dans les premières années de la Loge des *Trinosophes*, ces deux breuvages étaient donnés au récipiendaire.

a fait admettre à prêter un premier serment qui doit vous lier pour toujours à la société dans laquelle vous entrez. Ce n'est pas un serment vulgaire, et tel qu'on en exige dans le monde profane; il est antique et sacré (1). On le prononce sans contrainte. Les expressions en sont énergiques, parce que celui qui le prête, et dont les yeux sont encore couverts d'un bandeau, est sur le point de passer de la barbarie à la civilisation. Dans les anciens mystères, on frappait ainsi l'esprit de l'initié, pour lui faire prendre, par l'effroi des supplices, la résolution de bien observer son serment (2).

C'est pour y avoir manqué, en dévoilant les mystères de Cérès, qu'*Alcibiade* fut exilé et dévoué aux furies; peu s'en fallut qu'il ne perdît la vie (3).

(1) Autrefois, le serment se prêtait ainsi : *Je jure et promets sur les saints Evangiles et sur cette* ÉPÉE D'HONNEUR... De nos jours, on a substitué les Statuts Généraux ax Evangiles ou à la Bible; on a bien fait, car c'était une contradiction et une inconvenance au symbole maçonnique qui n'a aucun point d'analogie avec les cultes modernes; mais on dit : *Je jure et promets sur les Statuts Généraux de l'Ordre et sur ce glaive* SYMBOLE DE L'HONNEUR... La *justice*, le *commandement* peuvent avoir le glaive pour symbole, mais non pas *l'honneur*. Une épée d'honneur, un sabre d'honneur ne veut pas dire que l'honneur ait ces armes pour symbole. Nous pensons donc qu'il faut dire : *Je jure et promets sur les Statuts Généraux de l'Ordre et sur cette épée d'honneur, devant le Grand Architecte de l'Univers*, etc.

On a trouvé en Scythie des initiés qui se liaient en faisant serment sur le glaive nu, et *Anacharsis* prouve qu'il y avait de grands et vertueux hommes parmi eux.

(2) Pour frapper de terreur l'initié qui serait tenté d'enfreindre son serment, « le sceau des prêtres qui marquaient les victimes représentait un « homme à genoux, dont les mains étaient liées derrière le dos, et qui « avait sur la gorge la pointe d'une épée. C'est dans cette attitude que « l'aspirant recevait la première initiation, et qu'il consentait de périr par « le glaive, s'il lui arrivait de trahir les secrets qui lui étaient révélés. »

(BOULAGE, *des Myst. d'Isis.*)

(3) *Prométhée*, après avoir dérobé aux dieux *le secret du feu*, le publia

Lucien dit, par la bouche d'un initié, *qui saurait mieux garder le secret que moi qui suis initié* (1)?

parmi les hommes, et, pour cela, le cœur lui fut arraché par un aigle servant de Jupiter.

Tantale ayant assisté au souper des dieux, ne sut retenir *garrulam linguam*, et en fut puni par le supplice d'avoir devant soi de quoi se rassasier, et à n'en jouir jamais. Cela signifie, ajoutent les NN, que la porte du temple lui fut désormais fermée.

OEdipe, ayant publié l'énigme du Sphynx, fut puni comme l'indiscret *Samson*, par la perte de ses yeux; ils ne revirent plus la lumière.

C'est également pour avoir été indiscret qu'*Orphée* subit le supplice d'Abeilard.

Eschyle faillit être lapidé pour avoir introduit sur le théâtre d'Athènes le costume des initiés. Il ne put être absous qu'en prouvant qu'il n'était pas initié. Pour éviter la fureur du peuple, il fut, un jour, obligé de se réfugier auprès de l'autel de Bacchus. Un ordre de l'aréopage l'acquitta, en considération des services que, dans la journée de Marathon, il avait rendus à l'Etat.

Diagoras, admis seulement aux petits mystères, parce qu'il n'était pas Athénien, s'étant permis quelques plaisanteries qui pouvaient refroidir le zèle des postulants à l'initiation, courut aussi de grands dangers; sa tête fut mise à prix. La sentence prononcée contre lui et gravée sur une colonne d'airain, promettait à celui qui le tuerait un talent de récompense, et deux talents à celui qui le livrerait vif. On voit que les mystères, comme les religions modernes, n'avaient pas la tolérance pour principe, et qu'aux yeux des prêtres d'autrefois et d'aujourd'hui, l'interêt du sacerdoce est plus précieux que la vie des citoyens.

Le maître du Lycée, *Aristote*, accusé d'impiété par l'Hiérophante pour avoir sacrifié aux mânes de sa femme, avec les cérémonies usitées à Eleusis, fut, malgré sa justification tentée par Aristocle, obligé de se retirer à Chalcis. Et, pour faire à Cérès une sorte d'offrande expiatoire, il lui fit, par testament, élever une statue.

Les railleries qu'*Aristophane* se permit dans sa comédie des *Thermophoriazuses*, contre les *Thermophories*, ou mystères auxquels étaient initiées les femmes d'Athènes, auraient immédiatement fait subir le dernier supplice à son auteur, si elles avaient dévoilé la moindre partie de la doctrine d'Eleusis. Aussi, de crainte d'être accusé de sacrilége, il n'employa que de simples désignations.

On ne doit donc pas s'étonner du soin avec lequel les écrivains de l'antiquité évitaient de parler des mystères.

(1) Au commencement du dix-septième siècle, la persécution devint violente contre la Maçonnerie. « Dans cet état d'acharnement général, dit

Arrivé au moment de son initiation, les yeux de l'aspirant sont frappés d'une lumière rapide; cette lumière fugitive complète l'allégorie. C'est après être sorti vainqueur du combat qu'il a eu à soutenir contre ses passions, que l'homme entrevoit la lumière de la philosophie ; c'est alors qu'il doit saisir ce rayon sacré; un seul moment d'oubli ou d'erreur le lui fait perdre ; la vieillesse arrive, sans qu'il ait pu le ressaisir; et, entraîné de prestiges en prestiges, il descend dans la tombe, avant d'avoir fait un pas dans le sentier de la raison (1).

« *Laurens*, les Francmaçons, loin de se disperser, n'en devinrent que « plus ardents à se réunir. Les tribulations ne découragent pas dans des « cas pareils ; elles ne servent qu'à enflammer le zèle, à ranimer la cons- « tance, à donner une énergie présomptueuse qui fait braver les plus « grands dangers. Tel est le résultat ordinaire des vives persécutions. Les « entrailles de la terre recélèrent une infinité de loges. Un *secret* invio- « lable les entourait et garantissait leur sécurité. Les flammes dévorèrent « tous les monuments qui pouvaient faire connaître leur existence. Les « documents *écrits*, *peints*, *imprimés* ou *gravés* subirent le même sort, « et dès lors les notions de la Francmaçonnerie ne reposèrent plus que « dans l'esprit des initiés. » (*Essais hist. et crit. sur la Francmaç.*)

(1) Le candidat, en recevant la lumière, voit un peuple de frères armés pour sa défense, s'il lui arrivait d'être attaqué, et aussi pour le punir, s'il transgressait les lois qu'il vient d'accepter.

Les glaives qui brillent aux yeux du récipiendaire, les faisceaux d'armes, les trophées de guerre qui s'unissent avec autant de goût que d'élégance aux emblèmes des arts libéraux, tout cet appareil quasi-militaire exprime allégoriquement la guerre morale que la Francmaçonnerie fait continuellement au vice, à l'ignorance et à la superstition.

Ce tableau, qui termine les épreuves, est l'image du contrat tacite des hommes réunis en société. Chacun d'eux s'engage à protéger et à défendre les individus et la communauté contre l'ennemi commun ; à se soumettre aux lois jugées nécessaires au maintien de l'Ordre. En échange de ces engagements, la société lui garantit la jouissance de la paix et tout le bonheur qu'il saura se procurer. Aussi, du moment que l'aspirant a prêté le serment qui le lie à l'Ordre et à ses frères, aucun plaisir maçonnique n'a lieu sans qu'il ait le droit d'y participer, et la part qu'il y prend est égale pour tous. Le chef, entouré de respect et de vénération, n'est momentanément que le premier d'entre ses frères, qui sont ses égaux. Telle a dû

Je vous ait fait entendre que la Maçonnerie se rapportait parfaitement à une révolution solaire, et, par conséquent, aux saisons (1); mais ce nombre indique l'origine orientale de nos allégories. Nées dans le nord ou dans l'occident, à Rome ou dans la Grèce, elles eussent présenté l'emblème des quatre saisons auxquelles on eut fait rapporter quatre époques de la vie. En orient, au contraire, et dans les temps anciens, le nombre des saisons n'était que de trois. L'*Apollon* grec, symbole du soleil printanier, avait quelquefois quatre oreilles, *Janus* quatre visages ; tandis que la triple statue de l'*Apollon* oriental n'était environné que de trois attributs : une lyre, un griffon et des flèches. C'est à ce dieu que le trépied de Delphe fut consacré. C'était lui que suivaient les *neuf Muses*, ou plutôt les neuf Génies, les lunes de chaque mois, auxquelles les Grecs, pour compléter leur année, ajoutèrent les *Grâces*.

Vous venez donc de parcourir, à l'instar des anciens initiés, une période solaire. En effet, le cabinet de réflexion où vous avez été enfermé quelques instants pour y faire votre testament, préparation à la mort, est la première épreuve, *celle de la terre*. Ce Caveau, chez les anciens,

être l'organisation des premières sociétés dont le grade d'apprenti représente le naïf tableau.

Les décorations dont sont revêtus les dignitaires ne leur donnent, en loge, d'autre autorité que celle des fonctions qu'un choix libre leur a confiées, ou celle que donne l'expérience de l'âge sur la jeunesse. Après leur temps expiré, ils rentrent dans la masse commune, tandis que d'autres frères seront élevés à leur place, sans que l'amour-propre d'aucun ait à s'en offenser ou à s'en énorgueillir. Telle est la loi, et tels sont les usages maçonniques. Heureuses les sociétés qui peuvent observer cette simplicité de mœurs ! heureux seraient les peuples qui pourraient ainsi se gouverner ! L'âge d'or serait pour eux. »

(1) Ce mot contracté signifie *solaisons*, opposé à *lunaisons*.

représentait le désordre de la nature et des éléments qui la composent. Le génie de la destruction semble régner seul en ce sombre lieu ; c'est l'image du solstice d'hiver, époque redoutable, où Typhon et les Ténèbres semblent enchaîner le dieu de la lumière et le tenir captif au sein des éléments confondus. La nature est anéantie, et le dieu vaincu paraît succomber. Cependant, il reprend une vie nouvelle, il s'élève, développe ses forces, et, prenant son essor dans les cieux, ses rayons bienfaisants dessèchent la terre innondée; tel est son premier voyage, qu'il termine au 25 janvier; ici vous reconnaissez la seconde épreuve, *celle de l'eau* (1). C'est ainsi qu'Apollon tua de ses flèches le serpent Python, et Hercule, dieu soleil, l'Hydre de Lerne.

Pendant son second voyage, sa douce influence calme l'agitation des vents ; troisième épreuve, *celle de l'air*. Du 25 février au 25 mars, c'est-à-dire dans son troisième voyage, plus libre dans sa marche, et presque victorieux de ses ennemis, il répand sur la nature renouvelée, sa chaleur vivifiante ; telle est la quatrième épreuve,

(1) La purification par l'eau rappelle cette belle maxime d'Epictète: *Songe à rendre ton vase pur avant d'y rien verser.*

Dans les anciens mystères, le récipiendaire était plongé en entier dans un bassin plein d'eau. On se contente aujourd'hui d'une seule ablution. Telle est l'origine du baptême pratiqué par l'initié saint Jean, et qui, dans la primitive Église, se donnait par immersion, mais que l'on a aussi réduite à une simple ablution.

Il était alors une vraie initiation qui se faisait secrètement et avec mystère. Il était défendu d'en parler aux profanes. On n'y était admis qu'à l'âge de raison. On prêtait serment d'être discret, et l'on fournissait une caution de sa fidélité ; d'où l'usage des *parains* ou répondants.

Cyrille d'Alexandrie, dans son pamphlet contre l'empereur Julien, avertit qu'il s'abstient de parler du *baptême*, dans la crainte que ses discours ne deviennent inintelligibles pour ceux qui n'étaient pas initiés.

celle du feu (1). Vous voyez, mon frère, que vous avez été purifié par les quatre éléments que révéraient les anciens (2).

Le cabinet de réflexion a dû, frère nouvellement initié, vous paraître tristement meublé. Quelques sentences morales sont inscrites sur les murs, afin d'apprendre au récipiendaire qu'une réception maçonnique est un acte sérieux, qui doit le disposer à réfléchir aux conséquences de son engagement, et l'y préparer par la méditation.

Si vous aviez été élevé hors la connaissance de tout culte; qu'ensuite, arrivant dans le monde, et y trouvant ces indéfinies variétés de religions, vous eussiez à en choisir une, certainement vous étudieriez, vous compareriez, et votre choix ne serait fait qu'après un long travail et de mûres réflexions. L'initiation maçonnique est peut-être de plus haute importance. Dans ce cabinet, enfin, où l'image de la mort est exposée aux yeux du récipiendaire, vous vous serez demandé, sans doute : Est-ce pour faire peur? est-ce pour effrayer, au premier aspect, l'homme timide ou

(1) On reconnaît cette purification, qui est la dernière, dans la communication de l'*Esprit-Saint*, qui descendit jadis, *en langues de feu*, sur les disciples de Jésus.

Virgile a dit pour les épreuves par les éléments :

Infectum eluitur *scelus* (eau);
Aut exuritur *igni* (feu);
Suspensæ ad ventos (air).

Sans des renseignements dérobés à la science maçonnique, on ne parviendra pas à comprendre le sixième chant de l'*Enéïde* de Virgile, ni son énigmatique églogue adressée à Pollion; il en est de même de beaucoup de passages d'Horace.

(2) C'est dans les grands mystères qu'on subissait, à Memphis, les grandes épreuves physiques par les quatre éléments, pour symboliser le système de l'Univers qu'on se proposait de développer aux initiés dans le cours de leurs études.

surpris ? Pareille intention ne peut convenir au caractère grave des Maçons ; ils ne feraient pas d'une mystification le premier acte de la réception de celui qu'ils vont admettre au rang de leurs amis. Vous avez dû penser qu'on voulait donner au récipiendaire une leçon précieuse sur la fin temporelle des choses de ce monde ; vous n'eussiez peut-être jamais aussi prudemment réfléchi, si vous n'aviez pas été placé dans cette retraite silencieuse, dans ce petit temple auguste et religieux.

Un papier qu'on vous remet, portant trois questions à répondre, vient vous tirer de cette méditation préparatoire pour vous jeter dans une autre plus grave. Ces questions étant imprimées, vous aurez pensé qu'elles étaient des formules banales qu'on présentait ainsi à tous les récipiendaires, et peut-être n'y aurez-vous pas donné toute l'attention qu'elles peuvent exiger (1).

La première question : QU'EST-CE QUE L'HOMME DOIT A DIEU ? vous a-t-elle paru logiquement posée ? Ne suppose-t-elle pas d'autres questions antérieures ; celle, par exemple, qu'on trouve en tête des cathéchismes chrétiens, et sur laquelle resta court et sans pouvoir répondre un célèbre moraliste théologien du dix-septième siècle, qui dut à son silencieux embarras les premiers bruits de sa renommée (2).

(1) Dans les premiers temps de la Loge des Trinosophes, nous donnions également trois questions ; mais elles étaient écrites à la main, et appropriées à la position morale, intellectuelle et civile du récipiendaire. Cela nécessitait, pour l'examen, des séries particulières et spéciales de demandes et de réponses, et donnait à chaque réception une physionomie propre avec les développements inattendus d'aperçus toujours nouveaux, ce qui n'empêche pas la méthode des questions bannales, c'est-à-dire la méthode de tâter de la même manière ceux qui se présentent, d'avoir aussi son avantage et son utilité.

(2) Nicole de Chartres. Le grand-vicaire qui l'examina pour l'admis-

Les termes de cette interrogation semblent clairs, mais quand on veut s'en rendre compte avec précision, on s'aperçoit de la difficulté. Veut-on en définir les trois mots? Si l'on cherche seul cette définition, il est à craindre qu'on ne rencontre l'idée de personne, et qu'on se fasse pour soi seul un code idéal, inapplicable dans la société avec qui, cependant, il faut chercher à se tenir dans une certaine harmonie.

Le devoir de l'homme envers Dieu variera selon les individus; il sera doux ou rigide, de crainte ou d'amour, de fils ou d'esclave. Le culte sera gai ou chagrin, cruel ou humain, de reconnaissance ou d'expiation; il sera tout extérieur et surchargé de cérémonies, ou bien tout intérieur et de sentiment, selon l'idée qu'on se sera faite du GRAND-ÊTRE à qui l'on rend ce culte. Admirons ici la haute sagesse et la prudence de ceux qui ont conçu le plan de la Maçonnerie. Ils connaissaient toutes les variétés d'opinions et de doctrines qu'il est inutile d'énumérer ici; ils s'appelèrent Maçons, et dirent qu'ils bâtissaient un temple à la vérité et à la vertu; ils nommèrent ce par quoi tout existe *Grand Architecte de l'Uni-*

sion aux ordres sacrés, lui fit, dès le début, la question : *Qu'est-ce que Dieu?* Nicole ne sut que répondre, et on le refusa.

L'évêque, instruit de cela, fut très peiné, et voulut le voir. Il lui exprima son regret et celui de tous ceux qui le connaissaient; puis il ajouta : « *Vous devez être reçu; vous l'êtes.*

« — Monseigneur, reprit le jeune Nicole, ce qui est arrivé est le signe « que Dieu ne veut pas que je sois prêtre. » Et il ne consentit pas à se présenter aux ordres.

Plus tard, Arnaud, Pascal et Nicole étaient les trois plus intimes et plus célèbres cénobites de Port-Royal.

(Les notes de Wendroch sur les *Provinciales*, et la traduction latine de ces lettres sont de Nicole. On connaît ses *Essais de Morale*.)

vers. En effet, considérons l'univers comme un temple, existe-t-il une plus belle architecture? La *sagesse* et la *force* soutiennent l'édifice, en même temps que l'ordre et l'harmonie en sont l'ornement et la *beauté*.

De cette manière, présentant une formule générale qui n'a de positif que le point admis partout et qui le sera toujours, la Maçonnerie laisse à chacun, comme un domaine inviolable et sacré, tous les articles qu'il pourra ajouter pour compléter sa croyance. Si une telle conception est impuissante pour opérer la paix parmi les hommes, qui pourra jamais l'établir (1)?

Je passe à la deuxième question : QU'EST-CE QUE L'HOMME SE DOIT A LUI-MÊME ? Ces paroles expriment-elles bien ce que l'on a voulu dire ? Nous ne le pensons pas. On ne parle ici que de l'homme, c'est donc un homme seul ; or, qu'est-ce qu'un homme qui serait seul, se devra ? *rien* : Cette réponse est la seule juste, puisqu'un individu ne peut se trouver en même temps, sous le même rapport, son débiteur et son créancier.

Mais, dira-t-on, l'homme se doit de pourvoir à sa conservation. Dans ce cas, les animaux et les plantes se doivent aussi quelque chose à eux-mêmes, puisqu'ils pourvoient également à leur conservation. L'homme ne se doit donc pas cela, mais il se doit de ne pas déshonorer son être, et de se guider par l'honneur, la vérité, l'instruction et l'étude; ajoutons que, pour lui-même,

(1) La Maçonnerie n'est point une religion, comme on l'entend de nos jours. Antérieure aux religions, elle est le principe de toute religion, puisqu'elle enseigne l'unité de Dieu sous le titre de G.·. A.·. de l'U.·. Et l'on ne va pas plus loin. On laisse ensuite à l'initié le choix du culte qui lui convient de rendre à cet Être suprême.

il ne doit jamais rien dire ni faire d'imprudent ou qui soit dicté par la passion.

Troisième question : QU'EST-CE QUE L'HOMME DOIT A SES SEMBLABLES ? Cette question est juste, exacte, et d'un grand intérêt social. L'homme doit à ses semblables tout ce qu'il croit dû à lui-même par ses semblables ; les droits de l'un sont les devoirs de l'autre ; chacun se dira : « Ce que j'attends de mon frère, il l'attend « de moi ; j'attends de lui, quand il me parle, *franchise* « et *sincérité* ; j'userai envers lui de *franchise* et de « *sincérité*. »

Cette réciprocité de droits et de devoirs ou de services rendus est le lien de toute société ; brisez-le, je vois bien encore des hommes placés les uns à côté des autres, mais je ne vois plus de rapports, je ne vois plus de société.

Le temple des Maçons symbolise l'Univers ; sa voûte est azurée, étoilée comme celle des cieux, et comme étaient autrefois la voûte des temples chrétiens. Tel que ces derniers, un temple maçonnique doit être orienté : on y entre par l'occident ; la lumière s'y trouve à l'orient ; au midi sont placés les Maîtres, et l'Apprenti occupe le nord, c'est-à-dire la partie la moins éclairée. Ce temple est sensé fondé le jour où le soleil entre dans le premier signe du printemps. Contemplons, avec les sages de l'Égypte, ce bel ouvrage du suprême Architecte dont un poète célèbre a dit :

> Cet immense Océan d'azur et de lumière,
> Ces feux tirés du vide, et formés sans matière,
> Arrondis sans compas, suspendus sans pivot,
> Ont à peine coûté la dépense d'un mot.

Les sept marches du temple rappellent le domicile des

sept planètes. Un maçon mettait, à monter les sept degrés, le temps que le soleil met à parcourir le système planétaire, si ce n'est que le soleil devient plus radieux au milieu de sa course, et que le maçon qui ne sait pas réfléchir reste toujours dans l'obscurité.

Le fond du temple, élevé de quelques degrés, présente, dans son centre demi-circulaire, une image du soleil.

Les deux Colonnes, placées à l'extrémité intérieure, sont surmontées de pommes de grenades (1). Ces Colonnes dont nous donnons ailleurs l'interprétation, sont sensées avoir *dix-huit* coudées de hauteur, *douze* de circonférence, *douze* à leur base et leurs chapiteaux *cinq* coudées. Total *quarante-sept*, nombre pareil à celui des constellations et des signes du zodiaque, c'est-à-dire du *monde céleste*.

Les noms des trois piliers, soutiens mystérieux de nos temples, sont *Sagesse* (pour inventer), *Force* (pour diriger, et *Beauté* (pour orner).

Les Égyptiens avaient introduit dans l'*initiation* une image de leur gouvernement politique qu'ils appuyaient sur deux colonnes principales. L'élection, dit Plutarque, avait lieu parmi les prêtres, parce qu'ils étaient estimés pour la *sagesse*, ou parmi les gens de guerre, parce qu'ils possédaient la *force* ou la valeur. On fit de ces deux vertus les premières bases de l'initiation, et Dieu en était considéré comme la source.

(1) Philon et Josèphe font mention des lys et *pommes de grenades* qui surmontaient les colonnes du temple de Salomon. Le lys indique l'innocence de la société, et les grenades la pureté de l'amitié. Le lys (*a*), substitué au nénuphar, appartenait à *Vénus Uranie*, d'où les chrétiens l'ont transporté à la vierge Marie. On le plaçait à l'entrée des temples, pour indiquer la candeur d'âme avec laquelle on devait s'y présenter.

(*a*) Pline compare le lys au *calathus*.

Les Égyptiens donnaient à l'*harmonie* le nom de beauté, Jophis (1), d'où les premiers Grecs ont pris le nom de *Sophia*, donné à la sagesse. Elle était l'image de l'ordre, de cet ensemble heureux, de cet accord parfait, de cette réunion de rapports et de proportions qui constituent l'ordre, l'harmonie, le vrai beau.

Ainsi, dans les deux premiers attributs qui distinguent la divinité, on leur voyait produire l'ordre général de l'univers; et, en les considérant comme les deux classes de citoyens, les lettrés et les gens de guerre, on les voyait produire et maintenir l'ordre général dans l'État. C'était en même temps dire aux hommes que la *sagesse* sans vigueur est impuissante, et que la *force* sans la sagesse n'est qu'anarchie. C'était rappeler perpétuellement aux deux grandes colonnes de la société civile leur mutuelle dépendance, et ce que chacun devait faire pour l'autre. Les deux Colonnes de nos temples nous offrent un pareil symbole. Ceux qui accusent les mystères, dit *Balage*, n'y ont pas trouvé, sans doute, cette sublime leçon.

La loge est éclairée de trois flambeaux, parce que le soleil ne parcourt que trois points de l'horizon.

Les trois Candélabres, portant chacun trois lumières, sont les neuf sphères comprenant la terre et le ciel des fixes.

Les trois pas forment chacun un angle droit à chaque assemblage des pieds, pour signifier que la droiture est nécessaire à celui qui veut parvenir à la science, à la vertu.

La batterie de ce grade est de trois coups (2). Les deux

(1) *Myst. d'Isis.*

(2) Par quelle étrange aberration les chefs de Loge font-ils, dans ce grade, à l'ouverture, à la fermeture et dans le cours des travaux, la *triple batterie* qui n'appartient qu'au *troisième* degré ?

coups précipités marquent le zèle du Maçon ; le coup plus lent, sa persévérance dans le bien.

L'âge de l'Apprenti (1) est de trois ans, parce que, dans les anciens mystères, l'aspirant n'était admis qu'après ce laps de temps (2).

Le bras et la mamelle gauche découverts signifient qu'il dévoue son bras à l'institution, son cœur à ses frères.

La pointe du Compas sur la poitrine nue, siége de la conscience, doit lui rappeler sa vie passée, pendant laquelle ses vues et ses démarches n'ont peut-être pas toujours été réglées d'après ce *symbole d'exactitude* qui doit désormais régler ses pensées et ses actions.

Le *Compas* est encore un symbole des rapports du Maçon avec ses frères et les autres hommes. Une de ses branches étant fixée, forme un point central autour duquel l'autre branche peut, en variant son écartement, décrire des *cercles* sans nombre, symboles de nos Loges et de la Maçonnerie, dont l'étendue peut être indéfinie.

Le pied en pantoufle est une marque de respect (3).

Un signe est l'enveloppe d'une pensée. Celui que l'on donne au néophyte lui rappelle un des points de son Obligation. En général, les signes maçonniques ont, pour l'initié, un sens important.

Le Tablier représente la vie laborieuse et l'activité

(1) « *Apprenti* vient du mot *apprendre*, et désigne, dans le monde, celui qu'on place chez un maître pour apprendre un art quelconque ou un métier. » (*Miroir de la vérité.*)

(2) Les Maçons, depuis long-temps, ont changé les années en mois, et souvent on reçoit en moins de temps.

(3) *Ote tes sandales,* dit à Moïse une voix terrible, *le lieu où tu pénètres est saint.*

utile. Voilà pourquoi, dans ce grade, on doit le porter la bavette levée (1).

Les Gants blancs (couleur du tablier) expriment la candeur, l'innocence et la pureté que doivent avoir les actions du Maçon.

Les Gants de femme sont une marque de souvenir pour un sexe que le Maçon aime et respecte ; ils rappellent, en même temps, que des femmes ont autrefois honoré l'institution, en s'honorant elles-mêmes.

Les fêtes mystérieuses célébrées à Athènes, par les femmes, leur appartenaient exclusivement, sous la direction des prêtresses, femmes de prêtres. Une loi en vigueur alors chez les Grecs et les Romains condamnait à la perte de la vue et même à la mort le profane surpris dans leurs temples pendant ces solennités. Donc les femmes grecques n'étaient pas plus que celles de nos jours admises à la véritable initiation. Mais nos Loges d'adoption en ont perpétué le souvenir dans le nombre *cinq* (2). Particulièrement consacré dans les rites *thesmophoriens*, il indique un rapport de plus entre les mystères des Grecques, et cette institution charmante dont nous aurions puisé l'idée chez elles, si le Français avait

(1) A l'origine des mystères, les initiés d'Eleusis étaient ceints d'une peau de bête. Les plus anciens rites donnent à cet ornement symbolique la forme triangulaire, à l'instar des dieux égyptiens, en avant de leur *pagne*. Le tablier était, comme aujourd'hui, le symbole du travail imposé à l'homme.

(2) En 1774, le Grand-Orient, dans son assemblée générale du 4e mois, prit, sous son gouvernement, la Maçonnerie d'adoption, à la condition expresse qu'aucun Maçon ne pourrait s'y trouver qu'avec des Maçons réguliers, et que les travaux seraient toujours présidés par le Vénérable de la Loge, ou par son suppléant de droit, le premier Surveillant.

Ainsi l'Adoption est une imitation des mystères de la *Bonne Déesse* qui avait sous les pieds un *serpent* dont la tromperie et la séduction étaient

besoin d'exemples pour se rappeler, dans ses récréations, le sexe le plus aimable.

La prêtresse qui présidait était toujours une femme d'un grand mérite, et qui, par son érudition, ses réponses spirituelles, éloquentes et pleines d'une véritable philosophie, devait justifier cette haute distinction. La célèbre *Théano* remplissait cette auguste fonction, lorsque le fils de Clinias, le brillant *Alcibiade* (voir ci-dessus, p. 92), fut accusé d'avoir violé la sainteté des mystères, en les imitant avec ses amis, à la suite d'un repas licencieux. La seule *Théano*, pénétrée des principes de son ministère de paix, eut la sagesse et le courage de résister au sénat, au peuple assemblé et furieux. Considérant Alcibiade comme plus imprudent que coupable, elle osa refuser de suivre l'exemple des prêtres qui mau-

rappelées d'une manière symbolique, comme dans le grade d'*apprentie* moderne.

Parmi les grandes-maîtresses qui ont illustré le maillet d'adoption, nous citerons les ill.·. Sœurs :

Duchesse de Bourbon, installée, en 1775, *Grande-Maîtresse de toutes les Loges de France*, à la Loge de *Saint-Antoine*, climat de Paris.

Helvétius (Loge des Neuf-Sœurs, climat d'Auteuil, en l'honneur de Franklin, 1778.)

Princesse de Lamballe (Loge du *Contrat-Social*, climat de Paris, 1780.)

Impératrice Joséphine (Loge des Francs-Chevaliers, climat de Strasbourg, 1805.)

De Vaudemont (Loge de *Sainte-Caroline*, climat de Paris, 1807.)

Joséphine de Richepanse, née Damas, grande-maîtresse des Dames-Ecossaises de la Colline du Mont-Thabor (Hospice de Paris, 1810.)

De Villette, *Belle et Bonne*, si chère à Voltaire (Loge des Neuf-Sœurs, le 9 février 1819)

Des sœurs, portant les plus grands noms de France, assistaient ces Grandes-Maîtresses. Dans cette nombreuse liste, figurent les noms des sœurs de Genlis (surnommée depuis *la mère de l'Église*), et *Duchesnois*.

dirent ce célèbre Athénien, et prononça ces mots trop souvent oubliés par les ministres de tous les cultes : « Je « suis prêtresse pour prier et bénir, et non pour mau-« dire au nom des dieux. »

La Parole, ou MOT SACRÉ, est le moyen de connaître ses frères et d'être connu d'eux. La franchise et la vérité la rendent éternelle ; le mensonge et l'hypocrisie peuvent la faire disparaître.

Le Mot de passe est celui qu'on exige à l'entrée du temple pour passer ou pour assister à la tenue des travaux. Les *Mots* et *Paroles* changent avec les grades.

Y a-t-il un *Mot d'ordre* (1) annuel ou de semestre à donner? Les frères de la Loge forment la *Chaîne d'union* pour le recevoir ; elle ne se rompt qu'après que le baiser de paix a circulé. Symbole sublime, vérité sainte, emblème de la force et de la puissance des hommes unis pour faire le bien, à elle seule, la *Chaîne d'union* pourrait résumer toute la Maçonnerie.

L'Epée flamboyante, arme symbolique signifiant que l'insubordination, le vice et le crime doivent être repoussés de nos temples.

La Pierre brute symbolise les imperfections de l'esprit et du cœur que le Maçon doit s'appliquer à corriger.

La Truelle, symbole ingénieux qui apprend au Maçon à cacher les défauts de ses frères.

Trois bijoux figurent dans ce grade : l'*Equerre* sus-

(1) Mot d'ordre ne veut pas dire *mot de commandement* ; il signifie *mot de reconnaissance* particulier à l'*Ordre* maçonnique dans chaque état. Le mot annuel se donne à la fête solsticiale d'hiver, époque du renouvellement de la nature et des officiers des Loges ; et le mot semestriel à chaque fête solsticiale. Ces mots font connaître qu'on appartient à des ateliers réguliers.

pendue au cordon du Vénérable, le *Niveau* porté par le premier Surveillant, et la *Perpendiculaire* par le second Surveillant. On les appelle *bijoux mobiles*, parce qu'ils passent d'un frère à l'autre (1).

Avec l'équerre, dont la propriété est de rendre les corps carrés, on ne saurait faire un corps rond. Ce premier bijou symbolise que la volonté d'un chef de Loge ne peut avoir qu'un sens, celui des statuts de l'ordre, et qu'elle ne doit agir que d'une seule manière, celle du bien ;

Le second bijou symbolise l'*égalité*, base du droit naturel;

Le troisième signifie que le Maçon doit posséder une rectitude de jugement qu'aucune affection d'intérêt ni de famille ne doit détourner (2).

Vous voyez, frère nouvellement initié, que tout se fait par *trois* chez les Maçons : *trois* frères forment une Loge; *trois* officiers la dirigent ; *trois* lumières l'éclairent ; *trois* bijoux distinctifs la décorent ; *trois* coups marquent l'ordre du commandement ; *trois* questions sont le caractère du Maçon ; *trois* pas sont sa marche ; *trois* ans sont son âge ; *trois* grades renferment toute la Maçonnerie symbolique.

Cette stricte observance de nombre *ternaire*, si vanté de l'antiquité, caractérise votre grade. Je vous dévoilerai,

(1) Les trois bijoux, selon d'anciens cahiers, étaient : la *Bible*, pour régler la foi ; l'*Equerre*, les actions de la vie ; le *Compas* (*a*), les devoirs envers le prochain et ses frères.

(2) *Une règle de 24 pouces* était jadis l'outil de l'Apprenti, pour lui rappeler qu'il doit diviser sagement son temps, et bien employer les 24 heures du jour.

(a) Ce mot n'est pas hébreu, il est grec.

plus tard, une partie des nombreuses combinaisons auxquelles s'appliquait ce type mystérieux.

Nos travaux en Loge sont sensés s'ouvrir *à midi*, se fermer *à minuit*, et durer douze heures, en commémoration, sans doute, d'un des premiers fondateurs des écoles de sagesse, l'illustre Zoroastre. Ce grand civilisateur fit des disciples qui se dispersèrent et répandirent sa doctrine. Il vivait familièrement avec eux; il leur commandait l'union, l'égalité, la bienfaisance. Les réunions avaient lieu à certains jours. Les exercices purement spéculatifs, et dont l'objet était l'explication de sa doctrine, commençaient au moment où le soleil était au milieu de sa course; ils duraient *douze heures* dont une partie se passait dans le silence et la méditation. *A minuit*, un repas frugal, fraternel où présidaient la liberté, la décence et la paix, terminait cette instructive séance.

Que ne m'est-il permis de soulever entièrement le voile qui vous cache encore une partie de nos emblèmes, et dont un travail assidu vous facilitera la connaissance! Je vous montrerais la raison, la vertu, les lumières, éclairant et perfectionnant les hommes au moyen des réunions maçonniques. Je vous montrerais les initiés enseignant leur morale sublime sur les bords du Nil, sur ceux du Gange et de l'Euphrate, et sur les promontoires de l'Attique et de la grande Grèce; je vous les montrerais civilisant les enfants du Nord ou défrichant les forêts de la Pensylvanie; je vous les montrerais enfin dans les camps, au milieu du carnage, se reconnaissant, s'embrassant, et s'arrachant mutuellement à une mort certaine.

Partout vous les verriez propageant, perpétuant et surtout mettant en pratique cet adage de la vertu : *Fais à ton frère tout ce que tu voudrais qui te fût fait.*

Loin de nous le crédule néophite qui voudrait méconnaître nos usages, s'affranchir de nos pratiques; loin de nous le philosophe même qui essaierait de détruire nos maximes. Où règne l'égalité, toute domination disparaît, et le Maçon qui tenterait de subjuguer l'esprit de ses frères, quelle que fût l'étendue de ses lumières, s'exposerait à être écrasé sous les débris de nos colonnes.

La rapide comparaison que je viens de vous esquisser ne doit-elle pas vous suffire pour accorder à notre ordre une prééminence méritée sur les anciennes associations? Ne devez-vous pas, mon frère, vous trouver, pour ainsi dire, un homme nouveau? Ne sentez-vous pas votre cœur s'ouvrir plus que jamais aux sentiments affectueux, d'où naissent les liens précieux d'amitié et de fraternité qui unissent tous les Maçons? Oui, sans doute, vous ressentez ces impressions délicieuses qui vous rendent digne de siéger au sein de la famille privilégiée. Puissiez-vous contribuer, de tous vos moyens, à l'illustration de l'Ordre auguste dont vous faites maintenant partie! Puissiez-vous, fidèle à jamais aux engagements que vous venez de contracter, nous aider à achever l'œuvre sublime à laquelle travaillent les Maçons depuis tant de siècles, celle surtout de la réunion des hommes de tous les pays, de tous les caractères, de toutes les opinions civiles ou religieuses, en une seule et même famille d'amis et de frères! Puisse le monde profane, toujours si divisé, nous offrir un jour ce riche tableau.

—

Deuxième grade Symbolique.

GRADE DE COMPAGNON.

Mes Frères,

Le Grade de Compagnon, qui forme le second degré de l'initiation maçonnique, est à la fois, par une de ces contradictions si ordinaires à l'homme, l'un des plus importants et des plus négligés de la Francmaçonnerie. Il est *important* par son origine historique et emblématique, par son interprétation, par les développements dont il est susceptible, et qui disposent le candidat à recevoir le complément de l'initiation dans le sublime grade de Maître. Il est *négligé*, parce que ses emblèmes, purement moraux, parlent peu aux sens, et que la plupart des hommes ne se laissent conduire que par ces agents extérieurs, parce que, n'ayant aucun signe apparent, il ne flatte pas l'amour-propre, comme certains grades qui couvrent ceux qui les possèdent, de cordons et d'autres marques de rang et de dignité.

Compagnon (1), tel est le nom qu'on donne, dans

(1) Beaucoup d'auteurs varient sur l'étymologie de ce mot; les uns le font dériver de *compagus* (du même village); d'autres de *compaganus*, qui a la même signification; de *combino*, de *combonne*, de *panis compane* (qui se nourrit du même pain). Cette dernière étymologie paraît la plus vraisemblable. Effectivement, on trouve, dans les anciens écrits, les *compagnons* appelés *companis*, parce qu'autrefois les compagnons étaient nourris par les maîtres. (*Mir. de la Vérité*, t. I, p. 269.)

les arts mécaniques, à l'ouvrier qui, après s'être suffisamment instruit, travaille sous un maître, en attendant de pouvoir l'être reçu lui-même. On sait que, dans plusieurs professions, des ouvriers forment entre eux des associations qui, sans être la maçonnerie, y ont quelque rapport.

Compagnon, tel est aussi le nom que, dans les initiations modernes, on donne au néophite qui, après avoir passé quelque temps dans le grade antérieur, se prépare, par une nouvelle instruction, à recevoir la Maîtrise ; tel est le grade dont le nom a été substitué à ceux de l'initié du second ordre, ou *néophite de l'Égypte*, et de *miste* dans les mystères d'Éleusis (1).

En Orient, l'aspirant, après les épreuves les plus dures, disons mieux, *les plus cruelles*, était proclamé *soldat de Mithra*, et pouvait, comme les Apprentis modernes, nommer tous les initiés ses *Compagnons d'armes*, c'est-à-dire *ses frères*.

Il devenait ensuite *lion*, mot qui, outre l'interprétation astronomique (le soleil d'été, dans ce signe), en avait une morale, puisqu'il rappelait *la force*, expression remarquable du compagnon moderne, gravée initialement sur la colonne du midi (B.·.). Ces divers grades ne servaient qu'à la préparation à un degré plus sublime, dans lequel les mystères étaient révélés, et où *Mithra* lui-même se manifestait à ses élus.

Chez les premiers chrétiens, ceux qu'on instruisait, qu'on disposait au baptême ou à l'initiation, étaient

(1) L'initiation éleusinienne ne comprenait que deux grades ; nos deux premiers n'en faisaient qu'un. C'est aux Grecs que l'on attribue la division ternaire.

nommés *catéchumènes*, c'est-à-dire *aspirants*. Ils ne pouvaient être présents ni aux mystères ni au sacrifice. On sait que la partie de la messe à laquelle ils assistaient, et qu'on appelait *messe des Catéchumènes*, finissait au canon, ou plutôt après les instructions qui leur étaient données, savoir : celle de l'ancienne loi, ou les leçons apostoliques, par le sous-diacre, c'est-à-dire par un aspirant au sacerdoce, et celles du Nouveau-Testament, ou la lecture du livre sacré par le diacre, ou prêtre du second ordre. Il y a encore des diacres et sous-diacres dans le rite écossais (1).

Suffisamment instruits, les *catéchumènes* étaient baptisés et devenaient, dès lors, *néophytes*, ou nouveaux nés; ils assistaient aux mystères et aux agapes, ou banquets religieux ; mais ils n'y participaient qu'après un certain temps et de nouvelles instructions ; après quoi, ils recevaient, en même temps, et la nourriture céleste et la confirmation, au moyen de laquelle l'esprit saint se manifestait en eux. Cette identité de formes avec les mystères et les initiations anciennes, établit suffisamment l'identité de but et d'origine.

Ainsi, mon frère, dans tous les anciens mystères, le second grade était un point important, et la préparation indispensable au troisième qui, sans cette disposition, eût été inintelligible pour les initiés ; il en est encore de même dans la Maçonnerie moderne.

L'Apprenti, en devenant Compagnon, passe de la *perpendiculaire* au *niveau*, c'est-à-dire de la colonne J.·. à la colonne B.·..

(1) La Loge des *Trinosophes*, qui appartient à ce rite, ne les omettait pas autrefois sur la liste de ses officiers.

Au nombre *trois*, il voit succéder le nombre *cinq ;* ce nouveau nombre, en indiquant pour lui un avancement, un progrès, sert à rappeler que, chez les anciens, la durée des études qui précédaient la manifestation, était de *cinq* ans. Pythagore, dont les *cinq* pointes de l'étoile flamboyante (1) rappellent les temps de son Ecole et la civilisation de cette époque, que le néophyte doit étudier; Pythagore, disons-nous, soumettait également, pendant cinq ans, ses élèves au silence et à l'étude.

L'Apprenti qui désire obtenir le Compagnonnage doit connaître tout ce qui constitue le premier grade; il doit, en quelque sorte, être en état de l'expliquer lui-même, non dans l'interprétation secrète, mais dans le sens *exotérique* (2), et tel qu'il est donné aux nouveaux initiés; car remarquez bien, mon frère, que, dans tous les mystères, il y eut une double doctrine : on la retrouve partout, à Memphis, à Samothrace, à Éleusis, chez les mages et les brachmanes de l'Orient, comme chez les druides de la Germanie et des Gaules ; dans les mystères des sectes juives et des premiers Chrétiens, comme dans ceux de la bonne déesse. Partout on voit des emblêmes présentant un sens physique et recevant une double interprétation ; l'une naturelle et en quelque sorte matérielle, et qui se trouve être à la portée des esprits les plus ordinaires ; l'autre sublime et philosophique, qui ne se communiquait qu'à ces hommes de génie qui, pen-

(1) Ce *pentagone* (qu'on pourrait appeler décagone) à dix angles dont cinq rentrants et cinq saillants; ces derniers seuls étaient comptés. La Légion-d'Honneur emprunta les cinq branches de notre étoile, quand Napoléon pensa à décorer ses *compagnons* de gloire.

(2) Exotérique, *extérieur*, opposé à ésotérique, *intérieur*, *Secret*. Confutzée et Socrate ont approuvé la double doctrine avec d'autant moins de prétention qu'ils ne la pratiquaient pas.

dant le compagnonnage, avaient pénétré le sens caché des allégories; à ces derniers seulement était confiée l'étude des sciences abstraites et de la haute philosophie ; pour eux, ces dieux, que le vulgaire adorait, le front courbé dans la poussière, n'étaient que des blocs de pierre chargés de retracer aux yeux les devoirs de l'homme, ou les mystères de la nature. Ces statues, séduisantes par leurs difformités hideuses, rappelaient les vertus qu'il fallait aimer ou les vices qu'il fallait fuir.

Revenons un peu sur le passé en faveur des frères apprentis que leurs travaux profanes ont empêché d'entendre l'interprétation de leur grade. La Maçonnerie est si féconde que nous n'aurons pas besoin de nous répéter, par égard pour les frères présents à la dernière séance et qui décorent en ce moment nos colonnes.

La première des institutions fut la réunion des hommes en société. L'état de nature, l'état social, voilà les deux rapports généraux sous lesquels on doit considérer l'espèce humaine.

En examinant l'homme sous ce double point de vue, il a fallu connaître par quels éléments, par quels principes il a passé de l'un à l'autre Prendre l'homme dans l'état de nature, l'introduire dans la société, lui donner, par la connaissance de ses devoirs et les principes sacrés de l'ordre social, les moyens d'acquérir les qualités qui doivent le coordonner avec ses semblables et le conduire au bonheur, tel est le fond de l'initiation au premier grade, dans lequel on travaille à disposer l'homme pour la société, en lui enseignant à réprimer ses passions nuisibles, et en l'accoutumant à l'exercice des qualités qui sont utiles.

Le premier état de l'homme civilisé étant établi, bientôt des villes furent bâties ; les arts, *Tubal*, fils de

Caïn, nous l'apprend ; les arts, dis-je, furent inventés. Le commerce naquit et s'étendit; puis, le luxe corrompit les mœurs. Les crimes se multiplièrent ; des disputes s'élevèrent entre les hommes. Les guerres divisèrent les nations; la force opprima la faiblesse; la violence s'empara de ce que la justice lui refusa.

Les épreuves du premier grade retracent toutes ces vicissitudes. L'homme de la nature n'est plus heureux depuis que d'autres hommes, au lieu de cultiver la terre, s'en disputent la *possession*, autre interprétation du mot *Tubalcain*. L'agriculture et le pâturage ne sont plus les seules occupations de l'homme paisible; quelques-uns labourent encore la terre ; mais d'autres, les armes à la main, pourront venir en recueillir les fruits. Rien n'est assuré pour l'homme vertueux ; il désire voir un nouvel et meilleur ordre de choses, il aspire donc au second degré de l'initiation, parce qu'il s'est convaincu que plus il étudiera le grand ouvrage de l'Architecte de l'Univers, plus il connaîtra la grandeur, la bonté et la perfection du système universel, et plus il sera en état d'apprécier les principes selon lesquels le régisseur des mondes en conduit le gouvernement moral. Enfin, il entre dans cet édifice, pour la construction duquel il n'a pas été fait usage de métaux, et dont nos temples sont le symbole; il y passe entre deux colonnes, et leur nom lui apprend que le temple symbolique, que l'homme vertueux doit assister à bâtir, sera établi dans la *force*.

Le Rituel dit à l'aspirant que le mot de passe d'apprenti, *Tub∴*, veut dire (*possessio orbis*). On sait bien que *Thoubal* peut fort bien signifier, en hébreu, la *terre habitable*, comme *Caïn* signifier *possession*. Il est bien que les hommes possèdent la terre; mais la justice doit en partager les portions et en assurer la jouissance aux propriétaires. L'aspirant s'attend à recueillir des leçons de sagesse et les principes d'une saine morale, et quelle devise terrible vient-on lui faire entendre; *possessio orbis!*... C'est la devise du conquérant, du spoliateur, de l'homme de l'épée, de celui qui, pour satisfaire à son ambition, est capable des crimes et des cruautés les plus atroces. Le bon, le paisible, le vertueux Maçon, dont tous les vœux sont pour le bonheur de ses semblables, qu'aurait-il à faire d'une pareille devise? Ne croyons pas que les instituteurs de la Maçonnerie aient oublié que la justice doit faire la base de tout système politique, et qu'aucun législateur ne saurait séparer, même dans sa pensée, la possession, du droit.

Les écrits et les monuments qui nous restent de l'antiquité nous apprennent qu'au premier moment des sociétés connues, un homme, au-dessus de ses contemporains, les convertit de la vie sauvage à l'état social. Il fut, en même temps, le fondateur des mystères religieux, qui furent, entre ses mains, la séparation du sacré d'avec le profane. Le même homme fut l'inventeur de la musique et de la lyre; il fut le premier chantre de la Divinité, et la découverte de toutes les harmonies lui est attribuée.

Voilà donc l'association des hommes et l'établissement des mystères, formant une institution identique, par les soins d'un sage. Cette institution s'est maintenue, et la cérémonie qui accompagne cette admission des hommes dans la société, est devenue, chez tous les peuples civilisés, un acte tout à la fois politique et religieux.

Mais bientôt la société dégénéra, et le besoin de son perfectionnement fit sentir à ceux qui avaient conservé leurs idées de morale, fruit des premières institutions, la nécessité de les rétablir dans le sein même de la société qu'elle avait formée, et d'en faire le perfectionnement de l'ordre social.

Alors, au lieu de prendre l'homme sauvage pour en faire un homme social, elle prit l'homme social pour le perfectionner. Afin d'y parvenir plus sûrement, les *colléges* initiatiques devinrent le dépôt des connaissances les plus utiles et des études les plus profondes : mathématiques, astronomie, navigation, archéologie, histoire, musique (1), grammaire, rhétorique, législation, politique ou l'art de gouverner, art de guérir (2), tout fut enseigné dans ces écoles secrètes.

Le dogme de l'existence de Dieu, l'investigation des lois de la nature, furent l'objet de l'étude initiatique. Les découvertes qui en résultèrent devinrent la science et le secret des initiés.

L'agriculture était fille et nourricière de la société ; elle fut, avec l'astronomie, qui devait la diriger, un des principaux objets des études ; de là, les mystères de Cérès, le culte du soleil, ce qui, pour les initiés, n'était que la nature et les astres. Les adeptes étaient ainsi conduits à la connaissance des lois générales de l'univers, et à la découverte du bien et du mal. Bientôt on alla plus loin, et l'on se transporta au-delà des bornes de l'existence ; voici comment :

Des hommes sauvages ne pouvaient apercevoir que des récompenses ou des peines dans cette vie ; mais des hommes déjà civilisés et instruits purent porter leurs regards

(1) *Musique*, dans son premier sens, signifie *science des Muses*, comprenant *poésie*, *histoire*, *astronomie*, etc.

(2) Ces sciences et arts n'ont plus rien de commun avec la Maçonnerie, du moins directement.

et leur esprit dans un autre avenir ; là, ils virent la récompense du bien qu'ils auraient fait, et la punition du mal qu'ils auraient commis. Le *Tartare* fut le partage du crime. *L'Elysée* s'ouvrit pour les justes.

C'est dans ces écoles qu'Orphée, Pythagore, Moïse, Thalès, Epicure, Lycurgue, Platon, et les autres sages de l'antiquité ont puisé ce torrent de lumière dont ils ont ébloui la postérité ; c'est là que se rendaient, de tous les pays, les hommes désireux de connaître la vérité. Ce sont ces écoles de sagesse qui refusèrent de s'ouvrir pour Alexandre, coupable du meurtre de ses amis ; pour Néron, parricide ; pour Constantin, souillé du sang de ses proches, et pour beaucoup d'autres, moins fameux et aussi peu dignes d'y entrer.

Dans l'interprétation du premier grade, nous avons démontré que les cérémonies de ces initiations mystérieuses étaient un acte vraiment solennel et religieux, par lequel l'homme quittait l'état de nature pour passer à l'état social, et dont l'objet était son perfectionnement et ses progrès.

Vous avez acquis la conviction de l'identité de l'initiation maçonnique avec cette ancienne initiation, dans les rapprochements de ce qu'il nous reste des rites anciens et de l'analogie de nos mystères avec eux ; malheureusement la Maçonnerie ne nous offre plus aujourd'hui qu'une image imparfaite de cette brillante existence, que des ruines de grandeur, qu'un système modifié par des altérations progressives, fruits d'événements sociaux et de circonstances politiques.

Quelle institution humaine est à l'abri des vicissitudes auxquelles *tout*, dans la nature, est sujet? La Maçonnerie dut éprouver le sort commun à tous les ouvrages des hommes. Comment aurait-elle pu se propager sans altération au milieu des persécutions de l'ignorance aveugle contre la philosophie? Comment eût-elle pu traverser les siècles de barbarie qui ont succédé aux beaux jours de la docte et sage antiquité, sans participer à la corruption générale, ou aux idées nouvelles qui s'introduisent à la suite des révolutions et du bouleversement des empires?

Les mystères prirent donc, en sortant de l'Inde et de l'Egypte, la teinte des mœurs des nations chez lesquelles ils avaient été introduits. Toujours religieux, ils se modifièrent sur les religions qu'ils accompagnaient : en Grèce, ils étaient les mystères de la Bonne Déesse ; dans la Gaule, ils étaient l'école de Mars ; en Sicile, ils formaient l'Académie (1) des Sciences; chez les Hébreux, ils devinrent les réformateurs d'une religion qui était devenue surchargée de rites, de cérémonies et de croyances qui la défiguraient. Les pagodes de l'Inde, les pyramides d'Egypte, les retraites des mages de la Chaldée, ne furent plus les sources où on allait puiser la sagesse; chaque peuple, un peu instruit, eut ses propres mystères. Les temples de la Grèce, l'école même de Pythagore ont

(1) On trouve cette note curieuse parmi celles du premier chant du poëme *la Maçonnerie* :

« Le nom même de la philosophie de Platon (philosophie *académique*) « est d'origine asiatique. On répète, depuis des siècles, qu'il venait de ce « que les jardins où elle était professée avaient appartenu à un certain « *Academus*. Les Grecs et les Latins, qui n'étudiaient que leur langue, ne « sont pas forts en étymologie ; ils rendent raison de tout avec le nom « supposé d'un homme, d'un fleuve ou d'une montagne : c'est un usage « fréquent chez eux. Le fait est que קדם (cadm) signifiant l'*orient*, et les « sciences, à commencer par l'alphabet, étant venues successivement de « l'Asie en Grèce, tout savant fut, long-temps, un *oriental*, un *cadmus*, « et tout lieu destiné à l'instruction, une *cadmie* ou *académie*.

perdu leur haute réputation; la Francmaçonnerie les remplace. Il ne faut que jeter les yeux sur l'histoire, depuis deux mille ans, pour se rendre compte de ces événements; mais sachons nous arrêter, l'historique des autres grades exige que nous n'anticipions pas.

La société, qui protége et défend, a besoin de défenseurs ; il fallait donc inspirer au néophyte la vertu, le courage qui consistent dans la force de l'âme autant que dans la vigueur du corps; de là, les épreuves longues et rigoureuses de la première initiation, et dont les vôtres, frère nouvellement initié, n'ont été qu'un faible simulacre.

Mais l'admission de l'homme à la société, l'étude de toutes les connaissances et la pratique de toutes les vertus que l'ordre social exige, n'étaient pas seulement l'objet de cette belle institution; elle voulût encore élever l'initié jusqu'à la Divinite. Tel était son dernier but; pour y parvenir, le néophyte, instruit dans les sciences humaines, était introduit dans les opérations de la nature, moyen toujours sûr d'arriver à la suprême intelligence qui l'organise et la gouverne avec un ordre si constant et si admirable. Cette dernière connaissance est aujourd'hui symbolisée, dans ce grade, par le *triangle* lumineux qui brille dans nos temples et dont l'interprétation vous sera donnée dans le troisième degré, ainsi que celle de la lettre G, que présente à votre méditation l'*étoile flamboyante*, qui vous rappelle une seconde époque, celle de l'école pythagoricienne dont vous devez méditer les préceptes et l'historique.

Oui, mon frère, si le premier grade retrace le tableau de la civilisation primitive, où les besoins nés de l'accroissement des populations ont développé l'intelligence humaine et donné naissance aux premiers arts industriels, le second grade rappelle cette époque savante où le génie de l'homme plaça l'Egypte et la Grèce au sommet d'une civilisation inconnue, fruit des arts et des sciences qui devaient, en l'éclairant, émanciper le genre humain et le préparer à la liberté.

Tout rappelle ici la philosophie de Pythagore, parce que son école a le plus contribué à répandre les lumières.

Pour vous faciliter l'étude de cette époque brillante et civilisatrice, je vais vous donner, mon frère, l'explication de la plus grande des doctrines de l'antiquité, la *Métempsycose*; mais, auparavant, je dois vous faire connaître le grand philosophe dont il est question dans ce grade.

PYTHAGORE, fils de MNÉMARCHUS, originaire de Samos, île de l'Archipel, naquit à Sidon en Phénicie, 590 ans avant J.-C. Le désir ardent de s'instruire lui fit parcourir une grande partie de l'Asie. Il demeura en Egypte vingt-cinq ans, fut initié aux mystères de *Diospolis* après les plus austères épreuves. De là, il se rendit chez les Chaldéens, où il eut un grand commerce avec des prêtres hébreux et avec le second des Zoroastre. De retour dans son pays paternel, il donna des lois à plusieurs villes libres de la Grèce, eut à son école plus d'un souverain, fonda diverses républiques en Italie, apaisa les séditions qui déchiraient un grand nombre de communautés, rétablit le calme et la paix dans une infinité de familles, civilisa les mœurs féroces de bien des nations, fit refleurir la religion et la morale, et adoucit le système des gouvernements ; partout, en un mot, où furent adoptés ces principes, germa le bonheur.

On sait que les disciples regardaient les paroles de leur maître comme les oracles d'un dieu, et qu'ils n'alléguaient, pour établir un dogme, que ces mots célèbres: *Il l'a dit.* Sa demeure était nommée le *sanctuaire de la vérité*, et on appelait la cour de sa maison le *temple des Muses.*

ARCHITAS, cet illustre géomètre, dont Horace nous dit qu'avec d'infinis calculs il mesura la terre et les cieux, et s'éleva jusqu'aux régions célestes ; LYSIS, qui fut précepteur d'*Epaminondas*; le fameux EMPÉDOCLES ; TIMÉE de Locres, dont les écrits nous restent ; *Epicharme* de Sicile, que Cicéron assure avoir été un homme de beaucoup de mérite, et plusieurs autres grands hommes sortirent de son école, parmi lesquels se trouvent trois sages législateurs : ZALEUCUS, qui donna des lois à la ville de Locres ; CHARONDAS, qui gouverna celle de Thurium, et ZALMOXIS, esclave de Pythagore, qui fut trouvé digne de rédiger, pour le royaume de Thrace, un système de législation.

Les Romains apprécièrent ses utiles préceptes, et leur admiration pour lui fut si grande que, long-temps après sa mort, ils lui élevèrent une statue de bronze, comme au plus sage de tous les humains. S'il faut, en effet, mesurer la gloire d'un philosophe à la durée de ses dogmes et à l'étendue des lieux où ils ont pénétré, rien n'égalera la réputation de Pythagore, puisqu'une grande partie de l'univers suit encore la plupart de ses opinions. Mais ce qui est infiniment plus glorieux pour cet homme vraiment célèbre, c'est que *Socrate* et *Platon*, les deux plus grands génies de la Grèce, ont suivi ses opinions et sa manière de les expliquer. Tel fut enfin l'éclat de sa doctrine, que, plusieurs siècles après lui, on disait de ses disciples : *Nous admirons plus un pythagoricien quand il se tait, que les autres philosophes, même les plus éloquents, quand ils parlent.* Il mourut à Métapont, dans la grande Grèce, âgé d'environ quatre-vingt-dix ans.

DE LA MÉTEMPSYCOSE.

Une grave erreur pèse encore, parmi bien des Maçons, sur le dogme de la transmigration de l'âme en des corps d'hommes, d'animaux ou de plantes, dans lesquels elle passerait à la mort de l'individu, pour expier ses peines. On s'est trompé, de la manière la plus grave, sur cette métempsycose, encore reçue chez les Indiens, et qui était admise dans l'Egypte et en Asie. Expliquons l'erreur qui la fit attribuer aux pythagoriciens :

Le secret de cette fiction si merveilleuse, et dont on a fait un monstre en la prenant à la lettre trop grossièrerement, c'est que l'homme peut se rendre *semblable aux bêtes* par le vice, comme il est capable d'atteindre, par la vertu, *à la ressemblance de Dieu.* Ainsi Homère suppose que l'enchanteresse Circé, dégradant, par l'excès des plaisirs sensuels, les compagnons d'Ulysse, les avait métamorphosés en pourceaux. Ainsi encore le divin précepteur des sociétés humaines donnait à ses féroces contemporains les noms des animaux irraisonnables auxquels ils paraissaient ressembler le plus, et les qualifications de *loups*, de *chiens*, de *pourceaux* et de *serpents*, lui servaient à désigner les *injustes*, les *impudents*, les *débauchés*, les *perfides*. Ici, il dénonce ses disciples par l'épithète de l'inoffensive *brebis ;* là, il est lui-même appelé l'*agneau* de Dieu, à cause de sa parfaite innocence. Ailleurs, enfin, il désigne *Hérode* sous l'emblème du *renard*, pour exprimer son amour et sa malignité.

Les poètes, s'emparant de cette métaphore, et regardant comme leur bien une fiction qui prête une brillante enveloppe à une grande vérité, ont écrit que *Pythagore* avait enseigné la transmigration des âmes, et qu'il avait lui-même subi plusieurs métamorphoses. De prétendus philosophes, amoureux de la singularité, ou de sectes opposées à l'école italique, empruntèrent bientôt des poètes cette mensongère opinion ; ils séduisaient même, et attiraient à cette absurde et injuste notion sur *Pythagore* plusieurs historiens, dont quelques uns ne sont pas moins amoureux de fables que les poètes.

Une preuve incontestable que *Pythagore* n'eut et n'enseigna jamais la ridicule opinion du passage de l'âme en d'autres corps, c'est qu'il n'en existe pas le moindre vestige dans les symboles qui nous restent de lui, ni dans les préceptes admirables que son disciple *Lysis* a recueillis, et que l'antiquité nous a conservés avec une fidélité respectueuse, sous le titre de VERS DORÉS DE PYTHAGORE, pour marquer leur excellence et leur parfaite beauté. Au contraire, nous y voyons que les hommes, quant à leur essence, demeurent toujours tels qu'ils ont été créés, qu'ils ne peuvent se *dégrader* que par le *vice*, et s'*anoblir* que par la vertu.

Voici les expressions d'*Hiéroclès*, l'un de ses plus zélés et de ses plus célèbres disciples :

« Celui qui s'attend qu'après sa mort il se revêtira « du corps d'une bête, qu'il deviendra un *animal* sans « raison, à cause de ses *vices*, ou qu'il sera changé en « quelque *plante*, en vertu de sa stupidité ou de sa pe- « santeur, cet homme croyant, par sa conduite, se pré-

« cipiter dans quelqu'une des substances inférieures, se « trompe infiniment ; il ignore absolument la *forme éter-« nelle de notre âme*, qui ne peut jamais changer ; car « étant et demeurant toujours l'*homme*, elle est dite de-« venir *dieu* ou *bête* par la vertu ou par le vice, quoi-« qu'elle ne puisse parvenir à être ni l'une ni l'autre par « sa nature, mais seulement par la ressemblance de ses « penchants avec l'un des deux. »

Et *Timée* de Locres, autre disciple illustre de Pythagore, choqué qu'on lui attribuât si injustement cette prétendue transmigration, et qu'on prît si grossièrement l'opinion de son maître, dont il était parfaitement instruit, nous a laissé, dans son *Traité de l'Ame*, ces remarquables paroles :

« Comme nous guérissons quelquefois les corps ma-« lades par des remèdes violents, nous en usons de même « pour la guérison des âmes ; quand elles se refusent à « se rendre aux simples vérités, nous les guérissons par « de mortifiantes allégories et par de frappants emblèmes. « C'est pour effrayer salutairement les hommes corrom-« pus, les empêcher de commettre les crimes qui les « déshonorent, que nous sommes réduits à les menacer « d'étranges purifications et de punitions qui les humi-« lient, jusqu'à leur déclarer que les âmes passent dans « de nouveaux corps ; que l'âme d'un poltron, par exem-« ple, passe dans le corps du cerf timide ; celle du ra-« visseur, dans celui du loup ; celle du meurtrier, dans le « corps de quelque bête plus féroce encore ; celle de « l'homme impur, dans le corps d'un pourceau. »

Proclus et *Socrate*, dans le *Phédon*, s'expliquent à peu près de même sur la prétendue métempsycose, trop injustement attribuée à Pythagore.

Lysis, enfin, l'ami particulier de ce philosophe, et qui avait reçu de sa bouche même les dogmes qu'il enseigne dans ses vers dorés, dit formellement que quand l'âme, après s'être purifiée de ses crimes, a quitté le corps, et qu'elle est retournée dans le ciel, elle n'est plus sujette ni au changement ni à la mort, et qu'elle jouit dès lors d'une félicité éternelle (1). Voilà qui est concluant (2). »

Cette explication, que je regarde comme importante, doit être donnée aux Maçons de ce grade pour leur inspirer toute la confiance que méritent les pythagoriciens par la sublimité de leurs principes et la moralité de leurs sentiments.

Vous voyez, frère nouvellement initié, que tout, dans l'institution, fut allégorisé, et depuis les travaux les plus secrets de la matière jusqu'à la marche des corps astronomiques, tout devient l'objet de l'étude des initiés.

Le mot *Orient*, employé pour désigner la place du vénérable et des frères dignitaires de l'ordre, annonce le lieu d'où part la lumière physique qui nous éclaire, vers laquelle l'homme tourne constamment les yeux comme vers la source de toute son existence. Cela prouve aussi que les premiers cultes ont été solaires, et avaient pour

(1) Selon les doctrines indiennes, l'âme, en se séparant des corps, retourne à l'âme universelle qui anime tout. Telle est l'origine de la métempsycose de l'Inde et de la Grèce.

Tous les philosophes pythagoriciens ont cru à l'éternité de la nature et à la transmuabilité des éléments les uns dans les autres; ceux de l'ancienne académie, disciples de *Platon*, n'ont pas eu d'autre sentiment; *Aristote* et *Théophraste*, ainsi que plusieurs péripatéticiens célèbres, ont pensé de même; leurs écrits le prouvent.

(2) P. de Roujoux.

but de rendre hommage à la Divinité dans son organe visible. Voilà pourquoi les temples anciens, les temples modernes et les nôtres sont encore tournés vers l'orient. Quant à nous, le nom d'*Orient*, donné à cette partie de nos Loges, nous rappelle que les mystères de la sagesse nous sont venus des peuples orientaux, de qui découlent, par le fait, toutes nos connaissances.

Parvenu à la seconde époque de l'initiation, l'aspirant apprenait à connaître les arts, et à les mettre en pratique pour le bien de l'humanité. Cette étude était réelle et longue : elle durait cinq ans. Aujourd'hui, elle n'est plus que symbolisée ; mais l'allégorie astronomique s'y trouve suivie, comme dans le premier grade.

En effet, dans les premières épreuves de votre initiation, vous avez, frère initié, figuré comme représentant le soleil dans sa marche. Vos trois voyages sont sensés s'accomplir au moment où cet astre bienfaisant sort victorieux des combats qu'il est sensé soutenir contre Typhon, son éternel ennemi, le génie du mal, le lieu des ténèbres, la cause des frimats et des rigueurs de l'hiver. La lumière qui vous a été rendue, à la satisfaction de tous vos frères, rappelait l'instant où le soleil, arrivé à l'équinoxe du printemps, annonce aux humains une nouvelle saison de fleurs et de fruits. La nature va sortir de son engourdissement, et produire de nouveau.

C'est ce travail sublime de la seconde époque de l'année que vous venez, mon frère, de représenter dans la formule de votre réception ; et c'est pour en symboliser l'accomplissement que tous les instruments d'un travail allégorique ont tour-à-tour été mis entre vos mains, et pour vous apprendre que vous devez continuellement travailler à vous éclairer et à vous perfectionner. Voilà pourquoi vos cinq voyages symbolisent, dans l'allégorie astronomique, les cinq mois de production de la nature.

Ce rapprochement ingénieux qui, sans doute, éclaire votre esprit d'une lumière inattendue, doit déjà vous donner la clé d'une partie de nos mystères.

Les emblèmes des ministres de premier ordre, dans les mystères anciens, étaient les mêmes que ceux des chefs de la Maçonnerie. Ainsi, l'hiérophante a revêtu des ornements de la divinité suprême, comme plus tard nous verrons le grand-prêtre de Jéhovah représenté, dans nos loges, par le *Vénérable*, dont l'emblème est l'*Etoile flamboyante*.

Le *soleil* et la *lune*, symboles du *Dadouque* et de l'*Epibôme*, ont été consacrés aux *premier* et *second surveillants*; voilà pourquoi ces chefs sont appelés *lumières*.

De l'*hiérocéryce*, héraut sacré, on a fait l'*orateur*. Il portait le caducée de Mercure, pour indiquer que l'éloquence est une des principales attributions de ce dieu, et qu'elle doit l'être également de l'orateur maçon.

L'*Etoile flamboyante* était jadis l'image du fils du soleil, auteur des saisons et symbole du mouvement; de cet *Orus*, fils d'*Isis*, cette matière première, source intarissable de vie, cette étincelle du feu incréé, semence universelle de tous les êtres.

Au milieu de l'Étoile paraît la lettre G.·., *cinquième* consonne de l'alphabet, et initiale de la *cinquième* science (géométrie). C'est d'elle ou des mathématiques que l'on emprunte l'éclat de cette vérité lumineuse qui doit se répandre sur toutes les opérations de l'esprit (1).

(1) On demandait à *Platon*, surnommé *le Divin*, à quoi Dieu s'occupait : à *géométriser* sans cesse, répondit le philosophe. Cette opinion sur un être perpétuellement actif, dont la puissance est imprescriptible et la multitude des ouvrages innombrables, convient à Dieu.

Cette lettre qui, par sa forme, semble, dit-on, être l'emblème de l'union de la matière à l'esprit, a été, par les Maçons modernes, substituée à l'*Iod* hébraïque, initial de *Jéhovah* (1), dont se servaient, par abréviation, les Hébreux. Ce monogramme, qui exprime l'être incréé, principe de toutes choses, est l'hiéroglyphe naturel de l'unité de Dieu. Les cabalistes l'emploient pour signifier le *principe*.

On reconnaît encore le trigramme *Iod* chez les peuples du Nord, dans les noms qu'ils donnent à Dieu : le Syrien dit *Gad*, le Suédois *Gud*, l'Allemand *Gott*, l'Anglais *God*. Il vient du mot persan *Goda*, dérivant du pronom absolu signifiant *lui-même* (2).

Le mot *loge* vient de *loga*, qui, dans la langue sacrée du Gange, signifie *monde* (3). L'instruction du grade justifie cette dénomination, en indiquant que la loge est couverte d'un dais d'azur parsemé d'étoiles, et

(1) Ce mot antique et sacré, redoutable parce qu'on ne devait pas l'entendre, se trouve chez tous les anciens peuples, parmi lesquels *iod* formait le type radical du nom de leur Dieu suprême.

(2) On a remarqué que G est aussi l'initiale de *Guianès* ou *Gannès*, dieu des nombres, et patron des écoles et des sociétés savantes chez les Brames. *Gannès* portait des clés, parce que la connaissance des nombres était la clé de bien des mystères. L'Indou *Gannès* devint, bien avant le fondateur de Rome, *Janès* chez les Saliens ; en semitique, *Janés* ou *Joannès*.

Les *Gnostiques* (connaisseurs, ou clairvoyants), possesseurs de la *gnôse* (gnôsis) ou vraie science, ont également la même lettre pour initiale.

(3) L'antre de *Mithra*, où les mages avaient leurs mystères, et l'antre d'*Athys* signifiaient aussi *le monde*.

La Perse, que l'on regarde comme le berceau de l'initiation scientifique, donne à ce que nous appelons *loge* le nom de *Jéhan*, qui a le même sens ; de là, sans doute, le nom de *loge de St-Jean*, sorte de pléonasme, accepté par les Templiers qui sont *Johannistes* ou *Joannistes*, c'est-à-dire disciples de *saint Jean*, en opposition aux papistes romains qui sont disciples de *saint Pierre*.

que sa dimension est incalculable. C'est le lieu dans lequel on donne et l'on explique la *parole* (*logos*). Ce nom de nos temples devait, suivant quelques pythagoriciens, avoir L pour initiale, en mémoire du nom de *Lysis* (1), lieu jadis célèbre dans la Grèce, parmi les initiés, qui y professaient la sagesse. C'est aussi en mémoire de ce nom, disent-ils, que les nations ou leurs capitales, qui, les premières, reçurent les bienfaits de l'initiation, ont été désignées par un nom ayant la même lettre initiale; comme *Latium* pour l'Italie, *Lutetia* pour la France, *London* ou *Londres* pour l'Angleterre.

Loge se nomme encore *atelier*, *école*, *temple*, ou *sanctuaire*; en effet, une *loge* est un *atelier* d'initiation, une *école* d'enseignement, un *temple*, un *sanctuaire* où l'on doit développer, expliquer, et rendre palpables, aux adeptes, par le raisonnement, les vérités que renferment, d'une manière confuse, les symboles, les allégories, ou les hiéroglyphes qui servent de voile à la philosophie et aux religions anciennes.

L'homme ne s'éclaire que par l'étude; il doit s'y livrer avec ardeur, en surmonter toutes les difficultés, en braver tous les dégoûts; voilà pourquoi, mon frère, ainsi que déjà je vous l'ai dit, on vous a fait voyager. Les *cinq voyages* rappellent philosophiquement les *cinq sens*, qui sont les fidèles compagnons de l'homme, et ses meilleurs conseillers dans les jugements qu'il doit porter. Si toujours on les consultait dans leurs rapports avec les objets, moins souvent on se tromperait dans les déterminations à prendre.

Les *outils*, portés par le récipiendaire dans ses voya-

(1) *Lysis* ou *Lysias* était aussi le disciple et l'ami de Pythagore (p. 127).

ges, rappellent les instruments des sciences (1), du génie et de l'étude dont faisaient usage les anciens initiés pendant leurs cinq années de travaux.

Les symboles de chaque voyage peuvent fournir à un orateur habile le sujet d'une instruction morale et variée. Je ne vais en donner qu'une esquisse rapide, qui suffira pour vous convaincre, frère nouvellement initié, qu'il vous faut un double travail pour arriver à l'*instruction* et à la *sagesse* recommandées dans ce grade.

1er Voyage. Vous avez été armé d'*un maillet* ou marteau, et d'un *ciseau*; le maillet, emblème du travail et de la force matérielle, aide à renverser les obstacles et à surmonter les difficultés. Le ciseau est l'emblème de la sculpture, de l'architecture, et des beaux-arts; son usage serait presque nul sans le secours du maillet. Sous le rapport intellectuel, ils concourent au même but; car le maillet, emblème de la logique, sans laquelle on ne peut raisonner juste, et dont aucune science ne peut se passer, a besoin du ciseau, qui est l'image du mordant des arguments de la parole, avec lesquels on parvient toujours à détruire les sophismes de l'erreur; d'où il résulte que ces symboles du premier voyage représentent les beaux-arts, plusieurs professions industrielles, et la logique, éléments propres à rendre l'homme indépendant.

2e Voyage. On vous a muni d'un *compas* et d'une *règle*; ces symboles expriment le perfectionnement obtenu dans les arts, professions et sciences étudiés dans le premier voyage; car, avec ces deux instruments, toute défectuosité devient impossible dans les arts, et même

(1) Ces mêmes sciences apparaissent dans les grades capitulaires et dans les grades philosophiques.

dans toute production littéraire. Intellectuellement, le compas est l'image de la pensée dans les divers cercles qu'elle parcourt ; les écartements de ses branches et leurs rapprochements figurent les divers modes de raisonnement qui, selon les circonstances, doivent être abondants et *larges*, ou précis et *serrés*, mais toujours clairs et persuasifs.

La règle symbolise plus positivement encore le perfectionnement : sans règle, l'industrie serait aventureuse, les arts seraient défectueux, les sciences n'offriraient que des systèmes incohérents ; la logique serait capricieuse et vagabonde, la législation serait arbitraire et oppressive, la musique serait discordante, la philosophie ne serait qu'une obscure métaphysique, et les sciences perdraient leur lucidité. Son utilité fut reconnue si grande, qu'elle figure encore dans les troisième et quatrième voyages.

3e Voyage. Vous portez la *pince* et la *règle* ; la pince, symbole de la force, sert à soulever les plus lourdes masses, et à vaincre tous les obstacles. Au moral, elle représente la fermeté d'âme, le courage inébranlable de l'homme indépendant, et cette puissance invincible que développe l'amour de la liberté chez les nations intelligentes. Sous le rapport intellectuel, la pince exprime la force du raisonnement, la solidité de la logique ; elle est l'image de la philosophie positive, dont les principes invariables ne donnent aucun accès au fanatisme ni à la superstition. Mais, pour prévenir les effets funestes que pourrait produire l'abus de la force incalculable que symbolise la pince, on y joint la règle, pour faire bien sentir avec quelle mesure et avec quelle juste appréciation l'homme faible ou l'homme fort doit, en toutes choses, se servir de ce puissant levier.

4e Voyage. Il a eu lieu avec l'*équerre* et la *règle.* L'équerre, instrument de mathématiques, est indispensable à la construction régulière de toute espèce de monuments matériels (1). Au moral, son angle droit indique la conduite régulière que doit tenir l'homme en société, la droiture de ses actions, et l'abnégation qu'il doit faire de toute supériorité envers ses semblables, parce que la pose de l'équerre ne laissant subsister aucune inégalité, cet instrument représente fidèlemeut l'égalité que l'auteur de toutes choses a établie entre tous les hommes. Elle a, comme la pince, une triple allégorie; car, sous le rapport scientifique, la régularité et la précision de l'équerre peuvent s'appliquer au plan et à l'exécution de tout travail intellectuel, pour éviter les défauts et les inégalités qui déparent trop souvent les productions de l'esprit. On y joint la règle, pour donner à tous ces travaux le dernier degré de perfectionnement.

5e Voyage. La signification de ce dernier voyage est fort importante; vous l'avez effectué sans porter aucun outil, parce que, touchant au terme de vos travaux, et arrivant à l'initiation au grade, vous êtes sensé posséder les connaissances qui peuvent vous rendre libre et indépendant. Ce voyage est donc l'image sensible et vivante de la liberté sociale.

La *pierre cubique*, sur laquelle les compagnons ai-

(1) Le frère Vassal, à qui nous empruntons plusieurs emblèmes de voyages, dit : « Si l'équerre et son usage avaient été connus dans l'Inde, « les monuments n'y seraient pas gigantesques et hors de toute propor- « tion ; tandis qu'en Egypte, où le deuxième grade fut fondé, on dut avoir « quelques notions sur l'équerre, puisque les monuments sont déjà plus « réguliers que ceux de l'Orient. » D'où il conclut que l'équerre a été découverte en Egypte.

guisent leurs *outils*, symbolise les progrès qu'ils doivent faire dans l'institution et dans leurs rapports avec les frères. Le *cube* étant le solide le plus parfait, et qui présente le plus de surfaces unies, peut servir à tout emploi ; aussi, la *pierre cubique* est-elle, dans son interprétation morale, la pierre angulaire du temple immatériel élevé à la philosophie. On la termine en pyramide, dans le but d'y inscrire tous les nombres sacrés (1). Pour la tailler, il faut faire usage du compas, de l'équerre, du niveau, de la ligne d'aplomb, et ces instruments figurent, à notre esprit, les sciences et les vertus ; cette pierre allégorique (2) devait donc appartenir aux symboles du second grade.

Ces nœuds entrelacés qui, sans s'interrompre, forment la *Houpe dentelée* de nos temples, est l'image de l'union fraternelle qui lie, par une chaîne indissoluble, tous les Maçons du globe, sans distinction de sectes ni de conditions. Son entrelacement symbolise aussi le secret qui doit entourer nos mystères. Son étendue circulaire et sans discontinuité indique que l'empire de la Maçonnerie ou le règne de la vertu comprend l'univers dans le symbole de chaque loge.

Schibbol.·., mot de passe, signifie *épi* ou *fleuve* (3).

(1) Voir, ci-après le deuxième ordre des grades chapitraux.

(2) Elle figure au tableau de Cébès, dans la *deuxième* enceinte que l'on traverse, en gravissant la montagne *de la véritable instruction et de la lumière*.

(3) Ce mot, qui paraît tiré de l'histoire de Jephté, n'est que le nom oriental de *Cibèle*, changé dans le moyen-âge, lorsqu'on a trouvé nécessaire de judaïser les mots de l'Ordre.

On sait que *schibboleth* servit de mot du guet aux habitants de Galaad, dans la guerre qu'ils eurent à soutenir, sous Jephté, contre les Ephraïmites qui ne pouvant plus prononcer le *schin* hébreux, étaient massacrés et précipités dans le *fleuve* (il y en eut, dit-on, 40,000.)

Les maçons modernes ont choisi l'acception *épi*, et traduisent *schibbol.·.* par *nombreux comme des épis de blé*, pour exprimer que les Maçons se trouvent répandus sur toute la surface de la terre.

Voici l'interprétation astronomique du mot *schibboleth* :

Montant la sphère céleste pour le lieu où le temple fut bâti, et pour la saison de l'année dans laquelle il fut fondé, la position du vénérable correspond à celle du lever héliaque ou solaire. On a donc l'état du ciel pour le temps et pour le lieu, parce que le soleil, vers la poitrine du bélier, vient justement se montrer au-dessus de l'horizon. L'aspirant, qui entre par la porte d'occident, se trouve opposé à l'astre du jour, et, par conséquent, près de l'étoile du zodiaque, qui se couche comme le soleil se lève. Quelle est cette étoile ? C'est celle que bénit l'homme des champs; c'est cette étoile brillante que les Hébreux appellent *schibboleth*, les Latins *spica*, et les Français l'*épi*.

Comme compagnon, vous avez *cinq ans*. La progression qui suit les grades indique les lumières et l'expérience que vous êtes sensé avoir acquises; mais apprenez, mon frère, que l'âge ne les donne réellement qu'à celui qui s'est associé aux hommes et aux choses.

La batterie du grade et de l'attouchement (1) est de

(1) Les attouchements d'apprenti et de compagnon qui ont lieu en se prenant mutuellement la main et en se frappant avec le pouce sur les phalanges de l'index, ont offert un moyen simple et facile pour s'entretenir avec un frère devenu sourd et aveugle. On conçoit que les phalanges de chaque doigt doivent servir à composer cet alphabet dactyle. Pour initier ce frère infirme, il faut que chaque pression de phalange corresponde à une lettre exécutée en relief, comme celles dont se servent les élèves de Hauy.

cinq coups ; elle a la même interprétation que celle du premier degré.

Autrefois, le *feu sacré* brûlait dans nos temples ; le culte de *Vesta* (en grec *hasta*, ce mot signifie *feu*) rappelle cet usage.

La nature, symbolisée par ce feu sacré, indiquait au néophyte le genre d'étude auquel il devait désormais appliquer son esprit : c'est à la lumière que nous devons la jouissance du spectacle brillant de la nature.

Les chrétiens commencèrent par mettre trois lumières sur leurs autels, pour symboliser la triple essence de la Divinité, et, par la suite, on en remplit les temples, pour faire connaître l'immensité du Créateur.

Le feu anime tout ce qui respire, dans les airs, sur la terre et sous les eaux. Le soleil, dont l'image est consacrée dans nos temples, est le feu inné des corps, le feu de la nature, auteur de la lumière, de la chaleur et de l'ignition. Il est la cause efficace de toute *génération* : sans lui, point de mouvement, point d'existence ; il donne la forme à la matière, car la forme est encore un effet du mouvement.

Il est immense, indivisible, impérissable, et présent partout. Le feu pénètre les corps les plus durs ; il y anime la nature cachée et engourdie. Sa lumière frappe leurs surfaces, met en mouvement leurs facultés externes, leur transpiration insensible, et la dissémine dans l'air tant supérieur qu'inférieur.

C'est ce besoin de la lumière, c'est son énergie créatrice, qui a été sentie par tous les hommes ; ils n'ont rien vu de plus affreux que son absence ; voilà leur première divinité, dont l'éclat brillant, jaillissant du sein du chaos, en fit sortir l'homme et tout l'univers, avec son harmonie sans désaccord et son ordre sans perturbation.

Voilà le dieu *Bel* des Chaldéens, l'*Oromaze* des Perses, qu'ils invoquent comme la source de tout le bien de la nature, tandis qu'ils placent dans les ténèbres et dans *Arhimane*, leur chef, l'origine de tous les maux : aussi, ont-ils une grande vénération pour la lumière, et une grande horreur pour les ténèbres. En effet, la lumière est la vie de l'univers, l'amie de l'homme, et sa compagne la plus agréable; avec elle, il ne s'aperçoit plus de la solitude; il la cherche dès qu'elle lui manque, à moins qu'il veuille, pour réparer ses organes fatigués, se dérober au spectacle de la nature et à lui-même.

L'étude et la conviction ont éclairé et élevé l'âme de l'initié; aussi, le serment ne mentionne ni peines, ni supplices corporels. Le compagnon connaît des liens plus nobles : *l'honneur et sa parole de Maçon* suffisent aux frères qui encouragent et récompensent ses travaux.

Frère nouvellement initié,

Si vous résumez les deux discours interprétatifs que vous avez entendus, vous devez reconnaître que l'apprentissage est l'introduction dans la Maçonnerie, et que le compagnonnage en est l'étude.

La troisième interprétation vous démontrera que la *maîtrise* est la perfection et le complément de l'initiation.

—

Troisième grade Symbolique.

GRADE DE MAITRE.

Mes Frères,

Un grand crime commis, une cérémonie funèbre, la commémoration de la mort d'un personnage illustre, tels sont les faits que présente la légende du troisième grade symbolique. Si ce mot *symbolique* ne nous rappelait pas que, dans ce grade comme dans les précédents, tout est emblématique, l'observation seule de ses cérémonies suffirait pour nous en convaincre.

En effet, que présente-t-il à notre esprit? La mort d'un chef de travaux, assassiné par trois ouvriers perfides, et emportant avec lui le secret de la Maçonnerie; l'édification magnifique d'un monument chez un peuple que ses malheurs et ses proscriptions ont rendu célèbre. Tous ces événements si ordinaires sont-ils donc dignes d'occuper tant d'hommes éclairés chez tous les peuples et pendant tant de siècles? Quel intérêt peuvent-ils présenter à notre esprit? Aucun, s'ils sont pris à la lettre. Eh quoi! après trois mille ans qui se sont écoulés depuis Salomon, la France, l'Europe, le monde entier célébrerait encore, avec des marques de douleur, la mort d'un architecte, tandis que tant de sages, tant de philosophes ont perdu la vie, sans qu'on en conserve le souvenir autrement que dans l'histoire? Mais cet *Hiram* lui-même est-il un autre Socrate, un de ces bienfaiteurs du genre humain dont le nom rappelle les vertus éminentes ou les services les plus signalés. J'ouvre les annales des nations, et ne trouve pas même son nom; aucun historien n'en a gardé le souvenir. L'historien sacré, le seul qui l'ait nommé, ajoute à peine à son nom l'épithète de *parfait ouvrier*; et, dans les débats minutieux de tout ce qui accompagne et suit la construction du temple, il n'en est nullement fait mention, pas même de sa mort tragique, événement que n'eût point omis l'écrivain scrupuleux.

A défaut de l'Écriture, la mémoire des hommes a sans doute conservé cet événement, dont le souvenir s'est perpétué dans les familles? Non; la tradition est encore en défaut ici, et rien ne rappelle qu'*Hiram* soit tombé sous les coups d'assassins, ainsi que le rapporte la tradition maçonnique; d'où nous devons conclure que cette mort n'est qu'une allégorie, dont il nous sera facile de trouver la clé.

Gardons-nous ici de nous abandonner aux hypothèses, ainsi que tant d'autres l'ont fait; d'appliquer cette commémoration funèbre à tous les événements qui rappelleront un grand crime religieux, politique ou privé, et de couvrir du nom et des emblèmes d'*Hiram* toutes les victimes de la tyrannie, du fanatisme ou de la cupidité.

Depuis bien des siècles, et partout encore, des Maçons célèbrent à l'envi la mort d'Hiram. Cet événement intéresse donc le monde entier, et non pas seulement une nation, une secte, un ordre, une coterie; il n'appartient à aucun temps, à aucun culte, à aucun peuple en particulier; il ne nous rappelle ni la mort de Jésus, considéré comme victime de la haine sacerdotale ; ni Socrate, proscrit par le fanatisme et l'intolérance ; ni le chef respectable d'un ordre illustre, livré au supplice le plus affreux par le despotisme politique le plus inouï ; il ne commémore ni les proscriptions des premiers chrétiens, ni celles des Israélites chez les diverses nations européennes, ni celles plus récentes et plus affreuses qui, sous les derniers Valois, inondèrent l'Europe du sang de ses enfants, allumèrent les bûchers de Jean Hus et ceux de l'inquisition, et firent tomber l'élite de la noblesse française sous le poignard des Médicis (1).

La raison suffit pour nous convaincre qu'il ne s'explique ni par les chimères astrologiques, ni par les folies de l'alchimie ; ces objections sont autant de vérités qui résultent de la seule réflexion ; mais quelle est donc cette victime illustre, quel est son assassin ? c'est ce qu'il convient de chercher.

La méditation et l'étude des initiations antiques nous ont déjà conduit à la découverte de plusieurs vérités, à l'interprétation de plusieurs des emblèmes maçonniques, inintelligibles sans ce secours ; suivons encore la même marche, et que cette étude soit pour nous le fil d'Ariane, qui nous aidera à sortir du dédale ténébreux des hiéroglyphes.

(1) D'autres expliquent le grade de maître par des traits relatifs à la fin tragique de *Charles Ier*, oubliant que ces symboles de mort étaient, de toute antiquité, admis en Chaldée, en Syrie, en Perse ; qu'ils avaient un sens moral que nous expliquons, et un sens physique pris dans les phénomènes de la nature. Tertullien en parle au sujet d'Eleusis, et le sixième chant de l'*Enéïde* les décrit avec l'exactitude d'un rituel.

Quant à ceux qui rapportent ce grade à la fin tragique du Temple, ils méconnaissent les documents historiques qui font mention des Maçons avant, durant et après l'ordre du Temple. On possède des grades maçonniques pratiqués par les Templiers 300 ans avant leur fin tragique.

Dans les deux dernières séances de ce Cours, j'ai démontré l'analogie qui existe entre les deux premiers grades de la Maçonnerie moderne, et les premiers pas de l'initiation égyptienne, de celle de la Grèce, de celle de Mithra, de celle même des premiers chrétiens. J'ai fait voir, dans l'apprenti, l'aspirant de Thèbes et d'Eleusis, le soldat de Mithra, le catéchumène.

Dans le compagnon, le miste, l'initié du second ordre, le *lion* des mystères d'Orient, le néophyte chrétien. Prouvons maintenant que le Maître, malgré ses formes hébraïques, n'est autre que l'Épopte, le *voyant*, l'initié de tous les temps et à tous les mystères.

Considérons d'abord l'*Orient*, berceau de toutes les religions, de toutes les allégories ; voyons-le dans ces temps reculés, où les mystères ont commencé. Partout on reconnaît, sous des noms différents, la même idée reproduite; partout un dieu, un être supérieur, ou un homme extraordinaire subit le trépas, pour recommencer bientôt après une vie glorieuse ; partout le souvenir d'un grand et funeste événement, d'un crime ou d'une transgression, plonge les peuples dans le deuil et la douleur, auxquels succède aussitôt l'allégresse la plus vive.

Ici, c'est *Osiris* succombant sous les coups de *Typhon*; ailleurs, *Athys* ou *Mithra* ; en Perse, *Oromaze* cédant pour quelques instants au noir et farouche *Arhimane*; en Phénicie, c'est *Adonis*, frappé par un sanglier, et ressuscitant peu après. Je ne finirais pas, si je voulais rappeler ici toutes les morts qui sont devenues, pour les peuples, des sujets de fêtes funèbres, et dont les légendes différentes se rattachent néanmoins aux mêmes principes que celles d'*Hiram* (1).

(1) La liste quoique incomplète que nous donnons ici prouve que le

La croyance au dogme des deux principes a donné naissance à ces fictions ; elles prévalent surtout chez les Perses. Ce dogme était l'opinion favorite de Plutarque, moins comme initié que comme philosophe. Cependant, Plutarque, initié, et n'osant pas révéler le grand secret des mystères, mais, à l'exemple de Philoctète, sachant, heureusement pour nous, éluder son serment, met suffisamment sur la voie l'initié moderne, et donne à la fable de l'initiation une interprétation morale et religieuse, conservée dans cette maxime : *Elevez des temples à la*

grade de Maître appartient à la théogonie de tous les peuples :

Osiris est tué par *Typhon*, qui lui dresse des embûches;
Sommonacodon, par un *cochon;*
Adonis, par un *sanglier jaloux;*
Etion, par des *bêtes féroces;*
Orsmud est vaincu par *Arhimane;*
Néhémie, par *Armilius*, vaincu lui-même par le *second Messie;*
Abel est assassiné par *Caïn;*
Balder, par *Hother*, l'aveugle ;
Allyrotius est tué par *Mars;*
Sousarman, par *Soudra;*
Bacchus, mis en pièces par les *Géants;*
Les *Assyriens* pleurent la mort de *Thammuz;*
Les *Scythes*, les *Phéniciens*, celle d'*Acmon;*
Toute la nature, celle du *grand Pan;*
Zohak est vaincu par *Phéridoun;*
Soura-Parama, par *Soupra-Munie;*
Moïa Sour, par *Dourga;*
Pra-Souane, par *Sommonacodon*, contre lequel se révolte son frère *Thevatath;*
Uranus est mutilé et détrôné par *Saturne*, que *Jupiter* détrône ensuite;
Agdestis, *Atys* se mutilèrent eux-mêmes;
Chib meurt en fécondant sa femme ;
Jahud est immolé par *Saturne*, son père ;
Indra, *Thévatha*, *Jésus* expirent sur la croix ;
Les *Turcs* célèbrent la fin tragique et pourtant nécessaire d'*Hossein;*
Les *Manichéens*, celle de *Manès*, etc.

vertu, et construisez des cachots pour les vices. Ce dogme prévient celui qui se livre à ses méditations qu'il doit éviter deux écueils, dans lesquels beaucoup d'hommes sont tombés : les uns, s'écartant de la véritable voie, ont donné dans la superstition ; et les autres, croyant fuir la superstition, se sont livrés à l'impiété, et, ajoutent-ils, à l'athéisme (1).

En Egypte, après s'être rendu, par son courage, ses vertus et son instruction, digne de la faveur des dieux, le candidat était enfin admis à l'initiation. Le voile qui lui cachait la statue magnifique d'*Isis* était écarté, et la déesse paraissait à sa vue, non telle qu'aux yeux du vulgaire, entourée d'emblèmes et d'hiéroglyphes inexplicables, mais *nue*, c'est-à-dire qu'en recevant l'initiation, l'adepte participait à l'interprétation secrète des mystères, interprétation que recevaient les seuls initiés. Pour eux, *Isis* n'est plus cette déesse, sœur et femme d'*Osiris*, que le vulgaire adore sous tant de formes et avec tant d'attributs différents ; c'est la nature, dans toutes ses époques, que caractérisent ses symboles (2). *Osiris* est l'astre

(1) L'athéisme n'est pas concevable : être *athée* serait supposer des *effets sans cause*, puisque c'est la cause de tout ce qui existe qu'on désigne par le mot *Dieu* (qui est la cause inconnue des effets connus.) Or, une pareille supposition est absurde et n'a jamais été admise par qui que ce fut. Il ne peut donc pas exister d'*athée*, malgré le dictionnaire de Sylvain Maréchal, et l'opinion d'autres auteurs qui forcent à déplorer ces égarements de l'esprit humain.

La seule division qui existe parmi les hommes de bonne foi est dans la question de savoir si la *cause* de toute existence est *spirituelle* ou *matérielle*, c'est-à-dire isolée, indépendante de la matière, ou bien inhérente à la matière et en faisant partie intégrante. Mais un matérialiste n'est pas un *athée*.

(2) « La déesse de Syrie, dit Lucien, ressemblait à *Isis* ou Cybèle. La « Diane d'Éphèse était aussi une Isis ; et où il y avait une Isis, il devait se « faire des réceptions d'initiés. »

Des auteurs anciens ont souvent confondu les divinités égyptiennes et

du jour, ou le principe de la lumière et de la chaleur ; après avoir parcouru l'univers, il meurt par la trahison de Typhon ; si ce crime est commis sous le signe du Scorpion, si ses membres épars sont réunis par les soins de son épouse, s'il ressuscite enfin, c'est que le soleil, après avoir parcouru sa route céleste, semble, vers la fin de l'année, succomber et mourir, pour renaître bientôt après, plus brillant et plus beau. Ainsi, toute l'histoire de ce dieu, que le peuple adorait, le front courbé dans la poussière, n'était pour l'initié qu'un thème céleste.

L'*Adonis* phénicien présente les mêmes emblèmes,

romaines et les allégories qui s'y rattachent. Quelquefois Apulée nomme *Isis*, Cybèle, et, dans d'autres circonstances, Minerve, Vénus, Diane, Proserpine, Cérès, Junon, Bellone, Hécate et Rhamnusia ; ce qui lui fait donner le nom de *Myrionyme* (qui a dix mille noms). Cet auteur fait ainsi parler *Isis :*

« Je suis la *Nature*, mère de toutes choses, maîtresse des éléments, le « commencement des siècles, la souveraine des dieux, la première de na- « ture céleste, la face uniforme des dieux et des déesses ; c'est moi qui gou- « verne la multitude innombrable des cieux, les vents salutaires des mers, « le silence lugubre des enfers ; ma divinité, *unique*, mais à *plusieurs* « *formes*, est honorée avec différentes cérémonies et sous différents noms. « Les Phrygiens m'appellent la Pessinontienne, mère des dieux ; les Athé- « niens, Minerve-Cécropienne ; ceux de Chypre, Vénus-Paphiane ; ceux de « Crète, Diane-Dyctinne ; les Siciliens, qui parlent trois langues, Pro- « serpine-Stygienne ; les Éleusiniens, l'ancienne déesse Cérès ; d'autres, « Junon ; d'autres, Bellone ; quelques-uns, Hécate ; il y en a aussi qui « m'appellent Rhamnusie. Les Egyptiens, les Orientaux, les Ariens et « ceux qui sont instruits de l'ancienne doctrine, je veux dire les Egyptiens, « m'honorent avec des cérémonies qui me sont propres, et m'appellent « de mon véritable nom, *la Reine Isis*. »

Un marbre, trouvé à Capoue, avec une inscription rapportée par Montfaucon, t. II, la qualifie ainsi : Déesse Isis, qui *êtes une et toutes cho-* « *ses*, Arrius Babinus vous fait ce vœu. »

Cette inscription démontre que les Romains, qui étaient initiés aux doctrines égyptiennes, regardaient *Isis* comme l'emblème de l'*unité de Dieu* et de l'*Univers*.

(Reghellini, *la Maçonn. Consid.*, etc., t. Ier, p. 25.)

sous des aventures peu différentes. Consultons et interprétons sa légende. *Adon*, racine de ce mot, signifie *dieu*, *seigneur*; le pluriel *Adonaï* signifie, dans l'hébreu, les *dieux*. *Adonis* était l'amant chéri de *Vénus*. Cette fable symbolise le soleil fécondant la nature pendant le printemps et l'été. Après cette époque, cet astre perd, sur notre hémisphère, ses facultés productives. Voilà pourquoi, dans l'automne, *Adonis* allant à la chasse, est terrassé par un sanglier (symbole de l'hiver), qui le mutile et le prive de ses facultés génératrices. Avant d'être rendu à *Vénus*, qui déplore sa perte, ce dieu, dont la mutilation et la mort ne sont qu'une fiction, doit passer les six autres mois de l'année avec la Vénus (ou la nature) de l'hémisphère inférieur, cette femme des constellations, placée sur les sphères, devant le serpent, *præ, serpens*, d'où vient le nom de *Proserpine*. Voilà donc le soleil du printemps ou de l'été, mourant en automne, pour revenir au printemps suivant.

Les histoires d'*Athys*, de *Mithra*; la descente de *Chrisna* aux enfers, dans l'Inde; la lutte d'*Orsmud* et d'*Ahrimane*, celle de *Christ* et de *Satan* (1), ne sont également, comme la première, que l'emblème de la lutte perpétuelle de la lumière et des ténèbres, de la révolution annuelle du soleil.

Mais quel rapport peuvent avoir ces diverses fables astronomiques avec l'histoire de l'architecte du temple de Salomon, de ce monument magnifique élevé par le plus sage des rois au grand architecte des mondes? Il n'existe aucun monument authentique du meurtre d'Hiram; l'Ecriture n'en dit rien; c'est une histoire toute controu-

(1) Ce nom est babilonien.

vée, qui, fût-elle certaine, ne serait, pour nous et pour toutes les nations pour qui ce crime est étranger, d'aucun intérêt.

Mais reprenons l'histoire d'Hiram, telle qu'elle est mentionnée dans les fastes maçonniques.

Ce respectable maître, en visitant un soir les travaux, est assailli par trois compagnons infidèles, qui l'assassinent, sans pouvoir lui arracher le mot de maître, ce mot ineffable, cette parole innominable, que le grand-prêtre prononçait seulement une fois dans l'année.

Observons bien que c'est aux portes d'*occident*, du *midi* et d'*orient* que sont placés les assassins, c'est-à-dire aux points qu'éclaire le soleil, qui ne va jamais au nord dans l'hémisphère boréal. Les scélérats cachent ensuite ce corps dans la terre, et en marquent la place par une branche d'acacia. Remarquons ici deux objets importants.

Le premier, que *douze* personnages jouent un grand rôle dans cette histoire, de même que dans toutes celles qui ont le soleil pour objet; savoir : les *trois* assassins compagnons, c'est-à-dire ouvriers inférieurs, et *neuf* maîtres, ou neuf ouvriers supérieurs. Ce nombre *douze* répond évidemment aux signes que parcourt l'astre du jour; les trois compagnons sont les signes inférieurs, les signes d'hiver, ceux qui donnent la mort à *Hiram*, savoir : la *Balance*, le *Scorpion* et le *Sagittaire*, qui, vers le milieu de l'automne, occupent ces trois points du ciel, en sorte que le premier se trouve vers le déclin ou à l'occident, le second à son ascension droite au midi, et le dernier commence à paraître au levant, ce qui est figuré par la porte d'orient, où *Hiram* meurt, comme le soleil meurt dans le Sagittaire, et renaît immédiatement ou recommence une année nouvelle dans le Capricorne.

Si les trois autres signes inférieurs sont représentés par des maîtres, c'est que le soleil commence alors à remonter. Ce sont eux qui relèvent le corps du Respectable Maître, et à ce titre ils ont des droits à être *élus*. De là, ces paroles du *très Respectable* (1) aux deux surveillants : *Ne savez-vous pas que vous ne pouvez rien sans moi, et que nous pouvons tout ensemble ?*

Nous voyons de même, dans les fables hébraïques, *douze* patriarches et un seul temple pour *douze* tribus; chez les chrétiens, *douze* apôtres ou compagnons de Christ, dont il est à remarquer que *trois* manquent aussi à leurs devoirs : le premier, en le livrant à ses ennemis; un autre, en le reniant *trois* fois; le dernier, en doutant de sa résurrection. Celui qui le livre reçoit *trente* pièces de monnaie, nombre des jours qui composent un mois; il les rejette dans le temple de Jérusalem, symbole de l'univers, où les jours et les mois disparaissent.

Chez les Egyptiens, chez les Grecs et les Romains, nous voyons également *douze* grands dieux. Les autels de Janus sont au nombre de *douze*, de même que les travaux d'Hercule. Il me serait facile de pousser plus loin ces analogies.

Enfin, c'est une branche d'*acacia* qui fait retrouver la victime et décèle les coupables. Or, il est digne de remarque que, dans toutes les fables antiques, un arbre joue un rôle important dans les allégories solaires. Ici, c'est l'arbre de la science du bien et du mal, emblème du passage des ténèbres à la lumière, ou de l'hiver à l'été. Arrêtons-nous un instant à cette allégorie, dont les

(1) Nom du dignitaire qui préside dans ce grade.

jeunes Maîtres ne se sont peut-être pas encore rendu compte : cet arbre représente *l'année* ; la connaissance du bien est ce bonheur dont on jouit dans les saisons agréables et productives du printemps et de l'été, *règne du bien.* La science du mal est la funeste connaissance que l'on fait des rigueurs et des privations de l'hiver, *règne du mal.* On peut donc dire métaphoriquement que l'homme initié à cette science connaît le bien et le mal, connaît l'année ; et si, par des études profondes, il pouvait apprécier et savoir tout ce que la nature prépare et accomplit dans une révolution annuelle, il connaîtrait Dieu.

Il est certain qu'*Adam*, qui signifie la nature humaine, et fut créé mâle et femelle, mais qui, ensuite, ne représente plus que le premier homme, et sa compagne *Ève*, qui signifie la vie, ayant tous deux passé, dans l'Eden, le printemps et l'été, ont nécessairement goûté, de l'arbre allégorique, le fruit produit pendant le *règne du bien* ; puis, le serpent (1) vient indiquer sur la sphère

(1) *Typhon* signifie *serpent* (symbole de l'hiver) ; s'il vient de *tuphoul*, il signifie *un arbre qui produit des pommes* (*mala*, maux), origine judaïque de la chute de l'homme. *Typhon* veut dire *qui supplante*, et signifie les passions humaines qui chassent de notre cœur les leçons de la sagesse. Dans la fable, *Isis* écrit la parole sacrée pour l'instruction des hommes et Thyphon l'efface à mesure. Au moral, il signifie *orgueil*, *ignorance*, *mensonge*.

Quel rapport les infirmités morales ont-elles avec l'hiver et la nuit ? Ces rapports existent : l'orgueil et l'ignorance nous retenaient dans les ténèbres de la nuit, dans l'engourdissement et la stérilité de l'hiver. L'interprétation est morale, la physique n'intervient que pour aider par la comparaison avec les objets sensibles. C'est ainsi que le dogme des deux principes, enseigné dans les mystères sous un symbole astronomique, comprenait le bien et le mal (*a*).

(*a*) L'allégorie de la lumière et des ténèbres qui forme une partie du fond de la maîtrise a fait prendre, par des auteurs profanes, les Maçons, tantôt pour des *manichéens*, tantôt pour des *priscilliens*, etc.

céleste que le *règne du mal* va commencer. La science allégorique, qui s'insinue partout, a fait que *malum*, qui veut dire le *mal*, signifie aussi *pomme*, production de l'automne, qui annonce que les récoltes sont faites, que le laboureur doit, à la sueur de son front, recultiver et réensemencer la terre. Le froid arrive; il doit se couvrir, non avec la feuille allégorique du figuier, mais autrement.

La sphère tourne ; on voit l'homme des constellations (le *Bootès*), précédé de la femme, ayant à la main le rameau de l'automne chargé de fruits ; elle semble *seducere*, conduire avec elle, ou, allégoriquement, entraîner, *séduire* l'homme. Telle est l'allégorie des deux premiers humains, chassés du paradis, et celle de l'arbre de la science du bien et du mal (1).

Ailleurs, c'est le *lotus* égyptien, l'*amandier* d'Athys, le *myrte* (2) de Vénus, le *gui* druidique (3), le *rameau d'or* de Virgile (4), le *buis* du dimanche des Rameaux, le *jonc* ou le roseau des pèlerins ; dans la fable maçonnique, c'est l'*acacia* (5) ou le *tamaris*, sous lequel vint

(1) Volney, *les Ruines*.

(2) Myrte ici est synonyme de sépulcre.

(3) Druide vient du mot grec *drus*, chêne; d'où *Dreux*, ville.

(4) Le rameau mystérieux accompagne, sur les médailles anciennes, l'effigie des initiés *Apulée, Virgile, Horace, Auguste*. La réponse à cette question : *Etes-vous maître?* rappelle ce rameau sacré.

(5) Ce doit être l'acacia épineux qui rappelle la couronne d'épines de *Jésus* et le bois de la croix, selon *Jovet, malgré le Traité sur l'arbre nommé acacia* (Bordeaux, 1762), où l'auteur prétend qu'il fut rapporté d'amérique, et qu'il n'était pas connu auparavant dans les anciens continents. Il ajoute : « Cet arbre a, dans cette circonstance, probablement été « choisi à cause du mot grec *akakia*, que Cicéron traduit : *animus terrore* « *liber*, ce qui signifie un homme intrépide, un cœur libre de crainte; « nom que l'on peut avoir donné à cet arbre, parce qu'aucun insecte ni « aucun animal ne peut lui nuire. »

échouer le coffre qui renfermait le corps d'Osiris (1). Cet arbre, dépouillé de feuilles au solstice d'hiver, a été choisi par les révélateurs, pour mieux indiquer que la fable d'Hiram était un voile qui ne devait pas être pris à

(1) Le roi Biblos fit couper cet arbre, et ordonna qu'on en formât un *pilier* pour soutenir le toit de son palais (type primitif, selon quelques auteurs, des colonnes du temple de Salomon). Isis obtint depuis qu'on lui abandonnât ce pilier, sous lequel était le coffre sacré. Elle l'oignit d'huile parfumée, l'enveloppa d'un voile, et cette pièce de bois devint un objet de vénération publique.

(Plutarque, *de Isid. et Osirid.*)

Voici une autre version :

Isis trouva le corps d'Osiris aux environs de Biblos, près d'une plante à haute tige nommée *erica*. Elle s'assied sur le bord d'une fontaine qui sortait d'un rocher, et y reste dans un état d'accablement. Ce rocher est la petite montagne mentionnée au rituel ; l'*erica* a été remplacé par l'*acacia*, et l'accablement de la déesse a été remplacé par celui des maîtres.

Les voyages des Maçons qui cherchent la lumière représentent ceux d'Isis qui va à la recherche du soleil, son époux.

Le jeune roi de Biblos épie Isis qui ouvre le coffre, et cole sa bouche sur celle de son époux. La déesse s'en aperçoit, se retourne brusquement, et jette sur lui un regard si terrible qu'il en mourut. Voilà l'origine du regard sévère que le très respectable jette sur le récipiendaire, lors de sa réception.

Les maîtres vont à la recherche de ce qui est *perdu*. Isis va à la recherche du corps de son époux qui était *perdu*. Le corps d'Hiram est justement retrouvé le *septième* jour consacré au soleil. C'est à l'équinoxe que l'on sent sa vertu génératrice ; chaque jour accroît ses forces et les effets de sa douce chaleur ; la parole est vraiment retrouvée. Les initiés aux mystères d'Osiris criaient à cette époque : *Osiris est retrouvé !* Epoque de la pâque à laquelle le deuil cesse, et l'on ne doit plus voir que des sujets de se réjouir.

Dans le 6e livre, *Virgile*, après avoir décrit le meurtre, la perquisition du rameau, les derniers devoirs rendus à la victime, revient à l'histoire du pilote *Palinure* (bali-nour, la lumière du soleil), précipité de son vaisseau dans les enfers par Typhon.

Osiris, l'Apollon des Egyptiens, conduisait un vaisseau au lieu d'un char ; en effet, pour aller à la recherche de la vérité, il fallait monter le vaisseau de la *nature*, le vaisseau d'*Isis*, qui compose encore aujourd'ui les armes de la ville de *Paris* (bar-Isis), ville d'*Isis*, qui en a été la patronne ; mais à qui l'on a substitué *Sainte-Geneviève* qui, comme *Isis*, signifie qui *engendre la vie*.

la lettre. Mais les anciens, regardant l'acacia comme incorruptible (1), on a, pour couvrir le corps du dieu-victime, substitué ses branches (symbole d'éternité) au myrte, au genet, au laurier, toujours verts, qui, à cette époque de l'hiver, figurent dans les anciennes théogonies. Pour annoncer qu'à ce triomphe des ténèbres et de mort apparente, doit bientôt succéder une vie nouvelle ou une prochaine révolution solaire, les auteurs du zodiaque n'ont-ils pas placé une *couronne verte* entre les jambes du Sagittaire, signe dans lequel est le soleil au solstice d'hiver, et d'où il doit sortir triomphant ?

Ainsi, le premier grade, entièrement consacré, chez les anciens, aux épreuves physiques, était spécialement l'emblème du commencement de l'année, ou du printemps, pendant lequel le soleil croît, acquiert des forces, et passe la ligne qui sépare les signes inférieurs des supérieurs. Ce grade était encore, au moral, l'emblème de l'enfance ou du printemps de la vie, figurée par la *pierre brute*, susceptible de recevoir toutes les formes, sous les mains d'un artiste habile ; ce qui rappelle les avantages d'une bonne éducation ; car, ainsi que j'ai eu l'occasion de le faire remarquer, les allégories anciennes avaient été si sagement méditées, qu'elles étaient applicables, sous quelque point de vue qu'on les considérât, à l'instruction et au bonheur de l'humanité.

(1) L'acacia était révéré chez les anciens Arabes, particulièrement dans la tribu *Ghalfan*. Il fut consacré par *Dhalem* et couvert d'une chapelle qui, comme la statue de Memnon, rendait un son lorsqu'on y entrait. Les Arabes avaient fait de l'acacia leur idole *Al-Uzza* que Mahomet a détruite. De là probablement cette remarque du frère Dumast :

« L'*acacia*, qu'honoraient les Sabéens, et dont les initiés portaient un « rameau, se nommait, chez ces peuples, *houzza*. Le *vivat* écossais *houzé*, « qui s'écrit *huzza*, prouve qu'en Angleterre, comme en France, le cri « de joie populaire tire son nom du rameau des initiés. »

Le compagnonnage est l'emblème de la jeunesse, de cet âge où l'homme, après avoir soumis les passions qui l'entraînent dans l'âge précédent, se fortifie par l'étude des sciences, des lettres, de la philosophie; cultive sa raison, apprend à se connaître, et se forme, en quelque sorte, une existence nouvelle consacrée aux vertus et à la sagesse. Il symbolise l'été, cette saison où l'astre du jour, ayant acquis toute sa force, embrâse l'univers de ses rayons bienfaisants, et mûrit, par son active chaleur, les fruits dont la nature a couvert la terre fécondée. La pierre cubique qui caractérise ce grade figure l'homme instruit et policé, vivant pour la société, et dont le premier devoir doit être d'en conserver les formes, emblèmes de la solidité et de la droiture.

La maîtrise, enfin, figure l'automne, cette dernière saison où le soleil termine sa course, et, comme le *Phenix*, dont il a été le type, meurt pour renaître de ses cendres. Elle figure l'âge mûr, cette époque de la vie où l'homme recueille les fruits de ses travaux et de ses études. Son emblème est la planche sur laquelle sont tracés les plans, c'est-à-dire les leçons de la morale et de l'expérience, les devoirs des compagnons et ceux des apprentis.

Ne soyez point étonné, mon frère, si toute la Maçonnerie, en se reportant aux saisons et aux époques de la vie, est entièrement renfermée en trois grades. Ce nombre indique, ainsi que nous l'avons déjà vu, l'origine orientale de ces allégories. Nées dans le Nord ou dans l'Occident, à Rome ou même dans la Grèce, elles eussent présenté l'emblème de quatre saisons, auxquelles on aurait fait rapporter quatre époques de la vie.

Les religions antiques, et celles des Egyptiens surtout, étaient pleines de mystères. Une foule d'images et de symboles en composaient le tissu ; admirable tissu ! ouvrage sacré d'une suite non interrompue d'hommes sages, qui lisaient dans le livre de la nature, et traduisaient en langage humain ce langage ineffable.

Ceux qui, d'un regard stupide, voyaient, sans les comprendre, ces images, ces symboles, ces allégories sublimes, croupissaient, il est vrai, dans l'ignorance comme bien des Maçons de nos jours ; mais leur ignorance était volontaire. Dès le moment qu'ils en voulaient sortir, tous les sanctuaires leur étaient ouverts, et s'ils avaient la constance et la vertu nécessaire, rien ne les empêchait de marcher de connaissance en connaissance, de révélation en révélation, jusqu'aux plus sublimes découvertes. Ils pouvaient, vivants et humains, et suivant la force de leur volonté, descendre chez les morts, s'élever jusqu'aux dieux, et tout pénétrer dans la nature élémentaire ; car la troisième initiation, ou grade de maître, était la connaissance approfondie des religions, et les religions alors embrassaient toutes ces choses ; mais l'initié qui voulait pénétrer dans les secrets mystérieux du sacerdoce, n'arrivait à ce point culminant de la doctrine sacrée qu'après avoir parcouru tous les grades inférieurs, après avoir alternativement épuisé la dose de science dévolue à chaque grade, et s'être montré digne d'arriver au plus élevé.

Le roi d'Egypte seul était initié de droit, et, par une suite inévitable de son éducation, admis aux plus secrets mystères. Les prêtres avaient l'instruction de leur ordre, ils augmentaient de science en s'élevant en grade, et savaient tous que leurs supérieurs étaient non seulement plus élevés, mais plus éclairés qu'eux, en sorte que la hiérarchie sacerdotale, telle qu'une pyramide assise sur sa base, s'éclairait en s'élevant, et, dans son organisation théocratique, offrait toujours la science alliée au pouvoir (1). Quant au peuple, il était, à son gré, ce qu'il voulait être.

La science, offerte à tous les Egyptiens, n'était commandée à personne. Les dogmes de la morale, les lois de la politique, le frein de l'opinion, le joug des institutions civiles, étaient les mêmes pour tous ; mais l'instruction religieuse différait suivant la capacité, la vertu, la volonté de chaque individu. On ne prodiguait pas les mystères comme aujourd'hui on prodigue la Maçonnerie, parce que les mystères étaient quelque chose. On ne profanait pas la connaissance de la Divinité, parce que cette connaissance existait, et, pour conserver la vérité à plusieurs, on ne la donnait pas vainement à tous.

Heureuse sagesse, qui, pour avoir été méconnue des Maçons modernes, ôte à la Maçonnerie ses plus belles prérogatives ; depuis surtout que son sanctuaire est ouvert indistinctement à qui peut en payer l'entrée.

Avant que la Francmaçonnerie, dans nos siècles modernes, quittât ses limites naturelles, le grade de Maître conservait encore quelques vestiges de son ancien éclat ; un Maçon pouvait, à travers différents emblèmes qui l'environnaient, reconnaître le caractère, le but et l'origine de cet antique monument de la sagesse humaine.

Le grade moderne de Maître (2) paraît n'avoir rien de

(1) Après les grandes révélations, l'initié était, avec pompe, revêtu des qualités sacrées, *sacris dotibus;* car le caractère de l'initié s'appelait sacré, *sacra dos*. Peu à peu l'on appliqua aux individus le nom du caractère qui leur avait été conféré, et de là vint le nom de *sacerdos*, *sacerdotes* qu'ils portèrent.

(2) Le *maître*, dans la Maçonnerie, comme dans tous les arts et métiers, est celui qui, après avoir fait son apprentissage, après avoir travaillé comme *compagnon*, est admis, avec les formes voulues, dans le

commun avec les anciens mystères; mais, en soulevant l'allégorie qui le couvre, nous y verrons le complément des deux premiers grades, et, par conséquent, le terme de la Francmaçonnerie, si bien exprimé dans le mot de passe *Gibl.·.* (1), qui signifie *terme, fin*, c'est-à-dire que nous retrouverons tous les emblèmes symboliques faits pour peindre la révolution annuelle du soleil, avec l'image allégorique des constellations qui accompagnent cet astre à l'équinoxe d'automne, époque à laquelle les religions avaient fixé son agonie et sa mort.

C'est par suite de ce système que nos deux colonnes, aussi anciennes que l'antiquité elle-même, symbolisent

corps. Cette exacte définition prouve que ni les *apprentis*, ni les *compagnons* ne sont pas vraiment membres du corps, mais qu'ils travaillent pour le devenir. »

(*Miroir de la Vérité*, t. I, p. 270.)

Cette note nous porte à entrer dans quelques détails sur les mots *corps* et *ordre*.

Corps signifie union de plusieurs personnes sous une même loi, ou réunies sous un même chef, ou gens d'une certaine profession, d'un certain métier.

Ordre signifie *corps* qui composent certains états : à Rome, il y avait l'*ordre des sénateurs*, l'*ordre des chevaliers*, l'*ordre des plébéiens*. On entend aussi par *ordre*, une compagnie de religieux, de chevaliers ou de personnes qui s'obligent par serment de vivre selon certaines règles; sous ce rapport, la Maçonnerie est un *ordre*. Ce mot exprime la règle qui constitue la société : on dit l'*ordre maçonnique*, l'*ordre de la Légion-d'Honneur*, etc. Le mot *corps* fait entendre l'ensemble des personnes qui composent cet ordre : le *corps des Maçons*, *le corps des Légionnaires*, etc. On lit dans Voltaire : « Vers 1730, sous le cardinal Fleuri, les avocats « prirent le titre d'*ordre*. Ils trouvèrent le terme de *corps* trop commun. « Ils répétèrent si souvent l'*ordre des avocats*, que le public s'y accou- « tuma, quoiqu'ils ne soient ni un ordre de l'État, ni un ordre militaire, « ni un ordre religieux, et que ce mot fût absolument étranger à leur pro- « fession. » (*Hist. du Parlement de Paris*, chap. 63.)

(1) Il faut l'écrire *Ghibl.·.* Les *Ghibliens*, que ce nom désigne, furent occupés par Salomon à la coupe des pierres pour la construction du Temple.

les deux tropiques, au-delà desquels *Hercule*, ou le soleil, n'alla jamais (1).

L'origine des anciennes fables mythologiques se perd dans la nuit des temps; mais ce qu'il y a de remarquable dans la manière dont elles sont traitées, c'est que, malgré le nombre considérable de ces poëmes, et malgré la différence des époques et des lieux qui les ont vus naître, on retrouve, dans chacun des sujets diversement traités, la même invention, comme le même esprit.

Les auteurs de ces ouvrages ont donc puisé à la même source, puisque, sans se connaître et sans s'entendre, ils se sont réellement entendus, et qu'ils ont tenu les mêmes discours et parlé le même langage? C'est donc une seule et même règle qui les a guidés dans leur travail? C'est ainsi que les Maçons, placés sur des points différents de ce vaste univers, communiquent ensemble et coopèrent, d'un accord commun, à la prospérité générale de l'ordre, et au bien de chaque membre en particulier.

Dans les poëmes antiques, consacrés par les prêtres à l'usage des religions, on voit généralement, sous des formes différentes, la *lumière* en opposition avec les *ténèbres*; *l'orient* et *l'occident*, *le bon* et *le mauvais génie*, se faisant la guerre. La nativité du héros ou du personnage mis en scène, y est célébrée ou fêtée solennellement. Sa fin tragique est scrupuleusement détaillée; il est pleuré et on creuse son tombeau.

C'est donc la nature qu'il faut étudier, si l'on veut entrer dans le sanctuaire des initiations, et si on veut le-

(1) Les deux colonnes de *Seth*, dont Hermès assure avoir vu les restes, et le nom de son fils *Hénoch*, c'est-à-dire *initié*, prouvent que l'ordre initiatique existait avant ces révolutions œcuméniques que l'on s'obstine à appeler *déluges*.

ver le voile qui depuis long-temps couvre les mystères sacrés des anciens, comme ceux de la Maçonnerie (1).

La marche du compagnon s'arrête au solstice d'été. L'astre du jour va quitter insensiblement notre hémisphère; il semble rétrograder : voilà pourquoi l'on fait voyager *à reculons* le récipiendaire. Le *Temple* était presque achevé, c'est-à-dire qu'alors toutes les plantes ont produit, et qu'il ne s'agit plus que d'attendre la maturité.

Le grade de Maître va donc nous retracer allégoriquement la mort du *dieu-lumière*, soit que l'on ne considère ce dieu que comme le soleil physique, mourant en hiver pour reparaître et ressusciter au printemps, à *Paques*, c'est-à-dire à son *passage* dans le signe du Bélier ou de l'*agneau réparateur*, et rendre la vie à la nature; soit que, comme le philosophe, on ne voie qu'une commémoration figurée; une peinture emblématique du *chaos*, du sein duquel jaillit la lumière éternelle; ou bien, ce qui revient au même, de la putréfaction expri-

(1) Les Mexicains avaient un *Adonis* vivant ou un homme que l'on renouvelait tous les ans; on l'adorait pendant le cours de l'année; rien ne lui manquait du côté des honneurs et de la bonne chère; mais, l'année révolue, on l'égorgeait (*Cérém. Rel.*, t.. VII.), persuadé que son sang fécondait la terre. C'est dans le même esprit que les prêtres de *Mithra* répandaient, le 25 de mars, le sang du *taureau*, ou *bœuf équinoxial*, d'où vient notre cérémonie du *bœuf gras* (*a*); et, à la même époque, dans une religion plus moderne, le sang de l'*agneau*.

En commémoration de cette action, nous rougissons les œufs (*b*) dont nous faisons présent pendant ce mois. Cette époque était celle du fameux passage du soleil au point équinoxial, qui était regardé comme le principe et le commencement de la génération des corps. Les anciens avaient soin de nettoyer tous les ustensiles à *Pâques*, comme pour tout renouveler avec la nature; ils ne brisaient pas leurs meubles, comme les Mexicains, pour s'en donner de nouveaux, mais ils se vêtissaient d'habits neufs.

(*a*) L'usage des *masques* tire son origine du temple de *Mithra*, où les dieux étaient représentés sous des formes symboliques d'animaux, dont les prêtres portaient le *masque*, dans les processions.

(*b*) D'après cette antique maxime : *tout naît de l'œuf*, ab ovo.

mée par le mot MACB.·., mort apparente des corps, mais source inépuisable de vie, par laquelle le germe, au printemps, reçoit son développement (1).

(1) L'auteur d'un Tuileur Maçonnique a dit :

1	2	3
« La destruction,	la création,	le développement.
Typhon,	Osiris,	Orus.
M.·.	J.·.	B.·.

« Enfin, la mort, la naissance et la vie de tous les corps, je mets la « *mort*, ce grand hiéroglyphe de la nature, avant la vie. » — Erreur, rien ne commence par la mort, puisqu'elle est le terme de tout être créé. Il ajoute : « La mort est le type des initiations. » — Autre erreur : les saisons de l'année symbolisent la vie de l'homme, tel est le type des initiations; la mort n'en est que la conclusion et le terme. M. *Delaulnaye* n'était pas initié : sa pensée le prouve. Je lui ai souvent reproché de n'avoir qu'une clé (la génération des corps), ce qui l'empêchait de se rendre un compte vrai de la plupart des mystères anciens.

Je connus, en 1808, chez le frère Fustier, vénérable de la Loge *le Point-Parfait*, tenant une agence maçonnique rue J.-J.-Rousseau à Paris, M. Delaulnaye, homme fort érudit, employé chez le frère Fustier. Un jour que je me plaignais, devant des officiers du Grand Orient, de la manière plus qu'inexacte dont étaient copiés les cahiers des grades fournis aux Loges et Chapitres par le sénat maçonnique, avec la mention de *collationnés* par l'archiviste d'alors, et dans lesquels *les mots* se trouvaient, pour la plupart, travestis au point d'être indevinables, M. Delaulnaye, qui connaissait l'hébreu, s'écria : *Quoique profane, confiez-moi les cahiers, et je vous ferai un bon Tuileur avec les mots rectifiés et leur signification.* Je le pris au mot. Je lui remis la collection, fort rare alors, des 33 grades (*a*), et deux ans après parut LE TUILEUR qui effectivement était alors le meilleur des ouvrages de ce genre.

Mais, en 1820, il fut surpassé, pour l'exécution, par le *Manuel Maçonnique*, ou *Tuileur de tous les Rites*, par le frère *Willaume*, Maçon fort instruit, auteur de l'*Orateur Francmaçon*; la mort nous a enlevé trop tôt ce digne frère.

(*a*) Il y manquait les quatre grades 23 à 26 ayant pour titres : *Chef du Tabernacle*, *Prince du Tabernacle*, *Chef du Serpent d'Airain* et *Prince de Merci*. M. Delaulnaye, sans doute dans l'impossibilité de se les procurer, se contenta d'en mentionner les titres, et crut justifier son omission par cette note dérisoire qui rappelle un peu trop la fable du renard et du raisin. « Ces quatre grades, dit-il, ne sont pas en France ; aussi les Ecossais les regardent comme l'ar« che sainte, et nous nous gardons bien d'y toucher, de peur d'encourir leur indignation. » (p. 149 de son *Manuscrit*, 1810.)

On trouve déjà ces quatre grades dans l'*Unique et Parfait Tuileur*, 1812, vol. in-8. de 80 p.

L'édification d'un temple au Seigneur était, comme chacun le sait, la légende allégorique que les restituteurs de la Francmaçonnerie ont substitué à celle qui faisait la base des anciens mystères ; une suite naturelle de ce choix a dû être de faire d'*Hiram*, qui, en hébreu, s'écrit *Chiram* dans le livre *des Rois*, et *Chouram* dans celui *des Paralipomènes*, et qui signifie, dans le premier cas, *vie élevée*, et, dans le second, *candide* (1), *blanc*, expressions qui conviennent toutes au soleil, personnage principal de la légende maçonnique.

Cet *Hiram*, surnommé métaphoriquement l'architecte du temple de Salomon, est l'emblème du Grand Architecte de l'Univers, comme l'hiérophante représentait *Phta*, *Osiris*, *Jacchus*, ou la divinité quelconque, au culte de laquelle il était consacré. Aussi, quoique nommé dans la Bible, *Hiram* ne doit-il être considéré, dans la Maçonnerie, que comme un personnage allégorique ; et cette assertion est si vraie que, dans les grades supérieurs, sa légende a disparu, et qu'il n'est plus question de lui.

D'ailleurs les prêtres égyptiens ne communiquant les hauts mystères qu'à ceux de leur nation qui consacraient leur vie au sacerdoce, on a dû prendre le complément de la Maçonnerie, ou le voile du grade de Maître, dans les cérémonies d'un culte qui pouvait avoir quelque ressemblance avec celui des Egyptiens. On a donc tiré de la religion juive le complément des mystères de la Francmaçonnerie, et la légende de Moïse affirme qu'il passa en Egypte pour s'instruire de toutes les sciences.

Dévoilons donc les mystères de la mort d'*Hiram*, et

(1) *Horace* donne cette épithète, empruntée à l'Egypte, aux initiés de son temps, et *Virgile*, aux héros de son poëme.

nous verrons, dans son tombeau, celui du *ciel* sous le nom d'*Osiris*.

Les trois compagnons perfides trahissant leur maître, comme fit *Typhon* à l'égard d'*Osiris*, et jaloux de la gloire d'*Hiram*, qu'ils assassinent, ne sont qu'un symbole du mauvais principe que l'on a figuré, dans toutes les fables anciennes, comme un prince jaloux, ravisseur de la puissance de son chef qu'il poursuit sans cesse et parvient à tuer (1).

(1) C'est ici le lieu de remarquer l'effet perpétuel des sens équivoques de la plupart des mots dans les traductions ; nous citerons, pour exemple, les deux mots *tuer* et *ressusciter*, et nous verrons que nous ne devons les considérer qu'allégoriquement, et ne pas les prendre à la lettre : *tuer* est *traduit* du mot latin *occidere*, d'où nous avons fait *occident*; et ce mot si usuel ne représente à notre esprit ni meurtre, ni assassinat, ni rien de révoltant, parce que l'*occident*, en style allégorique, est l'être, le temps, ou le point du monde qui *tue*, parce qu'il fait disparaître le soleil, et alternativement tous les astres ; de même, par une métamorphose hardie, nous trouvons le mot *resurgere*, traduit par le mot *ressusciter*, quoique ce verbe latin n'ait jamais signifié *revenir à la vie*, mais bien *se lever une seconde fois, se lever de nouveau*, ce qui convient parfaitement au soleil.

Les noms des trois meurtriers d'*Hiram* varient beaucoup dans les différents rites, et suivant les diverses applications que l'on a faites de la Maçonnerie :

Ce sont *Abhiram, Romvel, Gravelot* ou *Hobbhen* dans les grades allemands, *Schterké* (force), *Austerfuth* (hors la porte), ou dans l'Ecossisme, *Giblon, Giblas, Giblos*; ou bien *Jubela, Jubelo, Jubelum*, etc.

Un Templier y voit *Squin de Florian, Noffodéi* et l'inconnu sur les dépositions desquels Philippe-le-Bel accusa l'ordre devant le pape ; il y voit encore *Philippe-le-Bel*, *Clément V* et *Noffodéi* (qu'il appelle les trois abominables.)

Le Maçon couronné y croit voir les trois auteurs de la mort de Christ : *Judas, Caïphe* et *Pilate*.

Le philosophe y découvre le *mensonge*, l'*ignorance* et l'*ambition*, ligués contre la *vérité*. En voici l'interprétation morale tirée du 29e grade prétendu écossais, le *chevalier du soleil*, et rapportée dans le n° 44 de l'*Abeille Maçonnique* :

« Les trois compagnons scélérats (le *mensonge*, l'*ignorance* et l'*ambition*) viennent de frapper Hiram (la *vérité*, ministre de Salomon), Hiram,

Il est dit, dans la narration de ce grade, qu'*Hiram* se présente à la porte d'occident pour sortir du temple, et vous prévoyez, mon frère, que sa sortie est impossible, car le soleil ne peut pas sortir de notre univers ou du temple de la nature (1). La marche d'*Hiram*, pour se soustraire aux coups des assassins, est précisément ce que fait le soleil, soit le premier jour du printemps, si l'on suppose cet astre prenant son domicile dans le signe du Bélier, soit le dernier jour de son triomphe au solstice d'été ou enfin la veille de sa mort qui a lieu dans la *Balance*, et où il descend à l'horizon par la porte d'occident; si alors on se reporte sur la sphère, et que l'on examine la position que le Bélier prend à l'orient, on voit près de lui le grand *Orion*, le bras levé tenant une massue, dans l'attitude de frapper; au nord, on voit *Persée*, une arme à la main, et dans l'attitude d'un homme prêt à faire un mauvais coup (2). Dès cet instant, son inclinaison vers l'hémisphère austral paraît si prompte qu'elle ressemble à une chute; le voilà donc précipité dans le tombeau; *reparaîtra-t-il, sera-t-il rendu à nos vœux?* C'est cette inquiétude qui a dû saisir les pre-

« l'architecte du Temple qui devait réunir tous les hommes au pied du « même autel (la *Maçonnerie*). *La Sagesse divine* (Salomon) arme les en« fants de la vérité contre le mensonge, l'ignorance et l'ambition; elle les « ceint d'une écharpe noire, emblème de deuil, et leur confie une arme « qui ne saurait être qu'un symbole de la raison, de la science, de la dou« ceur et du bon exemple qui seuls peuvent éclairer et convaincre. Les « enfants de la vérité combattent; ils sont vainqueurs. »

(1) C'est parce que *Loge* veut dire *monde* (gr. de compagnon, p. 130), et que, chez les Juifs, le temple de Jérusalem représentait le monde, que ce temple figure dans le thème de la maîtrise, depuis le moyen-âge.

(2) On raconte qu'un jour, dans une réception analogue à celle de ce grade, l'empereur *Commode*, remplissant l'emploi de *très-respectable*, où il donna le dernier coup, s'en acquitta d'une manière tellement sérieuse, qu'elle devint tragique.

miers hommes; on la figure par les recherches que l'on fait du corps d'*Hiram*. Ainsi son assassinat, pris dans le style figuré ou allégorique, est, comme la passion d'*Osiris*, d'*Adonis*, d'*Athis* ou de *Mithra*, un fait de l'imagination des prêtres astronomes, qui avaient pour but la peinture de l'absence du soleil sur la terre, afin de désigner par cette circonstance le triomphe du mauvais principe ou des ténèbres sur la lumière, ou sur le bon principe. Les initiés qui célèbrent ce mystère, ont donc raison de s'habiller de *noir*, et de décorer le temple de voiles funèbres (1).

Le roman céleste que l'on présente sur *Hiram* est complet; car la sphère fait voir les neuf maîtres qui vont à la recherche de son corps; en effet, si l'on porte les regards à l'occident de l'horizon, lorsque le soleil se couche dans le signe du *Bélier*, on distinguera, autour de cette constellation : *Persée*, *Phaéton* et *Orion*, entourant ainsi les constellations qui décorent le ciel dans cette position, et on remarquera au nord : *Céphée*, *Hercule* et le *Bootès*, et à l'orient paraîtront : le *Centaure*, le *Serpentaire* et le *Scorpion*; tous marchent avec lui et le suivent pas à pas, jusqu'à l'instant de sa nouvelle apparition à l'orient.

Les six jours qui s'écoulèrent entre la mort d'*Hiram* et la découverte de son corps, sont encore une suite du même thème céleste; car ces six jours sont l'image des six mois que le soleil passe dans les signes inférieurs avant de

(1) La mort (allégorique) de la lumière produisant les ténèbres, la couleur négative produite par l'absorption des rayons lumineux, *le noir*, a toujours été consacré au deuil. L'unique contrée qui ne doit pas sa civilisation aux mystères, la Chine, représente par une autre couleur les idées lugubres.

reparaître à l'orient, dans le signe du *Bélier* ou de l'agneau réparateur. Et la découverte du cadavre d'*Hiram*, qui se fait le septième jour, est un symbole de la résurrection du soleil, qui effectivement s'opère le septième mois après son passage dans les signes inférieurs, passage que sa disparition a fait considérer comme sa mort ou comme sa descente aux enfers (*loci inferi*, lieux inférieurs).

Quand le soleil hivernal paraît, en décembre, quitter nos climats pour aller régner sur l'hémisphère inférieur, et qu'il semble, pour nous, descendre dans le tombeau, la Nature, alors, est comme *veuve* de son époux, de celui dont elle tient, chaque année, sa joie et sa fécondité. Ses enfants se désolent ; c'est donc à juste titre que les Maçons, élèves de la nature, qui, dans le grade de *maître*, retracent cette belle allégorie, se nomment les *enfants de la veuve* (ou de la nature), comme, à la réapparition du dieu, ils deviennent les *enfants de la lumière*.

Un signe important que l'on reçoit dans ce grade se nomme *signe de secours*. Il se fait en disant : *A moi les enfants de la* VEUVE (1). Il rappelle l'esprit de paix que les anciennes divinités Cérès, Isis et autres répandaient sur leurs initiés pour lesquels ces noms étaient entre eux une égide. Dans maints périls et souvent à la guerre, ce signe a, dans les derniers siècles, prévenu ou allégé bien des malheurs. Le souvenir de la *veuve* sauvera longtemps encore la vie à ses enfants (2).

(1) Ce sont les catéchismes suédois, dit-on, qui, les premiers, ont donné la tradition de ce signe. Nos protocoles, nos batteries, nos signes, peuvent paraître frivoles, mais la raison les a utilisés, et en tire de grands avantages quand il s'agit de se reconnaître.

(2) « Autrefois, le pythagoricien, parcourant l'Orient, était partout « accueilli et reconnu par ses frères ; sept cents ans plus tard, le gnostique

La nature nous a destinés à naître et à mourir au sein de l'amitié. Le besoin de secours et d'appui qu'exigent les premiers et derniers jours de notre vie en est la preuve, et c'est à payer les secours déjà reçus et à mériter ceux dont on aura besoin que doit être consacré cet âge de la vie qui en sépare les deux extrémités, et dont la dernière est symbolisée dans ce grade de manière à nous préparer utilement à ce long jour qu'aucune nuit ne termine.

Tout ce qui rappelle le trépas est empreint de grandeur (1). Les parois de ce temple ont aujourd'hui revêtu leurs vêtements funèbres; les signes de la fragilité humaine ont entouré le sarcophage où vous avez un moment figuré; des lueurs sépulcrales ajoutaient à l'horreur des ténèbres; des sons plaintifs, s'emparant des facultés de votre âme, ont dû la disposer au recueillement, à la mélancolie, à la méditation, et faire naître en vous des réflexions profondes; car approcher de la mort, c'est toucher à la vérité.

La mort est la condition pour laquelle nous sommes nés; la craindre serait une folie, parce qu'on ne doit craindre que les événements incertains (2). Il est des cir-

« voyageur n'avait qu'à faire un signe pour obtenir l'hospitalité : de nos « jours, le Maçon, par un geste, par quelques syllabes barbares, est com- « pris et secouru dans ses besoins, depuis les bords de la Baltique jus- « qu'au promontoire des Tempêtes. »

(*Guerr. de Dum.*, p. 288.)

(1) Les grandes fêtes symboliques d'Éleusis sont appelées, par *Eusèbe* et *Clément d'Alexandrie*, *fêtes des morts et des cercueils*. Toujours quelque grande infortune, réelle ou fictive, a formé les associations politiques et religieuses, comme si leur union avait besoin, pour exister, du souvenir d'un malheur ou d'un outrage.

(2) L'art de jouir est la science de ne rien craindre ; sans elle qu'est-ce que la vie? Un sage disait que craindre la mort, c'était feindre savoir ce que tout le monde ignore.

constances où il faut savoir la mépriser (1), voilà pour-

(1) La religion même a tiré son plus grand lustre et ses plus fortes armes du mépris de la vie. Ce mépris a produit, soit en bien, soit en mal, les plus grands esprits. Qui ne craint de mourir est tout-puissant; il est maître de sa vie et de celle d'autrui. Un enfant vendu pour esclave disait à son maître : « Tu verras bientôt ce que tu as acheté; je serais bien sot « de vivre esclave puisque je puis être libre »; et, en disant ces mots, il se jeta de la maison en bas.

On se méprend quelquefois, on prend un moment de fureur pour le mépris de la vie, et l'on s'en repent l'instant d'après, comme firent *Héliogabale*, *Domitien*. On n'est pas résolu à mourir quand on ne voit pas de sang-froid ce dernier moment. *Socrate* fut trente jours pour réfléchir sur le décret de sa mort, et le vit exécuter sans altération. Le sage vit tant qu'il doit, et non tant qu'il peut.

Le présent le plus favorable que nous ait fait la nature, et qui nous ôte toute raison de nous plaindre de notre condition, c'est de nous avoir laissés libres. Peut-on se plaindre d'un mal qu'on peut à chaque instant faire cesser?

Le suicide n'a pas été universellement blâmé. Voici comment on a raisonné : s'il est permis de désirer la mort, pourquoi serait-il mal fait de se la donner? Si elle est juste dans la volonté, pourquoi serait-elle un crime dans l'exécution? Pourquoi attendrais-je d'autrui ce que je puis de moi-même? Pourquoi serais-je coupable et soumis aux lois portées contre les meurtriers? A ces raisons on a objecté celles-ci : le suicide a été réprouvé par les chrétiens, par les Juifs, et par plusieurs philosophes, comme *Platon*, *Scipion*, qui l'ont regardé comme un vice de lâcheté et de faiblesse. La vertu supporte les revers du sort, mais elle ne les fuit point. Il y a plus de grandeur d'âme à porter sa chaîne qu'à la rompre, et plus de fermeté dans *Régulus* que dans *Platon*.

« Le suicide est une désertion. Pourquoi quitter l'univers sans le commandement de celui qui nous y a mis? Nous n'y sommes pas pour nous seuls. C'est ingratitude envers la nature; il faut savoir profiter de ses bienfaits.

« Quand on n'a pas d'autre raison que l'ennui de la vie, comme *Pomponius*, *Marcellanus*, le philosophe *Cléantes*; la gloire d'accompagner son mari au tombeau, comme les femmes de *Porrus*, de *Laber*; le mauvais succès des affaires, comme *Caton*; la crainte de vivre à la merci de ses ennemis, comme *Sylvanus* et *Proximus*; la douleur de voir une mauvaise administration, comme *Nerva*; la honte d'un crime involontaire, comme *Lucrèce*, il ne faut pas s'arracher la vie. Faisons-la valoir jusqu'à l'extrémité : les choses peuvent changer de face; si elles vont de mal en pis, nous sommes toujours à temps de nous en défaire.

« Presque tous les hommes ont un instant où ils devraient mourir; les

quoi la sagesse conseille de se familiariser avec son image (1).

Ce n'est pas la mort qu'on redoute, c'est la perte de la vie qu'on regrette, parce qu'elle est un bien certain et dont nous sommes en possession (2). Si l'on meurt jeune, il paraît dur d'être arraché à ce qu'on n'a connu encore que pour le désirer. Cependant les années ne font point le bonheur, c'est l'usage qu'on en fait, et la manière dont on les termine ; car une belle mort jette un éclat immortel sur tout le cours de la vie, comme une mort infâme la déshonore à jamais ; ce dernier jour, dit l'auteur de la sagesse, est le juge de tous les autres jours (3).

Frère nouvellement admis, la mort, il est vrai, est le but où tendent tous les êtres ; mais dans l'économie de l'univers, la vie même sort du sein du trépas. Dans le cours de votre réception, vous avez vu que le *bon principe*

uns le retardent, les autres l'anticipent. Combien de gens ont survécu à leur gloire, et l'ont obscurcie pour avoir voulu la prolonger ! *Laborius* n'a-t-il pas dit : *J'ai trop vécu d'un jour ?*

« Parmi les différentes façons de mourir, plusieurs désirent faire une mort fastueuse. On veut encore être quelque chose en cessant d'exister. Pourquoi ? Le dernier soupir doit-il donc être pour la vanité ? La plus sage mort est celle qui est tranquille. Le sage, à ce dernier instant, ne doit pas souhaiter plus de tristesse dans ceux qui vont lui fermer les yeux, qu'il n'en doit montrer en se séparant d'eux. La tranquillité d'esprit est le triomphe de la sagesse. »

(1) Dans leurs banquets d'apparat, les Egyptiens, et, d'après eux, les Romains, se faisaient apporter un squelette. Sans doute pour inviter les convives à bien user de la vie.

(2) Cependant *Chyron* refusa l'immortalité quand *Saturne*, son père, lui en eut expliqué les conditions.

(3) On demandait à *Epaminondas* lequel il estimait le plus de *Chabrias*, d'*Hyppocrate* ou de lui-même ; il répondit : *Avant de résoudre cette question, il nous faut voir mourir tous trois.* En effet, peut-on juger une pièce dont on n'a pas vu jouer le dernier acte ?

peut succomber ; mais vous avez appris aussi que le *mauvais principe* n'est point invincible. Ayez toujours dans l'esprit cette vérité, et appliquez-la constamment à vos pensées et à vos actions. Remarquez surtout que ce qui vous est arrivé est une démonstration physique de la résurrection des corps. Cette renaissance a eu lieu pour vous donner cette grande leçon morale que *toujours la victime triomphe.*

Mon frère, vous entendrez souvent, dans les discours de nos orateurs, donner un synonyme au mot *maçonnerie*, parce qu'avant son emploi, on disait l'*art royal.* Quelques auteurs ont rapporté l'origine de cette expression technique au zèle que montra, pour l'initiation, le *roi Salomon.* On aurait pu dire également *art impérial* ou *auguste*, quand *Marc-Aurèle* s'y fit admettre.

L'origine donnée par le frère Dumast est curieuse et plus vraie : « D'aussi loin que l'homme a commencé à réfléchir sur lui-même, il a vu que, dans certaines circonstances, connaissant et approuvant le bien, il faisait pourtant le mal. Le *video meliora proboque, deteriora sequor* a dû lui prouver que la puissance des désirs était plus forte que celle de la raison ; il ne jouissait qu'en apparence, et non réellement, de son libre arbitre ; qu'il fallait, par l'habitude de la résistance, comprimer le ressort de ses passions avant d'acquérir la liberté effective de choisir et de se déterminer dans toutes les actions de la vie. Dès lors, la première idée qu'a fait naître l'aspect d'un sage, a été celle d'un homme *libre* et *maître* de lui-même ; et toute institution qui tendait à faire des sages est devenue un art de *liberté* et de *royauté.*

« La plus belle de toutes les victoires est celle qu'on remporte sur soi-même : celui dont le cœur est esclave servirait jusque sur le trône; celui dont le cœur est libre reste libre jusque dans les fers. » Toutes ces maximes, ou leur germe se retrouvent dès les plus anciens temps de l'histoire (1). »

(1) « La *liberté* et la vérité sont les principaux dons que Platon (*in Phæd.*) assigne aux adeptes de la philosophie, devenus dignes d'entrer dans la région supérieure, dans l'éther placé au-dessus des sept grades épuratoires. Hérodien (III, 128) compare les jeux séculaires aux grands mystères ; et nul ne pouvait prendre part aux jeux séculaires, s'il n'était libre. Cérès et Proserpine, dans les initiations d'Italie, s'appelaient, par leur nom mystique, *liberæ deæ* (*Orig. des Cult.*). *Liber* était aussi le vra i nom du Bacchus des mystères. En Grèce, on prétendait (*Hygin. Fab.* 225) qu'un certain Eleuthère (*libre*) avait institué les Eleusinies.

« Le génie, esclave de Salomon, qui, dans les cavernes du Caucase où descend Habib, instruit un cercle d'initiés, dit au héros : « Ils seront *libres*, quand ils auront acquis les connaissances nécessaires pour se conduire (*Hist. du Cher. Hab. et de Dorath.*) »

« A l'Epiphanie, quand le peuple dit indifféremment les trois mages ou les trois rois, il n'y entend pas sûrement finesse; cela prouve cependant qu'au premier siècle de l'Eglise, on regardait encore, en Orient, les mages comme jouissant d'une sorte de *royauté* morale et symbolique (*a*).

« Enfin, Horace va lever tout reste d'incertitude par son portrait du sage :

Ad summam, sapiens uno minor est Jove, dives,
LIBER, *honoratus, pulcher,* REX DENIQUE REGUM (*b*).

« Ce n'est pas d'aujourd'hui, comme on voit, que les initiés sont des *princes* et des *hommes libres;* et leur liberté, comme leur domination, n'est pas d'une espèce bien dangereuse. La gisait pourtant un des plus

(*a*) La Bibliothèque possède, depuis nos campagnes d'Egypte, un manuscrit turc du seizième siècle, qui reproduit, sous une forme encyclopédique, une partie des anciennes idées de l'Asie sur les sciences, et où des planches coloriées très curieuses, représentant les phases astronomiques personnifiées sous la forme des êtres les plus bizarres, transportent en souvenir aux siècles où l'iconographie, dont on possèdait encore la clé, n'était point devenue politheisme; elle rappellent vivement le système des mages. Ce manuscrit, qui serait, en effet, pour les bonnes femmes, un grimoire *magique* et diabolique, est remarquable par son titre : L'ORIENT *du bonheur, et la source de la* SOUVERAINETÉ dans la connaissance des talismans.

(*b*) J'avoûrai que ce portrait, à la place où il est enchâssé, est ironique, comme l'indique le dernier trait:

Præcipuè sanus, nisi quum pituita molesta est.

Mais ceci n'est d'aucun inconvénient pour a conclusion que j'en tire. Horace, avec cette philosophie variable qu'on lui connait, plaisante les Stoïciens sur le modèle trop parfait qu'ils se créaient de la sagesse ; mais il existait donc des philosophes qui se la peignaient sous les couleurs de *liberté* et de *royauté :* voilà tout ce qu'il me faut. (*La Maçonn.*, *poëme*).

Mes frères, vous avez été constitués dans les deux rites français et écossais, et c'est, ordinairement, au premier rite que se tiennent vos travaux.

Ce rite, élaboré par des Maçons instruits, date de 1786. Il a, sur le rite écossais, une supériorité incontestable que le moindre parallèle nous fera reconnaître.

Dans le rite français, la *parole* de l'apprenti est *Jak.˙.* (1). Ce mot est rationnel, puisqu'il signifie *initiation*, *préparation*, *commencement* (symbole du printemps et de l'année.)

La *parole* du compagnon est *Bo.˙.*, mot bien choisi qui indique la *force*, et rappelle l'initié de Mithra, surnommé *Lion* (symbole de l'été) (2).

Celle de maître est *Macben.˙.*

Les paroles correspondantes du rite écossais sont *Bo.˙.*, *Jak.˙.* (3), *Moab.˙.* (4). Le sens de ces mots n'offre pas à l'esprit une suite d'idées aussi satisfaisante.

forts arguments par lesquels on voulait faire voir, dans la Maçonnerie, un complot formé pour amener la révolution. L'ignorance, il faut en convenir, est un merveilleux auxiliaire pour le succès de l'erreur ou de la mauvaise foi. »

(1) Le troisième fils de Siméon (fils de Jacob) se nommait *Jakin*. Il fut le père des *Jakinites* qui formèrent la vingt-unième des vingt-quatre familles sacerdotales des Juifs (*Genèse*, ch. 46, v. 10.)

(2) Quelques auteurs pensent que Solomon a donné à la seconde colonne de son temple le nom de *Bo.˙.*, en mémoire de son trisaïeul, fils de Salomon.

(3) Le mot sacré *Jak.˙.* est pentagrammique; *Bo.˙.* tétragrammique. Telle est sans doute la raison pour laquelle le rite écossais adopta un ordre qui est inverse dans le rite français. Il s'est attaché à la lettre, tandis que le rite moderne, plus rationnel, s'est attaché au sens des deux mots.

(4) *Moabon*; ce mot qui littéralement signifie *à patre* (du père), parce

L'apprenti français a pour *mot de passe*, *Tubalc.·.* L'apprenti écossais n'en a pas (1).

Schibb.·. sert, dans le second grade, de *mot de passe* aux deux rites.

Gibl.·. est le mot de passe du maître français. Celui du maître écossais est *Tubalc.·.* qui présente ici une véritable inversion.

Interprétons le *triangle*, ce symbole de puissance et d'égalité dans toutes ses parties, devenu l'emblème des hommes libres; interprétons ce signe révéré des Maçons et des chrétiens, et nous reconnaîtrons l'intelligence qui a présidé à la composition du rite français.

J'ai démontré que chaque grade présente à la méditation du Maçon trois choses :

1° L'histoire du genre humain classée par époques;

2° Celle de la civilisation et des progrès de l'esprit humain dans les arts et dans les sciences, produits par les mystères;

que *Moab* naquit de l'inceste de la fille aînée de Loth avec son père (*Génèse*, ch. 17, v. 36 et 37), exprime qu'un Francmaçon devient, par le fait de sa réception, le *fils* et le successeur d'*Hiram*.

Moab et les *Moabites* ayant été constamment les antagonistes du peuple juif, on a donné à l'initié Maçon le nom de *Maobon*, pour qu'il soit l'antagoniste des profanes et de tous ceux qui tenteraient de s'opposer aux progrès de l'ordre. Le mot français et le mot écossais ou anglais s'écrivent de même, par abréviation (M.·. B.·.), et se servent mutuellement de voile dans les deux rites,

(1) Parce que, dit-on, l'initié au premier degré, en Egypte, restait trois ans sans communiquer avec le monde profane, et, en cas de sortie, il ne pouvait plus rentrer. Au contraire, l'initié au second degré possédait un *mot de passe*, parce qu'il avait, dans certains jours de la semaine, la liberté de sortir. Mais nos adeptes ou apprentis Maçons, vivant dans le monde, visitant les Loges et n'assistant aux mystères maçonniques que certains jours de chaque mois, doivent avoir un *mot de passe* que le rite français fait bien de leur donner.

3° Et la connaissance de la nature, ou de la Divinité manifestée dans ses œuvres, et des religions.

J'ai appelé votre attention sur les deux premières connaissances; il reste à faire remarquer la troisième étude renfermée dans chaque grade.

Disons pourquoi le *triangle*, qui est une figure géométrique, représente Dieu, et comment chacun des grades de la Maçonnerie française en facilite l'interprétation.

En géométrie, une ligne ne peut pas représenter un corps absolument parfait. Deux lignes ne constituent pas davantage une figure démonstrativement parfaite. Mais trois lignes égales forment, par leur jonction, le *triangle* ou la première figure régulièrement parfaite, et c'est pourquoi il a servi et sert encore à caractériser l'*Eternel* qui, infiniment *parfait* de sa nature, est comme Créateur universel, le *premier être*, par conséquent la *première perfection*.

Le *quadrangle* ou carré, quelque parfait qu'il paraisse, n'étant qu'une *seconde perfection*, ne pouvait nullement représenter Dieu, qui est la première. Remarquons bien que le mot dieu, en latin comme en français, a pour initial le *delta* grec qui représente le triangle. Tel est le motif, chez les anciens et les modernes, de la consécration du *triangle* dont les côtés figurent les *trois règnes*, ou la nature, ou Dieu. Au milieu est l'*iod* hébraïque, esprit animateur ou le feu, principe générateur représenté par la lettre G, initiale du mot dieu dans les langues du Nord, et dont la signification philosophique est *génération*.

Le premier côté du triangle, offert à l'étude de l'*apprenti* (rite français), est le *règne minéral*, symbolisé par *Tubalcain*, inventeur de l'art de travailler les *métaux*.

Le deuxième côté que doit méditer le *compagnon* est le *règne végétal*, symbolisé par *schibboleth* qui signifie *épi*. Dans ce règne commence la *génération des corps*, voilà pourquoi la lettre G est présentée radieuse aux yeux du compagnon.

Le troisième côté, dont l'étude concerne le *règne animal* et complète l'instruction de *maître*, est symbolisé par *Macben*.·. (*la chair quitte les os*, ou mieux *fils de la putréfaction* (1).

C'est cette triple étude, ou triple science, caractéristique de chaque grade maçonnnique, qui m'a fait donner, en 1816, aux frères qui m'ont aidé à fonder cette R.·. Loge, le nom de *Trinosophes*, pour signifier l'étude ou la connaissance de *trois sciences* (les trois grades, ou la Maçonnerie.)

En 1819, un de nos dignitaires (2) vous a donné cette antique devise : *Bien penser*, *bien dire* et *bien*

(1) Les trois côtés du triangle ont encore signifié :

Passé, présent, avenir ;
Sel, souffre, mercure ;
Naissance, vie, mort, etc.

Mais le triangle entier a toujours signifié *Dieu* ou la *nature*, voila pourquoi la *Trinité* est leur allégorie.

« Les allégories des trois vérités, fondement des premiers mystères, rappellent, dit Réghellini, les effets successifs et éternels de la nature :

« 1° Que tout est formé par la génération ;

« 2° Que la *destruction* suit la génération dans toutes ses œuvres ;

« 3° Et que la *régénération* rétablit, sous d'autres formes, les effets de la destruction.

« On voit que les auteurs des mystères et des religions n'ont rien inventé. Ils ont su profiter de ce qui toujours a existé, en puisant dans la nature le germe de toutes leurs doctrines. »

(*La Maçonn. Consid.*, etc.)

(2) Le F.·. *Desgranges*, voir le 2e vol. de l'*Hermès Maçonnique*, p. 383.

faire. Puissent les Trinosophes se la rappeler sans cesse, pour l'observer toujours (1) !

L'invocation religieuse, à l'ouverture des travaux, dans le rite écossais, est attribuée aux Templiers, comme devant être la signification d'un culte, et s'accorder avec les questions du catéchisme du rite : *Qu'y a-t-il entre vous et moi?* et la question fort insolite aujourd'hui : *De quelle religion êtes-vous?*

Le rite français n'admet point ces formes, parce que la Maçonnerie n'est point un culte (2).

L'image du *soleil*, dans le premier appartement, doit être voilée, puisque c'est sa mort qu'on va pleurer.

Les larmes qui couvrent les décors rappellent les pleurs d'*Isis* allant à la recherche de son époux.

Le *soleil* (3) et la *lune*, dont la figure décore nos temples, signifient moralement que nos institutions doivent avoir pour base les lois de la nature. C'est la connaissance

(1) On lit dans Plutarque : « Trois noms (*Minerve, Pallas, Athénée*) sont donnés à Minerve, et trois animaux (la *chouette*, le *coq*, le *serpent*) lui sont consacrés, parce qu'elle apprend à l'homme les trois parties de la sagesse : *bien penser, bien dire, bien faire.* » (*Vie de Témistocle.*)

La prose de la Fête-Dieu, composée par saint Thomas d'Aquin, dit, en termes analogues : *Nova sint omnia, corda, voces et opera.*

(2) Un culte est l'honneur qu'on rend à Dieu par des actes de religion, et la Maçonnerie ne présente rien de semblable.

« L'ouverture d'une Loge se faisait, chez les anciens, par une prière à la Divinité. Cette maxime religieuse conservée encore dans plusieurs grades de quelques rites, s'est en général perdue dans les différents troubles que la catholicité essuya. Les chrétiens, poursuivis jusque dans leurs plus secrets retranchements, furent obligés de symboliser tous les principaux points de leur religion, et, pour ôter tout soupçon aux tyrans qui les persécutaient, ils prirent le nom de Maçons. »

(*Maçonn. Adonhiramite.*)

(3) Le Vénérable représente le soleil ; le camail bleu qu'il porte au col, au bas duquel est brodé un soleil d'or, en est la preuve.

de ces lois immuables qui élèvent le Maçon au plus haut degré de l'échelle sociale; toute religion, toute association politique qui s'éloigne de ces lois est informe, contre-nature, et n'a point de durée.

Le *maillet* est la représentation de la clé tautique ou cruciforme des divinités égyptiennes, dont la clé du Nil n'était qu'une imitation. Il symbolisait le pouvoir et la puissance, et ne s'accordait qu'aux initiés du plus haut degré, comme consécration de leur sacerdoce. Il n'est aujourd'hui confié qu'aux trois premiers dignitaires, qui, en Loge, sont chargés de diriger les initiations, et d'instruire les adeptes.

Le maillet est aussi devenu la croix tronquée gnostique ou baphométique.

La *marche* de chaque grade en indique l'esprit.

Nous avons vu que l'*apprenti*, dont l'état de nudité représente l'homme antérieur à la civilisation, avait une marche incertaine, inassurée, qu'il opérait en ligne droite en avançant le pied droit (1), et rejoignant le gauche en équerre, pour signifier qu'il n'a qu'un but, celui d'arriver directement et sans détour aux lumières de la civilisation.

Le *compagnon*, plus libre dans sa *marche*, va de l'occident au midi, de là au nord, puis à l'orient, pour signifier que partout l'initié doit chercher et porter l'instruction.

Dans la *marche* du *maître*, on reconnaît celle du philosophe que n'arrêtent pas les préjugés de son époque. Ses enjambements indiquent qu'il sait tout franchir, et que pour lui la mort même n'est pas un obstacle.

(1) Dans le rite écossais, il part du pied gauche.

Cette marche fait connaître aussi que le *compagnon*, parvenu à la *maîtrise*, a passé de l'équerre au compas, c'est-à-dire de l'obéissance au commandement.

Les sept marches du temple indiquent au moral les sept arts libéraux qui élèvent le Maçon qui les pratique, en même temps qu'ils désignent les sept vices capitaux qu'il doit fuir et *fouler aux pieds*.

L'initié commencera à connaître, dans ce grade, la place qu'il est destiné à occuper dans la chaîne des êtres; à apprécier ses rapports avec ce qui l'environne; par conséquent à savoir la somme de ses devoirs, et à expliquer l'énigme que présente la nature, en quelque sorte contradictoire, de son être. Suffisamment instruit, et ayant donné des gages de son intelligence, toute illusion, tout prestige cessait pour l'antique initié; la connaissance d'un seul Dieu lui était révélée, avec l'explication des vérités basées sur la morale la plus épurée.

Il en sera de même pour vous, frère nouvellement admis; profitez bien de tout ce qui vient de vous être révélé; éclairez votre cœur et votre raison, dirigez vos passions vers le bien général, combattez vos préjugés, surveillez vos pensées et vos actions, aimez, éclairez, secourez vos frères, et vous aurez perfectionné le *temple* dont vous êtes à la fois l'*architecte*, la *matière* et l'*ouvrier*.

« On sait, dit Boulage (1), que les révélations faites aux initiés étaient de trois sortes : *la morale*, *les hautes sciences*, *et les dogmes sacrés*. »

Voilà pourquoi la Francmaçonnerie est, dans ses trois grades, une école de *morale*, de *science*, et de *vertu*.

(1) *Hist. des Myst.* (Cet auteur est mort en 1824.)

Elle est l'antique initiation mithriaque, égyptienne, grecque, romaine ou druidique, appropriée aux temps modernes. C'est cette continuation des mystères des anciens qui fait que la Maçonnerie est la chaîne qui rend inséparables le passé et le présent, et devient, par ce moyen, un guide sûr dans l'avenir.

« C'est ainsi que la Maçonnerie est le résultat de la science des siècles antérieurs à l'ère vulgaire, et c'est pour cela qu'elle jouit d'une immuabilité qu'aucun établissement humain ne partage avec elle (1).

« Tandis que le monde n'offre que des révolutions physiques et morales, qu'il est doux de voir une association persévérante dans son but, cimentée par toutes les vertus, unie par tous les liens de l'amitié, de la bienveillance et de la fraternité. Une pareille association est, de tous les phénomènes moraux, le plus touchant, le plus magnifique. C'est le plus beau spectacle que la nature puisse montrer au monde, et c'est, de tous les présents du ciel, le plus rare comme le plus salutaire (2). »

Le grade de *maître*, que jadis on regardait comme le grade supérieur, portait avec lui un caractère de perfection sur les autres grades, puisqu'il achevait l'initiation, et qu'il donnait à l'adepte toutes les qualités qui pouvaient le faire connaître d'un bout du monde à l'autre, pour un sujet qu'on devait distinguer de la classe ordinaire des hommes. Autrefois, le Francmaçon, parvenu à ce grade, ne voyait autour de lui que des égaux ; aujourd'hui, celui qui porte le titre honorable de *maître* compte *trente* classes de supérieurs. Sous nos titres, ridiculement pom-

(1) *Etat du Grand Orient de France*, tom. II.
(2) *Idem.*

peux, de *pontifes*, de *princes*, de *souverains*, et chamarrés de cordons de tous grades et de toutes couleurs (1), l'antique initié, transporté dans nos enceintes, se croirait au milieu de la cour des rois, plutôt que dans le modeste asile de la sagesse. Mais, hélas! tous ces cordons, hochets de l'ignorance, flattent peu le Maçon instruit, qui voit avec peine que la Maçonnerie et ses adeptes n'ont gagné qu'en rubans ce qu'ils ont perdu en instruction.

(1) Les cordons étaient inconnus aux anciens Maçons qui ne faisaient usage que du tablier de peau. Les gravures maçonniques, collectées depuis un siècle, prouvent qu'il n'y avait que les dignitaires de Loge qui en portassent. A leurs cordons était attaché le bijou distinctif de leurs fonctions.

Selon quelques auteurs, la différence primitive des couleurs *rouge* et *bleue*, dans le grade de *maître* écossais et français, provient de ce que le rouge est la couleur de l'Angleterre, et que le bleu était celle de France, sous nos rois, lors de l'établissement de la Maçonnerie.

Les Templiers recevaient, dit le F.·. Dumast, commme une marque de leur chevalerie secrète, une ceinture, ultérieurement changée en une écharpe, de laquelle dérivent, dit-on, tous les rubans ou grands cordons modernes. Ils avaient, en outre, tous les insignes gnostico-maçonniques tels qu'on les portait alors dans les Loges anglaises d'Athalstan et dans celles du Bas-Empire, ou tels qu'ils sont en usage par toute la terre.

« En effet, sur la fin du 17e siècle, on a découvert, en Allemagne, dans le tombeau d'un Templier mort avant la persécution de l'Ordre, une espèce de talisman dont les signes principaux étaient:

« 1° Le *compas* et l'*équerre*, attributs de la *maîtrise*;

« 2° La *sphère*, emblème de l'astronomie et de la perfection;

« 3° Le décagone, dit *pentagone*, de Pythagore, ou l'*étoile flamboyante*. »

ALPHABET MAÇONNIQUE

POUR LES GRADES SYMBOLIQUES.

L'alphabet des Maçons conserve le type anguleux et carré des alphabets primitifs. Treize caractères (9 + 4) composent le système de l'écriture maçonnique. Mais ils ne parviennent à peindre tous les sons qu'au moyen d'une addition de points, comme dans les langues orientales. En voici la clé qui indique une imitation curieuse du génie antique :

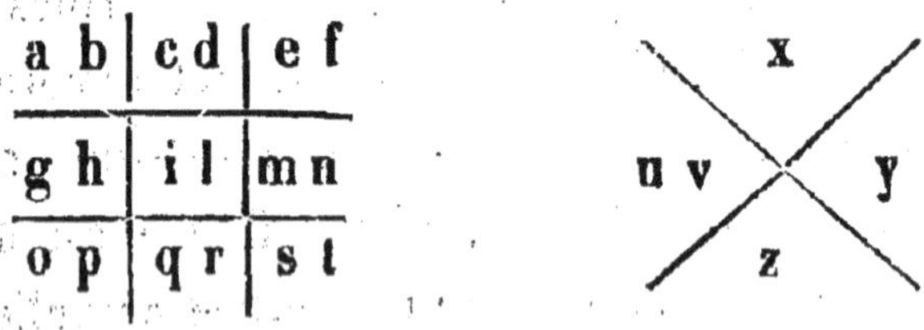

La lettre *a* s'écrit ainsi ⌟ ; le même signe, avec un point ⌟, signifie *b*. Le signe > représente l'*u* et avec un point > le *v*.

L'abréviation maçonnique s'indique par trois points placés triangulairement : *Frère* se rend par F.·., au pluriel par FF.·.. *Loge* s'écrit L.·. ou ⊡.·. (1) ; au pluriel LL.·. ou ⊡⊡.·..

Nos lettres imprimées ,dont les belles formes nous

(1) Beaucoup de Maçons, à qui l'on a dit qu'une *Loge* est un carré long, voient, dans le signe maçonnique, la figure du local et non celle d'un caractère alphabétique. Et ce signe, ils le tracent ainsi ☐.·., se gardant bien d'y insérer le point. Ces Maçons, presque profanes, puisqu'ils ignorent même leur alphabet, écrivent *L*.·. pour figurer L.·. ou Loge.

viennent des Latins, ont une origine aussi simple. Cette figure les renferme toutes, ainsi que nos chiffres prétendus arabes :

A, b ou B, C, d ou D, E, F, G, H, I, J, K, L,
M, N, O, P, q, R, S, T, U, V, X, Y, Z.
0, 1, 2, 3, 4, 5, 6, 7, 8, 9.

C'est, comme on le voit, un carré coupé par quatre lignes, dont deux, en croix, le divisent en quatre carrés égaux, traversés diagonalement par les deux autres lignes. Les caractères qui en proviennent ont les formes carrées, en usage autrefois, ainsi que l'indiquent encore les anciennes inscriptions. Mais ces formes se sont arrondies, dans l'écriture, par l'usage. Cette figure est donc une sorte de *type* conservateur de nos lettres actuelles, et de nos chiffres improprement nommés arabes (1).

(1) C'est à tort qu'ils portent cette dénomination. Une preuve que cette origine n'est pas la vraie, c'est que les Arabes les écrivent de gauche à droite, c'est-à-dire *en sens inverse de leur écriture*, qui, à la vérité, présente des éléments analogues. Nous retrouvons ces mêmes éléments dans les caractères grecs :

L'*iota* (ι) donne le chiffre 1.
Le *zéta* (ζ) fournit le 2 et le 5 ;
L'*oméga* (ω) couché, le 3 ;
Le *delta* (Δ), le 4 ;
Le *sigma* (σ ς), le 6 et le 9 ;
Le *tau* (τ), le 7 ;
L'*ou* (ȣ) (*a*), le 8 ;
Et l'*omicron* (ο), zéro.

(*a*) Le son *ou* rappelant le mugissement du taureau, la figure de l'animal, armée de ses cornes, devint la représentation du signe phonique.

Loge de Table.

ALLOCUTION.

TT.·. CC.·. et RR.·. FRÈRES,

Tous les peuples de l'antiquité et tous les anciens mystères eurent leurs banquets mystiques et religieux ; les Egyptiens et les Grecs avaient des banquets sacrés ; les Romains avaient leurs *lectisternes*, auxquels ils invitaient leurs dieux (1), dont les statues entouraient la table du festin (2) ; les Juifs avaient leurs repas religieux prescrits par Moïse ; les premiers chrétiens avaient, sous le nom d'*agapes*, leurs repas d'amour et de charité, dans lesquels s'introduisirent des désordres qui les firent sup-

(1) Le nom de *divus*, dieu, se donnait aux empereurs, parce qu'on croyait qu'il était de la dignité de l'empire romain que l'âme de son chef allât au ciel après sa mort : *divin Auguste, divin Trajan* signifiaient *saint Auguste, saint Trajan ;* on leur donnait même cette épithète de leur vivant. C'est, sans doute, par cette raison que les premiers patriarches de l'Eglise chrétienne s'appelaient tous *sainteté*, pour les faire souvenir de ce qu'ils devaient être.

(2) Horace n'invoque que deux divinités : *Diane* et *Phœbus*, c'est-à-dire *Isis* et *Osiris*. Son *Carmen Seculare* est l'œuvre d'un poëte initié.

primer, mais dont les Maçons ont, jusqu'à présent, conservé l'entière pureté (1).

(1) Un ouvrage publié en Allemagne, sous le titre de « L'*Agape*, ou la « *Ligue secrète et universelle des chrétiens,* fondée par *Clément* à Rome, « sous le règne de *Domitien*, exposée par le docteur Auguste Kestner, « professeur de Théologie. » (Jéna, chez Chmidt, 1819, in-8° de 556 pages.)

Cet ouvrage, critiqué avec amertume par les partisans d'une révélation divine, a trouvé, en Allemagne, où il a fait une grande sensation, des approbateurs nombreux parmi les Francmaçons qui n'ont pu voir, sans une espèce d'orgueil, l'origine de leur institution reportée jusqu'au berceau du christianisme (*a*).

Dans son introduction, l'auteur cite les écrits de *Clément* de Rome, d'*Ignace*, de *Polycarpe*, de *Tertulien*, d'*Origène*, pour prouver, par divers passages, que le mot *agape* désignait alors une association particulière de chrétiens.

Il rapporte, dans sa première section, l'histoire de *Clément*, et le regarde comme le fondateur et le chef de cette ligue secrète. Il tire un grand parti surtout d'un ouvrage de *Clément*, connu sous le nom de *Récognitiones*.

Suivant lui, ce fondateur, pour donner à son association un caractère plus imposant, eut recours aux symboles mystérieux employés dans la communauté chrétienne de St-Jean en Asie. De plus, il fonda la régénération morale et politique qu'il voulait faire de ses contemporains, sur des cérémonies d'initiation et sur des degrés hiérarchiques. Ces nouveautés lui amenèrent non seulement une foule de chrétiens, mais de Juifs et de païens.

Suivant lui encore, l'empereur *Nerva* protégea cette entreprise ; mais ensuite *Trajan*, son successeur, en devint l'adversaire déclaré, et joignit le bannissement de *Clément* à une persécution cruelle contre tous les chrétiens.

L'auteur prétend découvrir, dans les écrits des premiers sectateurs de la foi au Christ, les statuts qui régissaient l'ordre secret dont il parle.

Les ornements symboliques portés dans les assemblées étaient une peau de bélier blanc, et un tablier de toile à poche.

Une tour qu'il fallait construire était le but ostensible et matériel de l'institution, et le signe de la croix celui de reconnaissance des *Agapatistes*.

Ainsi Clément le Romain est désigné, par le docteur *Kestner*, comme leur fondateur, et ce qui appuie son opinion c'est l'exil de ce disciple et successeur de saint Pierre dans la Chersonèse-Taurique ordonné par l'em-

(*a*) Perdant de vue que l'Initiation Egyptienne, source de notre Ordre, est bien antérieure.

« Chaque année, à cette double époque où l'astre vivifiant qui nous éclaire semble s'arrêter, comme pour indiquer aux hommes qu'ils ont à suspendre le cours de leurs travaux habituels, afin de se livrer à quelque grand acte de reconnaissance envers l'auteur de toutes choses, la Maçonnerie, fidèle admiratrice des mystères de la nature, s'empresse de répondre à cet appel, et célèbre, aux deux solstices, ces fêtes si intéressantes qui toujours remplissent de joie le cœur de tous ses enfants (1). »

« Quel beau jour que celui où, par toute la terre, animés d'un même esprit, unis par le lien d'une tendre fraternité, un million d'hommes, l'élite des nations, et formant un peuple parmi les peuples, hommes de tous les pays, de toutes les religions, de toutes les conditions, adressent en même temps à l'Eternel des vœux pour le triomphe de la paix, de la justice, de la vérité, et renouvellent le serment de s'aimer, de se secourir, et de travailler sans relâche au soulagement des maux de leurs semblables (2). »

Les banquets maçonniques sont essentiellement mystiques dans leurs formes, et philosophiques dans leurs principes. Le banquet de ce jour n'est donc point un re-

pereur *Trajan*. Clément était accusé d'avoir refusé de sacrifier aux dieux de ses pères, et d'avoir résisté aux remontrances de *Mamertinus*, préfet de Rome, qui lui reprochait en outre :

1° Non seulement d'avoir déserté le culte de l'empire, mais encore d'avoir cherché à diviser et à *factionner* la ville de Rome, au sujet d'une religion toute nouvelle;

2° D'être un enchanteur sacrilége, un ennemi des dieux de Rome, auteur d'une superstition étrange, et prêchant qu'*un homme sacrifié était un dieu*.

(1) *Compte rendu par le vénérable F.·. Pillot, à la fête d'ordre du Grand Orient*, le 27 déc. 1839.

(2) F.·. Quentin (*Abeille Maçonn.* n° 55.)

pas ordinaire. L'antique sagesse n'aurait pas rendu indispensablement obligatoire une réunion qui n'eût eu qu'un but frivole, et qui n'eût été qu'une partie de plaisir; mais nos agapes complètent la grande allégorie dont les divers grades offrent les développements.

La forme de nos tables est toute astronomique : au solstice d'été, elle représente l'hémisphère supérieur; au solstice d'hiver, l'hémisphère inférieur. Si l'on suppose le zodiaque divisé en deux cercles concentriques, éloignés l'un de l'autre de la moitié de la largeur de l'écliptique, et coupés par deux diamètres, l'un horizontal figurera l'équateur céleste, et marquera, par les extrémités, les deux points équinoxiaux, occupés avec raison par les *surveillants;* parce que c'est de cette limite équatoriale qu'on peut voir les deux pôles, apercevoir toutes les constellations, et *surveiller*, c'est-à-dire observer l'ensemble de leurs révolutions.

L'autre diamètre, tiré verticalement, désignera les points solstitiaux, c'est-à-dire les points où l'écliptique touche les tropiques. Le vénérable, qui, d'après le rituel maçonnique, représente le soleil, occupe l'extrémité de cette ligne verticale, ou le point solsticial : en été, le point le plus élevé; en hiver, le point le plus bas.

Si l'on mène une tangente à la circonférence inférieure, perpendiculairement au diamètre vertical, elle déterminera, par les extrémités, sur la demi-circonférence extérieure, les places de l'orateur et du secrétaire, qui, l'une et l'autre, sont à 50 degrés du vénérable, et à 60 des surveillants, c'est-à-dire aux deux tiers de l'espace trimestriel qu'indique chaque quart de cercle.

La disposition des deux tables solsticiales est donc, comme la voûte de nos temples, l'image du ciel et des époques solaires. Tout ce qui couvre ces tables rappelle, comme les trois grades symboliques, les éléments dont se compose la nature dans ses trois règnes : les flambeaux, les ustensiles, qui, dans les temps modernes, ont reçu des noms de guerre, appartiennent au *règne minéral*, dont l'étude est indiquée dans *le mot de passe d'apprenti*. Les divers aliments ont rapport aux deux autres règnes, dont l'étude est clairement exprimée dans *le mot de passe de compagnon* et dans *la parole de maître*. Tout cet ensemble ne figure-t-il pas évidemment la nature, représentée par *le triangle lumineux*, dont la connaissance de chacun des côtés ferme l'étude *trinosophique* ou des trois grades.

Dans nos temples figurés de la nature, et dans nos Loges, les solstices sont représentés par deux colonnes; elles marquent le *nec plus ultrà* de la marche apparente du soleil pendant les douze mois de l'année, symbolisés par les douze travaux d'Hercule, qui, aux limites de ses voyages, avaient aussi les mêmes colonnes. Dans le langage métaphorique, les équinoxes et les solstices ont été appelés la porte des cieux et des saisons, de là, les deux *saint Jean* fêtés par les Maçons modernes, aux deux solstices; le mot Jean venant de *janua*, qui signifie *porte*. La Voie-Lactée, qui, suivant ce système, passait par la porte des solstices, semblait servir de route.

Nos travaux de table se composent de *sept santés*, nombre égal à celui des planètes, auxquelles l'antiquité offrait sept libations que les santés maçonniques ont remplacées.

La première libation était jadis offerte au *Soleil*, roi de l'univers, à qui la nature doit sa fécondité; elle a été, chez tous les peuples modernes, consacrée au souverain.

La seconde libation était offerte à la *Lune*, à cet astre

qui, d'après les anciens, éclairait les mystères les plus secrets. Les Maçons l'ont consacrée à la puissance suprême de l'ordre, qui, pour eux, est, après le souverain, le suprême régulateur.

La troisième était consacrée à *Mars*, à *Ares*, divinité qui, chez les anciens, présidait également aux conseils et aux combats. Les Maçons en ont fait la santé du vénérable.

La quatrième était celle de *Mercure*, à qui les Egyptiens donnaient le nom d'*Anubis*, le dieu qui *surveille*, celui qui annonce l'*ouverture* ou la *cessation des travaux*. Elle est devenue la santé des *surveillants*, qui annoncent, comme *Anubis*, *l'ouverture et la clôture des travaux*, et qui sont chargés, comme *Mercure*, de *surveiller* les frères dans le temple et hors du temple.

La cinquième était offerte à *Jupiter*, nommé aussi *Xénius*, le *dieu de l'hospitalité*. Elle est consacrée aux visiteurs et aux ateliers affiliés, c'est-à-dire à nos *hôtes maçonniques*.

La sixième était celle de *Vénus*, la déesse de la génération ; cette divinité, symbole de la nature, fait, dit Lucrèce, le charme des hommes et des dieux. Elle est devenue la santé des officiers, celle des membres de la Loge, celle surtout des nouveaux initiés, dont l'étude de la nature doit être désormais la principale occupation.

Enfin, la septième libation était offerte à *Saturne*, à ce dieu des périodes et des temps, dont l'immense orbite semble embrasser la totalité du monde. Elle a été choisie pour la santé de tous les Maçons qui couvrent la surface de la terre, en quelque situation que le sort les ait placés (1). Pour figurer l'orbite de cette planète, ce n'est plus en demi-cercle que se porte cette santé ; le cercle entier se rétablit, et chaque frère semble former un anneau de cette chaîne immense qui embrasse l'univers.

De même que, dans les fêtes de Saturne (2), les esclaves partageaient les plaisirs de leurs maîtres, et s'asseyaient à leur table, de même aussi, chez les Maçons, les servants viennent se mêler aux travaux des frères, et participer à cette santé générale.

Dans les temps reculés, chaque séance maçonnique était suivie d'un banquet. Cet usage de la primitive institution de notre société prouve que la communauté de biens établie entraînait celle du domicile, et celle-ci l'usage d'une seule table pour tous.

La fête qui nous réunit aujourd'hui doit donc être mise au rang des solennités les plus antiques (3) ; elle fut de

(1) « Nos frères errants, soit dans les savannes des Amériques, soit dans les sables de l'Afrique et de l'Asie, ne sont point oubliés. La douce illusion les rend présents à nos yeux. Il nous semble que nous partagions avec eux les bienfaits du père commun. Cérémonie attendrissante, en te célébrant, j'aimerai toujours à retrouver mon cœur ! »

(*La Rose de la Vallée*, p. 72.)

(2) En Phrigie, où *Cybèle* était la grande déesse, deux fêtes se célébraient chaque année aux solstices, en l'honneur de *Janus-Saturne*.

(3) « Aussi loin que remontent les documents historiques, la qualité d'hôte ou de convive se montre une sanction puissante des liens de l'amitié. Un Bedouin ne pillera jamais l'homme qui sera venu manger une fois avec lui le pain et le sel.

« Les chefs d'un culte mystique ne furent pas long-temps sans mettre à profit cette remarque : ils instituèrent des tables fraternelles entre les initiés, et, à certaines époques de l'année, les étrangers et les pauvres y étaient admis. »

(*Guerr. de Dum.*)

tout temps, chez les Initiés et les Philosophes, consacrée :

A L'ESPÉRANCE :

—

SOLSTICE D'HIVER (1).

—

Toutes les théogonies célèbrent le combat des éléments, représenté par la révolte des mauvais anges qui tentent d'escalader le ciel. Le génie de la destruction semble régner sur la terre ; telle est l'époque redoutable et l'image vraie du solstice d'hiver. Mais c'est en vain que Typhon et les ténèbres prétendent enchaîner le dieu de la lumière, et le tenir captif au sein des éléments confondus. A la vérité, la nature, dans nos climats, semble aujourd'hui anéantie, et le dieu vaincu paraît succomber. Cependant, il vient de reprendre une vie nouvelle ; il s'élève, grandit et bientôt, développant ses forces et prenant son essor dans les cieux, ses rayons bienfaisants dessécheront la terre inondée et la féconderont de nouveau. Alors, de tous les points de cet hémisphère s'élèvent, à cette époque d'*espérance*, des cris d'allégresse pour célébrer et fêter ce retour si désiré.

A LA RECONNAISSANCE :

—

SOLSTICE D'ÉTÉ (2).

—

De tous les points du globe s'élèvent, à cette époque, des cris d'allégresse universelle. La terre, parée de toutes ses richesses, semble prendre part à cette réjouissance solsticiale. Le Soleil est au plus haut degré de sa splendeur ; sous cette brillante allégorie, le Maçon célèbre les bienfaits de la *lumière intellectuelle*. Si, déroulant les siècles, nous rapprochions les espaces, nous verrions, dans l'Inde et la Perse, célébrer, par des cérémonies religieuses, l'heureuse époque que nous fêtons ; nous verrions les bords du Nil, les autels de la Grèce fumer du sang des victimes et de l'encens des prêtres : partout alors les plus puissants dieux de l'antiquité se montraient dans le plus grand éclat de leur triomphe ; dans Rome, le *forum* était désert ; les temples et le Capitole retentissaient des chants de joie et de *reconnaissance* en l'honneur de *Jupiter Stator*, c'est-à-dire soleil *arrêté*, SOLSTICE.

Mais, de même que les vrais Maçons voyaient jadis, dans ces fêtes antiques, autre chose que les vains honneurs rendus aux grands dieux de leur temps, de même

(1) On lit l'un des deux paragraphes, ou quelque chose d'analogue, selon l'époque solsticiale que l'on fête.

(2) L'année finissant jadis au solstice d'été a donné naissance à l'Apothéose d'*Hercule ;* c'est pour cela que ce héros avait, ainsi que le soleil, le surnom d'invincible (*Herculi invicto, soli invicto*). La fable de la renaissance du *phénix* n'a pas d'autre origine. De là, l'incendie qui précède la résurrection du *phénix* et l'apothéose d'*Hercule*. Ce système changea quand l'année finit au solstice d'hiver.

les révélateurs modernes de la Maçonnerie, en couvrant nos mystères d'un vêtement analogue à des mœurs nouvelles et à la religion dominante, ont conservé ces fêtes chéries, et c'est ainsi que les deux *saint Jean* ont acquis l'honneur d'être regardés comme les patrons des Maçons; mais c'est aux Trinosophes que l'on doit d'avoir, il y a plus de vingt-cinq ans, restitué à ces fêtes leur véritable nom de *solsticiales*.

En effet, ce n'est pas pour adresser des prières à *saint Jean* que nous nous trouvons réunis; nos cérémonies ne nous prescrivent rien de semblable, et l'esprit de l'ordre s'y oppose même, puisque la Maçonnerie est indépendante des religions, qu'elle est de tous les siècles, de tous les pays, et que la vérité n'est qu'une. D'ailleurs, que dirait un Indien qui viendrait se faire initier? que dirait aujourd'hui le récipiendaire lui-même? On lui a promis le temple de la sagesse, l'oubli des préjugés, la liberté des opinions religieuses, le culte de la morale, comme étant seule, universelle et invariable. Souriant à cette idée, il se présente parmi nous, et nous lui dirions que les sages modernes se rassemblent sous l'invocation de *saint Jean* (1)! Non, mes Frères, disons-leur que l'histoire de

(1) Saint Jean fut, toute sa vie, *mystère* et *charité*. Celui à qui l'Homme-Dieu légua le soin de sa mère, celui qui compare à la mort l'état d'un cœur qui n'aime point (*Epist.* 1, Joan. III, 14) devait être, lors du revoilement de la Maçonnerie, le patron de la fraternité. Son nom, qui signifie *porte*, justifiait encore ce choix. Il vieillit, dit-on, à Patmos, où l'on suppose que fut écrite l'*Apocalypse*.

Voici un passage sur saint Jean que nous trouvons dans le discours que le frère Le Rouge, orateur de la Loge la *Trinité*, prononça à la fête de l'Ordre, le 9 juillet 1823 :

« Mes frères,

« La Loge de la *Trinité* étant réunie dans ce temple pour y célébrer

tous les peuples apprend qu'à pareille époque l'univers offre, chaque année, le spectacle immense d'une seule fête; que la Maçonnerie, si féconde en heureuses et su-

la fête annuelle de l'ordre des Maçons, il me paraît tout simple de vous entretenir d'abord de notre auguste patron.

« Jean, vous le savez, est un personnage emblématique de la plus haute antiquité. Sa naissance, toute semblable à celle de Christ, dont il fut le précurseur, a été surnaturelle, miraculeuse et par conséquent divine. Jean est, en effet, ainsi que le rapporte la sainte Ecriture, le produit d'un souffle angélique sur une femme stérile et âgée. Et comme cette prodigieuse courtoisie aurait pu donner lieu à quelques plaintes maritales, le bon Zacharie, époux de la chaste Elisabeth, fut privé de l'usage de la parole tant que dura la sainte et tardive gestion de sa femme.

« Ces faits me semblent trop éloignés de la saine morale et trop peu d'accord avec la raison humaine, pour ne pas en rechercher l'explication dans le mystérieux domaine des allégories. Toutefois, n'ayant pas encore obtenu le fil salutaire à l'aide duquel je pourrais parcourir les innombrables détours de ce vaste labyrinthe, je laisserai cette tâche à ceux que recommandent plus d'instruction et plus de sagacité que je n'en ai.

« L'Ecriture nous apprend aussi que saint Jean, né pour convertir les hommes et les éclairer par la prédication, habita les déserts pendant *trente* ans, et qu'il s'y nourrit de mets grossiers que lui offrait une nature toute sauvage. La Francmaçonnerie a également pour but d'éclairer les hommes; mais je crois que nous n'y parviendrions pas, si nous voulions imiter de la sorte notre auguste patron. Restons donc au milieu de nos semblables, et faisons-y entendre constamment le langage simple et persuasif de la vérité. Si jamais une puissance céleste ou humaine venait à nous frapper de la disgrace qu'éprouva le père putatif de Jean, n'oublions pas que l'initiation maçonnique nous a pourvus (peut-être pour ce cas) de la langue universelle des signes. Oui, mes frères, prêchons et convertissons les hommes; mais que nos moyens, les seuls efficaces, soient toujours de joindre les exemples aux préceptes. Si nous ne restions pas fidèlement attachés au culte de la fraternité, nous ne pourrions répéter, ainsi que nous le devons : *Ecce quàm bonum et quàm jucundum, fratres, habitare in unum* (a)!

« Saint Jean, dit encore l'Ecriture, instruisait tous ceux qui venaient à lui, et il les plongeait dans les eaux du Jourdain pour les laver de leurs souillures. Les Maçons, en cela, sont les fidèles imitateurs de leur patron, puisqu'ils accueillent tous les profanes qui leur demandent à être éclairés et qui le méritent. Mais avant de procurer les lumières de l'initiation

(a) Qu'il est bon qu'il est agréable à des frères de vivre ensemble dans l'union et la concorde, (*Psalm.* cap. 132, v. I.)

blimes allégories, a dû saisir celle que lui offrait si facilement un des plus grands phénomènes de la nature, le *triomphe complet de la lumière sur les ténèbres;* et,

à ceux qui y sont admis, ils les purifient en éloignant d'eux les funestes effets de l'ignorance, le *fanatisme* et les *préjugés*.

« Si nous ouvrons les mythologies païennes, nous y apercevons un dieu qu'on invoquait dans tous les sacrifices, parce qu'il fut, dit-on, le premier qui bâtit des temples, et qui institua les rites mystérieux et sacrés (*a*). Ses fonctions, dans l'Olympe, étaient de garder les portes du ciel (*januæ cœli*), ce qui le fit appeler *Janus*, dont notre Jean, selon quelques écrivains, ne serait qu'une imitation.

« D'ailleurs, que les Latins aient eu un *Janus*, ou que même, comme on le prétend, ils en aient compté deux, chargés l'un et l'autre de la garde des deux principales portes du ciel, il nous suffit de remarquer que le nom du saint dont nous parlons est placé, dans le calendrier religieux, au 24 juin, époque du solstice d'été. Nous ferons observer encore que l'institution maçonnique ayant pour objet d'éclairer moralement toutes les classes de l'ordre social, elle n'a pu mieux faire que de prendre pour modèle de ses importantes fonctions le tableau physique du ciel, et comparer au temple incommensurable de la nature les petits temples dits les *Loges*. Elle a dû dire que toute lumière physique venant de l'orient du monde, il était convenable que toutes les Loges d'où émanent les efforts généraux qui tendent à éclairer la raison humaine, devinssent autant d'*Orients* particuliers. Ceci du moins nous expliquerait pourquoi l'intérieur de toutes les Loges offre les images du soleil, de la lune et de la voûte azurée. Par là, nous verrions aussi que les plaines célestes se trouvant pourvues, tous les ans, au même solstice, d'un plus grand luxe de lumière, par la station ou plutôt par l'arrivée de l'astre réparateur à certain point du ciel, il a été naturel que cette époque bienfaisante fût choisie par les Maçons pour se livrer à la joie, et que le personnage indicateur de cet heureux moment fût spécialement invoqué comme protecteur du culte mystérieux rendu à l'éternel Architecte de l'univers par les enfants de la lumière.

« L'Ecriture sainte nous apprend encore que *Jean prêchait contre les vices avec une vigueur que nulle considération humaine ne pouvait corrompre; sa censure n'épargnait ni les grands, ni les prêtres, ni les docteurs, ni aucuns de ceux qui se trouvaient élevés au-dessus des autres* (*b*). C'est pour cela, disent les légendaires, qu'il eut la tête tranchée par l'ordre du roi *Hérode* Antipar, sur la demande qui lui en fut faite par une

(*a*) Siècles païens, verb. *Janus*.
(*b*) Vies des Saints, par Baillet, mois de juin et d'août.

qu'en fêtant cette heureuse commémoration, nous célébrons allégoriquement les progrès que font les lumières du siècle et les bienfaits que rend la Maçonnerie, dont le flambeau, qui éclaire sans cesse et n'incendie jamais, dissipe, chaque jour, les ténèbres de l'ignorance, du fanatisme et de la superstition.

Dans ces grandes réunions semestrielles, où l'esprit s'exalte, où le plaisir s'épure, où le contact de la vie agrandit et double l'existence, un sentiment de satisfaction vient encore ajouter aux jouissances de la fête : c'est, pour toute la Loge, celui de voir réunis, à la table commune, les nouveaux adeptes élevés à des grades ou à des dignités que leur zèle, leurs vertus ou leurs talents leur ont fait mériter. Puissent ces hautes marques de l'estime de leurs frères, servir d'encouragement aux nouveaux aspirants qui, persévérant dans la même voie, auront droit aux mêmes faveurs !

jeune fille, en récompense du plaisir qu'elle avait procuré à ce prince, en dansant devant lui pendant qu'il dînait. Du reste, on ignore l'époque précise de cet événement, ni ce qu'on fit de sa tête et de son corps.

« Les légendaires rapportent encore qu'on entendit *saint Jean* dire de *Jésus*, dont il était le précurseur : *Il faut qu'il croisse, et moi que je diminue. Celui qui vient d'en haut est au-dessus de tous* (a). Ces paroles sembleraient confirmer l'opinion de quelques philosophes qui ont osé avancer que Christ était le soleil. »

(a) Vies des Saints, par Baillet, mois de juin.

DEUXIÈME PARTIE.

GRADES CHAPITRAUX.

DEUXIÈME SÉRIE.

La deuxième série, appelée *Maçonnerie des hauts grades*, ou *Maçonnerie rouge*, à cause de la couleur du cordon de *rose-croix*, renferme *quatre ordres* ou grades, ayant pour titres :

Élu,
Écossais,
Chevalier d'Orient,
Souverain prince rose-croix.

Ces grades ne se donnent que dans les chapitres.

Le système presque moderne des hauts grades, regardé par quelques-uns comme une amplification utile, et par beaucoup d'autres comme une création arbitraire et une vraie superfétation, n'a pas la haute portée des trois premiers degrés. Ceux-ci font de toutes les nations une seule nation ; au contraire, dans les hauts grades, chaque nation veut, chez elle, être chez elle ; elle s'isole du monde maçonnique, et arrange, à sa manière, pour ses habitudes et pour ses besoins, le système soi-disant supérieur de l'écossisme, ou toute autre spéculation de l'esprit.

Un visiteur se présente-t-il avec des grades élevés, pour participer à des tenues *supérieures* à celles des loges, on s'occupe moins, pour l'admettre, de sa qualité de haut Maçon, qu'une *variante* dans ses grades peut faire rejeter, que de l'intérêt direct qu'il peut inspirer aux Maçons nationaux, de sa position profane, et de la manière d'être de son pays avec celui qu'il visite. A l'étranger, plus qu'en France, ces scrupules ou plutôt ces abus sont poussés fort loin.

D'où l'on peut conclure que si les grades *capitulaires* et *philosophiques* sont supérieurs aux *trois* premiers degrés en dénominations fastueuses et en appareils de travaux (1), ils leur sont tout-à-fait inférieurs en résultats humanitaires et même philosophiques.

(1) Memphis eut *sept* degrés d'initiation; les autres mystères n'en eurent que *trois* (*a*); les Esséniens, *deux*; le christianisme, *un*; la vraie initiation maçonnique, *trois*; le rite moderne français, *sept*; le rite écossais primitif, *vingt-cinq*; aujourd'hui, *trente-trois*.

(*a*) *Sénèque* indique clairement la pluralité des grades dans les mystères (Quæst. nat. VII.)

MAÇONNERIE ROUGE.

PREMIER ORDRE CHAPITRAL.

GRADE D'ÉLU.

MES FRÈRES,

Nous avons vu, dans l'interprétation des grades symboliques, que ce n'était ni dans les champs de la Palestine, ni dans les cavernes des premiers chrétiens, ni dans la persécution des Templiers, ni dans l'abolition des Jésuites, ni même dans les souterrains de l'Egypte, qu'il faut borner ses recherches pour trouver les racines de la Maçonnerie, mais qu'il faut pénétrer dans les profondeurs des siècles antérieurs.

Si donc des ennemis jaloux, si d'éternels frondeurs cherchent à jeter de la défaveur sur notre société, si même quelques hommes vertueux la redoutent et s'en éloignent, c'est que les uns ne la connaissent pas, et que les autres ne la croient occupée que d'objets futiles, dont ils ne peuvent entrevoir ni le but essentiel, ni les rapports graduels, ni les importants accessoires.

En formant le tableau des rapprochements qui ont paru établir une filiation raisonnable entre la suite et l'étendue de ces rapports, nous avons rencontré d'anciennes erreurs, qui, après avoir fait le tour du monde, s'étaient réfugiées dans le sein de la Francmaçonnerie, et avaient reçu, de la part de quelques Maçons modernes, un accueil d'un exemple dangereux pour la crédulité; quelques unes ont reçu, du temps et du silence, une autorité factice auprès de la multitude, toujours disposée à croire.

C'est ainsi que les prestiges et l'erreur se propagent dans le monde d'une manière si extraordinaire ; l'homme en est si avide, qu'ils n'ont qu'à se montrer pour trouver une foule de partisans et de sectateurs. La curiosité commence à les accueillir, et ils trouvent enfin, dans l'obstination et l'amour-propre, un asile assuré contre les atteintes de la raison et de la vérité. C'est à ce funeste état de choses que l'on doit l'origine et le triomphe de plusieurs innovations extravagantes, qui, à force de se reproduire sous des formes séduisantes, imitent l'incendie dans ses progrès, fascinent les esprits, obscurcissent la raison, et auraient déjà consumé la Maçonnerie, si la folie, qui ne fait qu'amuser, pouvait prévaloir sur la vérité.

Nous avons vu que le grade de maître, que l'on regardait autrefois comme le grade supérieur, portait avec lui un caractère de perfection sur les autres grades, puisqu'il achevait l'initiation, et qu'il donnait au néophyte toutes les qualités qui pouvaient le faire connaître, d'un bout du monde à l'autre, pour un sujet que l'on devait distinguer de la classe ordinaire des hommes.

Nous remarquerons, dans les détails où nous allons entrer sur l'*élu*, combien ce grade a été quelquefois faussement interprété, ou plutôt bassement calomnié.

Le grade d'*élu*, dans le rite français, est le premier ordre d'un chapitre. Il correspond au cinquième degré chapitral du régime écossais. Les cinq degrés forment deux classes; *La Première* se nomme le chapitre des MAÎ-

TRÈS PARFAITS, INTENDANTS DES BATIMENTS, et se compose de cinq chambres :

La 1re chambre est celle des MAÎTRES SECRETS ;
La 2e — — MAÎTRES PARFAITS ;
La 3e — — SECRÉTAIRES INTIMES ;
La 4e — — PRÉVOTS ET JUGES ;
La 5e chambre est le sanctuaire, ou le chapitre des INTENDANTS DES BATIMENTS.

Nous avons donné la préférence, pour notre Cours, à la Maçonnerie française ; elle a l'avantage de n'être composée que de sept grades, qui conservent entre eux des rapports exacts, dont la partie dogmatique a, pour le vrai Maçon, le mérite précieux d'être encore basée sur les anciens mystères.

Elle diffère en cela de l'écossisme, dont les nombreux degrés, sans ajouter un seul rayon de lumière au faisceau, s'éloignent souvent des principes et du but primitifs de l'Ordre.

Nous plaignons les détracteurs de la Maçonnerie française, qui ne voient dans ses grades que des allégories imparfaites et des emblèmes incohérents, et nous les renvoyons à l'étude de la nature, où ils apprendront à se désabuser, s'ils savent, toutefois, en approfondir les mystères.

La division écossaise n'aurait donc pu que prolonger notre Cours, sans le rendre plus instructif. Cependant, nous nous ferons un devoir de dire, sur chaque grade intercalaire, ce qu'il est nécessaire d'en savoir.

DU MAITRE SECRET.

Ce grade est insignifiant ; son but apparent est de

remplacer *Hiram* par sept maîtres experts, qui sont admis au rang des lévites (1).

Son mot sacré est l'*iod* hébraïque (2). Cette lettre, prise cabalistiquement, signifie *Dieu*, *principe*, *unité*. Il a, pour mot de passe, *zizon*, que l'on traduit par *balustrade*. Ce mot a été altéré : il faut dire *ziza*, qui signifie *splendor* (3).

DU MAITRE PARFAIT.

Le maître parfait connaît le cercle et la quadrature. Ce grade est le premier où il soit question du *quaternaire*, c'est-à-dire de la *monade* unie au *ternaire*, ce qui m'empêche de partager l'opinion de quelques Maçons, dont je respecte d'ailleurs l'érudition, lorsqu'ils pensent que l'on devrait appeler le maître parfait *l'ancien maître*; mais je dis avec eux que ce grade est nécessaire dans la catégorie maçonnique, puisqu'il forme, en quelque sorte, le complément du second point de la maîtrise, que le rite français n'a pas assez indiqué. En effet, le premier point offrant le tableau de la mort, le second point doit présenter celui de la vie, et le système est complet; car

(1) Le frère Vassal, ancien officier du Grand Orient, zélé partisan de l'écossisme, et dont nous citerons le jugement sur la plupart des grades détachés, dit, dans son cours, p. 253 : « Il est bien difficile de se rendre compte de la transposition arbitraire d'*Adonhiram* dans ce grade. »

(2) Voir, sur ce mot, l'excellent *Tuileur* du frère Willaume.

(3) « D'où les rabbins ont fait, dit Delaulnaye, leur fameux oiseau *ziz*, qui, lorsqu'il ouvrait les ailes, dérobait à la terre les rayons du soleil. Mais Dieu le sala prudemment, au commencement des siècles, avec le poisson *Léviatan* de Job, et ce mets exquis doit faire, pendant l'éternité bienheureuse, la nourriture des fidèles ; ils auront pour breuvage le vin recueilli par *Noé* lui-même, dans les céliers du paradis ; toutes choses dont le véritable initié se soucie fort peu. »

çes deux modalités ne peuvent avoir lieu l'une sans l'autre. En supprimant, en France, le *maître parfait*, on a reporté la *parole perdue* ou primitive au grade d'*écossais*, c'est-à-dire après la vengeance; et l'instruction particulière du maître parfait ne s'y trouve plus assez clairement expliquée.

On compte plusieurs *maîtres parfaits*. Les caractères distinctifs de ces grades sont :

1° La couleur verte, emblème de la végétation et de la vie, symbolisée dans la maîtrise par la branche d'*acacia*, rappelée dans ce grade par le mot de passe.

2° L'application du *quartenaire* ou de ses multiples, nombre qui désigne celui des éléments générateurs.

3° L'emploi du fameux tétragramme *Jéhovah*, que l'on suppose avoir été *la parole primitive* de maître, lorsqu'arriva le meurtre d'Hiram; de même qu'il est le nom particulier que l'écrivain sacré donne, pour la première fois, à Dieu, au 4e chapitre de la *Genèse*, lorsqu'il décrit le meurtre d'Abel (1).

Ce grade est extrait en partie du 3e livre des *Rois*, ch. 5, 6 et 7 (2).

(1) Bon principe, symbole du printemps et de l'été. Il est tué par *Caïn*, mauvais principe, symbole de l'automne et de l'hiver.

(2) « Les motifs de l'institution de ce grade, qui se trouvent consignés dans l'instruction, nous ont paru misérables et immoraux. (F.·. Vassal, p. 267.)

« Les transpositions et les fausses explications prouvent le peu d'instruction des instituteurs du cinquième grade. La plus grande partie des questions que renferme l'instruction et leurs réponses, sont tellement insignifiantes, qu'elles inspirent plus de dégoût que d'attention, et quelque prolongées qu'aient été nos méditations, nous n'y avons découvert rien d'instructif. » (*Idem*, p. 269.)

DU SECRÉTAIRE INTIME.

Le sujet de ce grade bizarre est tiré des versets 11, 12 et 13 du chap. 9 du 3e livre des *Rois*. On suppose que le roi *Hiram*, venant à Jérusalem pour se plaindre du mauvais état des pays qui lui avaient été concédés, entra si brusquement dans l'appartement de Salomon, que *Johaben* (1), favori de ce monarque, qui ne connaissait point Hiram, lui soupçonna de mauvais desseins. Il entr'ouvrit la porte pour écouter, fut surpris, etc. (2).

Ce grade et les suivants sont tous oiseux.

PRÉVOT ET JUGE OU MAITRE IRLANDAIS.

Ce grade participe du compagnonnage et de l'écossais. On suppose que, fier de l'action héroïque que le puissant Irlandais vient de faire, ce n'est pas assez d'en avoir obtenu la récompense par l'illustration, il mérite plus de confiance. On honore son zèle en lui apprenant où repo-

(1) Premier mot de passe du grade, nom donné au récipiendaire. Il signifie *fils de Dieu*, et devrait s'écrire *jhaoben*. C'est une faute de dire *johaber* ou *jocabert*.

(2) « Ce grade est plutôt politique que maçonnique, et nous l'eussions passé sous silence, si nous n'avions pris l'engagement d'examiner séparément chaque degré du rite écossais. (F.·. Vassal, p. 278.)

« Chose fort remarquable, c'est que ce degré représente plutôt une conférence diplomatique et secrète, qu'un grade maçonnique. (*Idem*, p. 279.)

« L'attouchement de ce grade et les paroles qu'on prononce, sont une copie littérale de celui du quatorzième degré, ce qui décèle aux yeux les moins clairvoyants son remaniement récent (*a*). » (*Idem*, p. 282.)

(*a*) Ce qui n'empêche pas le frère Vassal de considérer tous ces grades comme institués par Salomon.

sent les cendres du prétendu *Hiram* ; on lui donne une clé de la cassette qui les renferme.

On croit trouver, dans cette légende (1), une allusion aux ossements de Joseph, mort en Egypte, que Moïse emporta avec lui (*Gen.*, c. 50, v. 26 ; et *Exod*, c. 13, v. 19) (2).

DE L'INTENDANT DES BATIMENTS, OU MAITRE EN ISRAEL.

On semble charger, par cet emploi, un *maître en Israël* de veiller sur le peuple. *L'intendant des bâtiments* monte les *sept marches d'exactitude*, et pratique les *cinq points de fidélité*. Ce grade, d'ailleurs, n'a rien de relatif à la Francmaçonnerie, et n'offre d'allusion qu'à l'établissement des juges du peuple d'Israël ; il paraît être extrait du *Deutéronome*, c. 16, v. 18 (3).

(1) *Origine et objet de la Francmaçonnerie*, F.·. B.·., Genève, 1774, ouvrage in-8°, peu orthodoxe.

(2) Contradictoirement à l'ordre des cahiers observé dans tous les Tuileurs maçonniques, le frère Vassal place ce grade après le suivant, et le croit *huitième* lorsqu'il n'est que le septième. Il dit, p. 297 : « Malheureusement pour les auteurs du cahier de ce grade, l'objet des motifs allégués n'existait plus à l'époque où le grade est censé avoir été institué.... Or, établir un grade sans nécessité, inutile même, c'est montrer peu de logique, et inspirer de la défiance à tout observateur impartial qui la soumettra à la moindre investigation : notre présomption est d'autant plus fondée que le titre même du grade atteste que *Salomon n'en est pas l'auteur...* »

Cet auteur pense que ce grade a été fondé en Scandinavie. (p. 303.)

(3) «.... Ce grade paraît exclusivement consacré à l'architecture..... (F.·. Vassal, p. 284.)

« Les auteurs de l'histoire du grade ont commis une grave erreur en disant que Salomon avait employé les cinq ordres d'architecture, puisque nous avons prouvé, d'après l'histoire, qu'il n'existait alors aucun ordre d'architecture. C'est en commettant de pareils anachronismes qu'on a dé-

Deuxième Classe.

La deuxième classe est appelée le CONSEIL DES ÉLUS. Ce conseil est composé des trois chambres (formant trois grades dans l'écossisme).

La 1re chambre est celle des ÉLUS DES NEUF (1).

routé et découragé les hommes instruits qui ont voulu s'occuper d'explorer plus ou moins profondément le système de l'initiation, et nos antagonistes s'en sont servis pour nous tourner en ridicule, parce qu'ils ont trouvé dans nos cahiers plus d'ignorance que d'instruction. Il faut avouer que l'historique de la plupart des grades est inintelligible; presque tous sont tronqués, erronés et incomplets; ce qui doit faire sentir toute l'étendue des difficultés que nous aurons à surmonter pour remplir notre longue tâche. » (F.·. Vassal, p. 289.)

Et ce fut un zélé sectateur de l'écossisme qui parla ainsi des hauts grades de son rite! Mais n'anticipons pas, il a d'autres révélations à nous faire.

(1) «.... De tous les grades de l'écossisme, le neuvième est celui qui doit inspirer le plus de défiance à tout investigateur de bonne foi... Avant d'assigner son origne plus que probable, nous devons nous assurer d'abord s'il dérive directement de l'initiation, ou si, par une imitation insidieuse, on ne l'a pas intercalé pour faire abhorrer l'initiation. (F.·. Vassal, p. 306.)

« Ce grade a pour titre *Maître élu des neuf*, et le cahier est loin de justifier ce titre, car à peine a-t-on parcouru quelques pages, que l'historique nous apprend que Salomon choisit *quinze* maîtres au lieu de *neuf*.

«.... Ce grade ne paraît basé que sur la dissimulation, l'astuce et sur des représailles plus ou moins fondées, mais non autorisées. (*Ibidem*, p. 313.)

« Le grade d'*élu* n'appartient point à l'initiation primitive, attendu que c'est un grade de sectes et de partis, tandis que l'initiation est universelle et qu'elle n'a jamais intenté la vengeance,... Le rite écossais a eu tort de l'admettre, attendu qu'il est en dehors de l'initiation, puisqu'il n'en est qu'une imitation (*a*), d'où nous concluons que l'*élu* ne doit plus figurer

(*a*) Etrange naïveté du frère Vassal, qui n'ignorait pas que les *hauts grades écossais* n'ont été qu'une Maçonnerie appliquée par des chefs de secte pour voiler un but devenu irréalisable aujourd'hui.

La 2e est celle des ÉLUS DES QUINZE (1).

La 3e est le sanctuaire ou le *conseil des* CHEVALIERS ÉLUS (2).

En 1786, le Grand Orient de France a substitué le seul *élu secret* aux élus ci-dessus du rite ancien, qui présentent, dans leur légende, une suite non interrompue d'événements. Mais nous devons avouer que la fusion

parmi les grades maçonniques que comme grade historique, et que le Grand Orient doit interdire aux chapitres de conférer un grade qui flétrirait et ferait abhorrer l'initiation (*a*). »

(1) On trouve cette assertion étrange du frère Vassal en tête du *compte* qu'il rend de ce grade :

« Quoique l'histoire d'Hiram soit tout allégorique, les auteurs des cahiers de l'écossisme se sont figuré qu'elle était positive, et la plupart des grades capitulaires ne sont que les développements de cette histoire. » (p. 321.) »

Cet auteur ajoute, à la page suivante :

« Les auteurs du système de l'écossisme, en établissant l'historique de chaque grade, ne prévirent pas que tôt ou tard quelqu'un s'occuperait sérieusement de leur système, et que, pour arriver à la vérité, on compulserait les annales du monde pour y vérifier l'exactitude des faits qu'ils consignaient, et qui devraient se trouver dans l'histoire positive... Eh bien! l'histoire prouve que l'historique de ce grade est matériellement faux... »

«.... La doctrine semble prouver qu'il a été tiré du *Pentateuque*. (*Ibid.*, p. 324.) »

(2) «.... Ce grade renferme un seul point de morale et aucune instruction; c'est assez vous faire pressentir d'avance sa presque nullité... C'est encore à l'inépuisable Salomon qu'on attribue l'institution de ce degré; on dirait qu'il a consacré sa vie entière à créer des grades, et que l'initiation fut son unique occupation. » (F.·. Vassal, p. 326.)

« Il n'est pas même jusqu'au titre du grade qui ne décèle l'ignorance de son auteur; en effet, ce grade est intitulé *Sublime Chevalier élu;* voilà donc que l'on fait créer des chevaliers par Salomon, tandis que l'origine de la chevalerie ne remonte qu'au milieu du huitième siècle de l'ère vulgaire. » (*Ibid.*, p. 329.)

«.... D'où nous concluons que ce grade doit disparaître de la catégorie qui compose le rite écossais...» (*Ibid.*, p. 330.)

(a) Détrompez-vous; ôtez le but templier, ou autre but profane, à certains grades de l'écossisme, et vous rentrerez dans la voie initiatique indiquée dans le rite français.

n'a pas toujours été heureuse. Par exemple, nous venons de voir, dans l'*Elu français*, que l'assassin d'Hiram s'étant poignardé lui-même, le cri *nekum* devient ridicule, puisque, par la mort d'Hiram, la vengeance se trouve accomplie. De même, on ne peut que sourire au vaillant exploit de *Johaben*, qui est censé couper bravement la tête à un homme mort. Ces inconvénients, et quelques autres, n'ont pas lieu, en divisant en trois scènes le mythe de la mort d'Hiram (1).

Dans l'écossisme réformé de saint Martin, il n'y a pareillement qu'un seul élu, dont les mots sacrés sont *necum*, *moabon* (2).

Dans ce grade, le nom du récipiendaire est *Gabaon* (en hébreu *Ghibbon*, *Collis* (3).

En recevant ce nom, le maître contracte l'obligation de *garder*, dans son cœur, les *secrets* de l'ordre, avec autant de fidélité que les *Gabaonites*, reconciliés depuis avec les enfants d'Israël, en mirent à garder le dépôt qui leur était confié (4).

(1) Alors la Maçonnerie, aux yeux exercés du Maçon instruit et zélé, présentait des altérations progressives qui tendaient à la faire dévier de sa brillante origine et de la pureté de son but.

« Ce furent ces vérités fortement senties qui provoquèrent le convent des Gaules en 1778, de Williams Bad, en 1782, de Paris en 1785, 86 et 87; leurs travaux et leurs résultats indiquent le but auquel il faut tendre, et les changements à opérer pour y parvenir. » (*Miroir de la Vérité*, tom. II, p. 293.)

(2) Ce dernier mot a été la parole primitive de maître. Voir son explication, p. 170.

(3) On sait que le tabernacle que Moïse avait construit dans le désert, par ordre du Seigneur, après avoir été déposé successivement à *Ghilgal*, à *Schilo*, à *Nob*, le fut, à la mort de Samuel, dans la ville de *Gabaon*, dont Josué avait autrefois réduit en servitude les habitants. Il y resta jusqu'au temps de Salomon. (*Paralipomènes*, l. II, c. I, v. 3.)

(4) Si nous voulons examiner les noms donnés aux trois principaux

La figure emblématique de la mort d'Hiram et de la vengeance qui s'en est suivie, a servi de prétexte à ceux qui, dans tous les sens possibles et même les plus opposés, ont voulu en faire usage pour décrier, avec la logique de la haine, et incriminer la Francmaçonnerie.

Les contradictions les plus frappantes se sont rencontrées dans ces divers chocs de l'envie contre l'innocence des Maçons; et l'on peut dire que c'est en quelque sorte à la fausse direction de tant d'armes réunies contre lui, que notre ordre a dû son triomphe et la honte de ses ennemis.

Ceci nous amène naturellement à parler de quelques ordres qui, sous l'ancienne enveloppe maçonnique, cachaient le but de leurs travaux occultes.

Il ne peut entrer dans notre sujet d'attaquer ni de disculper les Templiers des noirceurs dont les chargea l'ignorance et même la méchanceté; nous regrettons que des imputations fausses aient traîné, long-temps après elles, des souvenirs flétrissants, que les lumières de la raison n'effacent que difficilement, tant l'action de la vérité est lente et presque imparfaite sur l'esprit des hommes.

La mémoire des Templiers, quoique réhabilitée auprès des philosophes et des hommes impartiaux, est encore chargée, pour le vulgaire crédule, de ces taches indélé-

élus, nous y trouvons la plus grande confusion ; ce sont tantôt : *Sterkin* ou *Stolckin*, *Zéomet*, *Eléham;* tantôt : *Johaben* ou *Johabert*, *Elechior*, *Tercy ;* tantôt : *Toffet* (de *thopol,* ruina), *Tabaor* (*tebach,* occisio), *Edom* (*sanguineus*).

Le nom du premier des neuf maîtres envoyés à la recherche du meurtrier, est *Jahaben.* Il y a lieu de croire, dit Delaulnaye, qu'au lieu de ce mot il faut lire *Jabin* ou *Habin,* qui signifient *intelligent;* à moins qu'on ait voulu faire allusion à l'intrépidité de *Joab,* fils de *Sarvia,* que son oncle David chargeait des expéditions les plus périlleuses, avant que l'ambition ait porté ce général à s'écarter de son devoir. (*Rois,* l. II, c. II; *Paralipomènes,* l, I, VI, XVIII.)

biles qu'impriment, en caractères de feu, les coups hardis de l'imposture et de la calomnie. C'est cette ombre que les ennemis de la Francmaçonnerie ont cherché vainement à évoquer contre elle; c'est dans l'hypothèse épisodique de la *mort d'Hiram*, une des fictions de la construction allégorique du temple de Jérusalem, que l'animosité, guidée par l'ignorance, a cru trouver, dans son aveugle délire, la preuve des prétendus crimes imputés jadis aux Francmaçons.

D'autres hommes, se disant habiles dans l'art des rapprochements, ont retrouvé, dans le massacre d'*Hiram*, toutes les figures nécessaires à leurs projets.

Voici comment raisonne, sur ce grade, un sectateur du *temple*.

Le maître, dit-il, est indubitablement le Templier, qui, secrètement, a perpétué dans sa famille l'ordre malheureux des Templiers persécutés. Il avait besoin d'un voile pour parvenir à rendre aux familles des autres nations leur droit héréditaire à l'ordre renversé. On trouva ce voile dans les symboles maçonniques, et l'on a comme tissé à l'histoire de ses mystères les circonstances secrètes des malheurs arrivés aux Templiers, pour la conservation et la propagation de leur ordre.

Ainsi, le Templier trouve, dans les initiales des mots sacrés des trois grades, J.·. B.·. M.·., les noms du grand-maître de leur ordre, brûlé à Paris : *Jacobus Burgundus Molay*.

Il croit reconnaître, dans les trois compagnons assassins d'Hiram, *Squin de Florian*, *Noffodeï*, et *l'Inconnu*, sur les dépositions desquels Philippe-le-Bel accusa l'ordre devant le pape ; ou bien encore, les trois abominables, *Philippe-le-Bel*, *Clément V* et *Noffodeï*.

Voici, sur ce sujet, l'opinion fort raisonnable du frère Dumast, et que nous partageons.

« Le plus grand nombre des initiés-Templiers, en cessant, au quatorzième siècle, de former un ordre reconnu, rentrèrent simplement au sein de la grande famille des Maçons, qui n'avait jamais cessé d'exister (1), mais qui s'accrut et s'honora de leurs débris. Les Maçons continuèrent à se réunir dans des loges, pour y cultiver la sagesse, l'instruction et la bienfaisance. Seulement, il arriva que, menacés de temps en temps par les souverains, à qui l'on faisait craindre mal à propos de trouver en eux les vengeurs des Templiers, ils eurent moins de facilité pour correspondre et pour régulariser leurs travaux, ce qui, joint à l'ignorance épaisse du moyen-âge, augmenta cette confusion du rite dont il a déjà été parlé. Le grade de *maître élu*, interprété par la prévention et la peur, contribua surtout à donner une lueur de vraisemblance aux imputations calomnieuses. Cependant, pour qu'il eût pu, même alors, prêter justement à quelque défiance, il aurait fallu deux choses : qu'il ne fût pas, comme il l'est, beaucoup plus ancien que l'ordre du Temple, et que la maîtrise, dont il forme un simple accessoire, se rapportât réellement à des faits *historiques*, tandis qu'elle ne tient qu'à des faits *physiques et moraux* (2). »

Les Maçons et les philosophes déplorent les abus du pouvoir et les crimes nés des fureurs sacrées; mais leur antipathie contre le fanatisme n'en fait point des fanati-

(1) Jacques lord Steward reçut dans sa Loge, à Kilwin en Ecosse, dans l'année 1286, les comtes de Glocester et d'Ulster, l'un Anglais et l'autre Irlandais.

(2) Page 151 du poëme.

ques. Ils no désirent ni ne provoquent les vengeances; mais, observateurs religieux des antiques cérémonies funèbres de l'Orient, ils célèbrent, dans leurs temples, la disparition apparente du dieu qui a les pyramides pour tombeau : l'Osiris des Egyptiens, le Memnon des Ethiopiens, le Mytras des Perses, le Bacchus grec, l'Athis de Phrygie, l'Adon de Babylone, etc., tous héros, législateurs ou princes, qui jamais n'ont existé sur la terre, quoique les peuples aient célébré leur naissance, leur passion, leur mort, et leur résurrection.

Les jésuites (j'ignore s'il en existe encore en France), n'ont pas eu moins de prétentions sur l'ordre maçonnique.

Les trois compagnons scélérats représentent, pour eux, les trois royaumes qui les ont chassés au commencement du seizième siècle, savoir : *l'Angleterre*, *l'Ecosse et la France*.

Les trois pas sont une répétition des trois vœux.

Le maître est reçu dans la *chambre du milieu*, et le Jésuite dans le sanctuaire, où il fait sa profession; il y meurt pour le monde. Il enjambe de l'*équerre* au *compas*, c'est-à-dire de l'obéissance au commandement.

Le tablier maçonnique est l'habit de l'ordre des jésuites. L'initiale de *Jehova*, et *Jehova* lui-même, ne signifient que *jésuite*.

Moins adroits ou moins heureux dans l'interprétation des trois lettres S.·., F.·., B.·., qu'ils changent en F.·., S.·., P.·., parce qu'ils traduisent for.·., sag.·., b.·., par *fortitudo*, *sapientia*, *pulchritudo*, leur indique clairement, d'après le chiffre jésuitique, le but de la Maçonnerie, c'est-à-dire, *fraternitas societatis patrum* (fraternité de la société des pères).

Le nombre sept indique les sept ordres, ordinations de la prêtrise indispensables pour entrer dans l'Ordre des Jésuites.

La lettre G.·. au milieu de l'étoile flamboyante représente le Général des Jésuites ou le général de l'ordre. *Ordre* et *univers* étaient synonimes, parce que l'ordre jésuitique devait gouverner l'univers. On dit ensuite l'*univers* pour l'*ordre*, parce que le monde entier fourmille de Maçons dédiés à saint Jean, et que ces Maçons innombrables sont des esclaves enchaînés par les Jésuites, des pierres brutes qu'ils voulaient tailler. Ainsi, pour exprimer l'assemblage de toutes les loges, ils disaient allégoriquement *l'univers*, comme on dit, à Paris, *l'université*, pour exprimer la réunion de tous les colléges parisiens.

Le soleil est l'ordre des Jésuites ; il a neuf rayons, pour exprimer les neuf fondateurs de l'ordre.

La lune est l'ordre des Francmaçons ; elle tire sa lumière du soleil, c'est-à-dire de la société des Jésuites.

Disons un mot de cette milice des papes (1), milice indocile, qui finit par se rendre suspecte à ses maîtres, parce qu'ils découvrirent en elle le dessein caché de la monarchie universelle (2).

Dans le moment qu'une branche du système maçonnique avait produit la réformation, fille de la renaissance des lumières, à laquelle il n'était plus possible de s'opposer, s'éleva un homme hardi, soldat de profession, *Ignace Loyola*, qui forma une société tournée à soutenir les usurpations et l'opinion de l'infaillibilité des

(1) Dans plusieurs actes, l'ordre du Temple est appelé *milice de Salomon*.

(2) Arnaud, *Nouvelle Hérésie des Jésuites*.

papes contre les réformés, pour en obtenir, en récompense, une faveur illimitée et un pouvoir immense dans tout le monde catholique. Au temps du concile de Trente, elle rendit des services importants au Siége romain, en influant puissamment dans les derniers décrets de cette fameuse assemblée.

Les Jésuites ont bien reconnu qu'il était impossible d'empêcher les progrès des lumières, et de s'opposer au goût renaissant des connaissances. Ils ont pris l'expédient que leur ruse dicta. Dans l'impossibilité de combattre ouvertement la science, ils résolurent de s'en emparer, pour être les maîtres de l'instruction publique, de manière à suivre, d'un côté, le torrent qui portait les hommes aux connaissances, et, de l'autre, à lui creuser un lit, afin qu'il ne fût pas nuisible aux intérêts de Rome. C'est ainsi qu'en inspirant le goût des humanités, des classiques, de l'histoire profane, des mathématiques; en enseignant la philosophie scholastique, revue, corrigée par eux, présentée dans leurs écoles d'une manière propre à rebuter, à éloigner les jeunes penseurs; en enseignant la théologie sur des traités composés à cet effet par eux; en éloignant l'étude des *chartes originales* de la religion, ou les présentant avec des interprétations tendantes au but de la société, et se tenant particulièrement à la casuistique, à la polémique contre les réformés, ils sont parvenus à faire oublier tout-à-fait le vrai fonds des sciences philosophiques et théologiques, et tout ce qui concerne l'amélioration morale et l'ennoblissement de l'homme.

Leur direction ne tendait pas à former des penseurs, des philosophes, mais des hommes de lettres, des controversistes opiniâtres, des esprits éclairés, mais soumis, ignorant ce qui aurait pu nuire à leur soumission.

Il est donc clair que leur système d'instruction n'était fait que pour féconder le règne de la mémoire et de l'imagination, en frappant de stérilité celui de l'intelligence, de la philosophie, de la raison.

Cette digression ne paraîtra peut-être pas déplacée dans un précis maçonnique consacré aux progrès de l'esprit humain. Parlons aussi de ces autres prétendus Maçons qui, voyant tout dans la Maçonnerie, excepté son véritable but, la rattachent, par exemple, à l'histoire d'Angleterre, sous Cromwel. Ils trouvèrent, dans *Hiram tué*, CHARLES Ier; *la parole perdue* est la parole royale du fils de Charles, qu'on voulait faire remonter sur le trône; ils appelaient le fils du roi *l'enfant de la veuve*, parce que la reine était alors à la tête de la famille.

Quand on a voulu persécuter les Francmaçons irlandais, on ne manqua pas de trouver, dans cette figure allégorique du meurtre d'Hiram, et de la vengeance de ce meurtre, un signe assuré de leur rébellion contre la réforme, en faveur de la religion catholique (1).

L'auteur des *Francmaçons trahis* trouve, dans l'histoire d'Hiram, les jalons de la conjuration de Cromwel. D'autres écrivains, qui ont prétendu être initiés, quoiqu'ils aient été dans l'ignorance profonde de nos mystères, ont cherché à expliquer d'autres faits historiques par la Maçonnerie.

S'il y eut quelques vérités dans ces rapprochements, la conséquence la plus juste à tirer du choix qu'on fit alors de puiser dans la Francmaçonnerie, c'est qu'il contient, sans aucun doute, l'éloge indirect de notre institution; car, on prend de préférence des bannières respectables,

(1) *Hist. de Charles Ier*, par Coming!, Londres, 1727.

toutes les fois qu'il s'agit de séduire la multitude (1).

Il est facile de voir que, dans ces diverses spéculations, qui ne peuvent intéresser qu'une faible classe d'individus, il n'y a que de la Maçonnerie appliquée ; c'est un voile à la faveur duquel on cherche à en imposer. Mais il est temps de nous occuper du grade qui fait l'objet de cette séance.

INTERPRÉTATION

DU GRADE D'ÉLU.

Nous avons vu, dans les séances précédentes, que les mystères maçonniques n'étaient que la représentation des phénomènes de la nature, animée par le génie symbolique de l'antiquité, qui consistait à personnifier tous les êtres inanimés et moraux, et à présenter, comme des récits d'événements passés, les instructions que l'on voulait donner aux hommes. C'est ainsi que :

Les Egyptiens figuraient l'année par un *palmier*, et

(1) Des auteurs inhabiles présentent les *croisades* comme étant l'origine de la Maçonnerie : « Mais ce qui paraîtrait extraordinaire et contraire à toutes les probabilités, ce serait de voir une société philosophique, essentiellement tolérante, prendre naissance au milieu d'une armée immense, *au milieu d'un tas d'hommes et de femmes perdus de crimes, parmi lesquels*, dit le président Hénaut (*a*), *le vrai christianisme était aussi rare que la vertu.* » (Laurens.)

Ceux qui s'obstinent à ne voir dans la Maçonnerie que les Templiers, ne donnent que huit siècles à l'institution, et ignorent certainement qu'*il existe des grades maçonniques pratiqués par les Templiers, trois cents ans avant leur fin tragique* (*b*).

Pour ceux qui n'y voient que les Jésuites, la Maçonnerie n'aurait que trois siècles; alors pourquoi dater aujourd'hui de 5841 ?

(*a*) *Hist. Chron. de France*, tom. 2.
(*b*) *Cours Maçonnique* du F.·. Vassal, p. 124.

le mois par un *rameau*, parce que, chaque mois, le palmier pousse une branche.

Ils peignaient l'inondation par un *lion*, parce que celle du Nil arrivait sous ce signe ; de là l'usage des figures de lion vomissant de l'eau à la porte des édifices (PLUT.)

Si on s'en tenait au sens historique, l'antiquité serait un chaos effroyable, et tous ses sages des insensés ; il en serait de même de la Maçonnerie et de ses instituteurs ; mais, en expliquant les allégories, elles cessent d'être des fables absurdes ou des faits purement nationaux, et deviennent des instructions consacrées à l'humanité entière. On ne doute plus, en les étudiant, que tous les peuples n'aient puisé dans une source commune ; on voit que la peinture du ciel était le but de leur coopération, et qu'ils considéraient le soleil, ainsi que nous l'avons déjà remarqué, comme le principal agent de la nature, et comme le directeur de toutes choses, tant sur la terre, qu'il échauffe de sa brûlante haleine, qu'au ciel qu'il colore, et dans lequel il promène ses immenses rayons.

Dans le grade d'*élu*, qui forme en ce moment l'objet de nos travaux, nous allons voir que la description du lieu où se retira *Adon-Hiram* est une suite du roman céleste, si mystérieusement écrit dans le grade de maître.

Adon-Hiram est composé de deux mots : *Adon*, qui signifie *dieu*, et *hiram*, élevé : *dieu élevé*; qualification sous laquelle on peut considérer le soleil.

La caverne d'*Adon-Hiram* est une peinture des signes inférieurs dans lesquels le soleil se retire après le solstice d'été, lorsqu'il prend son domicile dans le *Scorpion*, signe dans lequel il était censé périr ; si donc on examine l'état du ciel, à l'époque de l'invention de ce roman mythologique, lorsque le soleil est à sa plus haute exaltation dans le signe du *Scorpion*, on verra paraître à l'orient le grand fleuve, ou la *fontaine* jaillissante; au midi paraîtra Syrius, ou le grand *chien*, et, au couchant, le buisson qui prend le caractère de *buisson ardent*, parce qu'il se couche héliaquement, c'est-à-dire avec le soleil.

Par la même raison, la *Grande-Ourse*, le *Lion* et le *Tigre* de Bacchus, ou le *Loup* céleste, dont il est question dans les rites anciens, marchant de concert à l'occident avec le soleil, ou le *Scorpion*, sont censés garder l'entrée de la caverne, puisqu'ils bordent encore l'horizon lorsqu'on ne voit plus le soleil.

Nous avons prouvé, dans la maîtrise, l'identité d'*Hiram* avec le soleil; en partant de ce principe incontestable, il nous sera facile de trouver, dans tous les accessoires du grade d'élu, un thème astronomique parfait, qui nous fera connaître l'époque de l'année à laquelle il se rapporte, et nous donnera par là l'intelligence des vérités utiles.

Nous avons fait remarquer que les trois assassins correspondent aux trois signes d'automne, qui causent la mort de l'astre du jour. Le nom d'*Abi Balah* (meurtrier du père), que porte le plus coupable, désigne suffisamment le *Sagittaire*, constellation qui donne en effet la mort au soleil, père de toutes choses (*rerum omnium pater*). Suivons la même route, elle nous mènera à l'interprétation de toute l'allégorie.

Les coupables, après leur crime, se retirent sur le bord de la mer, près de Joppé, ville située à l'ouest de Jérusalem (1). Or, on sait que la mer occidentale fut

(1) Selon la fable, c'est près de *Japho* (aujourd'hui *Jaffa*) qu'était le rocher où *Andromede* était attachée, lorsque *Persée* vint la délivrer.

regardée, de tous temps et chez tous les peuples, comme la partie basse du ciel, celle dans laquelle les astres vont terminer leur course, et disparaître à nos yeux. Cette caverne ou carrière est nommée *Benacar*, séjour de la *stérilité*, parce que la partie occidentale du ciel, qui paraît comme un abîme où vont se précipiter les astres, fut autrefois regardée comme le séjour de la mort, le lieu de la stérilité. C'était ainsi que, chez les Egyptiens et chez les Grecs, *Serapis* et *Pluton* régnaient en Occident, et que, chez les Gaulois, nos ancêtres, la Bretagne, et par suite l'île de *Sain*, placée à l'occident de la péninsule Armorique, était réputée l'asile de la mort et le séjour des ombres.

Un *inconnu* joue un rôle important dans cette histoire. Mais, tous les personnages étant astronomiques, celui-là l'est également; ce ne peut donc être qu'une étoile qui, comme celle mystérieuse des Mages, cause ici, par son apparition, la mort ou le *coucher* des meurtriers d'Hiram, comme elle annonce ailleurs la naissance ou le lever du dieu-sauveur. Or, si nous cherchons l'étoile remarquable qui paraît à l'orient de l'horizon, au moment où le Sagittaire va disparaître à l'occident, nous verrons s'élever *Aldebaran*, l'une des plus belles étoiles du ciel, et la plus remarquable de la constellation du Taureau céleste.

L'*inconnu* était un gardien de troupeaux, et *Aldebaran* est entouré des *Hyades*, qui forment un groupe autour de lui, tandis que les *Pléiades*, placées sur le cou du *Taureau céleste*, forment à ses côtés un second troupeau.

Neuf maîtres sont *élus* pour aller à la recherche des meurtriers; j'ai déjà fait observer que ces neuf maîtres correspondent précisément aux neuf signes de l'hiver, du printemps et de l'été ; car, quoiqu'il se trouve dans ce nombre trois signes inférieurs, ils ne sont point considérés comme funestes, attendu qu'ils n'occasionnent pas, comme ceux d'automne, la mort du soleil. *Christ*, mort, ne passa également que trois jours dans le tombeau, c'est-à-dire dans le séjour de la mort, dans les enfers (lieux inférieurs), et ces trois jours correspondent encore aux trois assassins, aux trois signes d'automne.

Les neuf *élus*, guidés par l'*inconnu*, vont à la recherche des coupables, en marchant à travers des détours, par des sentiers peu fréquentés. Cette route rappelle celle du *Zodiaque*, telle qu'elle est peinte dans Ovide. Ne semble-t-il pas en effet qu'*Aldebaran*, la plus brillante des étoiles qui se trouvent alors sous l'horizon, entraîne les constellations zodiacales à la poursuite de la *Balance* et du *Scorpion*, qui ont disparu dès que le *Bélier* s'est montré à l'orient, et du *Sagittaire*, qui meurt à l'apparition du *Taureau*.

Qui dirige *Johaben* dans cette route périlleuse ? un *chien* ; ici, l'interprétation astronomique est encore parfaite ; car, au moment où le Sagittaire disparaît, *Phocion*, ou le *Petit-Chien*, paraît à l'horizon, en opposition avec la constellation qui se couche ; tandis que l'*Eridan* occupe la partie méridionale du ciel. Nous voyons en effet *Johaben*, après la mort d'*Abibalc*, aller se rafraîchir à une *fontaine* qui coulait près de là.

Ainsi, mes frères, le grade d'*élu*, d'après tous ses symboles, se rapporte au ciel du printemps, à cette époque où le roi de la nature, après avoir succombé sous les coups de ses ennemis, c'est-à-dire être descendu au plus bas point de sa course, et avoir disparu même entièrement aux yeux de plusieurs peuples, après être *né* de nouveau pour recommencer sa carrière renaissante, figurée ici par les honneurs que Salomon fait rendre à la mémoire d'Hiram, est enfin vengé de ses assassins ; il s'élève en triomphateur dans le ciel, tandis que ceux-ci sont précipités dans l'abîme. C'est *Osiris*, mort par la trahison de son frère, descendu aux enfers, ressuscitant et triomphant à son tour de *Typhon*, chef des ténèbres et génie de l'automne, dont le siége principal est le *Scorpion*; c'est *Horus*, né, mort et ressuscité comme son père ; c'est *Hercule*, descendant aux enfers, et en ramenant *Cerbère* ; c'est *Christ*, descendant également aux enfers, et en sortant vainqueur de *Satan* et de la mort, à l'époque de la Pâque, c'est-à-dire du passage de l'astre du jour, des signes inférieurs aux supérieurs.

Tout sert ici à compléter l'allégorie : le lieu dans lequel nous sommes, par sa sombre tristesse, rappelle l'hiver, auquel nous touchons encore.

Neuf semaines se passèrent avant la punition du crime; ce n'est en effet qu'au commencement du troisième mois, lorsque le *Bélier*, l'*agneau céleste*, commence à paraître à l'orient, que la vengeance commence ; la *Balance* et le *Scorpion* passent presque en même temps sous l'horizon, sur lequel domine encore *Abibalc* ou le *Sagittaire*, qui ne disparaît qu'à l'approche du *Taureau*.

Ici, neuf lumières frappent vos yeux ; huit sont groupées; et la neuvième, séparée des autres, répand un éclat beaucoup plus vif. Ce sont les neuf constellations zodiacales; la plus grande domine celle dans laquelle habite le soleil ; c'est *Johaben*, vainqueur d'Hiram.

Les huit étoiles, précédées de l'étoile du matin, ont la même interprétation, et sont encore les *neuf élus*.

Dans le grade d'*élu* s'échappe le premier cri de vengeance ; cette vengeance est celle qu'*Horus*, fils du soleil, exerça contre les meurtriers de son père ; *Jupiter* contre *Saturne*. Ce permanent système de vengeance remonte aux temps les plus reculés ; on en trouve l'interprétation dans les opérations de la nature, qui présentent une suite de combats ou de réactions entre le principe générateur et le principe destructeur ; car le résultat de la fécondation est la fermentation, la putréfaction des principes séminaux, cet état de ténèbres, de désordre, de confusion, que les anciens désignaient par le mot *chaos*, qui précède le développement et l'apparition du germe régénérateur ; le *chaos*, que nous regardons comme l'aurore des siècles, le précurseur de la création du monde, n'était, pour les sages de l'antiquité, qu'une hypothèse, ou plutôt qu'une *induction* qu'ils tirèrent de la *génération* des êtres.

Pour ne laisser aucune obscurité sur leur doctrine, à cet égard, et pour rendre plus sensible, en même temps, la justesse de leurs allégories, choisissons pour exemple, parmi tous les corps de la nature, le *grain de blé*. Ce corps est tout à la fois *cause* et *résultat* ; car, produit d'un grain semblable à lui, il doit à son tour en produire d'autres. Il sera donc allégoriquement considéré, tantôt comme *père*, tantôt comme *fils*. De là, l'idendité parfaite d'*Orus* et d'*Osiris*. Ce grain renferme en lui la semence, nouvelle identité ; il est déposé dans le sein de la terre. La *terre*, qui fut sa mère, devient sa femme, puisqu'ils accomplissent ensemble l'acte de la génération. Vous voyez avec quelle facilité s'expliquent les allégories des anciens, lorsque, dans ce dédale apparent, on peut saisir le fil d'Ariane.

Les deux puissances génératrices ne sont pas plutôt en contact, que le grain enfle et s'amollit. Bientôt il fermente, noircit, et se décompose (1). Les éléments qui le constituent sont dans un véritable état de guerre, dont il faut que le germe ou le principe générateur sorte victorieux ou succombe; de là cette devise, qui orne le cordon d'élu : *Vincere aut mori* (vaincre ou mourir). Un combat terrible s'engage donc entre la vie et la mort; celle-ci triomphe; toute aggrégation est rompue; le grain tombe en putréfaction, *consummatum est.*

La destruction du corps opérée par la putréfaction est symbolisée par *la faulx de Saturne.* Le bijou d'élu n'en est que l'allégorie, et rappelle à notre mémoire le *poignard mithriaque*, dont nous parlerons dans un grade plus élevé. C'est cette même destruction qui a fait dire que l'époux de *Rhée* dévorait ses enfants. Le seul *Jupiter* (le germe fécondant) échappe à la mort. Et, comme la dissolution des mixtes rompt leur aggrégation, absorbe leurs principes constituants, anéantit, pour ainsi dire, leur faculté génératrice, on a supposé que *Saturne avait privé son père des organes de la génération.* Il reçoit ensuite le même traitement de son fils, ce qui signifie que la chaleur vivifiante se dégage du cloaque de la putréfaction, l'absorbe, s'en alimente, et donne bientôt la vie à un nouvel être.

Cet être est le germe que son étroite enveloppe dérobait aux yeux, et semblait condamner à une prison perpétuelle. Il se dégage, s'élance, perce le sein de la terre. Il paraît, et sa naissance coûte la vie à son père (2).

(1) Premier point de la *maîtrise.*
(2) *Renaissance*, second point de la *maîtrise.*

Tel est le phénomène important, le mystère ineffable, vraie clé de la nature, qu'avaient su pénétrer les anciens sages, et dont ils firent un des fondements de leur doctrine, et le sujet de leurs légendes sacrées. Cette prédilection de leur part fut bien naturelle. En effet, tout dans l'univers n'est-il pas soumis aux lois qui viennent d'être exposées? Tout ne retrace-t-il pas la lutte éternelle des deux grands agents de la nature, et leurs victoires alternatives? On ne saurait trop la répéter : *La vie et la mort* se partagent le monde. Toutes deux en sont le terme; l'une ne peut exister sans l'autre, et toutes deux émanent d'une seule et même puissance (1).

D'après cet exposé, nous devons convenir que les atrocités qui peuvent révolter dans *Saturne*, dieu du temps; dans *Phèdre*, incestueuse, etc., ne sont que des énigmes intéressantes, qui contiennent des faits dignes de nous avoir été transmis (2), et dans lesquelles il nous serait facile de démontrer que l'agriculture, cette base des richesses et des empires, dont la connaissance était particulièrement développée dans les mystères de *Cérès*, a, dans la Maçonnerie, des allégories qui lui sont propres.

C'est donc encore ici le lieu de réitérer l'éloge que nous avons fait de la Maçonnerie française, qui, après les trois grades symboliques, a voulu nous développer, dans ses quatre ordres, d'autres mystères, sous le voile ingénieux des quatre éléments des anciens. Dans ce grade, la

(1) Nous avons figuré ce principe dans le cachet de la Loge des *Trinosophes*, par une branche d'acacia (simbole de l'immortalité) traversant une tête de mort.

(2) « Un sens physique intéressant est renfermé dans des fables en apparence impies. »

(Cic., *de Nat. Deor.*, II, 24.)

caverne d'Adon-Hiram nous représente le premier élément, ou la *terre* dans l'absence du soleil.

Je pense avoir suffisamment prouvé que le mot *vengeance* ne doit être pris, en Maçonnerie, qu'allégoriquement; et je crois avoir aussi démontré qu'il n'y a rien de déraisonnable dans l'historique interprété du grade d'élu. Pourquoi des chapitres craignent-ils de travailler ce grade? Serait-ce parceque la plupart des Maçons qui le professent, quoique désignés par leurs Frères pour les instruire, ne se donnent pas la peine de pénétrer les anciens mystères, et d'étudier la nature, qui en forme la base?

Le bijou de ce grade rentre dans le symbole mithriaque que je viens de décrire; et lui donner une autre interprétation serait défigurer et calomnier la Maçonnerie, que nous faisons gloire de professer, car le poignard est une arme vile qui n'est point faite pour la main d'un Maçon.

Frère nouvellement initié, rappelez-vous bien la vérité de cette maxime :

Multi vocati, pauci verò electi.

Cette sentence religieuse reçoit parfaitement son application dans la Maçonnerie, où se trouvent en effet beaucoup d'*appelés*, et peu d'*élus*; c'est-à-dire, peu de Frères qui s'attachent à l'intelligence de nos emblèmes, à leur interprétation philosophique.

Mais le soin avec lequel vous vous appliquez à comprendre nos symboles, la manière dont vous répondez aux questions qui vous sont adressées, nous prouvent vos bonnes dispositions à faire de nouveaux progrès dans l'institution. Espérons qu'un jour vous ferez partie de ces *élus*, si peu nombreux, malgré le grand nombre des Maçons qui possèdent ce grade philosophique et moral, consacré à l'extinction des penchants coupables, et à la répression des passions.

Mon frère, vous aurez souvent l'occasion de remarquer que, dans les réceptions maçonniques, on ne dévoile ordinairement rien ou peu de chose du grade conféré, dans le but, dit-on, « de laisser au néophyte la satisfaction de « découvrir ce qui paraît caché, et de le conduire, par « la réflexion, à l'habitude de ne rien adopter aveuglé- « ment, et sans s'en être rendu compte. » Cette marche, toute bonne ou excusable qu'elle paraît être, me semble imparfaite, et ne devoir convenir qu'à l'ignorance de quelques présidents d'ateliers. Nous pensons que les symboles d'un grade chapitral doivent être expliqués à chaque récipiendaire, qui n'aurait ensuite droit à monter un nouveau degré qu'en joignant à sa demande un discours où seraient déposées les preuves qu'il conçoit le dernier grade obtenu. Cette marche facile à suivre, surtout quand on sait faire de bons choix, serait le seul moyen de ne peupler les chapitres que de l'élite des Maçons.

Profitez, mon frère, de ce conseil. Il me resterait sans doute encore beaucoup à vous dévoiler sur ce degré, le premier d'une série *quaternaire*, comme l'apprenti auquel il se rapporte, est le premier de la série *ternaire*. Dans ces deux grades, se trouvent les clefs de la science antique, et le premier des éléments. Mais laissons à votre sagacité quelque chose à faire, et n'anticipons pas sur les interprétations à venir. Une nouvelle carrière vous est ouverte; déjà vous y faites avec succès le premier pas; que votre courage se soutienne jusqu'à la fin. Le prix qui vous attend est digne de vos efforts.

DEUXIÈME ORDRE.

GRADE D'ÉCOSSAIS.

Mes Frères,

Avant de passer à l'interprétation du grade qui nous occupe, il convient de jeter un coup d'œil rapide sur l'objet des quatre séances précédentes.

Les deux premières ont traité des mystères anciens, sous la dénomination de petits et grands mystères, et nous ont facilité l'interprétation des deux premiers grades symboliques, les seuls de la Maçonnerie qui soient calqués sur les anciennes initiations.

Le développement du grade de *maître*, dans la troisième séance, a démontré évidemment que les religions des anciens peuples, comme les cultes modernes, découlaient des mêmes sources, et que le culte du soleil a fait, comme cet astre, plusieurs fois le tour du monde. L'allégorie sous laquelle ce fait est indiqué prend naissance dans ce grade, et cette fable se termine à l'*élu*; il n'en sera plus question dans les autres degrés. La quatrième séance a ouvert le cours chapitral par une réception interprétée du beau grade d'*élu* : il forme le complément essentiel de la maîtrise, c'est-à-dire de l'antique Maçonnerie. Ses allégories, la devise *vaincre ou mourir* de ses adeptes; le mot *nekum*, qui n'est que le cri symbolique des anciens initiés; le bijou qui effraie encore quelques ignorants, parce qu'il doit avoir la forme d'un poignard, qui rappelle aux adeptes celui des mystères de Mithra, dont la lame était *noire* et le manche *blanc*, pour désigner les deux principes. Tous ces symboles ont donné lieu à des interprétations satisfaisantes, dans lesquelles nous avons reconnu le système des anciens sur la physique, et leurs idées sur la génération des corps.

C'est ici le lieu de vous parler des NOMBRES, dont l'étude n'est pas sans importance.

DES NOMBRES.

« Toutes choses ayant été faites suivant les proportions éternelles des *nombres*, l'harmonie sociale leur doit aussi ses rapports, comme les lois leur doivent leur existence; ils sont en quelque sorte la base de l'ordre universel, et le lien qui enchaîne toutes choses.

« Il est donc essentiel de vous donner, frère nouvellement initié, l'interprétation du langage des nombres, dans le sens que leur prêtaient les pythagoriciens. Les symboles numériques étaient tellement en usage chez les Orientaux, qu'on les trouve sans cesse dans leurs livres; c'est ainsi qu'ils enseignaient leur doctrine, sans la divulguer et sans la cacher: et l'on peut regarder ces hiéroglyphes comme le berceau de la morale, comme allant droit à indiquer le précepte sans définition et sans de longs raisonnements. »

Les Maçons ayant employé les trois premiers nombres impairs à la formation d'une Loge, puisque *trois* la gouvernent, *cinq* la composent, et *sept* la rendent juste et parfaite, ont cru devoir appliquer ces mêmes nombres à leurs premiers grades; *trois* est devenu le caractéristique de l'apprenti ; *cinq* celui du compagnon ; *sept* exprime l'âge de *maître* ; *neuf* celui d'élu ; et la batterie du grade d'écossais présente la récapitulation de ces nombres impairs, c'est-à-dire *vingt-quatre*.

Ce choix est contraire à la primitive et symbolique interprétation des puissances numérales.

Cependant, le rite français est le seul qui présente encore des nombres disposés convenablement ; dans les autres régimes, il serait impossible d'en faire connaître la signification, parce que les instituteurs de grades l'ont tous ignorée, ou du moins négligée dans la détermination de leurs rites, quoiqu'elle dût en faire la base.

Les anciens avaient affectionné des nombres calculés d'après la révolution des astres et des planètes. Ces nombres devinrent sacrés par l'emploi que l'on en fit dans les mystères. Pythagore en régla la division métaphysique, et les rendit célèbres en les rattachant à la morale.

L'UNITÉ, pour les initiés, était le symbole de l'harmonie générale ; elle représentait le centre invisible et la source féconde de toute réalité. Elle seule encore n'étant point composée, peignait l'être simple et éternel, sommet de la chaîne de tous les êtres. Enfin, l'unité, comme principe générateur des nombres, devenait, pour les sages, l'attribut essentiel, le caractère sublime et le sceau même de la Divinité ; de là on a dit *Dieu un et unique*, exprimé en latin par le mot *solus*, d'où l'on a fait *sol*, soleil, symbole de ce Dieu.

C'est une vérité reconnue que le dogme de l'unité d'un Dieu était reçu chez les anciens philosophes, et qu'il faisait la base de la religion d'Orphée et des mystères chez les Grecs (1), comme aujourd'hui dans la Maçonnerie.

(1) Les premiers philosophes grecs allèrent chercher des lumières en

Comme le nombre UN désignait l'harmonie, l'ordre et le bon principe, le nombre DEUX offrait l'idée contraire. Là commençait la science funeste du bien et du mal. Tout ce qui est double, faux, opposé à l'unique réalité, était dépeint par le nombre *binaire*. Il exprime aussi l'état de mélange et de contrariété dans lequel se trouve la nature, où tout est double ; ainsi, la nuit et le jour, la lumière et les ténèbres, le froid et le chaud, l'humide et le sec, la santé et l'état de maladie, l'erreur et la vérité, l'un et l'autre sexe.

On sait que les Romains dédièrent à Pluton le *second* mois de l'année, et que son *deuxième* jour était consacré à des *expiations* en l'honneur des mânes de leurs morts ; c'est de là qu'il tire son nom de *février*, du verbe *februare*, expier ; mais, comme les hommes n'aiment pas à s'attrister long-temps, ce mois fut plus court que les autres.

Examinons si nous ne trouverons pas chez nous la même consécration. A quelle époque le soleil semble-t-il devoir quitter l'empire des cieux ? C'est lorsqu'entrant dans le signe de la Balance, il descend, pour régner dans les signes inférieurs, comme Pluton, Rhadamante ou Minos. Cet événement solaire a lieu en septembre ; novembre est le *second* mois qui vient ensuite, et son *deuxième* jour se trouve aussi consacré aux mânes de nos morts (1).

Le TERNAIRE était, pour les philosophes, le nombre

Egypte, dans la Chaldée et jusque dans l'Inde ; car la doctrine secrète des prêtres de ces contrées était regardée comme renfermant toute la sagesse humaine.

(1) Ce fut le pape Jean XIX qui institua, en l'an 1003, la fête des *Trépassés* (passés *au-delà*), en ordonnant qu'on la célébrerait le 2 novembre, le lendemain de la *Toussaint*.

par excellence et de prédilection ; il était révéré dans l'antiquité, et consacré dans les mystères (1). En effet, il n'y

(1) Ce nombre offre à l'érudit et au Maçon des rapprochements curieux. L'esprit est étonné de tous les attributs que lui ont donnés la raison, l'imagination et le sentiment. Il fut le nombre chéri de Pythagore qui le considérait comme l'image de l'harmonie parfaite, *omne ternum perfectum.* Dans toutes les sciences, il trouve des applications ; nous en citerons une partie qui naturellement trouve ici sa place.

La philosophie occulte ou métaphysique compte trois mondes : le *monde élémentaire*, le *monde céleste*, le *monde intellectuel.*

Il y a dans l'univers l'*espace*, la *matière*, le *mouvement.*

Les attributs de Dieu ou de la nature sont : l'*éternité*, l'*infinité*, la *toute-puissance.*

La nature se divise en trois règnes : les *minéraux*, les *végétaux*, les *animaux ;* chacun d'eux est triple (*a*), le tout ne fait qu'un (*trinité*).

Le temps a pour mesure le *passé*, le *présent* et l'*avenir.*

Toute chose corporelle ou spirituelle a un *principe*, un *milieu*, une *fin.*

L'homme est doué de trois puissances intellectuelles : la *mémoire*, l'*entendement* et la *volonté.*

Il présente *âme*, *esprit* et *corps.*

Toute chose a trois termes : la *naissance*, l'*existence* et la *mort.*

Les corps ont trois dimensions : *longueur*, *largeur* et *profondeur.*

Ils présentent : *forme*, *densité* et *couleur.*

La physique moderne, considérant l'eau comme un air condensé, n'admet que trois éléments : la *terre*, le *feu* et l'*air.*

La chimie trouve dans les corps trois principes palpables : la *terre*, l'*eau* et le *sel.*

Les anciens disaient : trois principes chimiques donnent l'animation à l'univers : *sel*, *souffre* et *mercure.*

La géométrie mesure l'étendue par le *point*, la *ligne*, la *surface ;* elle comprend la *trigonométrie* ou la science du *triangle.*

La mécanique démontre que la force est le produit de la *masse* multipliée par l'*espace*, divisée par le *temps.*

La médecine observe dans l'homme : la conformation des *solides*, le mouvement des *fluides*, le jeu des *passions.*

La géographie ancienne a paru ne connaître que l'*Europe*, l'*Asie* et l'*Afrique.*

Les beaux-arts comptent trois arts principaux : la *peinture*, la *sculpture* et l'*architecture.*

Le peintre doit réunir trois qualités essentielles : le *dessin*, l'*expression* et le *coloris.*

(*a*) *Triple ternaire*, voir *nouvaire.*

a que *trois divisions possibles* dans tout être étendu ; il n'y a que *trois figures* dans la géométrie, puisqu'il n'y a point d'espace, autour d'un point donné, qu'on ne

L'architecte se propose trois objets : la *distribution*, la *proportion* et la *solidité*.

Les Grecs connaissaient trois ordres d'architecture : le *dorique*, l'*ionique* et le *corinthien* dont chaque colonne a une *base*, un *fût* et un *chapiteau*.

La musique distingue trois sons : l'*aigu*, le *grave*, le *medium* ; elle a trois clés : celle de *sol*, de *do* (ut) et de *fa*.

L'art oratoire a trois parties principales : l'*invention*, l'*élocution* et la *distribution*.

L'art dramatique soumet chaque poëme à la règle d'une triple unité : d'*action*, de *temps*, de *lieu*.

La mythologie partageait le gouvernement du monde en trois dieux : *Jupiter*, roi du ciel ; *Neptune*, maître de l'Océan ; *Pluton*, tyran des enfers.

A Argos, la statue de Jupiter avait trois yeux pour observer en même temps le *ciel*, la *terre* et les *enfers*.

L'enfer avait trois juges : *Minos*, *Eaque* et *Radamanthe*.

Cerbère, gardien des enfers, avait trois têtes.

La vie humaine était confiée à trois Parques : *Clotho*, *Lachésis* et *Atropos*.

Trois Furies : *Alecto*, *Mégère*, *Tysiphone*.

Trois Grées ou vieilles : *Enyo*, *Pephredo*, *Dinon*.

Trois Gorgones : *Méduse*, *Sthéné*, *Euryale*.

Trois Syrènes : *Parthénope*, *Leucésie*, *Ligée*.

Trois Hespérides : *Eglé*, *Aréthuse*, *Hyperéthuse*.

Trois Sybilles rendaient les oracles à Dodone.

Trois Grâces : *Aglaé*, *Thalie*, *Euphrosine*.

Les anciens buvaient *trois fois* en faveur des Grâces.

Trois Cyclopes : *Brontes*, *Stéropes*, *Pyracmon*.

On compte trois âges : l'âge d'*or*, l'âge d'*airain*, l'âge de *fer*.

La foudre de Jupiter, forgée par les Cyclopes, contient, selon Virgile, trois rayons de *grêle*, trois rayons de *pluie* et trois rayons de *vent*.

Trois déesses : *Junon*, *Pallas* et *Vénus* disputèrent le prix de la beauté.

Junon eut trois filles.

Vénus était accompagnée des *ris*, des *jeux*, des *amours*.

Minerve eut trois nourrices.

Phaëton avait trois sœurs qui, à sa mort, furent changées en peupliers et leurs larmes en ambre.

On donnait à Thémis trois filles ; l'*équité*, la *loi*, la *paix*.

puisse égaler à un *triangle*, à un *carré* ou à un *cercle*. Les anciens chimistes distinguaient, parmi tous les principes naturels, le *sel*, le *soufre* et le *mercure*, dont ils

Trois nymphes présidaient (suivant Théocrite) à la fontaine de Thessalie qui conservait la vie en perpétuant la beauté.

La *lune* eut trois *noms* et trois *visages* : *Hécate*, aux enfers, présidait aux sorcelleries; *Diane*, sur la terre, poursuivait les bêtes fauves, et, au ciel, elle conduisait le char de la *lune*; elle est en dernier lieu la constellation du *mystère*, de l'*amour* et du *crime*.

Trois rivières : le *Styx*, le *Phlégéton*, le *Cocyte*, entourent le Tartare.

Le trépied antique.

Damas en Syrie avait trois dieux.

Trois héros grecs fondèrent Ithaque : *Néritus*, *Polyctor*, *Ithacus*.

Les épicuriens ne connaissaient que trois passions : la *joie*, la *douleur*, le *désir*.

Chez les anciens on était obligé, sous peine d'immoler une victime à Cérès, de répandre trois fois de la poussière sur le cadavre qu'on rencontrait; de là les trois pelées de terre sur le cercueil de nos morts avant de combler la fosse, c'est-à-dire la séparation éternelle.

Romulus divisa en trois parties les terres de l'empire romain : il consacra la première au culte des dieux; la seconde aux dépenses publiques; et il partagea la troisième entre tous ses sujets; de là le rêve de la loi agraire par des gens qui ne possèdent rien.

Romulus fit des habitants de Rome trois classes : les *patriciens*, les *chevaliers* et les *plébéiens*; c'est à cette imitation qu'on établit en France le *clergé*, la *noblesse* et le *tiers-état*.

Antoine et Octave fondèrent le triumvirat. Napoléon fit trois consuls; mais, comme la Trinité, ce n'était qu'un en trois personnes. Aujourd'hui, en France, trois pouvoirs : le *roi*, la *chambre des pairs* et la *chambre des députés*; dans cette dernière il y a trois divisions d'opinion : le *côté droit*, le *côté gauche* et le *centre*.

Trois sortes de sectateurs prirent le titre d'académiciens : *Platon* fut le chef de la première; *Archésilas*, de la seconde, et *Casmadéas*, de la troisième. Il paya, dit-on, une somme équivalent à 900 francs de notre monnaie trois petits traités de Pythagore.

Caton le Censeur se repentit de trois choses : d'avoir passé un jour sans rien apprendre; d'avoir voyagé par eau, pouvant voyager par terre; d'avoir confié son secret à sa femme.

César, dans sa guerre contre Pompée, annonça sa victoire sur Pharnace, fils de Mithridate, qui avait voulu rester neutre, par ces trois mots : *Veni, vidi, vici*, qui expriment la rapidité de sa victoire.

rapportaient respectivement l'action sur les animaux aux *trois* divisions corporelles, la *tête*, la *poitrine*, et le *ventre inférieur*. Il y a plus, des physiciens modernes

Sous le règne d'Auguste, le temple de Janus fut ouvert trois fois.

Trois Horaces terrassèrent les trois Curiaces.

Achille traîna trois fois le corps d'Hector autour des murailles de Troie, pour venger la mort de Patrocle.

Le fameux siége d'Ostende par Albert, souverain des Pays-Bas, dura trois ans, trois mois et trois jours; il coûta, dit-on, 100,000 hommes.

L'admirable groupe de Laocoon est l'ouvrage de trois sculpteurs : *Agésander*, *Polydore* et *Athénadore*.

Charles-Quint se faisant peindre pour la troisième fois par le Titien, lui dit : Vous me donnez une troisième immortalité.

Apelles ne mit le mot *fecit* qu'au portrait d'Alexandre-le-Grand, qu'à son tableau de Vénus endormie, et qu'à celui qui représentait cette déesse sortant des eaux. C'étaient ses trois chefs-d'œuvre. Au bas de ses autres ouvrages, il écrivait *faciebat*.

Le sénat romain décerna trois couronnes à Pétrarque : une de *lierre*, une de *laurier*, une de *myrte*.

Euripide produisait difficilement ; il ne faisait souvent que trois vers en trois jours, tandis que le poète Alceste en faisait trois cents.

Denis-le-Tyran donna trois superbes esclaves au philosophe Aristippe, qui les conduisit sur la place publique où, au lieu de les vendre, il leur donna la liberté.

Le fameux édifice d'Assise, construit par Lapa, architecte de Florence, était divisé en trois étages qui formaient trois temples séparés.

François Ier voulant élever Chatel aux plus hautes dignités de l'Eglise, lui demanda s'il était gentilhomme. Le modeste chapelain répondit : « Trois frères se trouvaient dans l'arche de Noé, je ne sais pas au juste duquel des trois je descends... » Le roi le fit évêque.

Le pape Sylvestre II, élevé par charité chez les Bénédictins, occupa trois siéges : *Reims*, *Ravenne* et *Rome*, trois noms commançant par *R*. Il fut le premier évêque français qui porta la tiare.

La belle et célèbre Béarnaise, Almodis, eut trois maris vivants : le comte d'*Arles*, le comte de *Toulouse* et Raymond, comte de *Barcelonne*.

Henri III avait trois mignons qu'il chérissait particulièrement : *François*, *Joyeuse* et d'*Epernon*.

Le Jésuite Jacchéry, caché derrière trois échiquiers, ordonnait ses attaques de manière à faire *mat* ses trois adversaires.

Etienne Pasquier, célèbre avocat, s'était marié trois fois ; il disait qu'il

n'ont reconnu que *trois éléments*; en refusant à l'*air* le rang qu'il occupait dans les principes constitutifs de la nature, ils le regardent seulement comme la réunion des vapeurs qui s'échappent sans cesse des autres corps. C'est à cette *triple* classification des éléments qu'il faut encore rapporter celle des *trois règnes* des naturalistes : le règne *minéral*, dont la *terre* est tout à la fois la matrice ainsi que l'organe de réaction ; le règne *végétal*, que l'*eau* fait essentiellement germer ou reproduire; et le règne

avait pris sa première épouse *propter opus;* la seconde *propter opes*, et la troisième *propter opem*.

Après une représentation d'*Astrée* et de *Thieste*, on demandait à Crébillon pourquoi il adoptait ainsi le genre terrible. « C'est le seul des trois qui me reste, répondit-il : Racine a pris le ciel; Corneille s'est emparé de la terre; il ne me reste plus que l'enfer. »

Grétry eut trois filles qu'il perdit en trois ans de temps; il a fait trente-trois ouvrages qui ont eu plus de trente-trois mille représentations; il est mort en 1813, âgé de soixante-treize ans.

En politique, la grandeur, la prospérité et la durée des Etats dépendent de trois choses : de la *justice* des souverains, de la *sagesse* des lois et de la *pureté* de mœurs.

Jonas resta trois jours dans le sein de la baleine, d'où il sortit vivant.

Trois mages, Balthasar, Gaspar et Melchior, vinrent adorer l'Enfant-Dieu, et lui firent trois présents : l'*or*, la *mirrhe* et l'*encens*.

Saint Pierre renia trois fois son maître; il n'en obtint pas moins les trois clés du paradis.

Trois clous attachèrent Jésus à la croix. Il passa trois jours dans son sépulcre.

Les chrétiens ont trois vertus théologales : la *foi*, l'*espérance* et la *charité*. Elles sont les trois colonnes du grade de Rosecroix

Le temple allégorique des Maçons repose sur trois colonnes : *sagesse*, *force* et *beauté*.

Le grand Architecte de l'univers est représenté par le triangle simple ou triple.

Les Trinosophes ont adopté cette triple et antique devise : *Bien penser*, *bien dire* et *bien faire*.

L'antique Maçonnerie compte trois grades : l'*apprenti*, le *compagnon* et le *maître*, qui apprennent trois choses : *morale*, *science exacte* et *doctrine sacrée*.

Les Maçons font tout par trois (Voir le grade d'apprenti, p. 108.)

animal, où domine le *feu*; d'ailleurs, toute surface étant réductible en *triangle*, le *ternaire* représentait aux pythagoriciens non seulement la surface, mais encore le principe de la formation des corps; aussi ne comptait-on que *trois* Grâces; aussi n'y a-t-il que *trois* grades essentiels chez les Maçons; aussi vénéraient-ils, dans le *triangle*, le plus auguste mystère, celui du *ternaire sacré*, objet de nos hommages et de notre étude.

Le QUATERNAIRE, employé par les initiés comme l'emblème du mouvement et de l'infini, représentait tout ce qui n'est ni corporel, ni sensible. C'est comme symbole du principe éternel et créateur que Pythagore communiquait à ses disciples, sous le nom de *quartenaire*, le nom ineffable de Dieu, *Jehovah*, qui veut dire *source de tout ce qui a reçu l'être*, et qui, en hébreu, est de *quatre* lettres. En effet, les *quatre* divisions du ciel, celles de l'année, les *quatre* éléments, les *quatre* âges, les *quatre* branches de la clef que portent les divinités égyptiennes (1), etc., rappellent l'idée de la puissance infinie dans l'arrangement de l'univers. On a dit que la figure du chiffre 4 exprimait un *être vivant* I, porteur du triangle ∆, porteur de Dieu, c'est-à-dire l'*homme* comportant avec soi un *principe divin*.

C'est au nombre *quatre* ou au *carré* que la géométrie ramène tout ce qu'elle se propose de mesurer; et elle ne considère le *triangle* que comme division et comme moitié du même *carré* (2).

(1) *Quatre* anges se tiennent constamment devant le trône de Dieu: *Michel*, *Gabriel*, *Uriel* et *Raphaël* (*a*).

(2) Le grade de *maître-parfait* qui se donnait encore il y a cinquante ans, reposait essentiellement sur le nombre *quatre*.

Le sacré *quaternaire* de Pythagore, premier *carré* des pairs, qui con-

(*a*) Ces noms sont chaldéens.

C'est dans le *quaternaire* que se trouve la première figure solide, le symbole universel de l'immortalité, la *pyramide* (1). Car, si le triangle, figuré par le nombre *trois*, fait la base triangulaire de la pyramide, c'est l'*unité* qui en fait la pointe ou le sommet. Aussi, Lysis et Timée de Locres disent-ils qu'on ne peut nommer une seule chose qui ne dépende du *quaternaire* comme de sa racine (2).

Le nombre CINQ était considéré comme mystérieux, parce qu'il se compose du *binaire*, symbole de ce qui est faux et double, et du *ternaire*, si intéressant dans ses résultats. Il exprime donc énergiquement l'état d'imperfection, d'ordre et de désordre, de bonheur et d'infortune, de vie et de mort, qui se voit sur la terre; il offrait même aux sociétés mystérieuses l'image effrayante du MAUVAIS PRINCIPE, jetant le trouble dans l'ordre inférieur, et, en un mot, le *binaire* agissant dans le *ternaire*. Le QUINAIRE, sous un rapport différent, était l'emblème du mariage, parce qu'il est composé de deux, premier nombre pair, et de trois, premier nombre impair. Aussi Junon, présidant à l'hyménée, avait-elle pour

tient tous les intervalles musicaux réguliers, étant disposé en triangle équilatéral par 1, 2, 3, 4, donne pour somme le nombre 10; donc la puissance de 10, c'est le 4.

(1) Les gnostiques prétendaient que tout l'édifice de leur science reposait sur un *carré* dont les angles avaient *sighé* (silence), *bathos* profondeur), *noûs* (intelligence) et *alèthèïa* (vérité).

(2) Aussi la matière étant représentée par le nombre 9 ou 3 fois 3, et l'esprit immortel ayant pour hiéroglyphe essentiel le *quaternaire* ou le nombre 4, les sages ont dit que l'homme s'étant trompé et jeté dans un labyrinthe inextricable, en allant de 4 à 9, le seul chemin qu'il ait à prendre pour sortir de ces routes ambiguës, de ces détours désastreux et du gouffre de maux où il s'est plongé, *c'est de rebrousser chemin et d'aller de* NEUF *à* QUATRE.

hiéroglyphe le nombre *cinq* (1). Enfin, le *quinaire* offre une des propriétés du nombre *neuf*, celle de se reproduire en le multipliant par lui-même. Il vient toujours un nombre *cinq* à la droite du produit, résultat qui le faisait employer comme le symbole des vicissitudes matérielles.

Le nombre *cinq* désignait la *quintessence* universelle, et symbolisait, par sa forme, l'*essence vitale*, l'*esprit animateur* qui *serpente* dans toute la nature. Ce chiffre ingénieux est la réunion des deux accents grecs ᶜ₀ placés sur les voyelles qui doivent être ou non aspirées. Le premier signe ᶜ a le nom d'*esprit fort*; il signifiait l'*esprit supérieur*, l'esprit de Dieu aspiré (*spiratus*), respiré par l'homme. Le second signe ₀ s'appelle *esprit doux*; il représentait l'*esprit secondaire*, l'esprit purement humain. C'est en perdant de vue le sens initiatique des choses, que la plupart des caractères, si expressifs alors, sont devenus aujourd'hui presque insignifiants.

Le nombre SIX était, dans les mystères anciens, un emblème frappant de la NATURE, comme présentant les *six* dimensions de tous les corps; les *six* lignes qui en composent la forme, la ligne de direction vers le nord, celle de direction vers le midi, la ligne qui tend à l'orient, et celle qui indique l'occident, avec la ligne de hauteur et celle de profondeur, répondant au zénith et au nadir (2). Les sages appliquaient le nombre *senaire* à l'homme

(1) Les anciens représentaient le monde par le nombre *cinq*; Diodore en donne pour motif que ce nombre représente la terre, l'eau, l'air, le feu et l'éther ou *spiritus*. De là l'origine de *pente* qui, en grec, veut dire *cinq*, et de *pan* qui signifie *tout*.

(2) Composé de parties égales, le nombre 6 désignait la *justice*. Les 6 jours de la création l'ont rendu plus célèbre encore.

physique, tandis que le *septenaire* était, pour eux, le symbole de son esprit immortel.

Jamais nombre n'a été si bien accueilli que le SEPTENAIRE, dont la célébration est due sans doute au nombre dont les planètes se composaient. Les pythagoriciens le regardaient comme formé des nombres *trois* et *quatre*, dont le premier leur offrait l'image des trois éléments matériels, et le second leur peignait le principe de tout ce qui n'est ni corporel, ni sensible ; il leur présentait, sous ces rapports, l'emblème de tout ce qui est parfait. Ce nombre, considéré comme composé du *senaire* et de l'*unité*, servait à désigner le centre ou l'esprit de chaque chose, parce qu'il n'existe aucun corps dont *six* lignes ne constituent la forme, qui n'existe pas sans un *septième point* intérieur, comme centre et réalité de ce corps, dont les dimensions extérieures ne donnent que l'apparence. Dans les mathématiques, tout centre est supposé sans manifestation formelle quelconque, car c'est sur ce centre *supposé* que toute démonstration géométrique est fondée, et non sur aucun centre visible ; d'où les pythagoriciens ont cru devoir représenter ce *centre invisible* de chaque chose par le nombre *sept*. Le repos du septième jour, le chandelier à sept branches, les sept sceaux, les sept sacrements, les sept sons vocaux, les sept tons de l'harmonie, les sept métaux, les sept filets colorés de la lumière, et tant d'autres phénomènes naturels, confirmèrent les anciens sages dans l'emploi de ce symbole (1). D'ailleurs,

(1) *Pan* qui d'abord signifiait le grand-tout, a fini par dégénérer en un dieu champêtre. Malgré l'étymologie, on aurait peine à découvrir son premier sens, s'il n'avait conservé la *flûte aux sept tuyaux*, emblème des sept planètes, des sept notes de musique, des sept couleurs et de toute l'harmonie septenaire. En Arcadie, on le représentait quelquefois sans

ils exaltaient les propriétés du *sept*, comme ayant en second la perfection de l'*unité*, qui est *le nombre des nombres ;* car, si l'unité est incréée, si aucun nombre ne la produit, le *sept* non plus n'est engendré par aucun nombre contenu dans l'intervalle du *dix* ; et le *quatre* offre un milieu arithmétique entre l'*unité* et le *sept*, puisqu'il la surpasse du même nombre, le *trois*, dont il est surpassé par le *sept* ; car *trois* est au-dessus d'*un*, comme *sept* est au-dessus de *quatre*.

Le nombre HUIT ou l'OCTAIRE désignait la loi naturelle et primitive, qui suppose tous les hommes égaux. Des cieux, des sept planètes et de la sphère des fixes, ou de l'*unité* éternelle et du nombre mystérieux *sept*, se compose l'*ogdoade*, la huitaine, *premier cube des pairs*, regardée dans la philosophie arithmétique comme sacrée.

Le nombre *huit* symbolise la perfection. Sa figure 8 indique le mouvement perpétuel et régulier de l'univers.

DU NOVAIRE OU TRIPLE TERNAIRE.

Si le nombre *trois* a été célébré chez les premiers sages, celui de *trois fois trois* n'a pas eu moins de célébrité, parce que, selon eux, chacun des trois éléments

flûte; mais il avait sept étoiles sur la poitrine. Il portait la barbe, signe de paternité et de force génératrice, et de plus les cornes, regardées autrefois comme signe de noblesse et de force.

Toutes les divisions par sept mentionnées dans l'*Apocalypse*, comme dans tous les autres livres sacrés, même des Indiens, prouvent assez que le nombre *septenaire* jouait le plus grand rôle dans les mystères et dans les religions.

(1) L'Ogdoade gnostique avait huit *étoiles* qui remplaçaient les huit *cabaès* de Samothrace, les huit *principes* égyptiens et phéniciens, les huit *dieux* de Xénocrate, les huit *angles* de la pierre cubique.

qui constituent nos corps est *ternaire*; l'*eau* renfermant de la terre et du feu; la *terre* contenant des particules ignées et aqueuses, et le *feu* étant tempéré par des globules d'eau et des corpuscules terrestres, qui lui servent d'aliment. Aucun des trois éléments ne se trouvant ainsi dégagé des deux autres, tous les êtres matériels composés de ces trois éléments, dont chacun est triple, peuvent dès lors se désigner par le nombre figuratif de *trois fois trois*, devenu le symbole de toute corporisation. De là, le nom d'*enveloppe neuvaire* donnée à la matière. Toute étendue matérielle, toute ligne circulaire a pour signe représentatif le nombre *neuf*, chez les pythagoriciens, qui avaient observé la propriété que possède ce nombre de se reproduire sans cesse lui-même et en entier dans toute multiplication, et qui offre à l'esprit un emblème bien frappant de la matière qui se compose sans cesse à nos yeux, après avoir subi mille et mille décompositions (1).

Le nombre *neuf* était consacré aux sphères et aux muses. Il est le signe de toute circonférence, puisque sa valeur en degrés, qui est de 360, est égale à 9, c'est-à-dire, 3 + 6 + 0. Cependant, les anciens ne voyaient pas ce nombre sans éprouver une sorte de terreur; ils le considéraient comme mauvais présage, comme symbole de versatilité, de changement, et l'emblème de la fragilité des choses humaines. Aussi, évitaient-ils tous les nombres où *neuf* paraissait, et principalement 81, qui est le produit de neuf multiplié par lui-même, et dont l'addition 8 + 1 présente encore le nombre *neuf*. Si la figure du nombre 6 était le symbole du globe terrestre

(1) Tout le monde connaît cette particularité assez singulière de 9 qui,

animé d'un *esprit divin*, la figure du nombre 9 symbolisait la terre, sous l'influence du *mauvais principe*. De là cette terreur qu'inspirait le *neuvaire*.

Le nombre DIX ou DENAIRE, contenant toutes les prérogatives des nombres qui le précèdent, figurait aux sociétés mystérieuses l'assemblage de toutes les merveilles de l'univers. Elles le traçaient ainsi : ⊙, c'est-à-dire l'unité au milieu du zéro, comme le centre d'un cercle, symbole et lettre initiale de la divinité. Elles voyaient, dans cette figure, tout ce qui est digne de fixer la pensée ; le *centre*, le *rayon* et la *circonférence* leur représentaient *Dieu*, l'*homme* et l'*univers*. Ce nombre était, pour les sages, un signe de concordance, d'amour et de paix. Il est aussi, pour nous, un signe d'*union* et de *bonne foi*, puisqu'il se trouve exprimé par la jonction

multiplié par un nombre quelconque, donne un résultat dont la somme est toujours 9, ou toujours exactement divisible par 9.

9, multiplié par chacun des nombres ordinaires, produit une progression arithmétique, dont chaque membre composé de deux chiffres présente un fait remarquable, exemple :

1, 2, 3, 4, 5, 6, 7, 8, 9, 0
9, 18, 27, 36, 45, 54, 63, 72, 81, 90

La première ligne de chiffres donne la série régulière de 1 à 9.

La seconde ligne reproduit doublement cette série, d'abord d'une manière ascendante à partir du premier chiffre de 18, et d'une manière opposée en partant du second chiffre de 81.

Il suit de cette remarque curieuse que la moitié des nombres qui com-

posent cette progression ci............	9, 18, 27, 36, 45, = 45, ou 9
représente, dans un ordre inverse, les chiffres de la seconde moitié.........	90, 81, 72, 63, 54, = 360, ou 9
	405, ou 9
Ainsi 45 est opposé à 54, 36 à 63, 27 à 72, 18 à 81, et chacun de ces nombres ou tous réunis présentent toujours des 9	$\overline{99}$, $\overline{99}$, $\overline{99}$, $\overline{99}$, $\overline{99}$ = $\overline{90}$, ou 9

des deux mains, ou la *Grippe de Maître*, dont le nombre des doigts donne 10 (1).

Le nombre DOUZE, comme le nombre *sept*, est célébré dans le culte de la nature. Les deux plus fameuses divisions du ciel, celle par 7, qui est celle des planètes, et celle par 12, qui est celle des signes, se retrouvent dans les monuments religieux de tous les peuples du monde ancien, jusqu'aux extrémités de l'Orient. Quoique Pythagore ne parle point du nombre *douze*, il n'en est pas moins un nombre sacré. Il est l'image du zodiaque, et par conséquent celle du soleil qui en est le chef.

Les anciens, et Pythagore lui-même, dont on n'a pas toujours saisi les vrais principes, n'ont jamais eu l'intention d'attribuer aux nombres, c'est-à-dire à des signes abstraits, aucune vertu particulière, ce qui eût été le comble de l'absurdité; mais les peuples de l'antiquité s'étant accordés, par exemple, à reconnaître une *cause première et unique* (matérielle ou spirituelle) de l'existence de l'univers; de là, l'*unité* est devenue le symbole de la Divinité suprême; on s'en est servi pour exprimer, pour représenter Dieu, mais sans attribuer au nombre *un* aucune vertu *divine* ou surnaturelle.

De même, le *binaire* étant le symbole naturel de l'union des principes générateurs a fait dire que *deux* était le nombre du mariage; mais ce nombre n'a en lui au-

(1) *Dix* termine tout intervalle de nombre; car, qui veut compter au-delà revient à 1, 2, 3, et compte ainsi la seconde dixaine jusqu'à 20, la troisième dixaine de même jusqu'à 30, et ainsi de toutes les dixaines jusqu'à 100. Après ce nombre, on recommence, et l'intervalle du 10 ainsi répétée va jusqu'à l'infini. Mais 10 n'étant que 1 suivi de zéro, indiquerait que hors de l'*unité* tout est néant, et que c'est par elle seule que toutes choses subsistent.

cune vertu génératrice, parce qu'il n'y a que les corps qui puissent avoir quelque vertu, et qu'un nombre est une abstraction.

PIERRE CUBIQUE.

L'explication donnée à la PIERRE CUBIQUE, quoique ingénieuse, paraîtra toujours une combinaison métaphysique par laquelle on a essayé de fixer l'origine de toutes choses. C'est ainsi que l'on a supposé que Mercure ou Hermès avait gravé la morale universelle, ainsi que le développement méthodique de toutes les sciences, sur des colonnes de granit ou de porphyre, pour que la tradition ne s'en perdît pas, et afin de les faire passer à la postérité la plus reculée.

Les peuples de la Chine ont consacré deux temples, l'un au ciel, l'autre à la terre; le premier est rond, et le second est carré, suivant la théorie de leurs Lettrés, qui disent que notre terre est cube, c'est-à-dire qu'ils la représentent, comme les pythagoriciens, par le cube; de même qu'on représente le ciel par la sphère.

C'est dans le rite français seulement qu'il est question plus amplement de la pierre cubique, dont une des faces présente, dans une division de quatre-vingt-une cases, les mots des cinq premiers grades; et le chapiteau, composé de seize cases triangulaires, formant ensemble un grand triangle ou *delta*, emblème de la Divinité, renferme le *mot sacré* du présent grade.

Elle présente, sous les nombres 3, 5, 7, 9, 12, consacrés dans toutes les religions, et sous les figures géométriques : *triangle*, *cercle*, *carré*, qu'affectionnent les initiés de Memphis, les attributs de l'intelligence suprême, les grandes divisions et les opérations de la nature, les principes des sciences, des arts et de la religion naturelle (1).

Cette pierre angulaire, faiblement ébauchée déjà dans le grade de compagnon, est une des bases de l'art royal (2).

Dans le dix-huitième degré de l'écossisme, le fils de l'homme est symbolisé par cette pierre (*Perpend-Aster*), celle qui, rejetée par ceux qui bâtissaient, a été placée à l'angle de l'édifice, et est le modèle le plus parfait des ouvriers pour y essayer leurs bijoux moraux.

Cette pierre, dont l'allégorie est d'indiquer l'influence de Christ sur les saisons et sur toute la nature, rappelle la *pierre noire* de la *Caabba* (nommée *Barktan*), placée, comme la première, à l'un des angles de l'édifice, et objet d'une vénération toute particulière chez les

(1) *Pythagore*, peu satisfait, dit-on, des connaissances scientifiques qu'il puisa dans les mystères d'Éleusis, alla se faire initier à ceux d'Isis, et ce fut dans ces mystères qu'il découvrit le carré de l'hypothénuse.

On prétend aussi que ce fut la connaissance de la *pierre cubique* des mystères égyptiens qui lui suggéra l'idée d'établir une table contenant la multiplication des nombres simples depuis 1 jusqu'à 10, et qui est connue sous le nom d'*abaque* ou table pythagorique.

(2) « Ce que Pausanias raconte des Phénéates prouve qu'il y avait dans le temple de Memphis et d'Eleusis des écrits conservés entre *deux pierres*, qu'on ne lisait que pendant la nuit, et ce document coïncide avec le *tabernacle souterrain* et la *pierre triangulaire* mentionnés dans ce grade. »

(F.·. Vassal, p. 366.)

Auguste, en sa qualité de souverain pontife, fit revoir avec soin les originaux des livres sybillins qu'il avait rassemblés à grands frais; il anéantit toutes les copies défigurées, et cacha les originaux qui renfermaient, dit-on, les connaissances scientifiques du monde primitif, sous la *base cubique* de la statue d'*Apollon-Palatin*. Il n'en donnait communication qu'aux initiés et pendant la nuit. Ce passage du grade semble être une commémoration de ce fait historique, qui justifie les regrets qu'éprouvèrent les Romains lors de l'abolition des mystères.

musulmans ; tant il est vrai que les mêmes idées ont servi de base aux mêmes allégories.

Les Egyptiens représentaient quelquefois la Divinité par une *pierre noire*, parce que, dit Porphyre, sa nature est d'être ténébreuse et obscure. C'était l'offenser, selon eux, que de vouloir produire son image, puisqu'elle s'enveloppe elle-même dans la matière, et qu'elle est invisible pour nous (1).

La religion défendait aux Perses de représenter les dieux sous la figure humaine ; c'est aussi par la même raison que les Francmaçons représentent le grand Architecte de l'univers sous des formes mystérieuses et invisibles aux yeux des profanes.

Le grade de grand élu écossais, cinquième degré du régime français, est le second ordre d'un chapitre ; il correspond à la quatrième classe du rite écossais, comprenant les douzième, treizième et quatorzième degrés.

Cette classe, que l'on appelle le *collége des Écossais de la perfection*, est composé de trois chambres.

La première est celle des *grands-maîtres architectes;*

La deuxième celle de *Royale-Arche ;*

Et la troisième celle du *Sanctuaire*, ou du collége des *grands élus écossais de la perfection*, ou *Écossais de la voûte sacrée.*

(1) Les premiers chrétiens accusèrent le sénat de Rome d'adorer des statues, qu'ils n'adoraient certainement pas. Le christianisme subsista trois cents ans sans images. Douze empereurs chrétiens traitaient d'idolâtres ceux qui priaient devant des figures de saints. Ce culte fut ensuite reçu dans l'Orient et dans l'Occident, abhorré après dans la moitié de l'Europe. Enfin, Rome chrétienne, qui fonde sa gloire sur la destruction de l'idolâtrie, est mise au rang des païens par les lois d'une nation puissante, éclairée et considérée des autres nations. »

(Volt., *de l'Anglet. sous Charles II.*)

DU GRAND MAITRE ARCHITECTE (12e.·. degré).

Il existe une foule de grades d'architectes de toutes dimensions : grands, petits, moyens. Leur légende, assez insignifiante, diffère peu, et tous sont une préparation plus ou moins prochaine au caractère d'écossais (1).

DU ROYALE-ARCHE (13e.·. degré) (2).

Le Collége, ou Loge royale, se tient dans un lieu *voûté* (souterrain autant que possible); il ne doit y avoir ni portes, ni fenêtres.

On s'y introduit par une trappe placée au sommet de la voûte, laquelle est peinte en blanc. Dans ce degré, consacré à la recherche du delta, on doit recevoir à la fois trois néophytes.

On suppose qu'*Henoch* (3), éclairé par un songe divin, cache sous neuf arches le précieux delta, ainsi que deux colonnes, l'une de marbre et l'autre d'airain, sur lesquelles étaient gravés les principes des sciences. On sait que ces deux colonnes étaient consacrées au *feu* et aux

(1) « L'historique de ce grade est d'être entaché de deux grands défauts : le premier, c'est d'être insignifiant par son laconisme, et le second, c'est d'être invraisemblable... Nous serions tenté de croire que ce n'est pas la même main qui a tracé les divers grades que nous parcourons. »
(F.·. Vassal, p. 336.)

(2) « Plus nous avançons dans les grades capitulaires, et plus notre embarras augmente, par la confusion et l'invraisemblance qui règnent dans chaque grade; un langage parabolique et peu de symboles rendent ces grades presque inintelligibles. »
(F.·. Vassal, p. 340.)

(3) Ce nom signifie *initié*.

vents. Dans le discours historique, on suit les destinées de ce dépôt jusqu'aux temps de Salomon, où, par les ordres de ce prince, *Johaben*, *Stolkin* et *Jabulum* (1) en firent la recherche, que l'on fait répéter par les trois récipiendaires (2).

Au reste, il existe plusieurs grades du même nom, qui, tous, présentent des différences (3).

ÉCOSSAIS.

Mots d'attouchement :

Berith,	*Neder*,	*Schelemouth*,
(Integra	Votum	Fœdus),
Alliance,	*Promesse*,	*Perfection*.

Ces trois mots hébreux, qui forment comme le caractéristique de l'écossais en général, ne sont point en construction, et ne s'accordent même ni en genre, ni en nombre; quelques personnes les isolant, les traduisent

(1) Ou plutôt *Zabulon*, de l'hébreu *zebuloun* (habitaculum.)

(2) « .... Ce grade, considéré sous le rapport moral et religieux, n'offre rien d'instructif ni d'utile : c'est une véritable cheville qui sert d'échelon à l'échelle écossaise, pour qu'elle n'ait point d'intervalle vide. Il n'en est pas de même du *Royale-Arche* du rite d'*Yorck*, quoiqu'il contienne les mêmes faits. Il est divisé en trois parties : dans la première, c'est la chambre des compagnons, maîtres Maçons de l'Arche; dans la seconde, c'est le collége des maîtres, excellents Maçons de l'Arche; dans la troisième, c'est le sanctuaire des chevaliers et supérieurs, excellents Maçons de l'Arche.»

(F.·. Vassal, p. 346.)

(3) Ce grade est un démembrement de l'*Ecossais* ordinaire; aussi, pour l'obtenir, faut-il être reçu écossais; il rappelle le delta trouvé par le récipiendaire.

Dans l'*écossisme réformé*, le grade de *Royale-Arche* est remplacé par le *Maçon du secret*.

par : *alliance*, *promesse*, *perfection*; d'autres, voulant leur donner un sens suivi, les interprètent par : *Vœu d'une alliance complète* (1).

Mot de passe :

Eléanam.

Il est le second mot de passe de l'écossais de la *Voûte sacrée*; il doit être écrit : *El chanan*, qui signifie : *Grâce* ou *miséricorde de Dieu* (2).

Mots sacrés écossais :

Schem, *Hamm*, *Phorasch.*
Nomen, *Explicatum*, *Pronunciatum.*

On sait que le mot sacré *Jehovah* était, chez les Juifs, un nom ineffable. Pour que sa prononciation ne se perdît pas parmi les lévites, le grand-prêtre le proférait dans le temple une seule fois l'année, le 10 du mois *thisri*, jour du jeûne de l'expiation (3).

On recommandait au peuple de produire un grand bruit pendant cette cérémonie, afin que ce nom sacré ne

(1) Ces trois mots complètent aussi l'attouchement du secrétaire intime sixième degré; du sublime chevalier élu, onzième degré, et du grand écossais de la voûte sacrée de Jacques VI, quatorzième degré, auquel répond l'écossais-français.

(2) Il est un des noms de Dieu dans le *Royale-Arche*, treizième degré, et le nom de la *pierre angulaire* dans la treizième section du dix-huitième degré du rite ancien.

(3) « Lorsque Alexandre-le-Grand, qui avait juré la destruction des Juifs, pour avoir suivi le parti de Darius, eut aperçu le grand-prêtre qui venait à sa rencontre, et le nom sacré qu'il portait sur sa mitre, il se prosterna devant ce nom ineffable, et adora le grand moteur des destinées. »

fût entendu que de ceux qui en avaient le droit ; car tout autre, disent les Juifs, eût été incontinent frappé de mort (1).

C'était lorsqu'on avait proféré le mot *Jehovah*, que l'on disait : *Schem*, *hamm*, *phoras* (nom bien prononcé, bien entendu) (2).

Les neuf points de l'Écossais.

Les différents points de l'écossais de France sont au nombre de neuf, savoir :

1° Initiation du sacrifice d'Abraham ;
2° Ablution ;
3° Purification par le feu ;
4° Esclavage ;
5° Recherche et découverte du précieux Delta ;
6° Liberté rendue (3) ;

(1) Les grands initiés égyptiens, avant les Juifs, agissaient de même à l'égard du mot *Isis*, qu'ils regardaient comme une parole sacrée et incommunicable.

Le fameux triangle ancien, emblème de la déesse *Isis*, se voyait tracé sur la table *Isiaque*.

(2) Un frère orateur, dans un discours historique, imprimé, sur le grade de rose-croix, et prononcé dans le souverain chapitre de l'Age-d'or, dit un peu trop affirmativement :

« Je forme des vœux pour qu'on supprime les mots *Sch.·.*, *Ham.·.*, *Phor.·.*, mots qui, peut-être, n'appartiennent à aucune langue ; mots, du moins, dont on ne sait pas donner la signification ; et qu'à leur place, le Grand Orient nous rende l'usage des mots *Sem, Cham, Japhet*, qui nous rappellent les noms des fils de Noé. »

Pour s'exprimer de la sorte, ce frère ignorait sans doute l'explication qui vient d'être donnée.

(3) Nous parlerons de l'*esclavage* et de la *liberté rendue* dans le grade de *chevalier d'Orient*, où ces deux importants sujets trouvent leur développement.

7° Communion avec les Frères;
8° Nouvelles purifications par l'auge et la truelle;
9° Consécration du prêtre de Jehovah.

Du Sacrifice et de la communion avec les Frères.

A l'occasion du mot *sacrifice*, non usité des premiers chrétiens, et de la *communion avec les Frères*, je vais entrer dans quelques détails historiques, qui, en indiquant, rapidement à la vérité, les différences qui existent entre les pratiques de la primitive Eglise et celles que la superstition de chaque siècle a apportées dans les usages religieux modernes, prouveront que les pratiques raisonnables des premiers chrétiens se sont, pour ainsi dire, réfugiées dans les hauts grades maçonniques.

Dans les premiers siècles du christianisme, la persécution avait été continuelle; mais, vers l'an 300, il commença à éprouver les plus grands changements : les empereurs rangèrent leurs sceptres sous la houlette du Fils de l'Homme, et déposèrent leurs diadèmes au pied de sa croix. L'Église, toute sanglante encore, sort du milieu des cendres de ses enfants, et est accueillie par Constantin. Elle prend aussitôt une nouvelle face : elle passe des déserts dans les cités; des cavernes dans les palais; des solitudes dans les temples; de la pauvreté à l'abondance; et, à son état de misère et d'humilité, succède l'éclat de la pompe.

Cette prospérité ne fut que momentanée : les peuples, à la vérité, se présentaient en foule dans les temples; mais la simplicité du christianisme ne put retenir longtemps des hommes qui avaient encore devant les yeux le faste et la magnificence du paganisme. On jugea donc nécessaire de donner à la religion des cérémonies plus éclatantes, de la revêtir d'ornements, afin qu'une splendeur nouvelle la rendît recommandable et plus auguste.

C'est alors, c'est-à-dire au commencement du troisième siècle, que, pour s'accommoder aux Juifs et aux Gentils, qui ne parlaient que de sacrifice, que les chrétiens, qui n'en connaissaient point d'autre que la mort expiatoire de Christ, donnèrent à la *Cène* le titre de *Sacrifice*, et à la *Table* le nom d'*Autel*.

En 536, Vigilicus, successeur d'Agapet 1er, ordonna que les prêtres qui célèbrent la messe regardassent l'orient; alors les autels furent tournés de ce côté; mais ce fut vers l'an 600 que l'Eucharistie, qui était un *sacrement* pour les vivants, devint un *sacrifice* pour les morts.

Au commencement de ce sixième siècle, le pape Grégoire, un peu enclin à ramener le judaïsme, commença d'introduire, dans l'ordre sacerdotal, l'onction et les habits pontificaux, à l'imitation des sacrificateurs et des lévites.

Mais ce fut en 700 que s'établit l'usage des messes privées, dans lesquelles le prêtre communie seul. Cette corruption naquit de la tiédeur des peuples; car auparavant toute l'assemblée communiait chaque jour, et on était même jusqu'alors dans l'usage d'envoyer de l'Eucharistie aux malades et à ceux qui ne s'étaient pas trouvés à la réunion ; et si un étranger de distinction arrivait en ville, on lui envoyait du pain et du vin de la cène, pour le saluer par ce symbole de communion fraternelle.

Après la cène, faite par tous les assistants, on entendait l'oraison dominicale (1), et après ces belles paroles : *Pardonnez-nous nos offenses comme nous les pardonnons à ceux qui nous ont offensés*, les chrétiens s'entre saluaient ; et l'on faisait circuler, comme parmi nous, le saint baiser, signe de paix et de fraternité. Ceux qui se dérobaient à cette marque amicale de réconciliation, ou qui ne la donnaient que du bout des lèvres, s'exposaient à recevoir de vives répréhensions. Il fallut qu'en l'an 780, Léon II pervertît ce symbole, en instituant, à la place de cette marque de reconciliation, cette lame d'argent ou de cuivre appelée *patène*.

C'est ainsi, mes frères, que les anciennes cérémonies, fondées sur la raison, ont, pour la plupart, dégénéré en pratiques ridicules.

La piété relative à l'Eucharistie s'étant donc refroidie, la communion fut restreinte aux dimanches et à quelques jours plus solennels ; néanmoins, chaque jour le clergé communiait encore ; mais, les clercs négligeant bientôt aussi ce devoir, il n'y eut plus que le prêtre seul qui communiât. Alors, d'un ou de plusieurs grands pains qu'on avait à rompre pour toute l'assemblée, on n'en consacra qu'un petit de la grandeur d'un denier, et on substitua aux grands vaisseaux qui contenaient, pour les fidèles, le vin de l'Eucharistie, l'usage des *burettes* pour le prêtre.

Les peuples abandonnant ainsi la communion, n'apportaient plus d'offrandes ; pour les obliger à continuer cette libéralité, on leur fit entendre qu'encore bien qu'ils ne communiassent plus, le service divin ne laisserait pas de leur être utile, pourvu qu'ils y assistassent et y apportas-

(1) Prière antique, attribuée par quelques auteurs aux Chaldéens. Prière d'hiver par laquelle on implorait le retour du *règne du bien*.

sent leurs offrandes, selon la coutume; et, au lieu de la communion, on distribuait du pain, sur lequel on faisait une prière, et que pour cela on appela *pain bénit;* car ce ne fut qu'en l'an 1000 qu'on fit usage de l'aspersion d'*eau bénite* avec un bouquet d'*hyssope.* Alors, et par suite d'une dégénération continuelle, les messes privées prirent le nom de *saint sacrifice*, au lieu de la *sainte cène*, et nous remarquerons que le prêtre ne changea pas les termes de la consécration, quoique la communion, de générale qu'elle était, fût restreinte à lui seul; car il prie que ce sacrement fasse le salut de ceux qui l'ont reçu; encore bien, dit-il, que lui seul y ait participé.

De la désertion de l'Eucharistie naquit un autre changement digne de remarque : pendant que l'institution de la cène était fréquentée, toutes les paroles de la consécration étaient hautement prononcées, et de manière à être parfaitement entendues de l'assemblée; mais lorsque le nombre des fidèles diminua, le prêtre commença de parler plus bas, et, finalement, étant le seul qui communiât, il en est venu à prononcer si bas les paroles de la consécration, qu'il n'y a plus que lui qui les entende. C'est depuis ce temps-là, et pour ce motif, qu'on l'appelle la *secrète* de la messe, et qu'elle est aujourd'hui tenue pour *mystérieuse.*

Vers l'an 1212, Innocent III veut qu'on croie que le pain et le vin sont transubstantiés au corps et au sang de Christ, et il détermine, au concile de Latran, la conversion des signes, pour opérer ce miracle; en conséquence, on donna l'ordre d'établir, dans chaque temple, un cabinet pour y loger et y garder l'hostie; de là, l'usage des ciboires; tandis qu'auparavant, ce qui restait après la communion était brûlé ou donné aux enfants, ou bien le clergé l'achevait sur-le-champ.

Vers l'an 1220, Henri III commanda l'adoration de l'hostie; et en 1230, Grégoire IX y ajouta le son de la clochette, pour avertir les assistants de s'agenouiller.

Vingt ans après, en 1250, la transubstantiation étant autorisée, il n'y eut plus que les prêtres qui communiassent sous les deux auspices; les laïcs durent se contenter de l'hostie, sans boire. Ce retranchement de la coupe occasionna, pendant long-temps, des contestations assez vives, auxquelles mit fin, en 1414, c'est-à-dire 164 ans après, le concile de Constance, qui décréta qu'encore que Christ ait institué ce sacrement sous les deux espèces, qu'encore que la primitive Église l'ait ainsi pratiqué, la coutume contraire devait servir de loi. Ce fut à ce concile, et d'après ce trait on n'en sera pas étonné, qu'à l'occasion de *Jean Hus*, qui fut brûlé contre la foi publique, on fit passer cette maxime : *On ne doit pas garder la foi aux herétiques.*

L'adoration de l'hostie ayant été introduite, Urbain IV, sur la prétendue vision et révélation d'une nonain, qui était au pays de Liége, institua, en l'an 1260, la Fête-Dieu et ses octaves, et Thomas d'Aquin en composa l'office.

Cent ans après, c'est-à-dire en 1360, on commença à promener l'hostie, et à la promener en procession sous un dais. Pavie fut la première ville qui en donna l'exemple, et toute la chrétienté suivit.

DE L'ABLUTION ET DE LA PURIFICATION PAR LE FEU.

Dans toute l'antiquité religieuse, les initiés étaient obligés de se purifier, c'est-à-dire de passer par les éléments purificateurs avant d'être admis à la participation aux mystères. Cette pratique eut partout la même origine : l'intention d'apprendre à l'initié quelle devait être la pureté de son âme par celle qu'on exigeait du corps, la pureté du corps n'étant qu'un emblème de celle de l'âme.

Apulée, dans la cérémonie préparatoire à son initiation (1), fut obligé de se rendre à la mer, pour s'y plonger sept fois, nombre mystique relatif aux sphères matérielles dans lesquelles l'âme était sensée passer en descendant ici-bas, où elle se revêt d'enveloppes qui altèrent la pureté du *feu-principe* qui constitue son essence.

DU PRÊTRE DE JÉHOVA.

Les Juifs retraçaient l'harmonie du monde dans l'ordre religieux et dans l'ordre social : la construction de leur temple, la distribution de ses parties, les différents emblèmes qu'il renfermait, tout y peignait l'ordre et l'harmonie de l'univers. Toutes les parties de ce temple correspondaient à celles de la nature, et en offraient les plus brillants tableaux (2).

La longueur du tabernacle était divisée en trois parties ; les deux parties où il était permis aux sacrificateurs d'entrer, figuraient la terre et la mer, qui sont ouvertes à tous les hommes ; et la troisième partie, qui leur est inaccessible, est, comme le ciel, réservée pour Dieu seul (3).

(1) *Mét.*, liv. II.
(2) Clem. Alex. *Str.*, l. 5.
(3) Joseph. *Antiq. Jud.*, l. 3, c. 8.
La *nef* des églises, comme la voûte des temples maçonniques, étant l'image du ciel, était peinte en bleu et étoilée Les anciens considéraient le

Les deux chérubins qui couvraient l'arche figuraient les deux hémisphères (1); leurs ailes, la course rapide du firmament et du temps qui circule dans le zodiaque; car le ciel vole, dit *Philon*, en parlant des ailes des chérubins.

Le même génie allégorique qui a distribué les parties du temple et ses enceintes, et donné le dessin des principaux ornements qu'on y remarquait (2), avait, dans les mêmes principes, composé la parure des lévites, des sacrificateurs, et celle du grand-prêtre.

Les voiles étaient tissus de quatre couleurs, pour marquer les quatre éléments. La tunique du souverain sacrificateur signifie la terre; l'hyacinthe, dont la couleur approche de celle de l'azur, représentait le ciel. L'Ephod, tissu des quatre couleurs, était aussi l'emblème de toute la nature, et l'or y a été ajouté pour représenter la lumière (3).

Les prêtres se vêtissaient de lin, parce que la couleur de sa fleur est celle de l'azur du ciel.

Le rational, qui était au milieu et couvrait la poitrine du grand-prêtre, représentait la terre au centre du monde. Les deux sardoines, qui servaient d'agraffes, marquaient le soleil et la lune; et les douze autres pierres précieuses, classées par trois et rangées sur quatre faces, dont cha-

ciel comme une arche, c'es-à-dire une *nef*, à l'usage des dieux qui s'en servaient pour voyager dans l'espace éthérée.

Débarrassées du badigeon dont on a, dans les temps modernes, couvert toutes les églises, on a retrouvé les couleurs anciennes, c'est-à-dire du rouge, du bleu, de l'or, du vert et du blanc.

(1) Phil. et Clém. d'Alex.

(2) *Strom.*, l. 5, p. 561, dans Clém. d'Alex.

(3) Joseph., *Antiq. Jud.*, l. 3, c. 8; et Clem. Alex. *Strom.*, l. 5.

cune regardait un des points cardinaux, indiquaient les mois et les saisons. Ce rational tenait à la science de la divination (1), qui s'opérait par l'inspection des cieux. Le bas de la robe du grand-prêtre était garni de 365 petites sonnettes d'or, qui étaient l'image des 365 jours de l'année.

Nous voyons que l'habit du grand-prêtre, dans sa totalité (2) comme dans ses parties, représentait la totalité et les parties de l'univers ; ainsi, le grand-prêtre, pour entrer dans le temple, était, en quelque sorte, revêtu du monde ou de son image emblématique, comme la Divinité elle-même est revêtue de l'univers, qui forme son riche vêtement (3). Cette idée des anciens est aussi grande qu'ingénieuse.

Voilà comme tous les cultes de la terre ne sont que des enfants de celui du soleil, symbole du Dieu unique.

La tonsure de nos prêtres est le disque du soleil, leur étole est son zodiaque, et les prêtres d'Osiris avaient porté la mître, la crosse et le manteau que de nos jours portent les prélats (4).

(1) Syncell., p. 133.

(2) Philon, *Vita Moys.*, p. 520.

(3) Ainsi, dans le rituel indien, quand l'initié au monde de Brahma se revêt, selon le rite, *il sait qu'il est lui-même la forme de Brahma* (a). « Ainsi, dans l'Eglise catholique, quand l'évêque confère les ordres, il annonce à chaque ordinant la fonction à laquelle il est promu ; et, à chaque partie de l'habit de son ordre dont il le revêt, il lui annonce quelles grâces du ciel cet habit lui apportera, et quel genre de vertu et de pureté on doit avoir pour le porter dignement.. » (Voy. *Pontificate Romanum* ; et un livre petit in-16, Paris, 1709, intitulé : *Series Ordinationum ex Pontificati Romano*, etc.

(4) Dupuis, *Orig. des Cult.*

(a) Brahma est la faculté par laquelle Brahm, ou l'Etre, ou Dieu, a produit l'univers. Le nom sacré de Dieu, chez les Brahmanes, est *Oum*, nom mystérieux, tout-puissant, ineffable ·

Le chandelier, chargé de sept lumières ardentes, représente les sept planètes, auxquelles avaient été consacrés, dans l'Inde, comme ils le sont encore chez les peuples modernes, les sept jours de la semaine.

GRADE.

A l'ouverture de ce grade, on voit d'abord paraître une voûte appelée la *voute secrète*, ou le souterrain ; puis on entre dans un temple désigné sous le nom de temple parfait.

La voûte secrète ou mystérieuse de Mithra représentait, dans son intérieur, le tableau du monde supérieur ou des cieux, ainsi que celui des parties organiques du grand tout, formant la puissance invisible qui lie le soleil avec la terre. Cette voûte était un symbole des causes premières de l'harmonie sans cesse agissante dont l'univers se compose.

Que voit-on dans la voûte secrète des Maçons ? A l'orient, dans le point du milieu, on place un autel triangulaire représentant, sur sa face principale, le soleil resplendissant de lumière ; sur l'autre face, l'étoile flamboyante, et par-derrière, le compas ouvert de manière à former un triangle, et les chiffres 3, 5, 7 et 9.

L'autel ou piédestal est posé sur une *pierre cubique*, couleur d'agathe ; au midi est une table carrée, sur laquelle sont posés douze pains, en deux divisions de six chaque ; le milieu est occupé par une auge d'or, remplie d'une mixtion composée de *lait*, d'*huile*, de *vin* et de *farine* (1). On y voit aussi une coupe remplie de *vin*.

(1) Cette mixtion est une espèce de *cycéon*. La différence des subtances tient aux localités, mais elles représentent les mêmes symboles.

Si l'on veut consulter la voûte céleste, on verra que ce tableau n'est qu'une peinture du ciel, comme le sont les symboles qui décorent l'antre de Mithra. En voici l'interprétation astronomique :

L'autel triangulaire, le soleil, l'étoile lumineuse, le compas ouvert formant un triangle, nous apprennent que, pour l'explication de ce mystère, nous devons nous reporter au point du zodiaque où le soleil s'élève à l'orient, dans le signe du Sagittaire, parce qu'il monte alors avec l'autel des dieux, qui accompagne ce signe ; on a donc eu raison de figurer le soleil sur le piédestal dont il s'agit, puisque cet astre, en montant avec le Sagittaire, couvre aussi de ses rayons l'autel des dieux. On aperçoit en même temps l'étoile étincelante de Vénus, et, plus bas, à l'occident, se développe la constellation du *Delta*, ou le *Triangle*, représenté ici par un *compas ouvert*.

La forme triangulaire donnée à l'autel est une image des trois signes ou des trois mois que le soleil parcourt pendant la dégradation de la nature, ou pendant l'hiver, exprimée aussi par la voûte secrète, inaccessible ou ténébreuse.

Enfin, en continuant l'examen du ciel, nous verrons au méridien inférieur la *coupe de Bacchus* et la femme *porte-épi*, ou simplement le *blé*, suivant les anciennes sphères qui l'accompagnent, ce qui est parfaitement exprimé par les douze pains et la coupe de vin qui décorent la table mystique placée au midi de la voûte secrète.

La pierre cubique, surmontée du piédestal, autel ou trône sur lequel le soleil fixe l'entrée de l'hiver, est une image du monde dans l'état de dégradation.

On peut ici se rappeler ce qui a été dit de la décoration du temple consacré, en Egypte, à l'initiation, et que l'on peut comparer au temple *unique* des Juifs; car le peuple d'Israël, pour peindre l'unité que présente l'univers, dans son ensemble comme dans toutes ses parties, ne voulut bâtir qu'un seul et unique temple, dans lequel toutes les tribus juives, au nombre de douze, venaient adorer un seul Dieu, souverain maître de toutes choses.

L'historique de ce grade fait mention de la migration des architectes d'Orient. Il y est dit qu'après la destruction du temple de Jérusalem par Titus-Vespasien, les architectes et ouvriers se répandirent en diverses contrées, pour y *enseigner mystérieusement l'architecture et la sagesse.*

Profitons de cette remarque pour exprimer une pensée sur cet art, honneur du génie humain.

L'esprit et la matière sont les deux principes auxquels la nature emprunte sa physionomie, son mouvement, sa vie; et l'architecte qui sait animer son œuvre du feu de son génie, ne fait qu'imiter la nature.

Aux yeux du vulgaire, un monument n'est souvent qu'une masse de pierres régulièrement amoncelées. Sa forme ne sera pour lui que l'expression d'une idée, celle d'indiquer un temple, un palais, ou toute autre destination.

Aux yeux du philosophe, cette forme a une mission plus noble et d'une plus haute portée, celle de transmettre aux générations futures les idées, les mœurs, les progrès civilisateurs de la génération présente, et d'être l'image fidèle des sentiments et des connaissances religieuses et civiles des peuples.

Aussi, les divers génies qui ont conçu et exécuté les temples anciens et même ceux du moyen-âge, semblent-ils encore habiter leur enceinte. En effet, chacun de ces monuments paraît animé de l'âme de son auteur, qui lui a communiqué sa vie et ses pensées, comme pour aider à préciser plus tard l'âge de l'édifice et les sentiments de l'époque.

On a déjà comparé cette union de l'esprit et de la matière à une sorte d'*arche d'alliance* entre Dieu et les hommes. Cette idée honore la science archéologique, dont l'étude, dégagée de tout esprit de système, sera le flambeau qui dissipera une grande partie des ténèbres de l'antiquité.

C'est donc en considérant l'architecture comme la formule caractéristique de la société, dans chaque siècle, que l'on reconnaît que l'antique initiation, en prenant le nom de *Francmaçonnerie*, ne pouvait choisir un voile ni plus noble, ni plus ingénieux (1).

(1) Des monuments matériels passons aux monuments littéraires :

Dans une question qui préoccupe aujourd'hui les auteurs, nous voyons avec étonnement quelques-uns, et des plus éminents, confondre d'une manière étrange l'esprit et la matière, en assimilant un livre à un champ, une idée à un bras. On devine que cette question est la prétendue *propriété littéraire*.

Il n'y a pas de *propriété litteraire;* ou bien il faut reconnaître qu'il y a des *propriétaires d'idées*. On dira bien d'un auteur : Cette idée lui *appartient*, ce genre d'idées *n'est qu'à lui;* mais cette locution n'indique pas une *propriété* d'idées; car son origine, sa nature et ses résultats diffèrent tellement de la propriété d'une bibliothèque ou d'une maison, qu'il ne peut y avoir entre elles la moindre identité. Combien d'idées utiles qui n'ont été ni écrites ni recueillies par la tradition! s'écrie-t-on; combien de propriétés perdues! Si une idée fausse donne naissance à un mauvais livre, quel nom donner à cette propriété sans valeur, et quel degré de bonté ce livre devra-t-il avoir pour commencer à prendre le titre de propriété? Autre chose: un petit génie émet une excellente idée, mais ses moyens intellectuels ne lui en font point concevoir toute la portée, et elle reste dans l'obscurité. Cette même idée se transmet et arrive à l'esprit d'un grand écrivain; il sait apprécier son importance et sa valeur; il *s'en empare*, il l'anime, il l'agrandit, la revêt d'un vêtement brillant, et la jette

Frère nouvellement initié,

La première épreuve de ce grade est une répétition exacte du sacrifice d'Abraham, image de Dieu lui-même,

dans le monde où elle charme, domine et modifie l'esprit public. Quelle sera la part de propriété du petit génie qui certainement a le mérite de l'invention de l'idée, et la part du grand écrivain qui l'a appréciée, fécondée et rendue utile à ses concitoyens?

Au sein de notre civilisation, comment naissent les idées? — Du choc des intelligences; et les idées ont pour origine toute l'humanité. Seulement le cerveau où elles s'élaborent honore l'auteur qui en est pourvu; en les rendant au public, de qui il les tient, il acquitte une dette, et le public s'acquitte envers lui en achetant son livre; et cela est si vrai qu'on ne se plaît qu'à la lecture des ouvrages dont on partage les idées, les *vues* de l'auteur, comme si elles étaient les siennes propres.

Un mauvais ouvrage tombe, un bon ouvrage se multiplie, parce que le public s'intéressant à celui-ci l'achète, et qu'il dédaigne le premier. C'est donc le public qui donne à l'ouvrage un titre de propriété. Mais on a vu des ouvrages, fort dédaignés d'abord, être plus tard proclamés excellents; d'autres, vantés à leur apparition, tomber bientôt dans un éternel oubli. Voilà donc une nullité devenue propriété, et une propriété devenue nullité.

Un auteur de bonne foi sait-il toujours ce que vaut son œuvre? Non; mais le public le sait et le lui apprend; c'est le public qui révèle sa valeur et qui la fixe. Il est donc juste de le reconnaître co-propriétaire, c'est-à-dire comme ayant des droits à une valeur qui n'est devenue que par lui réelle et *profitable* à son auteur. En effet, les idées ne sont que des semences, et le public est le champ où elles doivent germer et fructifier dans un intérêt réciproque; ainsi la récolte doit appartenir à deux maîtres.

Les idées, pour être transmissibles et avoir cours, prennent, chez l'imprimeur, *corps*, *couleur* et *formes*, sous le nom de *livre*, et c'est ce livre *payé* qui deviendrait *propriété littéraire*. Mais nous avons vu que cette propriété est sans valeur, si le public n'en veut pas. Un champ qu'on ne peut pas vendre peut nourrir son propriétaire, s'il sait le cultiver, tandis qu'un auteur mourra de faim à côte d'une édition invendable. Etrange propriété!

En résumé, un auteur littéraire a sur ses œuvres les mêmes droits qu'un industriel sur son invention. Si celui-ci ne livre pas son invention au public dans un temps limité, son brevet tombe dans le domaine commun; donc le public a des droits sur les œuvres de l'esprit et du génie, ce que nous voulions prouver. Un propriétaire peut laisser son champ inculte; une invention, une production de l'esprit et du génie, dès qu'elle est publiée, éditée, brevetée, doit avoir son cours au profit de tous.

sacrifiant son fils pour le salut des hommes; car *Ab-raham* veut dire *père élevé* (*pater altissimus*), le Très-Haut. Isaac, docile comme Jésus aux volontés de son père, porte le bois de son supplice, et un bélier ou agneau le remplace sur l'autel des sacrifices.

La tête sous la hache vous a démontré que vous ne pouviez plus reculer, mais que vous péririez, s'il était nécessaire, pour soutenir la cause de la vérité.

La seconde épreuve est celle de l'ablution ou du lavement des pieds, usitée chez les Juifs, et répétée par nos prêtres, à cette époque, chaque année. Cette purification mystérieuse et sacrée avait également lieu chez les Egyptiens; car l'initié aux mystères était obligé de se plonger dans une grande cuve remplie d'eau, placée exprès au milieu du temple, avant d'arriver à l'hiérophante, et par conséquent d'approcher de l'autel des dieux, pour prêter son obligation (1).

La purification dans la *mer d'airain* symbolise la pureté de cœur, si nécessaire à ceux qui prétendent parvenir au sanctuaire de la vérité. Elle fait sentir la nécessité d'être vertueux pour en approcher.

Le pardon généreux que vous avez obtenu, vous a mené

(1) « Les Egyptiens célébraient les petits et les grands mystères pendant neuf jours, à la pleine lune de leur septième mois. Les initiés devaient, le second jour, se purifier dans la mer. Ainsi, pour les temples qui en étaient éloignés, on établissait un grand vase appelé la *mer d'airain*; telle est l'origine de la *mer d'airain* de Moïse (*a*) et ensuite de Salomon, des chrétiens et des Maçons. »

(*a*) Les femmes de la tribu de Lévi, qui passaient les nuits à veiller à la porte du tabernacle, offrirent à Moïse leurs miroirs qui étaient d'argent ou de cuivre poli, pour qu'il fît fondre une *mer d'airain*.

Ce passage de l'*Exode* (chap. XXXVIII. v. 8) a fait croire à quelques auteurs que les femmes de la tribu de Lévi devaient être initiées aux premiers ordres des mystères israélites. Ils ajoutent que cet usage explique l'adoption des dames dans les mystères modernes établis pour elles.

à l'excution d'un des principes du philosophe : c'est l'engagement de sacrifier tout ressentiment au plaisir de pardonner à ceux de vos frères qui auraient le malheur de vous offenser.

Le sacre fait sur le cœur, sur les lèvres et sur les yeux, est l'emblème des trois vertus indispensables pour parvenir au sanctuaire de la sagesse et de la vérité : un cœur pur, une discrétion à toute épreuve, et la constance dans la saine morale.

Les épreuves terminées, le récipiendaire sort, suivant l'usage, et rentre peu de temps après, ayant à la main le triangle ou *Delta*, symbole de lumière et de pureté.

Il arrive au pied du trône, et le *Très-Grand* (1), après les cérémonies d'usage, prononce ces paroles :

« QUE TA BOUCHE NE S'OUVRE QUE POUR PROFÉRER « DES PAROLES UTILES A TES FRÈRES, QUE TA CON- « SCIENCE SOIT A JAMAIS SANS REPROCHE, ET QUE TOU- « TES TES ACTIONS SE DIRIGENT VERS LA CONNAISSANCE « DE LA VÉRITÉ. »

On le conduit ensuite à la table de communion fraternelle, sur laquelle sont posés les douze pains et la coupe remplie de vin ; alors, le Très-Grand lui dit :

« MON FRÈRE, BUVEZ AVEC VOS FRÈRES DANS LA « COUPE, ET ROMPEZ ENSEMBLE LE MÊME PAIN, POUR « VOUS APPRENDRE QUE LES MAÇONS SE FORTIFIENT PAR « L'UNION ET LA COMMUNAUTÉ DES SECOURS RÉCIPRO- « QUES. »

Le repas que vous avez fait avec vos frères, buvant dans la même coupe, est l'emblème de l'égalité qui doit ré-

(1) Nom du président.

guer entre nous, et rappelle la communauté de biens établie dans la primitive institution (1).

Les douze pains de proposition, et leur division par six est une figure des douze mois partagés par les deux points équinoxiaux en hémisphère boréal et en hémisphère austral, c'est-à-dire en signes des longs jours et en signes des longues nuits (2).

Enfin, on passe un anneau ou alliance au doigt du récipiendaire. Cette alliance, dans laquelle sont gravés ces mots : *La vertu unit ce que la mort ne peut séparer*, sert à rappeler à l'initié l'engagement qu'il vient de former, et l'union plus étroite qu'il a consacrée avec ses frères ; après cette dernière cérémonie, il réitère son obligation, et est admis.

La mixtion en usage dans ce grade nous fournit l'occasion de faire une remarque.

A Athènes, au lieu du vaisseau mystérieux d'Isis, que l'on portait à Thèbes, dans les fêtes religieuses, c'était une corbeille sacrée représentant celle où Proserpine rassemblait des fleurs avec ses compagnes, au moment de son enlèvement par le dieu des enfers. Cette corbeille, au lieu d'être portée par des prêtres, comme le vaisseau d'Isis à Thèbes, était sur un char tiré par des bœufs. Ce qu'elle contenait offrait un symbole de la vie et de l'agriculture, dont Cérès était l'âme ; on y remarquait, entre autres choses, du blé de l'Inde, du miel, un gâteau, du sel, une grenade, etc. Cette offrande, faite à Cérès,

(1) Voir la Loge de table, p. 181.

(2) Joseph. *Antiq. Jud.*, l. 3, c. 8 ; —Macrobe, *de Somn. Scip.*, l. 1, c. 6 ; et Phil., *de Vit. Moys.*, l. 3, p. 516 à 521 ; *de Monarch.*, l. 2, p. 63 ; *de Victimis*, 517.

est d'autant plus remarquable qu'on en voit paraître une imitation dans ce grade.

Examen fait de ce qui se passe dans le temple pour l'admission d'un candidat au degré d'*élu écossais*, nous avons vu que ce grade est une peinture complète de l'état du ciel, car la dernière entrée que le candidat fait dans le temple, ayant à sa main le Delta, jusqu'alors l'objet de ses sollicitudes, est le signal de la fin des malheurs auxquels la nature est condamnée pendant l'hiver. Il est le présage du bonheur qui va renaître, puisque le Delta, ou la constellation du *Triangle*, monte à l'orient avec le soleil, le premier jour du printemps.

Aussi, par ce grade, a-t-on voulu symboliser le second élément, l'AIR, dont, à cette époque, la douce influence, secondée par la chaleur du soleil, répand dans la nature l'existence et la vie. On peut donc proposer ce grade, consacré au grand Architecte de l'univers, sous le symbole du Delta sacré, comme un exemple du triomphe de la lumière sur les ténèbres, ou de la vertu sur les vices.

Mais si l'on considère ce grade au moral, on voit que ses instituteurs ont eu en vue de prouver que l'homme, ou le Maçon, à l'instar des patriarches et des anciens rois, devait être maître chez lui, et pour cela qu'il devait être, à la fois, dans sa famille, le chef, le législateur et le prêtre.

Frère nouvellement initié, la pompe du cérémonial exposée à vos yeux, la sagesse des préceptes dont abonde le sublime grade que vous venez d'obtenir pour la récom pense de vos études et de votre zèle, vous annoncent la supériorité intellectuelle et la touchante simplicité qui doivent être l'apanage des fils de la lumière. Ce grade renferme l'origine de plus d'une institution sacrée que le monde profane et beaucoup de Maçons même sont loin d'y soupçonner. Ses symboles qui appartiennent à la plus haute antiquité, et dont les religions se sont emparées, vous ont été dévoilés, et vous en avez sans doute, mon frère, conçu et apprécié l'interprétation. Méditez-la, conservez-la dans votre esprit comme un dépôt précieux que ne doit jamais souiller la rouille d'aucun préjugé. Ne perdez non plus de vue, dans aucun temps, le *triangle lumineux*, objet de vos recherches, que la superstition et le fanatisme ont souvent obscurci, en l'arrosant de sang humain. La *parole* était perdue, vous l'avez retrouvée. Elle se perdit lorsqu'un premier mensonge servit à déguiser un premier crime. Elle vous est donnée pour éclairer les hommes; qu'elle soit, dans votre bouche, l'organe de la vérité, et vous la trouverez puissante, et avec elle vous travaillerez au progrès des lumières et de la raison d'où dépend la félicité humaine. Mon frère, quoique le voile des mystères ait été pour vous écarté, le sanctuaire renferme encore des richesses que la méditation et l'étude, secondées par nos explications, vous apprendront bientôt à connaître.

TROISIÈME ORDRE.

GRADE DU CHEVALIER D'ORIENT.

Mes Frères,

La dernière séance du cours a développé le grade sacerdotal de grand élu écossais, deuxième ordre du régime français, où brillent le culte mytriaque et la religion de Moïse.

Ce grade a neuf points, dont l'interprétation est donnée. Les trois principaux qui nous ont particulièrement occupé sont : le *sacrifice d'Abraham*, la *communion avec les frères* et la *Consécration du prêtre de Jéhovah*. Ces divers sujets nous ont amené à indiquer les différences qui existent entre les pratiques de la primitive Eglise et celles que la superstition de chaque siècle a apportées dans les usages religieux modernes, et nous avons reconnu que les pratiques raisonnables des premiers chrétiens se sont, pour ainsi dire, réfugiées dans les hauts grades maçonniques. Nous avons indiqué les diverses altérations qu'on leur a fait subir depuis le troisième siècle jusqu'à nos jours. Nous avons vu comment les prêtres, d'apôtres ou de prêcheurs qu'ils devaient être, sont devenus sacrificateurs, et comment, dans un siècle où l'on croyait à la magie, en 1212, Innocent III, institue la croyance que le pain et le vin sont transubstantiés au corps et au sang de Christ, et détermine, au concile de Latran, la conversion des signes pour opérer ce miracle; de là l'altération de la communion de la cène, conservée intacte parmi nous; enfin, comment, à notre baiser fraternel, ce signe sacré de paix et d'union, Léon II a substitué, en 780, la patène, et a ainsi converti un symbole précieux de réconciliation en une pratique puérile.

Le chevalier d'Orient ou *de l'Épée*, sixième et avant-dernier degré du rite français dont il forme le troisième ordre chapitral, correspond aux quinzième et seizième degrés du rite ancien et accepté, c'est-à-dire qu'il comprend *le chevalier d'Orient et d'Occident*.

Le rite français passe sous silence le grade écossais ayant pour titre :

PRINCE DE JÉRUSALEM,

GRAND CONSEIL, CHEF DES LOGES RÉGULIÈRES.

Ce grade, dans l'Ecossisme, dont il est le seizième, forme comme le second point du *chevalier d'Orient*, quinzième degré, dont le sujet est la permission accordée aux Juifs par Cyrus de retourner à Jérusalem (Esdras, l. 1, c. 1.)

Dans le *Prince de Jérusalem*, on commémore la contestation qu'excita la réédification du temple, et la décision que Darius donna à ce sujet (Esdras, l. 1, c. 5 et 6.)

L'Ecossisme réformé a réuni ces deux grades en un seul qui prend le nom du second.

Les princes de Jérusalem s'attribuaient de grands priviléges dans les loges inférieures, dont le conseil avait la surveillance et l'administration (1).

Les *chevaliers d'Orient* avaient, dans l'Ecossisme, des prérogatives brillantes qui indiquent l'importance que l'on attachait à ce grade. Pour en donner une preuve, je vais faire connaître trois articles de leurs statuts et réglements; l'article deux est ainsi conçu :

« Les chevaliers d'Orient, étant les Souverains princes de la Maçonnerie, pour en perpétuer la souveraineté et y faire régner à jamais la bonne harmonie, seront tous égaux, c'est pourquoi la place de souverain, quoique éminente par elle-même, sera remplie alternativement par tous les frères, d'année en année, chacun à son tour. (2).

Voici les articles 7 et 8. Article 7: « De même que les Grands-Maîtres écossais sont les grands souverains nés de l'ordre de la Maçonnerie, de même les chevaliers d'Orient sont les princes et les souverains nés de tous les différents qui naîtront parmi les Maîtres écossais, ainsi qu'il est porté à l'article 9 des réglements écossais.

Article 8 : « Un chevalier d'Orient a droit, partout où

(1) Voici l'opinion du frère Vassal sur ce grade :

« Au fur et à mesure que les grades de l'Ecossisme s'éloignent de leur base et des conséquences de l'initiation, leur symbolisme diminue d'intérêt, d'utilité et d'instruction; et le grade que nous allons examiner est du nombre de ceux qui paraissent n'avoir été institués que pour rappeler un événement plus ou moins remarquable. (p. 382.)

« Au résumé, le titre du grade, le but de son institution, son historique et son instruction ne méritent pas la peine de le conserver; c'est un grade nul sous le rapport de l'utilité et de l'instruction; c'est encore un échelon vermoulu qui figure dans l'échelle écossaise. » (p. 287.)

(2) C'est d'après ce principe d'équité et d'égalité, que le vénéralat, chez les Trinosophes, n'a qu'un an de durée pour chaque frère.

il voyage, lorsqu'il rencontre, dans un lieu où il n'y a point de loge, ni de conseil de chevaliers d'Orient, un Maçon élevé au grade de Maître, de lui donner la lumière des grades de *maître secret*, *maître parfait*, *secrétaire intime*, *prévôt et juge*, *intendant des bâtiments*, pourvu que ce soit en différents temps et s'il en trouve le sujet digne. Si un chevalier d'Orient se trouvait dans un lieu où il y eût des loges établies sur de faux principes, ou de fausses constitutions, il a le droit de les interdire, ou de les mettre dans la bonne voie, selon sa sagesse et sa prudence. »

Depuis long-temps cet usage et ce pouvoir sont tombés, et avec raison, en désuétude.

A la manière du Grand Orient de France, dans sa nomenclature plutôt que dans son régime écossais, ce grade, si important, forme la première chambre de l'Ordre de la chevarie dit de chevalier Rose-Croix, c'est-à-dire, qu'on se borne ordinairement à le communiquer.

Ce grade va, mes frères, nous donner l'occasion de jeter un coup d'œil sur l'ancienne chevalerie avec laquelle il présente des rapprochements curieux.

« Un bienfait des croisades, a dit Châteaubriand, dans son *Génie du Christianisme*, fut de donner une direction plus utile à la chevalerie, et la chevalerie contribua puissamment à sauver l'Europe d'une invasion de Barbares. »

En retraçant ici quelques points de l'antique chevalerie, on reconnaîtra les motifs qui ont fait croire à quelques auteurs (1) que la chevalerie était la mère de tous les

(1) Entre autres à l'abbé Robin, *Recherches sur les Initiations anciennes et modernes*.

ordres, et même de l'Ordre maçonnique, qu'ils ont regardé comme la chevalerie elle-même, plus épurée et plus perfectionnée. Ils y trouvaient unité de bien, ressemblance d'usages et conformité de principes. Nous allons effectivement trouver des rapports assez exacts dans les rapprochements que nous allons vous soumettre.

RAPPORTS

DE LA CHEVALERIE A LA FRANCMAÇONNERIE.

Le but de la chevalerie était de soulager les malheureux, de venger la vertu outragée, de punir le vice; elle rapprochait les conditions et les fortunes, elle unissait l'opulent avec le pauvre, le grand avec l'inférieur, le souverain avec le sujet, et n'admettait d'autre qualification que celle de chevalier.

Entre eux, les chevaliers se donnaient le titre si doux de frères, de là les noms de frères d'armes, frères de prouesses, etc. (1).

Ils formaient un ordre cosmopolite; ils croyaient devoir protéger et défendre tous les malheureux sans distinction de pays, de religion, de condition ; ils fraternisaient et s'associaient avec des chevaliers nés sous des dominations étrangères et ayant un culte différent; ils ne rompaient leurs liens que si la guerre s'allumait, pour voler au secours de leur patrie.

Ils avaient des grades qu'ils ne conféraient qu'après un

(1) Joinville, Perceforest, Lancelot du Lac.

certain nombre d'années, et à la suite de longues et périlleuses épreuves.

Les quatre principaux étaient : *varlet* ou *péage*, *écuyer* ou *damoiseau*, *chevalier* ou *maître chevalier parfait, etc.* (1).

Un aspirant chevalier était dépouillé de ses métaux et de tout ce qu'il avait de plus précieux, pour juger s'il était disposé à en faire le sacrifice à l'indigence. On retrouve encore ce but respectable dans les actes de bienfaisance qui terminaient toujours leurs assemblées.

Les varlets, chargés des fonctions les moins difficiles de la chevalerie, polissaient et entretenaient l'armure des chevaliers, portaient leurs ordres, les servaient comme des apprentis servent leurs maîtres, et les accompagnaient dans les voyages les moins périlleux et les moins longs. Ils devaient être devant eux dans la contenance la plus réservée, et garder un respectueux silence, comme les apprentis maçons devant leurs maîtres. A certaines heures, les chevaliers leurs donnaient des leçons sur les sacrifices qu'ils devaient à l'humanité, sur le respect dû aux dames vertueuses, sur le courage qu'il fallait avoir dans les adversités et les périls. Ces leçons que l'exemple accompagnait toujours, préparaient les élèves à devenir un jour l'honneur de la chevalerie. Quand ils avaient passé un certain nombre d'années dans cette classe, et qu'ils avaient fait les voyages usités, ils parvenaient au grade d'écuyer ou de damoiseau, et devenaient les fidèles compagnons des chevaliers; ils remplissaient auprès d'eux les fonctions les plus difficiles et les plus importantes, et les accompagnaient dans leurs voyages de long cours. Il ne

(1) Ste-Palais, *Mémoires sur l'ancienne Chevalerie.*

leur était permis, dans aucun cas, de joûter ou combattre contre un chevalier ou maître, tant ils avaient de respect pour ce grade (1).

De retour de leurs expéditions, ils obtenaient le rang de chevaliers, sur le témoignage que leur maître était content d'eux, qu'ils avaient fait le temps de leur service, et leurs voyages.

Il fallait avoir vingt-un ans pour être reçu chevalier comme aujourd'hui pour être Maçon. Et de même que dans la Maçonnerie, ici on ne comptait son âge que du jour des admissions à la chevalerie (2).

Le jour de leur réception au troisième grade était, pour eux, le plus heureux et le plus important de leur vie. Ils s'y préparaient par le jeûne et l'aumôme. La veille, ils passaient la nuit dans les temples, prosternés au pied des autels (3). L'obscurité qui régnait dans ces lieux saints où priaient les chevaliers, rappelle nos cabinets de réflexion, où le pain et l'eau figuraient le jeûne auquel ils étaient soumis; ils prêtaient leurs serments sur les livres sacrés. Ils juraient d'être toujours prêts à voler au secours des malheureux et de leur patrie, et de se sacrifier pour l'honneur et la défense des mystères de la chevalerie; car ils donnaient le nom de *mystères* à leurs cérémonies, comme ils appelaient leur société : le *Temple de l'hon-*

(1) Un *varlet* ne put voler au secours de son *chevalier*, parceque l'adversaire qui l'attaqua et le vainquit était chevalier lui-même. Les chevaliers pouvaient se battre entre eux pour de légers motifs ou sans motif. Ils différaient, en cela, des Maçons entre qui le duel était formellement interdit.

(2) *Chron.* de Geoffroy.

(3) Cette nuit est l'origine du proverbe : *passer une nuit blanche*, c'est-à-dire ne pas dormir, parce que le novice, comme l'initié d'Eleusis, était revêtu du vêtement *blanc* des mystères, qui rappelle la couleur du tablier de l'apprenti Maçon.

neur et de la prouesse. Ils consentaient, en cas d'infraction, à être dégradés, à avoir le cœur arraché, à servir de pâture aux corbeaux, etc.

Les chevaliers, comme les Maçons, étaient chargés de chaînes pendant leurs voyages, jusqu'à ce qu'ils eussent mené à bout leurs entreprises, comme pour prouver qu'ils étaient esclaves de leur parole : Tacite rapporte quelque chose de semblable des *Cattes*, dans les *Mœurs des Germains* (ch. 31, p. 665). Avant de se livrer à quelques périls, ils faisaient leurs testaments.

Ils recevaient, comme les Maçons, l'accolade, lorsqu'on leur donnait l'épée avec le titre de chevalier. Cette cérémonie s'est introduite dans la chevalerie au commencement du neuvième siècle.

Rodolphe, assisté des rois de Bohême, de Hongrie, de Pologne, créa deux cents chevaliers en leur donnant l'accolade. (1)

Les gants que les Maçons donnent au nouvel initié, pour la dame qu'il estime le plus, pourraient être un reste de la galanterie des anciens chevaliers, qui la mêlaient, ainsi que la piété, dans toutes leurs actions. Ils donnaient leur sang pour gage de leurs prouesses, ainsi qu'on l'exige d'un profane (2) qui veut être reçu ; enfin, ils se baignaient et se purifiaient, quand ils voulaient entreprendre quelque expédition importante.

Dans leurs banquets, comme dans ceux des Maçons, on vidait la première coupe à la santé du souverain. Ils avaient des signes, des attouchements, des mots d'ordre et de ralliement, et adoptaient des couleurs analogues au but de leurs entreprises et de leurs voyages.

(1) Men., p. 10 et édit. in-12, p. 23 ; Brantôme, chap. 1, t. 1, p. 14.
(2) Ce mot veut dire DEVANT *le temple*, HORS *du temple*.

Nous ne pousserons pas plus loin ce parallèle, mais nous dirons un mot de l'origine de la chevalerie, dont l'existence fut brisée par la découverte de la poudre à canon (1).

L'Europe, depuis le fondateur de l'empire d'Occident, semblait être plongée dans l'ignorance et la barbarie. Des hordes de peuples féroces, sorties des glaces du Nord, avaient inondé et ravagé les contrées septentrionales. Les noirs habitants de l'Afrique, traversant la Méditerranée sous les enseignes du fanatisme, avaient presque envahi l'Espagne et inondé de sang l'Italie. Les indolents successeurs de Charlemagne avaient laissé les grands démembrer les domaines de l'empire, et usurper la puissance souveraine; au lieu de cités opulentes, de campagnes cultivées, les contrées n'étaient hérissées que de donjons et de forteresses, d'où la tyrannie opprimait le faible, dépouillait la veuve et l'orphelin, enlevait au cultivateur malheureux le prix de ses sueurs. Dans ce bouleversement général, chaque particulier devint guerrier, par la nécessité de repousser des agresseurs étrangers, et d'être en garde contre des voisins avides et entreprenants. Toujours en haleine, chaque individu s'accoutuma à être, en tous temps, sous les armes, pour être plus tôt prêt à voler à l'ennemi. Dans les moments de trêve et de paix, loin de se livrer aux charmes du repos, il courait à de nouveaux tournois cueillir de nouveaux lauriers. Par de violents exercices, il s'endurcissait aux fatigues de la guerre, et s'accoutumait à faire de rapides évolutions sous de pesantes armures. L'utilité, jointe au désir de se si-

(1) L'abbé Robin, *Recherches sur les Initiations anciennes et modernes.*

gnaler, rendit bientôt ces jeux célèbres : on y accourut de toutes parts ; et, de même que les jeux olympiques étaient le rendez-vous de toute la Grèce, ceux-ci le devinrent de toute l'Europe. Mais, en faisant naître le brûlant désir de se distinguer par des combats, ils firent aussi naître celui de s'illustrer par la vertu ; il fallait, avant d'entrer en lice, avoir donné des preuves de loyauté et de courtoisie. L'examen était d'autant plus rigoureux, qu'il était fait par un sexe dont l'âme sensible et délicate fait, quelquefois mieux que la nôtre, sentir et apprécier la vertu. Aussi, l'héroïsme n'eut plus de bornes, dès qu'on eut l'espoir d'être couronné de la main des dames. On voulut devenir le soutien du faible, le défenseur de la vertu, le père de l'orphelin et la terreur des tyrans. Quand on fut trop faible, on s'associa, on se ligua pour ces glorieuses entreprises, et, afin de resserrer encore plus ces vertueux liens, on se décora des mêmes livrées, on confondit ses fortunes, on mélangea son sang, et on vint, au pied des autels, prononcer ses serments (1).

De là se formèrent ces nombreuses sociétés connues sous le nom d'*ordres*, c'est-à-dire d'hommes consacrés à faire renaître et à maintenir le bon ordre, mais avec des vues différentes.

Les ordres religieux furent établis dans le but antisocial de perfectionner les vertus par le renoncement à soi-même ; les ordres militaires ou de chevalerie, pour exciter l'amour de la gloire par l'appât des honneurs ; mais l'Ordre maçonnique seul fut institué pour rendre les

(1) Du Cange, *Gloss. lat.*; Hardouin de la Jaille, *Gage de Bataille*, f. 5 et 52 ; Tyran Leblanc, f. 44, p. 335 ; Lemoine St-Denis, liv. 34, ch. 7 ; Perceforest, vol. 6, f. 69 v°, etc.

hommes sociaux et vertueux pour le seul plaisir de l'être (1).

Aussi, mes frères, ont-ils pensé juste, ceux qui ont comparé votre ordre à une armée bien disciplinée; des régiments en grand nombre la composent, et leurs couleurs sont différentes; mais tous n'ont qu'un sentiment, celui de bien servir la patrie; et s'ils se disputent entre eux, ce n'est que de zèle à qui remplira le mieux ses devoirs.

Telle la Maçonnerie se compose de différents rites, suivant les différents pays où elle s'est répandue; mais partout elle n'a qu'un objet, la recherche de la vérité, l'amour des hommes; et le frère qui mérite le mieux est celui qui, apportant plus de zèle et plus de dispositions heureuses dans ses études, approche le plus de la perfection morale à laquelle tous les Maçons doivent tendre.

EXPLICATION DU GRADE DE CHEVALIER D'ORIENT OU DE L'ÉPÉE.

D'après l'explication des anciens mystères déjà développés, nous avons dû reconnaître le ciel pour la véritable patrie des dieux, qu'importent les noms qu'ils ont reçus des hommes? C'est sur le ciel qu'était calqué tout le système religieux des anciens, et nous avons vu que le firmament était descendu sur le sol de la Grèce et de l'Egypte, pour s'y peindre et y prendre un corps dans les

(1) « L'histoire des Ordres militaires, par *Hermant* et par *Schooneboek*; celle des Croisades, par *Maimboury*; le Théâtre d'honneur et de chevalerie, par *Fa in*; l'abrégé des Ordres de chevalerie, etc. etc, aucun de ces auteurs ne parle de la Francmaçonnerie, ni de quelque institution qui lui ressemble. »

images des dieux. En effet, si le ciel n'était pas le siége de la vérité, et si nos Loges n'étaient pas ses temples, où séjournerait-elle donc ? Si ce n'était pas l'astronomie qui a dirigé les premiers chantres d'un Dieu éternel et admirable dans toutes ses productions ; si l'astronomie n'était pas le grand livre dans lequel les prêtres-mages ont puisé tout le merveilleux de leur science, pourquoi les révolutions qui s'opèrent annuellement dans la nature, et les positions que les astres prennent régulièrement dans le ciel, coïncident-elles, pour le temps de leurs révolutions et pour le tableau qu'elles présentent, avec les dates de l'histoire des temps fabuleux, et avec les faits héroïques des personnages mis en scène dans les livres mythologiques, sous les noms de rois, de princes ou de conquérants ?

Il est évident que ces personnages imaginaires ont été mis à la place des planètes et des constellations qui peuplent le ciel. On sait que l'inspection du zodiaque donne la clé au moyen de laquelle on peut expliquer une partie des fables et des mystères de l'antiquité, en ayant soin de tenir compte des différences causées par la précession des équinoxes.

L'équinoxe du printemps, selon quelques auteurs, coïncidait avec le premier degré du Bélier, 2504 ans avant Jésus-Christ, et avec le premier degré du Taureau, 4619 ans. Or, il est à remarquer que le culte du Taureau joue le rôle principal dans la théologie des Egyptiens, des Perses, des Japonais, etc., ce qui indique, à cette époque, un mouvement commun chez ces divers peuples, et dont nous est restée seulement la cérémonie du Bœuf gras.

Il y a, dans la Maçonnerie française, une marche suivie, régulière et satisfaisante, car le grade de chevalier d'Orient est la suite nécessaire de ce que les autres grades avaient astronomiquement laissé d'imparfait. Le même système déjà démontré, se répète dans celui-ci. Il sera donc inutile d'entrer dans aucun détail d'explication, d'après ce qui a été dit. Il suffira de faire la description des salles d'*Orient* et d'*Occident*, qui servent à l'usage du grade, pour le bien connaître et en saisir l'esprit.

Dans la narration, il est dit « que le fleuve que l'on doit passer est *Stharbuzanaï*. Mais nous allons nous convaincre que tous les faits de détails sur lesquels on appuie le grade de chevalier d'Orient, sont matériellement faux, remplis d'anachronismes, et ne peuvent appartenir qu'à l'allégorie. En revenant de Babylone à Jérusalem, les Juifs avaient l'Euphrate à traverser; mais il n'est aucun fleuve dans leur pays qu'on y appelât *Stharbuzanaï*, quoique des Maçons modernes se soient donné la peine d'imaginer, pour ce fleuve prétendu, une topographie particulière. Ce nom est celui d'un officier de Darius, commandant pour lui dans la Palestine, ainsi que l'indique le premier livre d'Esdras (1).

L'histoire de *Zorobabel* (2) semble être la contrepartie de celle d'*Hiram*. Celui-ci, au faîte des honneurs, tombe sous les coups des assassins, et ne peut achever l'édifice qu'il avait commencé; l'autre, né dans la servi-

(1) On lit dans une traduction française de la Bible, 1819, chap. 5, verset 3 :

« En même temps, Thathanaï, chef de ceux qui étaient au-delà du *fleuve, Stharbuzanaï,* et leurs conseillers, vinrent les trouver et leur dirent : « Qui vous a autorisés à rebâtir ce temple, et à rétablir ses murailles? » où l'on voit que les mots en *italique* ont été lus, à dessein ou non, sans virgule, *fleuve Stharbuzanaï.* Cette remarque, échappée aux commentateurs des hauts grades, nous a paru bonne à être produite.

(2) En chaldéen *Zerubbabel* (dispersio confusionis.)

tude, rend la liberté à sa nation, et rétablit le Temple dans sa gloire. Or, nous avons suffisamment prouvé qu'*Hiram* n'est autre chose que le soleil du printemps, succombant en hiver, et que Zorobabel est le soleil d'automne, qui, après avoir succombé sous les efforts du génie du mal, figuré ici par la captivité d'Israël, renaît pour établir un nouveau temple, c'est-à-dire recommencer une carrière nouvelle; alors il paraît chargé de chaînes, emblèmes de la captivité dont il sort. Ces chaînes sont triangulaires, pour rappeler le *delta*, le *triangle céleste*, symbole du printemps et du règne du bien.

DESCRIPTION.

La salle d'*Orient*, par sa tenture verte, fixe l'époque de l'année qu'on a voulu peindre, et désigne l'équinoxe du printemps, comme la salle d'*Occident* indique l'équinoxe d'automne. La couleur verte des cordons appartient au chevalier d'*Orient*, mais les signes et les mots appartiennent au chevalier d'*Occident*. En effet, le signe se fait en écharpe et en serpentant, pour figurer un fleuve qui ne peut être que *celui du Verseau*, occupant, sur la sphère, pendant l'automne, la première partie du ciel, pour marquer la saison pluviale. Les mots *ya vaurum hammaïm* (jagaborou hammaïm) qui, en hébreu, signifient, *ils passeront les eaux*, indiquent cette limite de l'année qu'il faut franchir pour arriver au printemps.

Le sujet de la réception du candidat est la captivité de Babylone, représentée par une tour dans laquelle le récipiendaire, chargé de chaînes, sous le nom de *Zorobabel*, paraît enfermé.

Derrière le trône, on voit la représentation du songe de Cyrus; parce que le fait se passe sous sa tyrannie. Ce tableau ce compose d'abord d'un *lion* rugissant, prêt à se jeter sur ce méchant roi. Plus haut, est une gloire éclatante du milieu de laquelle sort un *aigle* portant cette légendre : *Rends la liberté aux captifs ;* et, au-dessus, on voit les rois *Nabucodonosor* et *Balthazar*, prédécesseurs de Cyrus, chargés de chaînes; le premier sera représenté sous la forme d'une bête. Sept tours et une muraille formeront l'ensemble de l'espèce de théâtre sur lequel la réception doit se passer; dans la salle qui précède celle-ci, se trouvera figuré un *pont* jeté sur un fleuve, dont les eaux rouleront plusieurs cadavres. Tel est le songe de Cyrus.

Cette scène, tout historique qu'elle paraît être, n'est pourtant qu'une allégorie. C'est le combat éternel des deux principes, la *lumière* et les *ténèbres*, qui se montre encore ici sous cette forme. Les tours sont la représentation des cases ou des maisons dans lesquelles le soleil passe chaque mois de l'année pour remplir sa révolution zodiacale; car on sait que les anciens donnaient indistinctement le nom de tours, de maisons ou de palais aux signes du zodiaque. Ainsi les *sept* tours dont il vient d'être question, sont les *sept* mois de malheurs pour la nature, exprimés dans Homère, par les *sept* voyages qu'Achille fait faire au corps d'Hector au pied des murailles de Troie, après lui avoir donné la mort.

Dans Cyrus, on reconnaît l'usurpateur Orion, ou le soleil au printemps, vainqueur de ses ennemis, car il s'élève à l'orient avec cette constellation que l'on appelle indistinctement *Israël*, l'astre d'*Orus*, ou *Nembrod*; comme on voit dans *Nabucodonosor* et *Balthazar le serpent* d'*Eve* et le *serpentaire*, dont le soleil prend les formes en automne; aussi a-t-on dit que Nabucodonosor fut changé en bête, comme le fut Typhon ou le démon. La disgrâce du roi Balthazar vient de ce qu'il avait bu dans la coupe des dieux, ainsi avait fait Bacchus à l'entrée de l'automne, au moment où le soleil se montre sous la forme d'un *serpent*.

Le lion qui paraît dans le tableau, est l'image du solstice d'été. Le roi des animaux semble, en effet, détruire le tyran du ciel; car le soleil va s'affaiblir en quittant ce même lion qui exprime sa force et sur lequel il fixe son trône. C'est alors que l'aigle plane dans les airs, et semble proclamer la liberté du *soleil des signes inférieurs* et celle de Zorobabel.

Cette époque de l'année, figurée par le lion, indique le milieu du mois de juillet, c'est-à-dire 70 jours avant l'équinoxe d'automne, figuré par les dix semaines de captivité prédite par Daniel.

L'inspection de la sphère nous fait encore remarquer qu'un combat se livre entre *Orion* et le *Serpentaire*. Tous deux sont considérés comme chefs de troupes et comme deux ennemis redoutables, parce que, placés l'un et l'autre à chaque extrémité de la Voie-Lactée (1), ils sont en opposition et tiennent, dans le ciel, la place de deux généraux qui marchent l'un contre l'autre; ainsi Homère nous a peint Achille se mesurant avec Hector.

(1) Les fleuves sont des chemins qui marchent seuls et qui portent où l'on veut aller, dit Pascal; ici, il n'est question que de la *Voie-Lactée*, ou du *Verseau*.

Ici, Zorobabel ou le Serpentaire est vainqueur, et comme le grand fleuve accompage Orion, appelé, dans le grade, Cyrus, lequel est vaincu, l'auteur du roman, dans la peinture poétique qu'il fait du combat, a supposé que le fleuve roulait au milieu de ses eaux les corps de la troupe de Cyrus ; ainsi le pont où Zorobabel est forcé de combattre et les cadavres qui remplissent le fleuve, annoncent la région de la mort, le règne de Typhon, celui de Pluton et le passage aux enfers ou aux lieux inférieurs (*ad inferos*).

L'automne fut, en effet, toujours regardé comme une saison funeste.

C'est alors que règnent les maladies et que la pâle et implacable mort étend son empire sur l'univers.

C'est à cette éopque que les chrétiens, fidèles observateurs des fêtes, des emblèmes et des cérémonies antiques, ont placé la fête des *Trépassés*, qui rappelle la fête célébrée, à cette époque, dans l'antiquité, en l'honneur des dieux Mânes ; alors Zorobabel, couvert d'un sac et dans l'attitude de la douleur, figure parfaitement l'état de la nature, lorsque l'astre du jour semble s'en éloigner ; alors on la voit quitter sa parure, les arbres dépouillent le feuillage qui les ornait au printemps, et la tristesse de la terre répond à la tristesse des cieux.

Cette fiction du *pont*, dont il est sérieusement question dans ce grade, fut, par quelques Maçons, considérée comme une allégorie *templière* et comme une peinture dont les objets seraient près de nous : le fleuve Starbuzanaï serait la Seine, et l'auteur de ce roman aurait eu en vue le *pont Notre-Dame* qu'aurait traversé le Grand-Maître pour aller au supplice.

Sur cet indice, ils concluaient que la Maçonnerie ne

remontait qu'aux temps des Croisades, ou que, postérieurement à ces temps, elle retraçait, dans ses divers dégrés, le dénoûment tragique de la proscription du Temple. On eût mieux fait de distinguer ce qui, dans ce grade, est d'intercalation récente et ce qui porte, sous des formes modernes, le cachet auguste de l'antiquité.

Voilà comment d'autres auteurs Maçons interprètent, au moral, ce roman céleste : « Cyrus serait l'emblème « de la vérité ; Zorobabel, l'homme nourri dans les pré« jugés. Il est triste, parce que l'homme asservi au fa« natisme et à la supertition ne peut jouir d'aucune li« berté d'esprit ; il a les mains enchaînées comme par « l'habitude et la crédulité à une infinité de dieux et de « passions figurés par les chaînons ; il est désarmé, signe « de faiblesse ; il a les mains sur son visage, de crainte de « voir la lumière ; il est fouillé par des gardes, parce « qu'un homme enthousiaste et fanatique est toujours à « craindre.

« Quant au songe de Cyrus, le lion rugissant est le « démon du fanatisme, auquel l'homme ne peut échap« per qu'en cultivant sa raison.

« Par les prédécesseurs de Cyrus qui servent de mar« che-pied à une gloire, ils entendaient que la vérité « foule aux pieds les erreurs (religieuses) de tous les âges.

« Par ces paroles : *rendre la liberté aux captifs*, ils « comprenaient que la vérité parle sans cesse à nos cœurs, « et nous crie d'étendre son empire sur l'ignorant, aveu« gle et crédule. L'épée que Cyrus donne à Zorobabel « est l'arme de la vérité qui combat les erreurs.

« Les marques distinctives dont il est décoré sont les « vertus que fait naître l'amour de la vérité, et qui sont le « seul ornement du sage.

« Le pont figure le passage de l'erreur à la vérité. Le « fanatisme, l'ignorance, la superstition en défendent l'en- « trée ; Zorobabel, armé du glaive de la vérité, triomphe « de tous les ennemis du genre humain.

« Les trois lettres L... D... P... signifient *liberté de « penser*.

« Le premier temple de Salomon était, pour ces frères, « l'emblème de la loi naturelle. Cyrus ordonna que le « second fût construit avec les pierres et les matériaux « qui avaient servi à bâtir le premier, preuves évidentes « ou signe bien frappant que la morale universelle est « toujours la même, et que tout ce que l'homme y ajoute « n'est qu'erreur et illusion.

« Cette allégorie du temple de Salomon, ce temple re- « bâti par le roi le plus sage, le pontife le plus respectable « d'un culte auquel succéda le christianisme ; ce temple, « le plus vaste, le plus parfait que les hommes aient élevé « en l'honneur de la Divinité, est l'emblème sous lequel « nous désignons l'univers, cette production admirable « d'un architecte tout puissant, qui, voulant y placer un « être fait pour en sentir la beauté, créa l'homme, et le « doua de qualités supérieures aux autres animaux. *Il le « fit libre et l'égal d'un autre homme*, par la même « raison qu'il ne rendit pas le lion dépendant du lion, la « colombe de la colombe. Mais l'homme ne tarda pas à « éprouver que ses besoins, sa conservation, sa propre « sûreté le portaient vers ses semblables ; que tout lui « commandait de se réunir à eux, et de se mettre en « communauté de peines et de plaisirs ; d'être leur pro- « tecteur et d'en être protégé à son tour. Ainsi, il chan- « gea sa liberté, son égalité naturelle, en *liberté et en « égalité politiques*, d'où ressortaient ensuite le *droit*

« *civil* et les devoirs sociaux qui, tous sont plus ou
« moins absolus, plus ou moins réactifs, que nul ne peut
« enfreindre sans armer contre lui la juste sévérité des
« lois.

« Pris sous un autre point de vue, le temple de Salo-
« mon, modèle parfait d'architecture, est l'image de la
« perfection morale que le Maçon doit s'efforcer d'attein-
« dre, et à laquelle il parvient quand la règle et le com-
« pas, c'est-à-dire quand la prudence et la justice règlent
« toutes ses actions.

« Les Assyriens qui détruisaient le temple, sont nos
« vices, nos passions, nos préjugés, notre ambition dé-
« mesurée, qui nous constituent en état de guerre perma-
« nente contre la vertu, et nous rendent tour-à-tour féro-
« ces, sauvages, dissimulés, pervers, intolérants, homi-
« cides ; qui nous avilissent à nos propres yeux, et ne nous
« exposent pas moins au mépris de nos concitoyens qu'à
« un châtiment mérité.

« Ce rétablissement du temple par Cyrus signifie en-
« core qu'il n'est pas de victoire que l'homme n'obtienne
« sur lui, quand il cède à la voix de sa conscience et aux
« conseils de la raison ; qu'une fois maître de ses passions,
« il rétablit dans son âme la paix et le bonheur ; qu'alors
« *il est vraiment libre et l'égal de tout ce qui existe*,
« ce qui ne veut pas dire qu'il méprise les distinctions
« *politiquement nécessaires*, et qu'il travaille à les
« anéantir, pour leur substituer *une chimérique et im-*
« *possible égalité;* ce qui dit au contraire que l'homme
« qui pratique les maximes de la sagesse est *partout* en
« harmonie parfaite avec les lois, parce qu'il est con-
« vaincu de la nécessité de leur frein en général, et qu'il
« sait de plus qu'elles sont en raison composée du climat,

« des mœurs et des habitudes du peuple pour lequel elles « sont faites (1).

De ce grade ingénieux on doit encore tirer cette leçon morale : « quelque longue et critique que soit la si« tuation pénible d'un peuple, il ne doit jamais déses« pérer. »

Lors de la réédification du temple, à laquelle le peuple, et principalement les initiés, se livrèrent avec le zèle le plus ardent, l'Écriture dit que, pour s'opposer aux entraves que suscitaient les Iduméens et les autres tribus d'Israël, les ouvriers furent contraints, pour se défendre, de travailler au temple, la *truelle* d'une main et l'*épée* de l'autre. Cette idée a donné naissance plus tard à la dénomination allégorique de *chevalier Maçon*, que chacun de nous s'honore de porter, et dans ce grade, à celle de chevalier *de l'Épée*.

Les chevaliers d'Orient, qu'il conviendrait mieux de nommer *chevaliers d'Orient et d'Occident*, ont deux fêtes d'obligation, qui ont lieu, l'une le 21 mars, en mémoire de la réédification du temple du Dieu vivant, et l'autre le 21 septembre, en commémoration du temple qui a été deux fois rebâti par eux. On voit que ce temple n'est autre chose que la nature.

La première fête, ou l'équinoxe du printemps, est célébrée dans la salle d'*Orient*, et la seconde fête, ou l'équinoxe d'automne, dans la salle d'*Occident*; ce qui prouve combien est astronomique le roman de ce grade, consacré aux héros libérateurs de leur patrie, et au développement des avantages assurés par la Francmaçonnerie.

(1) Discours du F.·. Raoul, au souv.· ch.·. de la Constance éprouvée, fête de l'Ordre 5803; Et. du G.·. O.·., t. 1er, p. 265.

Le tableau nous représente les deux colonnes symboliques renversées, *Jackin* et *Booz* n'existent plus, et se trouvent remplacés par deux mots qui ont les mêmes lettres initiales, *Juda* et *Benjamin*. On a sans doute choisi ces derniers qui servent aussi de *mots de passe*, parce que les deux tribus de *Juda* (Jehonda, *laudatio* et de *Benjamin* (Biniamin, *dextræ filius*), furent les plus empressées à retourner à Jérusalem.

Dans le rite écossais, le mot de passe est *libertas*.

Tous les frères savent que la colonne des apprentis et celle des compagnons, toutes deux aussi anciennes que l'antiquité elle-même, représentent les deux solstices que nous célébrons aux deux *Saint-Jean*, et sont les deux colonnes d'*Hercule*, posées au terme de ses voyages, c'est-à-dire aux deux points célestes que le soleil, sous le nom d'Hercule, n'a jamais pu dépasser. Elles devaient survivre aux catastrophes du globe, et transmettre aux générations à venir le dépôt des connaissances humaines; aussi, ces colonnes étaient dédiées l'une au *feu* et l'autre à l'*eau*; en voici la raison :

De même que, dans la *Genèse*, la peinture de la création du monde n'est simplement qu'une description allégorique du printemps de chaque année, et les six jours l'indication des six mois que la nature, dans nos climats, emploie pour faire naître, développer et mûrir ses productions; de même les anciens appelaient symboliquement fin du monde une fin d'année, et ils assuraient qu'elle devait avoir lieu par le *feu* ou par l'*eau*. Vérifions ce fait, et nous le trouverons fort exact.

Deux de nos mois nous indiquent qu'autrefois l'année se terminait à l'époque où le soleil parvient à sa plus haute exaltation : effectivement, *mai* vient de *major*, qui veut dire *plus ancien*, ou dernier mois; *juin* de *junior*, qui veut dire *plus jeune*, ou premier mois de l'année, donc l'année a autrefois fini au 31 mai, c'est-à-dire à l'époque où le soleil arrive dans sa plus grande force, et l'on pourrait dire alors, figurément, que l'année finissait par le *feu*.

De notre temps, la fin de l'année ou du monde annuel a lieu par l'*eau*, puisqu'elle arrive en décembre, qui est la saison des pluies; voilà pourquoi cette partie du grade fut consacrée à l'élément de l'*eau*, comme principe et symbole de la dissolution universelle et de la mort, dont les anciens avaient établi le siége dans le *Scorpion*.

Enfin, ces colonnes symboliques sont renversées, parce que les chevaliers d'Orient et d'Occident ont substitué aux deux fêtes *solsticiales* et maçonniques, deux fêtes *équinoxiales*, tant il est vrai que la Maçonnerie n'est que l'étude de la nature, et nos temples sa manifestation (1).

(1) Le Temple reprit sa splendeur, et Jérusalem brilla de nouveau parmi les cités; mais ce temps de gloire et de paix fut de courte durée, les Romains vinrent peu après; ils dominèrent dans la Judée, qui devint une province de l'empire, et l'an 70 de l'ère vulgaire vit de nouveau la ruine de la cité sainte, la destruction du Temple et la dispersion de la nation juive.

Quelques-uns des architectes échappèrent cependant à la proscription générale, et, cachés dans la Judée, ils conservèrent, dans le silence et la retraite, les secrets de leur association, n'admettant à la connaissance de leurs mystères que des hommes éprouvés; tantôt sous les Romains, tantôt sous les Sarrasins, ils attendaient, dans la patrie de leurs pères, une révolution heureuse qui rendît à son indépendance cette terre vénérée, et rétablît encore une fois le temple du Seigneur.

D'autres, contraints de fuir dans les déserts, furent ramenés par un sentiment d'humanité dans cette Jérusalem désolée, ils s'y rassemblèrent et fondèrent sur l'emplacement même du temple un hospice en faveur des pèlerins que la piété y amenait. Ces hospitaliers furent d'abord un ordre

Frère nouvellement admis,

Dans votre esprit, les emblèmes du grade, et son historique, quoique entachés, sans doute à dessein, de trop d'invraisemblances, doivent donner naissance à de sérieuses réflexions : une captivité de soixante-dix ans passés dans le plus dur esclavage (1); des efforts inouis faits dans le but de rejoindre des frères; les entraves éprouvées pour la réédification du second temple, l'entrée pompeuse dans Jérusalem, et toutes les circonstances de votre réception, doivent être pour vous des emblèmes non équivoques des persécutions qu'ont éprouvées nos ancêtres en initiation, et des efforts qu'ils ont dû faire pour conserver et nous transmettre leur doctrine; sans doute que vous les imiteriez au besoin, et que si la Maçonnerie était de nouveau compromise ou persécutée, vous puiseriez, dans ce grade chevaleresque, le courage et la résignation de nos illustres prédécesseurs.

Il vous reste encore, mon frère, un degré à atteindre pour arriver au sommet de la Maçonnerie française. Redoublez d'ardeur; les emblèmes qu'il doit présenter sont à la fois philosophiques et religieux, et dignes, sous l'un et l'autre rapport, de votre attention et du zèle que vous mettrez à les connaître.

religieux, puis ils devinrent dans la suite une milice religieuse, armée pour défendre les opprimés et punir les oppresseurs.

A l'époque des Croisades, ces illustres chevaliers se réunirent à l'élite des guerriers chrétiens, et devinrent aussi le principe de tous ces ordres religieux qui s'illustrèrent pendant ces guerres qu'avaient allumées le fanatisme et l'ambition, plutôt qu'une sage politique.

(1) L'esclavage, de durs travaux, de longues souffrances, altèrent les traits et causent la laideur. L'oisiveté, la douce incurie sont favorables à la beauté corporelle, c'est donc avec raison qu'on donnait le titre de *gentilhomme* à l'heureux fainéant d'autrefois.

QUATRIÈME ORDRE CHAPITRAL.

GRADE DE ROSE-CROIX.

Mes Frères,

Le grade de *Rose-Croix*, qui, dans le rite français, répond au 18e degré de l'écossisme, est celui dont les Ecossais paraissent faire le plus de cas, et auquel, pour ainsi dire, ils réduisent toute la Maçonnerie. Ils le regardent comme le dépôt de la science universelle, pour celui qui sait en pénétrer les mystères : aussi l'instruction générale de ce grade présente-t-elle une récapitulation de toute la Maçonnerie. Ce degré se divise en 15 sections dans le *Rose-Croix d'Hérédom* (1).

Trois événements majeurs doivent fixer l'attention du *Rose-Croix*. La création du monde (génération), le déluge de Noé (destruction), et la rédemption du genre

(1) Le mont d'Hérédom, que l'écossisme cherche à immortaliser avec lui, aurait reçu, sous les rameaux qui ombrageaient sa cime, les sept chevaliers croisés, qu'une tradition nomme les illustres compagnons de gloire et d'infortune du vaillant Aumont (*a*). Il aurait prêté une retraite assurée aux Templiers qui, pour échapper au massacre général, auraient été réduits à fuir en Ecosse, sous le déguisement et l'état de maçon. De là, d'après ce système particulier, l'emploi des outils nécessaires à l'art mécanique de bâtir serait devenu tout à la fois un emblème moral et un signe commémoratif de la fondation de l'ordre en Ecosse.

(*a*) Les plus secrets mystères des hauts grades, préf., pag. 6.

humain (régénération). Cette triple considération devrait, en effet, être sans cesse présente à l'esprit de tout franc-maçon, puisque l'art royal n'a, comme les anciens mystères, d'autre but que la connaissance de la nature, où tout naît, tout se détruit et tout se régénère.

C'est ainsi que les trois premiers grades présentent une trinité morale dont nous avons donné l'interprétation.

Dans ce grade, on substitue les piliers fondamentaux de la nouvelle loi aux piliers du temple, et au lieu de *sagesse*, *force et beauté*, nous disons *foi*, *espérance et charité* (1).

(1) Jamais le fil de la science initiatique ne s'est rompu ; il s'est, pendant quelques siècles, *amoindri*, *aminci* au point de devenir presque invisible ; mais des recherches historiques, des inscriptions, des médailles, des tombeaux, prouvent une discontinuité incessante dont la connaissance a toujours été le meilleur guide dans le labyrinthe de l'antiquité.

D'anciens rites, antérieurs à l'ère chrétienne, expliquent les noms des trois colonnes du temple par *foi*, *espérance*, *charité*. L'Essénien prêtait serment de ne rien enseigner que ce qu'il avait appris de ses maîtres ; il avait donc la *foi*? La révélation de l'immortalité, dans les mystères, entraînait avec elle l'*espérance ;* et la trêve qui accompagnait toujours la célébration des Eleusinies, les aumônes répandues à ces fêtes secrètes de la bonne déesse, le serment des Esséniens de s'aimer, de se secourir et de vivre comme frères, démontrent évidemment l'antique existence de la *charité*.

On a dit depuis : « L'âme, soutenue par la *foi* au front serein, par l'*espérance* aux regards consolateurs, par la *charité* au visage enflammé, approche de sa source (l'Etre). »

Le Dante se fait expliquer par saint Pierre et saint Jacques la *foi* et l'*espérance ;* mais c'est de la bouche de saint Jean que sortent les leçons de la *charité*, remarquables pour un initié :

Questi è colui che giacque sopr'l petto
Del NOSTRO PELLICANO, e questi fue
Di su la croce AL GRANDE UFICIO eletto.

(*Parad.*, XXV, 112.)

Un des quatre évangélistes dit que pour se sauver il faut une *foi* aveugle ; un autre n'admet que les œuvres de *charité ;* tandis que la doctrine d'anciens chrétiens n'admettait que l'*espérance*.

Des théologiens ont donné à ces trois mots le nom de *vertus théologales* qu'ils ont substituées à nos vertus mondaines.

La *foi*, suivant eux, serait la *vertu de croire fermement des choses* qui ne sont pas toujours conformes à la nature ni à la raison. Ils ne savaient donc pas que *croire* est l'opposé de *savoir*, et que l'homme crédule n'est trop souvent qu'un misérable qui dépend de quiconque n'a pas pitié d'un être sans défense. L'incrédulité de saint Thomas, dont parle l'Écriture, n'est sans doute qu'une métaphore pour nous avertir, au contraire, que la *foi* ne doit pas être aveugle, et que la véritable *foi*, celle qui sauve, c'est-à-dire qui mène à la vérité, doit être éclairée de la saine raison et appuyée de toute la conviction de la conscience.

L'Espérance, selon ces théologiens, est une vertu qui fait espérer le paradis.

Mais l'espérance, n'étant qu'un simple état de l'âme, ne peut pas plus être une vertu, qu'un sentiment de croyance ne peut être la vertu de la foi (1).

De ces trois mots, la *charité* seule est une vertu, et, dans son origine, elle était très-respectable; en effet, elle devait être chère au cœur de l'homme, puisqu'elle a pour but de lui faire secourir et aimer ses semblables. La charité est un des plus beaux mots de notre langue; mais l'orgueil sacerdotal l'a fait vieillir et l'a, dès sa naissance, proscrit de la bonne société, par le sens dédaigneux et le ton méprisant dont on accompagnait le précepte : *faire la charité*; on y a substitué le terme de bienfaisance, qui ne le vaut pas :

(1) « Le patrimoine éternel et inépuisable de l'homme est son intelligence. Un chef-d'œuvre tombe-t-il, son auteur en rappelle, tant la douce *espérance d'une autre vie* est nécessaire à tout ce qui meurt. »

la bienfaisance marque uniquement l'acte de secourir un malheureux, soit parce qu'on y trouve du plaisir, soit parce que ses souffrances choquent la vue, et cette action ne se rapporte qu'à nous-mêmes; tandis que la *charité* exprime une double idée, comme elle fait éprouver une double jouissance, celle de faire du bien et celle de le faire à un être qui nous est cher; ainsi, l'on s'est encore trompé en appelant la charité une vertu théologale; car *théologale* veut dire *qui a Dieu pour objet*; or, la *charité* n'embrasse que l'humanité, mais l'embrasse tout entière; elle est donc une vertu éminemment maçonnique, et nullement une vertu théologale.

OPINIONS SUR LES EMBLÈMES RELIGIEUX.

Le philosophe ne voit dans les emblèmes religieux qu'une peinture sublime des phénomènes que présente le ciel.

L'astrologue s'attache uniquement aux influences des constellations.

Nous avons vu, dans la description de la salle d'Orient, qu'elle représentait la destruction de Jérusalem; ainsi, le quatrième ordre, ou le grade de Rose-Croix comprend, dans l'emblème de ses formules, le rétablissement de la ville sainte, la découverte de la croix qu'on y voit profanée, l'apologie de ce signe divin, et conséquemment l'établissement du culte de la Croix. Tout le cérémonial de nos travaux se renfermant dans la connaissance de la croix, c'est à l'étude de ce culte que doivent s'appliquer les frères qui désirent connaître non-seulement ce que c'est que le grade de Rose-Croix, mais encore ce qu'il prescrit.

D'après les explications déjà données, on peut tirer cette conclusion, que la Francmaçonnerie, dans l'ensemble de ses grades, est la peinture fidèle des trois religions bien distinctes dans leurs combinaisons mystérieuses, aussi bien que dans les formes mythologiques qu'elles présentent aux hommes, mais qui, cependant, ont des rapports communs dans la cause qui en est l'objet, comme dans la morale qui en est la base, savoir : *la religion égyptienne, la religion juive et la religion chrétienne.*

Ainsi, il est évident que les deux premiers grades, tirés des mystères d'Isis et de Cérès, sont symboliques, et celui qui est assez heureux pour tirer un coin du voile qui les enveloppe, y découvre des vérités utiles et les éléments des connaissances qu'ils renferment.

Les autres grades, quoique couverts d'un voile hébraïque, se rattachent néanmoins aux premiers, et présentent aussi des points symboliques dans leur construction; parce que, dans les temps reculés dont il s'agit, les historiens n'obtenaient les dates précises des faits, dont ils voulaient rendre compte, qu'en faisant coïncider, ainsi que nous l'avons déjà démontré, les mêmes faits avec les phénomènes célestes sous lesquels ils s'étaient passés.

Enfin, tout initié parvenu au complément de la Francmaçonnerie connaîtra la haute sagesse qui seule conduit à la suprême félicité; car la connaissance du *grand œuvre* de la nature inspire à l'homme un sentiment de raison qui l'élève au-dessus de ses semblables; sentiment profond que lui seul est en état d'apprécier et qui le porte naturellement à tourner ses regards vers un être conservateur et bienfaisant, pour lui rendre des hommages et des actions de grâces : voilà quel était le but des grands mystères chez les anciens, tel est encore, de nos jours, celui de la Francmaçonnerie.

Mes frères, nous avons vu que les initiations anciennes, regardées généralement comme le prototype de la Maçonnerie, sous les modifications nécessaires que le temps et l'influence des institutions civiles et religieuses ont dû y apporter, ont reparu dans l'interprétation des différents tableaux maçonniques que nous avons, dans la suite de ce Cours, déroulés à vos yeux, en empruntant tour à tour les couleurs de l'astronomie, de l'histoire, de la philosophie des peuples et celle de la chevalerie, par la filière de laquelle notre impérissable institution aurait passé lors de sa régénération.

Pour interpréter le grade qui nous occupe, nous ne sommes donc pas obligés, aujourd'hui, de remonter aux rives du Jourdain, de consulter les archives des respectables anachorètes qui ont rendu célèbre le mont Liban, les champs de la Palestine, les déserts de la Thébaïde; nous devons encore moins pénétrer dans les siècles antérieurs et ne vous conduire ni dans les souterrains de l'Égypte, ni dans les caveaux des premiers chrétiens. L'abolition des jésuites, la persécution des templiers n'offrent aussi rien d'utile à notre plan; car nous n'avons pas à parler des chevaliers de la croix, ces frères consanguins des chevaliers du temple, dont la filière se rattache à cet ordre et s'y lie à l'ombre d'une charte d'origine; mais, en poursuivant le vaste coup d'œil que nous avons jeté sur les diverses surfaces du monde maçonnique, et descendant au premier âge moderne, nous ne tarderons pas à reconnaître les illustres rose-croix, soit qu'ils se présentent comme des adeptes de *Christian Rosencreuz*, ou qu'ils s'offrent à nos yeux sous d'autres bannières, nous ne devons pas les méconnaître comme membres de la grande famille.

Comment en douter, quand, partout, dans leurs plus anciens usages, comme dans leurs observances modernes, dans leur langue symbolique et dans tout ce qui constitue leur rite, se trouve gravé le sublime cachet de l'ordre (1).

On pense assez généralement qu'aux quinzième et seizième siècles, *l'art royal* était cultivé en France et en Allemagne sous les couleurs de la confraternité des frères de la Rose-Croix.

« Faut-il interroger les actes mémorables de l'histoire, faire parler les documents échappés à la barbarie des siècles et surtout au fanatisme religieux, cet implacable ennemi qui, la torche embrasée à la main et le glaive acéré de l'autre, poursuivait, égorgeait, brûlait tout Maçon, *comme hérétique de plein droit et sorcier de profession*; persécutions terribles qui n'ont laissé transpirer jusqu'à nous que quelques documents, indices incomplets sur l'état de la Maçonnerie en France et en Europe, dans ces temps d'ignorance où les grands se glorifiaient de ne pas savoir signer leurs noms, et où les Maçons tenaient à la plus stricte rigidité de n'*écrire*, *graver*, *tracer* ni *buriner* rien de ce qui avait trait à l'Ordre, par un usage, encore prescrit parmi nous, et qui paraît emprunté des anciens Mages (2).

La renommée des frères de la Rose-Croix avait parcouru presque toutes les provinces de l'Europe, lorsqu'ils furent attaqués vivement par des libelles horribles qui

(1) Boileau, *Annal. Maçonn.*, tom. 7.
(2) *Ibid.*

accusèrent cette congrégation de n'être qu'un *composé de séditieux, d'hérétiques et de ministres d'une magie coupable et diabolique* (1). Obligés de conjurer l'orage, ils publièrent en 1617, une défense apologétique, où nous trouvons leurs maximes étroitement en harmonie avec les nôtres. «Quoi de plus sublime, disaient-ils, quoi de plus digne d'une sollicitude sage et éclairée, que de trouver le mépris du monde, de contempler les mystères de la nature, et de montrer à l'admiration de l'homme *la révélation de la Majesté Divine, pure et inaltérable.*

« Leurs obligations, quelles étaient-elles? de remplir

(1) La chimie conservait, il y a un demi-siècle, une foule d'hiéroglyphes que le peuple n'aurait pas eu de peine à prendre pour de la magie, et qui étaient un reste de la méthode orientale ou ésotérique. Le nom d'*adepte,* usurpé par les alchimistes, prouve qu'ils faisaient usage d'un voile initiatique.

« Indépendamment des véritables, il y eut beaucoup de faux alchimistes, qui ne se servaient pas plus, matériellement parlant, de leur *alambic,* que les Maçons de leur *truelle*, et pour qui de tels emblèmes n'étaient, comme chez ces derniers, que l'écorce de l'initiation. Peu de sciences paraissaient aussi propres à atteindre ce but; car l'alchimie était, dans le principe, la recherche des moyens de relever la matière à sa première nature, dont on la supposait déchue. L'or était jugé, pour la matière, ce que l'éther du huitième ciel était pour les âmes; et les sept métaux, appelés chacun du nom d'une planète, formaient l'échelle ascendante de purification qui correspondait aux épreuves des sept cieux. L'alchimie était donc, si on peut le dire, une mystagogie des corps, ou la mystagogie (*a*) une alchimie des esprits; l'une convenait fort bien pour servir de voile à l'autre. Aussi arrivait-il souvent que, dans des ateliers où le vulgaire croyait les adeptes occupés de préparations officinales, on ne cherchait d'autres métaux que ceux de l'âge d'or, d'autre pierre *philosophale* que la pierre cubique ou la pierre angulaire du temple de la philosophie; ou enfin que l'on n'y purifiait que des penchants et qu'on n'y passait au creuset que des hommes.»

(*Guerr. de Dum.*, p. 152.)

(*a*) Ce mot signifie *initiation aux mystères.*

« les devoirs de l'amitié, la joie, la charité, la paix, la « libéralité, la tempérance, la chasteté.

« D'éviter scrupuleusement de se livrer à l'impureté, à « l'orgueil, à l'inimitié, à la colère, et à toute autre espèce de vice. »

Ils se donnaient la qualification de frères, et changeaient de noms dans leur réunion, pour ne laisser aucune prise à la vanité et à l'ascendant du pouvoir et des titres ; de là l'usage conservé au rite écossais de prendre un caractéristique, ou un autre nom.

L'anti Rose-Croix Naudé (1), dans un ouvrage fait en 1623, après avoir trouvé assez bien qu'on en eût pendu cinq ou six en Allemagne, pour avoir exercé leur tromperie, dit-il, sous le titre de *Confraternité de la Rose-Croix*, se range ensuite de l'avis de ceux qui estimaient que c'était « *une compagnie de gens doctes et curieux, qui désiraient parvenir à la connaissance des secrets les plus cachés de la nature.* »

Que font de plus les chimistes et les naturalistes de nos jours ? mais c'était à la science qu'on faisait alors le procès, en voulant la retenir captive dans les liens d'une perpétuelle enfance.

Ce même Naudé convient encore que les frères de la Rose-Croix « tiraient *leur philosophie de l'ancienne théologie des Egyptiens, comme avaient fait Moïse et Salomon, et qu'ils en ont emprunté les hiéro-*

(1) Guillaume Naudé, secrétaire intime de Mazarin, dans son *Instruction à la France sur la vérité de l'histoire des Frères rose-croix.* Quarante-six ans après, en 1669, il fit l'apologie des grands hommes faussement accusés de magie. Il vengea alors solennellement la raison, en opposant avec énergie le bouclier de l'évidence contre la manie d'épurer les ouvrages par le feu, et de corriger les savants en les brûlant vifs.

glyphes, ainsi que les chiffres des Hébreux(1), que leur principale règle était *d'exercer la médecine charitablement et sans rétribution ; de faire luire la vertu, éclater les sciences et obliger chacun à vivre comme au premier âge du monde* (2).

(1) La Genèse (système de *génération*), ou *Sepher* (le livre), a pour auteur Moïse ou Moshès, né en Egypte, et initié aux mystères des prêtres. Elle embrasse la nature ou l'étude des faits physiques, la morale appuyée sur l'unité de Dieu, directeur de l'univers, et la politique ou l'art de gouverner les hommes, sujets élevés qui ne pouvaient être communiqués qu'aux disciples éprouvés, et qui n'étaient pas écrits pour le vulgaire, ni pour être compris par lui.

Moïse, ayant délivré du joug égyptien les Israélites, les conduisit en Asie, où, pendant leur indépendance, la langue mère fut conservée ; mais, subjugués de nouveau par un conquérant de l'Assyrie qui les mena captifs à Babylone, où ils languirent pendant 70 ans, l'idiôme primitif se perdit ou s'altéra insensiblement, et fut changé contre un dialecte chaldéen.

Malgré les grandes catastrophes qui ont frappé cet ancien peuple, l'œuvre de Moïse fut conservée ; mais, lors même que primitivement le sens n'en aurait pas été prudemment recouvert d'un voile tout à fait impénétrable, excepté pour les seuls initiés, tels que pouvaient être les Esséniens, engagés par un serment formidable à tenir le secret caché, il est certain et avéré, même par les autorités les plus respectables de l'Eglise, qu'aucune traduction n'a encore présenté le sens de ce livre antique (*a*). Peut-être parviendra-t-on un jour à lever un coin du voile, si l'on fait sur les langues asiatiques les recherches que nécessite même l'intérêt de la science grammaticale en Europe.

(2) Parmi les nombreux écrivains sur l'Art Royal, il en est qui attribuent l'origine des Rose-Croix à *Jean-Valentin Andreæ*, abbé d'Adelberg, né en 1505 à Herremberg, et mort en 1564. L'auteur du *mémoire sur la Maçonnerie* (Ann. Maçon., t. 3) prétend à tort que ce théologien philanthrope, *pour s'amuser de la sottise de son siècle, eut l'intention de jouer*

(*a*) Vin, en hébreu, a deux sens qui se rapportent à l'objet physique et à l'intelligence.

Ce breuvage bienfaisant qui, pris modérément, donne de l'énergie au cœur de l'homme, a signifié, au figuré, l'intelligence ou la science intellectuelle qui nourrissent et fortifient l'âme. C'est ainsi, et par une traduction grossière du texte hébreu, qu'on attribue à *Noé* la plantation de la vigne.

Ce personnage présenterait un sens signifiant la *nuit* qui donne naissance aux trois parties du jour ; la première la dévoile entièrement ; mais, à midi, lorsque le jour est dans sa splendeur, ou que le dieu de la lumière, source de toute *intelligence*, l'a rempli de son éclat et de ses feux, la seconde partie du jour et bientôt la troisième semblent venir, *à reculons*, réétendre le voile nocturne que le *matin* avait gaillardement détourné.

Telle serait la fable du manteau déplacé et replacé.

Loke rend compte, dans ses ouvrages, d'une pièce intéressante pour l'histoire des hautes sciences, et presque unique de la Maçonnerie au moyen-âge; vous pressentez, mes frères, qu'il est ici question du manuscrit célèbre tracé de la main de Henri VI, roi d'Angleterre. Les traits que nous allons en citer caractérisent l'antique vertu maçonnnique (1).

L'initié est amené en présence du roi qui lui fait su-

une comédie; c'est bien mal connaître un des écrivains les plus utiles et les plus laborieux de l'Allemagne. Profondément affligé de voir les principes de la religion chrétienne livrés à de vaines disputes, et les sciences servir à l'orgueil de l'homme, au lieu de contribuer à son bonheur, il passa sa vie à imaginer, à proposer les moyens qu'il crut les plus propres à rendre aux uns et aux autres leur tendance morale et bienfaisante. Son ouvrage, intitulé *Menippus*, en est une des plus fortes preuves. Au surplus, on peut consulter, sur ce sujet, *Nicolaï*, dans son livre intitulé : *Crimes imputés aux Templiers*, tom. 2, p. 179; Chr. 9 de *Murr.* (*a*), et J.-G. *Buhle* (*b*), qui se sont prononcés pour l'affirmative (*c*), et *Herder* qui a cru devoir soutenir la négative (*d*).

D'autres auteurs ont cru trouver l'origine des Rose-Croix, ou du moins de leurs emblèmes, dans le livre de *Jacques Typot,* historiographe de Rodolphe II, et qui mourut à Prague en 1604.

Ce livre est intitulé : *Jacobi Typoti symbola divina et humana pontificum, imperatorum, regum* (3 petits vol. in-fo., reliés ordinairement en un seul, et publiés en 1601, 2 et 3). Les figures sont de Gilles-Sadler. Le 3e volume n'est pas de Typot, mais bien d'*Anselmo de Boodt.*

C'est au tom. Ier, fo 4 que se trouve, sous le titre de *Symbola sanctæ crucis*, la planche dont on veut s'autoriser. Pour faire sentir la futilité de cette assertion, nous ferons observer qu'un Rose-Croix ne pourrait en revendiquer que le *pélican.*

(1) Cette pièce est conservée à la Bibliothèque Bodléenne, ainsi appelée du chevalier Thomas Bodley, qui fit rebâtir, en 1598, cette bibliothèque publique à Oxfort, et y recueillit une collection considérable de livres et de manuscrits les plus précieux.

(*a*) *De la véritable origine des Rose-Croix*, Schelzbach, in-8°, 1803.

(*b*) *De verâ origine*, adhuc latente fratrum de Rosea Cruce, in-8°, 1804.

(*c*) Parmi les ouvrages d'*Andreæ* qui semblent accréditer cette opinion, on doit compter : *Invitatio ad fraternitatem Christi*; *Rosa florescens* (1617 et 18); *Reipublicæ christianæ descriptio*; *Turris Babel*; *Judicorum de frat. .R-C. chaos*; *Christi societatis idea*. On lui attribue encore les *Noces chimiques de Rosen-Crutz*, et la réforme générale du monde.

(*d*) *Muséum allemand*, ann. 1779.

bir lui-même cet interrogatoire : « Quels sont vos mystères ? » — « C'est, répond l'initié, la connaissance de la nature, de comprendre toutes les grandes choses qui y sont renfermées, et ses différents ouvrages, tels que l'art de tracer des lignes, et la vraie manière de façonner toutes les choses pour l'usage et le bien-être des hommes. »

Nous observerons en passant, pour la gloire de l'Ordre en France, que l'interrogé reconnaît, dans cet interrogatoire, que, *dans l'origine, les premiers Maçons, venus de l'Orient, initièrent en France une infinité de personnes qui portèrent l'art royal en Angleterre* (1).

« D. Quels sont, continue le prince, les arts ensei-
« gnés aux hommes par les Maçons ?

« R. Ce sont, dit-il, l'agriculture, l'architecture,
« l'astronomie (2), la géométrie, le calcul, la musique,
« la poésie, la chimie, etc. »

L'universalité des sciences était donc l'occupation des Maçons au quinzième siècle, comme du temps des Égyptiens.

« D. Qu'est-ce que les Maçons tiennent secret et caché ?

« R. Ils cachent les arts qui peuvent être nuisibles,
« s'ils tombaient en de mauvaises mains, ainsi que cer-

(1) « L'histoire ne nous fournit qu'imparfaitement l'état de la Francmaçonnerie en France ; cependant nous avons la certitude que l'art royal y florissait dès l'année 126. Un grand nombre de Maçons français vint en Angleterre vers l'an 253, et un beaucoup plus grand nombre encore en 680. » (Hist. et Antiq. de la Francmaç., en France ; — Etat du Grand Orient, t. Ier, p. 229, traduit des *Avantages* et *Abus* de la Francmaçon., par le capitaine *Georges Smith*, inspecteur de l'académie royale et militaire de Woolwick, grand-maître provincial pour le comté de Kent. Londres, 1785.)

(2) Pythagore enseignait fort mystérieusement un système astronomique approchant de celui de Copernic.

« tains écrits qui ne doivent être connus que des ouvriers « en loge, tels que ceux qui lient les Frères plus forte- « ment ensemble, pour les avantages que l'Ordre doit en « retirer. »

Mes frères, ces errements de doctrine sont évidemment les mêmes que ceux des frères de la Rose-Croix. Ces derniers étaient donc véritablement Maçons. Leur société, perpétuée dans plusieurs contrées, appartient donc encore à l'Ordre par des liens respectables, par son antiquité même.

« D. Un Maçon, continue Henri, m'enseignera-t-il « les mêmes arts ?

« R. On vous enseignera, si vous êtes digne et capable « d'apprendre. »

Cette réponse d'un initié à un roi est sublime.

« D. Les Maçons sont-ils meilleurs que d'autres hommes?

« R. Il y a des Maçons qui ne sont pas aussi vertueux « que d'autres hommes; mais, pour la majeure partie, ils « sont meilleurs qu'ils ne l'auraient été s'ils n'avaient « pas été Maçons.

« D. Les Maçons s'aiment-ils aussi fortement qu'on « le dit ?

« R. Oui, vraiment, et cela ne peut être autrement; « car les hommes qui sont bons et vrais, et qui se con- « naissent les uns les autres comme tels, s'aiment tou- « jours de plus en plus. »

(1) Cette pièce, écrite en style anglais, au 15e siècle, dont la plupart des mots sont hors du langage actuel, ce qui en justifie l'antiquité, a été traduite littéralement par le frère Boileau, qui l'a puisée dans Anderson (*Hist. de la Maçon.*, imprimée en 1784.) Elle se trouve également dans Preston (*Eclairciss. sur la Maçon.*), et Hutchinson (*Esprit de la Maçon.*), ouvrages anglais.

Mes frères, n'est-ce pas là le véritable lien maçonnique ?

En examinant les divers rites, leurs attributs, leurs emblèmes, et leurs pratiques anciennes, nous voyons que tout ce qui tend aux éléments primitifs et essentiels de l'ordre, est respecté dans les différents sanctuaires ; tous pratiquent également la vertu, pour la faire fructifier ; ne travaillent ils pas comme nous à l'extirpation des vices, à l'épurement de l'homme, au développement des sciences et des arts, et au soulagement de l'humanité ?

Admettent-ils un adepte aux hautes connaissances philosophiques et à la communication des sciences mystiques, s'il n'a été épuré au creuset des grades symboliques ? Qu'importent donc quelques discordes sur l'opinion généalogique ; qu'importent quelques divergences dans les pratiques, le cérémonial et la liturgie ; qu'importe la nuance de couleur de la bannière sous laquelle marche chaque tribu d'Israël, si toutes révèrent l'Arche sainte des grades symboliques, source première et inaltérable de la Francmaçonnerie ; et c'est parce que tous revèrent nos principes conservateurs et notre but social, qu'il sera sans doute facile d'opérer, plus tard, une fusion que réclament l'esprit maçonnique, la raison et l'intérêt général.

Quand nous examinons ensuite le pompeux écossisme, qui se subdivise en rite rectifié, rite d'Yorck, rite de Kilwinning, rite d'Hérédom, rite d'Edimbourg et rite ancien et accepté ; que nous le voyons, à l'aide de ses nombreux degrés, marcher environné de l'éclat de ses dignités, ne nous semble-t-il pas assister à la solennité des mystères d'Isis, où flottaient au loin, d'espace en espace, les étendards déployés, et portant le symbole distinctif de chaque contrée : l'Apis de Memphis, l'aigle de Thèbes, l'Anubis de Cynopolis, le vase de Canope, l'agneau de Saïs, le colosse d'Abydos, et le sphynx, symbole de l'Égypte.

Nous n'essaierons pas d'établir un ordre de priorité parmi les divers grades ou sectes qui ont porté le titre de *Rose-Croix*; nous savons qu'à la manière des cités antiques et des familles célèbres, chaque branche maçonnique tient à honneur d'avoir une origine reculée, merveilleuse. Malgré l'esprit hermétique qu'exhale, dans plusieurs points le rose-croix de nos jours, et sans chercher à développer les motifs de ceux qui ont voulu détourner le sens des mystères initiatiques, pour l'appliquer à des temps modernes (1), je ne vois pas, dans le grade qui nous occupe, ainsi que d'autres l'ont vu, un thème indigeste et niaisement mystique, de fabrication moderne, pour raccommoder les cagots et les prêtres d'alors avec la Maçonnerie, car ce grade ne serait plus qu'une impasse maçonnique (2).

(1) *Création de grades :* Pour quelques auteurs *hétérodoxes* qui voient la Maçonnerie définitivement réformée par la création du grade de maître écossais, qu'ils rapportent à l'année 1649, époque de la mort de Charles Ier, grade où, disent-ils, les partisans des Stuarts ont consacré leurs regrets et leurs espérances, le grade d'apprenti écossais aurait été créé, en 1646, par Elias Ashmole, antiquaire, au sein d'une société dite de la Rose-Croix, et d'après ce qui aurait été transmis des anciens mystères. Quant au grade de compagnon écossais, ils regardent comme certain qu'il fut créé en 1648.

On prend souvent, et mal à propos, pour des créateurs ceux qui n'ont fait qu'appliquer à des événements récents les notions qu'il avaient recueillies dans l'étude des initiations modernes.

(2) Les trois premiers grades de toute Maçonnerie sont nés des anciens mystères; mais les développements donnés aux grades supérieurs de ces divers régimes ont, selon quelques auteurs, été, pour la plupart, puisés dans la Bible et dans les Evangiles, dans le but de rendre l'essence du

C'était sans doute pour plaire à de tels individus qu'on refusait autrefois le rose-croix aux frères appartenant à la religion juive ; cette conduite des Maçons, fruit de l'ignorance du temps, prouve que nos prédécesseurs dans l'art royal ne savaient pas que tous les cultes partent du même type, et qu'aux yeux du véritable initié, toutes les religions sont sans mystères, parce que tous les mystères lui sont clairement dévoilés dans le grand livre de la nature (1).

Quant au titre de ce grade, les Maçons ont emprunté son nom de la *croix*, comme emblème de la sainteté de leur union, et de la *rose*, comme image de la discrétion et symbole du silence ; car on dit qu'on est *sub rosâ*, lorsqu'on n'a rien à craindre des indiscrets. Mais la croix, suivant Cédrénus, Socrate et Sodzomène, avait de tout temps, et bien avant J.-C., été, en Égypte, le symbole de l'immortalité (2). Or, une *rose* suivie d'une *croix*,

christianisme applicable aux diverses branches ou sectes qui le divisent. Ce but restrictif serait loin d'avoir la portée des trois premiers grades.

(1) « Je monte, en été, sur cette colline, entre des haies de roses, de fleurs champêtres, qui arrosent l'air de parfums. Arrivé au sommet, je me retourne ; une extase silencieuse, à l'aspect de tant de merveilles, est un hymne au Créateur, hymne sacré que ma voix craint d'affaiblir :

« Etre des êtres, à ton signal, les mondes, échappés du néant, roulèrent dans l'immensité de l'espace, et reçurent des bornes dans l'étendue qui n'en a point. Toi seul as pu parler à la nature, et dire à l'éternité du chaos : Fais une pause !

« Je m'élève en contemplant tes ouvrages, et me crois digne d'en être un quand je sens leur sublimité. Lorsque j'admire tes innombrables productions, que je porte mes regards enchantés de la terre aux cieux, des cieux à la terre, et que je te retrouve partout..., je me prosterne en silence... J'ai vu Dieu ! »

(*Le Voyageur Sentimental*, par Vernes, 1786.)

(2) La connaissance de l'immortalité était un dogme secret, le dernier des mystères, avec la connaissance d'un seul Dieu.

était donc et reste encore la manière la plus simple d'écrire *en hiéroglyphes* : SECRET DE L'IMMORTALITÉ, connaissance dernière et la plus secrète des mystères, avec celle d'un Dieu unique.

DE LA CROIX.

La croix est de toute antiquité. Elle était, chez les anciens, un symbole de la jonction cruciale que forme l'écliptique avec l'équateur aux deux points du ciel qui répondent, d'un côté, entre les Poissons et le Bélier, et de l'autre, au centre de la Vierge; voilà pourquoi la *crux ansata* ou le Thau sacré des Egyptiens, en forme de croix, ornée d'une anse, qu'on croit dans la sphère au-dessus de la fontaine jaillissante, est devenue la clé du Nil, puisque le ciel nous la présente sous cette forme; elle est devenue aussi l'attribut d'Isis ou de la Vierge, puisque ce point traverse cette constellation dans le ciel; ce qui a fait dire qu'Isis ouvrait les écluses du Nil, et faisait refluer les eaux sur les plaines qui avoisinent le fleuve, lorsque le soleil couvrait de ses feux la constellation de la Vierge, après son repos solstitial (1).

La croix, devenue un objet d'adoration, n'était, pour les initiés, qu'une image des équinoxes, lorsque le soleil, dans sa course annuelle, couvre successivement ces deux points; cette figure céleste est donc, suivant qu'elle désigne le printemps ou l'automne, un symbole de vie et de mort, de destruction et de réparation, c'est-à-dire, de génération et de résurrection; elle devait appartenir à la légende qui a le soleil pour objet.

(1) Lenoir, *Hiéroglyphes*, tom. 2.

La croix des pamélies égyptiennes, que les prêtres portaient aux fêtes d'Osiris, comme symbole du principe fécondant, était un triple phallus (1) élevé au haut d'un bâton et offert à la vénération des peuples. Il désignait encore les trois éléments, *terre, air et feu*, que les anciens regardaient comme étant sortis de l'élément primitif ou de l'*eau*, laquelle, dans le commencement, avait été l'origine de toutes choses. Cette idée cosmogonique a été adoptée par l'auteur de la Genèse, puisqu'il place, avant toutes choses, l'existence de l'eau.

Tout le monde sait que le symbole que portaient les premiers chrétiens était l'agneau. Cet emblème représentait le dieu du printemps ou le soleil, lorsqu'à son passage dans le signe du Bélier (2), il devient l'agneau réparateur des malheurs du monde, c'est-à-dire qu'il vient effacer le mal introduit sur la terre pendant l'hiver (3).

SUR LA ROSE.

La rose, le plus touchant, le plus gracieux des emblèmes de la Maçonnerie, fut, de tout temps, la reine des fleurs, le parfum des dieux, la parure des grâces, les dé-

(1) Lenoir, *Hiéroglyphes*, tom. 2.

(2) La croix, cet ancien hiéroglyphe de l'immortalité, a été, chez certains peuples, et surtout dans les tombes des bords de l'Enissée, par des figures de *bélier*, caractéristique du renouvellement de période, signifiant *résurrection, vie future*.

(3) Ce ne fut qu'en l'an 680, qu'il fut ordonné par le 6e synode de Constantinople (canon 82) qu'à la place de l'ancien symbole, on représenterait un homme attaché à une croix; ce qui fut confirmé par le pape Adrien Ier, et les femmes substituèrent une croix au petit phallus en or qu'elles avaient au cou.

lices de Cythérée, l'ornement de la terre. Elle est le symbole des sentiments les plus divers, des choses les plus opposées ; la piété en décore les temples, l'amour et la gaîté en font des couronnes, la douleur l'effeuille sur les tombeaux; la pudeur et la charité la reçoivent comme le prix le plus glorieux ; enfin, les anciens l'appelaient la *splendeur des plantes.* Aussi, les prêtres de tous les siècles et de tous les pays ont-ils, à l'envi, célébré cette fleur, dont la seule présence rappelle à notre esprit les idées les plus flatteuses, les comparaisons les plus riantes, et les plus secrets symboles de la beauté. La rose fut aussi l'emblème de la femme, et comme la croix ou le triple phallus symbolisait la virilité ou le soleil dans toute sa force, l'assemblage de ces deux emblèmes offrait un sens de plus, et exprimait, comme le *lingam* indien, la réunion des deux sexes, symbole de la génération universelle (1).

DU FEU.

Ignis ubique latet, naturam amplectitur omnem;
Cuncta parit, renovat, dividit, urit, alit.

Le feu se cache partout ; il embrase toute la nature ; il produit, il renouvelle, il divise, il consume, il entretient tous les corps.

Il paraîtra peut-être singulier, mes frères, qu'à propos d'un grade dont les mystères les plus sacrés du christia-

(1) A Eleusis, l'arbre des mystères était le *myrte*, auquel répondent le *rameau d'or* que portait Enée dans sa descente aux enfers, l'*acacia* des Maçons, et le *buis* des chrétiens, à leur fête des Rameaux.

L'arbuste consacré à Isis était le *rosier*, parce que sa fleur est l'emblème de la beauté. Dans Apulée, l'hiérophante qui préside aux mystères porte une couronne de *roses*. Ce sont elles qui rendirent à *Lucius* sa première forme.

nisme semblent former les bases, je vous entretienne du *feu*, de cet élément actif, cause unique de la destruction et de la reproduction, principe toujours agissant du mouvement et de la vie, et que, tandis que les emblèmes du grade présentent à vos regards les objets de l'adoration des chrétiens, j'y substitue l'élément que révéraient les sectateurs de Mithra; cet élément, enfin, que tous les peuples anciens et modernes ont honoré d'une certaine vénération particulière et que tous les cultes ont consacré.

Ce n'est pas à ce feu matériel et grossier, que la nature destine à satisfaire une partie de nos besoins, que se rapportent les allégories du grade de Rose-Croix, et les emblèmes qu'il nous présente sous une enveloppe toute mystique en apparence, toute philosophique en réalité. C'est à cet élément principe, à ce feu conservateur et vivifiant, qui pénètre et embrasse toute la nature, que se rattachent tous les symboles antiques et révérés; c'est à cet élément pur, dont la chaleur et la lumière ne sont que des modifications, dont la fécondité, le mouvement et la vie sont les effets, et dont les soleils sans nombre, répandus dans l'immensité de l'univers, semblent être les foyers inépuisables; qui prête aux corps les charmes des plus vives et des plus brillantes couleurs, ou, se cachant à nos regards, pénètre jusqu'au sein de la terre, écarte les molécules des corps malgré la force qui les unit, et y produit une action qui tantôt est le principe de leur existence, de leur conservation, de leur reproduction, et tantôt est la cause de leur division, de leur destruction, de leur transformation; qui d'autres fois encore sillonne la nue qui le porte, et, sous le nom d'étincelle électrique, frappe à la fois notre œil ébloui, notre oreille étonnée, tous nos sens effrayés; ce feu, enfin, roi des éléments, sans lequel les autres seraient froids et inertes, et qui communique à l'air sa pureté, à l'eau sa fluidité, à la terre son inépuisable fécondité.

Que les partisans de la physique nouvelle ne viennent point opposer à cette théorie antique des éléments, base de la philosophie des anciens, les découvertes récentes qui honorent les physiciens modernes, et dont nous ne citerons qu'un fait relatif à la lumière :

Qui, d'entre nous, n'a pas, avec admiration, avec reconnaissance, contemplé la substitution du nouvel éclairage à l'ancien, qui produisait à peine assez de lumière pour rendre visibles les ténèbres ? Il n'appartenait qu'au gaz hydrogène carbonné d'apparaître au milieu des nuits dans tout l'éclat de la splendeur solaire, suppléant le jour absent par le jet de ses flammes blanches et vives, défiant en toutes saisons les éternels caprices de la lune.

Honneur donc à celui qui renouvela le miracle de la séparation de la lumière et des ténèbres ; qui, le premier, ramassant à ses pieds un informe et noir fragment de charbon de terre, le jeta dans la cornue, en lui disant : *fiat lux*, et la plus vive lumière fut produite (1).

Il ne s'agit pas ici de faits soumis à l'analyse rigoureuse qu'ont créée les Lavoisier, les Fourcroy, les Thénard, les Gay-Lussac, mais de cette physique des anciens sages, qui, si elle était en défaut sur certains points, rendait raison, du moins, des grands effets de la nature, et préparait, dans les écoles de l'Egypte, d'Athènes et de Crotonne, les découvertes qui ont illustré les derniers

(1) En France, Lebon, en 1785 (Charbon de bois et de terre) ; en Angleterre, W^me Mardoch de Soho, près Birmingham, comté de Warwick, en 1798 (Gazomètre.)

siècles. Ce principe une fois consacré, il ne paraîtra plus extraordinaire que la physique dont j'ai occasion de parler, soit entièrement et uniquement la physique des anciens, chezlesquels fut créée la série de symboles qui nous occupent, et que nous parcourons sous le nom de grades maçonniques.

Après être convenu des faits pour justifier l'orthodoxie de nos principes en physique, je dois également rassurer certaines consciences timorées pour lesquelles toute interprétation du christianisme autre que celle qu'en donne l'Eglise est une hérésie condamnable. Quoique nous n'ayons à craindre, dans cette enceinte, ni les foudres du Vatican, dont les efforts déjà ont été impuissants pour renverser le temple de la philosophie; ni les bûchers du Saint-Office, auxquels étaient voués nos frères au-delà des monts, je dois déclarer, néanmoins, que ce n'est pas précisément du culte de Christ, que je respecte, parce que tout culte est respectable, que je viens développer les mystères, mais seulement de ce culte en tant qu'il présente une allégorie maçonnique; j'expliquerai donc le christianisme du grade et non celui de l'Eglise, et si quelque frère donne à ces développements une tout autre signification, à lui seul en appartiendra la faute, si c'en est une; car le véritable initié élève des temples, et n'en détruit point.

Le christianisme, où la croyance en un seul Dieu et à l'immortalité de l'âme, est la conversion de la croyance secrète des anciens initiés en un culte public.

Les rapports qui existent entre les temples maçonniques et les églises chrétiennes auraient dû porter l'union plutôt que la division parmi des hommes essentiellement paisibles; mais sans doute à cause de ces rapports, les ministres du dieu de la concorde sont devenus, même par état, les persécuteurs des Francmaçons.

Il ne faut pas s'étonner si la religion des chrétiens qui devrait être celle de Jésus et qui serait la vraie religion (1), offre encore quelques vestiges de celle des mages et de celle de Numa, puisqu'elle a été établie en présence de ses rivales, qu'elle a succédé à la dernière et qu'enfin son instituteur a dit : *Non veni solvere, sed ad implere*, je ne suis pas venu pour détruire, mais pour accomplir (2).

Quoi qu'il en soit, le christianisme a un caractère qui lui est propre, et si la Francmaçonnerie a, dans divers hauts grades, quelque chose de commun avec ces usages, c'est que, descendue jusqu'à lui d'une source bien antérieure à son importation et à son implantation dans nos pays occidentaux, ces hauts grades auront été basés sur le type religieux du nouveau culte. Leurs temples devaient être les mêmes, puisque le culte de la nature est le but du Maçon et du chrétien (3). Il peut donc y avoir dans leurs

(1) La religion de Rome qui est celle de saint Pierre ; la religion des Templiers, qui, par opposition, est celle de saint Jean, ne seraient-elles réciproquement, pour leurs religionnaires, que des hérésies ?

(2) Saint Marc, ch. 5 et 17.

(3) On appelle *Loge*, dans le langage de l'Ordre, la collection des membres qui composent une société maçonnique, ainsi que le lieu dans lequel cette société se réunit ; de même qu'on entend par *Eglise* l'ensemble des fidèles et le temple consacré à leur culte.

L'initiation qui, en dépit de l'égoïsme et de l'orgueil, a proclamé le principe de la fraternité humaine, et fait une guerre sourde et persévérante à l'injustice et à l'oppression, même lorsque le monde antique plaçait cette ligne de démarcation entre l'esclave et le maître ; l'initiation était dès lors déjà chrétienne, et long-temps avant Jésus, sa mission de paix, de justice et d'amour avait commencé et n'a plus cessé d'exister. Elle a donc dû contribuer au triomphe de ce divin législateur dont la doctrine a changé, dans l'Occident, la face du monde ; en détruisant l'abominable théorie des deux natures, elle a aboli l'asservissement de l'homme

pratiques respectives un air de parenté. Les deux institutions jouissent du même héritage. Toutefois, on est forcé de convenir que le culte chrétien a, dans quelques parties, dénaturé son domaine, tandis que la Maçonnerie conserve intacte sa légitime.

Lorsque, dans le principe, les hommes se réunirent et que les sociétés se formèrent; ces premiers hommes, que n'avaient point encore corrompus, ni le despotisme ambitieux des grands, ni le despotisme intolérant des prêtres, ne connaissaient ni les fables sacrées, ni cette multitude de dieux, de mystères, d'idées abstraites et incohérentes inventées pour subjuguer les peuples, en effrayant les faibles, en soumettant les forts.

Adorateurs zélés de la nature, ils n'avaient d'autre dieu que le dieu de la nature, d'autre temple que celui que lui-même s'est élevé, la voûte brillante des cieux, l'immensité de l'univers.

Les travaux de l'agriculture, les observations de l'astronomie donnèrent naissance à une foule d'emblèmes ; pour les sages, ces emblèmes ne furent qu'une écriture, un assemblage de signes commémoratifs des phénomènes astronomiques et des lois qui régissent l'univers. Pour les prêtres, ils devinrent un moyen sûr de soumettre le vulgaire, à qui le sens primitif fut caché, pour n'en présenter qu'un qui leur créait et leur consolidait un pouvoir immense, en les rendant à la fois les interprètes de la volonté suprême, les dépositaires des lois qui font la base

par l'homme ; elle a enlevé au maître son prétendu droit de propriété sur l'esclave. Ce dogme de l'égalité humaine fut, à des époques diverses, consacré trois fois : par l'initiation dans l'antiquité, par l'Evangile dans le moyen-âge, et par la révolution française dans les temps modernes.

de la société, des arts qui en font les charmes et des sciences qui élèvent l'homme; pour les peuples enfin, ces signes allégoriques devinrent autant de dieux. Des cultes sans nombre se formèrent, et le sang coula de toutes parts en l'honneur de la Divinité, c'est-à-dire en l'honneur de ce principe incréé de tous les êtres, qui lui doivent la formation, et dont la première loi doit être leur conservation (1).

A cette origine certaine des cultes des mille dieux divers, ou plutôt d'un dieu *Myrionome*, se rapporte l'institution de l'assemblée des sages qui conservaient, loin des erreurs du vulgaire, le culte principe, ce culte sacré de la nature. C'était l'interprétation de ce culte qui constituait, chez les anciens, la haute initiation, c'est-à-dire l'initiation aux grands mystères.

Pour y préparer, on avait de petits mystères ou des études, des initiations préparatoires, et c'est de ceux-là seuls, connus d'un grand nombre d'hommes et surtout d'étrangers, que les mystères maçonniques sont arrivés jusqu'à nous, sous les noms de premier et second grades symboliques, dont les formes et les allégories se rattachent uniquement aux initiations antiques.

Pour suppléer aux grands mystères, dont les formes restèrent toujours inconnues, les créateurs de la Maçonnerie adoptaient les emblèmes religieux de ce peuple sorti des bords du Nil pour aller s'établir sur une autre rive de la Méditerranée, et dont le chef était initié aux mystères égyptiens. De là les formes hébraïques des

(1) « Le premier homme qui, à l'aspect de l'ordre de cet univers, conclut qu'il y avait un Dieu, fut le bienfaiteur du monde; mais celui qui le fit parler fut un imposteur. »

grades suivants, depuis la maîtrise, dans lesquels, sous une allégorie toute juive, on voila les emblèmes de la nature.

Une autre religion, sortie du sein du judaïsme, s'étant répandue sur la terre, d'abord propagée par des sages dont l'unique but était d'épurer les hommes, en les ramenant à un culte simple, dont la morale universelle faisait toute la base, et en les éloignant de ces nombreux et épouvantables sacrifices qui, de toutes parts, inondaient de sang les autels des dieux, en montrant, sous une allégorie solaire, une seule victime digne de la divinité, s'immolant chaque année à la conservation et à la régénération de la nature (1); religion perpétuée ensuite par des prêtres qui en altérèrent les formes simples et naturelles, pour y substituer des pratiques, des cérémonies, des mystères et surtout un pouvoir sacerdotal que ne connurent jamais les premiers disciples de Christ, et qui leur assurent une puissance sans bornes sur les consciences et par suite sur l'esprit des hommes. Cette religion nouvelle, prise, non dans son altération moderne, mais à la source et dans sa pureté primitive, forma le complément de l'allégorie maçonnique ou du culte de la nature, dont cette religion n'était au surplus elle-même qu'une grande et belle allégorie. Tels sont, mes frères, les motifs pour lesquels on

(1) Le christianisme fut une initiation jusqu'au moment où Constantin le couvrit de la pourpre impériale. Il avait ses degrés où s'expliquaient successivement les dogmes. Quand commençait la célébration des mystères, le prêtre s'écriait : *Fermez les portes du temple, loin d'ici les profanes !* L'aspirant était présenté, comme dans les mystères, par un initié nommé parrain (*pylius*, introducteur). Obligés de célébrer leurs mystères dans des lieux souterrains, les chrétiens primitifs travaillaient à la lueur des flambeaux. Ils avaient leurs *agapes* ou festins d'initiés. A la clôture, on recommandait le silence et de *se retirer en paix*, comme dans les mystères; de là vient l'*ite missa est* de la messe.

voit se succéder, dans nos mystères, le culte simple de la nature, le culte de Moïse et celui de l'Evangile.

INTERPRÉTATION DU GRADE DE ROSE-CROIX.

J'ai donné, dans les séances précédentes, l'interprétation du grade qui nous occupait. Nous avons reconnu que le premier ordre ou l'*élu* est un emblème du soleil sur ses ennemis, c'est-à-dire, sur les constellations inférieures; qu'il est en analogie avec la jeunesse ou le *printemps* de la vie; enfin, les emblèmes mêmes du grade ont pu nous convaincre qu'aux yeux des premiers Maçons, ce grade figurait la *terre*, le plus grossier des éléments. L'écossais nous a offert le tableau de l'*été*, de cette saison où le principe de la lumière règne glorieusement dans le ciel; il figure cette féconde époque de la vie, où l'homme, dans la force de l'âge, dégagé des préjugés de l'enfance et des erreurs séduisantes de la jeunesse, jouit pleinement de toutes ses facultés. Le triangle céleste, qui joue un grand rôle dans cette allégorie mystique, nous rappelle le ciel, c'est-à-dire l'*air*, le premier des éléments purs.

Dans le chevalier d'Orient, nous avons trouvé tous les signes de l'automne, saison de la décadence. Ce grade, qui, par son caractère essentiel, figure la vieillesse ou la dernière période de la vie, rappelle, par ses emblèmes, par ses signes, et jusque par ses couleurs, l'*eau*, cet élément destructeur, principe de la putréfaction et de la dissolution universelle, et, en ce sens encore, il figure le règne funeste d'Arhimane, de Typhon, de Satan et de la mort.

Prouvons maintenant que le quatrième ordre est la

suite des précédents, le complément nécessaire et absolu de toute l'allégorie maçonnique, c'est-à-dire qu'il figure la quatrième saison, l'*hiver*, époque à laquelle le soleil, après avoir atteint la limite inférieure de sa course, remonte victorieux vers les signes supérieurs ; prouvons enfin que ce grade, emblème de la résurrection ou de la régénération des êtres, symbolise le *feu*, premier agent de la nature, le plus pur des éléments.

Ce grade se divise en deux points : le premier se rapporte à la première partie de l'hiver, à cette époque qui touche encore aux jours nébuleux et tristes de l'automne, au règne désastreux de Typhon.

Le deuxième point figure la seconde partie de l'hiver, celle qui touche au printemps, celle dans laquelle l'Agneau céleste commence à briller à l'horizon, où le génie du bien sort triomphant de l'empire des morts. L'explication des emblèmes du grade va nous convaincre de ces vérités.

Les travaux s'ouvrent dans un séjour ténébreux, entièrement tendu de noir et semé de larmes blanches; un pavé mosaïque, composé de carreaux noirs et blancs, en forme le parquet; ces deux couleurs annoncent d'abord le combat perpétuel d'Oromase et d'Arhimane, du bien et du mal, d'Osiris et de Typhon, de Christ et de Satan, de la lumière et des ténèbres.

L'époque de l'année à laquelle se rapporte ce grade est parfaitement caractérisée, car on voit d'abord qu'il s'agit de cet instant où la lumière succombe, où le génie des ténèbres triomphe.

Le local est éclairé de 33 lumières; ce nombre, sur lequel on a long-temps disserté, figure ici les 33 groupes de lumières célestes, c'est-à-dire, les 33 constellations qui règnent alors sur l'horizon, savoir les 6 dernières constellations zodiacales; 21 des constellations de l'hémisphère boréal, dont le Cocher seul se trouve sous l'horizon, et enfin 6 des constellations australes; bien entendu qu'il ne s'agit ici que des constellations connues des anciens.

Trois colonnes s'élèvent dans cette enceinte; on y a placé les noms des trois vertus qui forment la base du christianisme : la *foi*, *l'espérance* et la *charité*. Serait-ce trop oser que de dire que ces colonnes, placées dans les temples de la nature, ont signifié jadis les principes qui régissent l'univers et que les anciens indiquaient sous les noms d'*agent*, de *patient* et de *produit*, de *création*, de *destruction*, de *régénération*, et que tous les cultes ont caractérisés par leurs nombreuses trinités. Dans l'Inde, c'est *Bramah*, *Wishnou*, *Iswara*; en Egypte, c'est *Isis*, *Osiris* et *Orus*, ou plutôt, *Osiris*, *Typhon* et *Orus*; chez les chrétiens, le *Père*, le *Fils*, et le *Saint Esprit*; chez les philosophes hermetiques enfin, le *sel*, le *soufre* et le *mercure*. C'est cette trinité naturelle, cause et conservatrice de l'univers, que les sages de l'antiquité ont représentée par le Delta, le plus simple et par conséquent le plus parfait des polygones réguliers, puisqu'il est essentiellement indécomposable et irréductible (1)

(1) Le *triangle* représentant aussi la nature ou simplement notre hémisphère; le *double triangle* qui figure, comme bijou, dans quelques grades détachés, représente alors les deux hémisphères ou le globe entier. Ces deux triangles entrelacés forment le fameux hexagone cabalistique, auquel la populace juive attribuait jadis le pouvoir magique d'arrêter les incendies. D'après cette croyance, les Israélites allemands le plaçaient, dans le moyen-âge, au-dessus de l'entrée de toutes les usines. L'usage s'en restreignit ensuite aux brasseries. A présent, il sert d'enseigne aux cabarets

A l'Orient, s'élève un *calvaire*, cette montagne sacrée sur laquelle mourut l'Homme-Dieu placé entre deux larrons.

Le nom de *calvaire* est latin ; il a pour racine *calvus*, *chauve* et au figuré, *aride*, *desséché* ; ce nom indique bien la vieillesse de l'année, la décadence du soleil, l'époque de la stérilité et la tristesse de la nature.

La croix sur laquelle expire le Sauveur du monde, est cette grande croix qui forme, dans le ciel, le méridien qui, au moment du passage du soleil dans les signes inférieurs, coupe l'équateur à angles droits ; à côté de cette intersection se trouve l'homme des constellations. L'homme en grec se nomme *andros*, de ce mot, on a fait *André* qui, canonisé, a produit *saint André*. Au lieu de laisser l'*homme* à côté de la croix, on l'a mis dessus; de là l'origine du *Calvaire* (1).

Les deux larrons qui accompagnaient Jésus, sont ici les deux saisons qui touchent l'équinoxe. On sait que l'Écriture compare souvent les saisons à des voleurs qui s'enfuient : *fugiunt ut latrones*. Le voleur, placé à la

pour indiquer la vente de la bière, comme la branche de pin, qui est un reste du thyrse de Bacchus, y annonce le débit du vin.

(1) « La croix était, bien avant Jésus-Christ, le signe des douleurs ou de la *passion* qui précède l'immortalité dont elle est le symbole. *Osiris* était censé étendu sur l'immense croix formée par l'intersection du méridien et de l'équateur. *Athys* était représenté, dans les mystères phrygiens, suspendu à un arbre cruciforme, que l'on coupait, que l'on distribuait, et qui devenait le *bois de vie*. LE SALUT PAR LE BOIS est une partie de l'interprétation du mot *abraxas*. Jovet rapporte une tradition d'après laquelle l'acacia était considéré, en Asie, au temps des croisades, comme le bois dont la croix avait été faite : singulière concordance, si elle était l'effet du hasard. »

(*La Maçonnerie*, poëme, p. 247.)

droite, symbolise le printemps et l'été, ou le règne du bien, *il est sauvé*: le voleur placé à la gauche, symbolise l'automne et l'hiver, ou le règne du mal; il descend dans les enfers, dans la partie inférieure du ciel; c'est le mauvais larron s'emportant en imprécations, *il est réprouvé*.

Tous les personnages que le récit de la passion place dans cette scène de douleur sont autant de constellations. On voit, en effet, au moment de l'équinoxe d'automne et lorsque le soleil de l'année expire sur la croix céleste, la Vierge défaillir, c'est-à-dire se précipiter vers le couchant. Une coupe dont le pied est entouré d'un serpent, l'hydre aquatique, et au-dessus de laquelle plane le corbeau; les trois femmes placées au pied de la croix sont les trois saisons éplorées; *Anna* représente l'année en deuil : *mater dolorosa*.

Enfin, du côté de l'orient, s'élève un homme armé d'un trait, le Sagittaire, qui semble poursuivre et menacer le soleil expirant, et auquel en effet il donne la mort.

Au haut du ciel, précisément au Zenith et dans le méridien, brille la couronne boréale, c'est la couronne d'épines, la couronne de douleur qui fut placée sur la tête de Christ.

Dans le tableau, le soleil et la lune paraissent obscurcis par des nuages, qui rappellent la saison des pluies d'automne, le deuil de la nature. Un aigle qui plane au haut du ciel complète le thème céleste, puisqu'alors en effet l'aigle domine au haut du ciel. Sur les monuments hiéroglyphiques, l'*aigle* est l'idiogramme du sage, tant parce qu'il plane à une grande hauteur (1), que

(1) Aigle, oiseau *hypsipète* (qui tend à s'élever haut). Ce symbole rappelle l'*Epopte* dont la signification est *qui voit d'en haut*.

parce qu'il n'est point ébloui de la lumière prise à sa source. Et le *pélican* étant, chez les anciens, l'emblème de l'humanité bienfaisante, il s'ensuit que, par le titre de *chevalier de l'aigle et du pélican*, on a voulu symboliser, dans le *Rose-Croix*, la *parfaite sagesse* jointe à la *parfaite charité*.

Les travaux s'ouvrent à l'heure à laquelle le voile du temple s'est déchiré, où les ténèbres se répandirent sur la surface de la terre, etc. N'est-ce pas là l'image de la tristesse universelle, au moment de la défaillance de l'astre du jour? et ce voile du temple que, dans un autre grade, j'ai montré être l'emblème de la nature, n'en indique-t-il pas ici, par sa rupture, le deuil et la viduité? n'est-ce pas Isis pleurant et cherchant son époux immolé par le génie du mal?

La parole perdue indique à la fois et les changements apportés dans un culte primitif de la nature et le changement plus grand encore qu'apporte sur la terre le règne désastreux de Typhon.

Le passage du premier au deuxième point, ou le voyage fait dans une profonde obscurité, indique l'époque des ténèbres, cette époque de l'année où le soleil est caché entièrement aux peuples hyperborées; c'est l'*enfer*, les lieux bas, *inferi*, règne du mal.

Au deuxième point, tout change de place; une tenture d'une couleur vive, emblème de la chaleur ou du feu central, a succédé à la lugubre couleur du premier appartement.

Le soleil brille de nouveau de tout son éclat; la croix paraît encore à l'orient, mais elle n'est plus entourée des emblèmes de la mort; une *rose* mystérieuse y est attachée, l'étoile flamboyante, qui avait disparu, a recouvré sa splendeur.

C'est dans le second point, mes frères, qu'on retrouve la *parole*. Or, si la parole perdue était l'effet de l'automne, la parole retrouvée sera le résultat de l'approche du printemps.

DE LA PAROLE PERDUE ET RETROUVÉE.

Qu'est-ce que cette parole qu'on a perdue et qu'on retrouve?

Si nous consultons les récits mythologiques ou théogoniques, un grand mot a été prononcé par l'*Etre*; il l'a été de toute éternité, et parce que toute idée émise par Dieu produit l'existence, ce grand mot est devenu substance, et, sans le connaître, les peuples l'ont adoré; là, sous l'emblême de *Kneph*; ici, sous celui de *Mithra*; ailleurs, sous la simple domination du mot *verbum* (1).

La prononciation de ce mot éternel, tout-puissant, sans lequel rien n'existerait, enseignée, oralement, par les sages aux initiés, s'est néanmoins perdue, et les crimes ont inondé la terre, et Astrée est remontée dans les cieux. Alors l'*Etre* a dû détacher de son incompréhensible essence, un *réparateur* égal à lui-même, et la *parole* est revenue guider l'homme dans la nuit obscure de ce monde.

Maintenant, le réparateur avait, non seulement la loi à réformer et une nouvelle loi à promulguer; il venait encore pour expier les prévarications passées. Il devait, surtout, et c'était le grand but de sa mission, apaiser l'*Etre* juste, bon et miséricordieux, dont l'implacable

(1) Le mot hébreu est d'un autre ordre.

colère poursuivait la race humaine, depuis des milliers d'années, pour une faute commise à l'origine des temps. Or, ce divin envoyé, *partie intégrante de l'offensé*, n'avait pas trouvé d'autre moyen efficace de réconciliation, que de se faire mettre iniquement à mort par le coupable, et s'offrir ainsi pour rançon expiatoire à l'offensé.

Et l'on a fait, en Egypte, les funérailles d'*Adonis*, et l'on a célébré et on célèbre encore au Thibet la mort violente de Bouddha, et la croix est devenue le signe de la rédemption du genre humain ; le calvaire que vous voyez appuie cette explication.

Mais serait-il impossible que l'erreur, propagée par l'astuce des fourbes, protégée par la force des puissants, adoptée par l'improbité des égoïstes et reçue par l'imprévoyance des faibles; que l'erreur, dis-je, ayant couvert la terre de misères, la raison ait dû se taire, et que la sagesse, ainsi que la vertu, aient dû se cacher. Dans ce malheur général, quelques hommes fermes et prudents, courageux et intelligents, autant habiles que zélés, se seront concertés pour sauver du naufrage les vérités que le torrent menaçait de détruire; de là, les mystères, et d'eux, la Maçonnerie.

DE L'INSCRIPTION DE LA CROIX.

Quatre lettres composent la *parole sacrée* du grade; on les explique vulgairement par l'inscription placée au haut de la croix: *Jesus Nazarenus Rex Judeorum*; mais elles n'ont pas toujours été prises pour cet emblème (1).

(1) Cette signification ironique n'a jamais pu convenir à Jésus, qui a dit

Leur assemblage formait un sens mystérieux long-temps avant le christianisme, et les sages de l'antiquité y avaient attaché l'un des plus grands secrets de la nature : celui de la régénération universelle; ils les interprétaient ainsi :

Igne Natura Renovatur Integra, ou *Ignem Natura Regenerando Integrat*. D'autres philosophes hermétiques, voulant spécifier les trois principes de l'œuvre : *sel*, *soufre* et *mercure*, avaient formé cet aphorisme : *Igne Nitrum Roris Invenitur*. Je ferai observer qu'en substituant à ces quatre lettres leurs correspondantes hébraïques, on trouve, dans cette langue, les initiales des quatre éléments (1).

Ce mot sacré me ramène à prouver ce que j'ai avancé d'abord, que ce grade, emblème de l'hiver ou de la renaissance de l'astre du jour, l'est aussi de cet élément actif, dont le soleil est le foyer (2).

et répété dans ses prédications que *son royaume n'est pas de ce monde*. Par les paroles expresses des Evangiles, on voit que les apôtres n'ont reçu le pouvoir d'aucune domination temporelle de Jésus, qui lui-même n'en avait pas. Les disciples étaient tous égaux, et Jésus a menacé de châtiments ceux qui voudraient s'élever au-dessus des autres.

Des auteurs prétendent que les Jésuites se sont servis de cet anagramme pour en former cet odieux axiome latin :

Justum Necare Reges Impios (on doit punir de mort les rois impies, c'est-à-dire ceux qui tolèrent toute autre religion que la religion catholique romaine.)

(1) *Iammim* (*maria*, ou l'élément *eau*.)
Nour (*ignis*, le *feu*.)
Rouach (*ventus*, l'*air*.)
Iebeschah (*arida*, la *terre*.)

(2) Dans l'office mystérieux appelé *Ténèbres*, que l'Eglise célèbre dans la *Semaine-Sainte*, en commémoration de la mort du Dieu-Lumière, on place au milieu du chœur un candélabre de forme triangulaire, garni de *treize* cierges rangés sur les deux côtés du triangle, dont chacun est

Il doit paraître paradoxal que ce soit à l'*hiver* plutôt qu'à l'été que se rapporte l'emblême du *feu*. Si des hommes vulgaires eussent présidé à la rédaction de ces allégories, entraînés par les témoignages de leurs sens, ils n'eussent pas manqué de faire correspondre le feu à l'époque de l'année à laquelle le soleil lance sur la terre ses rayons les plus ardents, et, par une conséquence du même principe, ils eussent fait rapporter la terre froide et inerte à l'hiver.

Mais ces tableaux ingénieux de la nature ont été tracés par des sages qui n'ont point oublié qu'ils devaient peindre non ce qui paraît être, mais ce qui est réellement, et voici comment ils ont raisonné.

L'époque de l'année à laquelle doit se rapporter l'élément terreux est celle où la terre se couvre de toutes parts de fleurs et de verdure; c'est alors qu'elle rend à l'homme les trésors qu'il lui a confiés.

La terre doit donc se rapporter au printemps.

Dans l'été, le ciel plus pur, semble briller d'un éclat extraordinaire; l'air, raréfié par la chaleur, acquiert une action plus vive; c'est à l'*été* que se rapportera l'*air*.

censé en porter *sept*, nombre allusif à l'union du *ternaire* et du *quaternaire*, symbole de génération et des développements de la nature.

L'office des Ténèbres est composé de *trois* nocturnes, et chaque nocturne contient *trois* leçons; après chacune d'elles, on éteint *un* cierge, ce qui fait en tout *neuf* cierges éteints successivement Cette triple *triade* était regardée comme l'expression des développements de la matière première. *Quatre* cierges restent allumés; ils figurent les qualités productives des choses. On en éteint *trois* à la fois; symbole des trois principes de la triade principiante, des trois états de la nature. Reste UN, la monade créatrice, l'esprit universel, le feu incréé, que l'on va cacher derrière l'autel, comme on le figurait au sein du chaos. Le jour de *Pâque*, ou de la résurrection de la nature, paraît triomphalement le *Cierge pascal*, symbole du Dieu-Lumière, du Dieu unique.

L'*automne* est la saison des pluies; il sera caractérisé par l'*eau*.

Enfin l'hiver, cette saison où, pour me servir d'une expression moderne, le calorique se concentre, où, tandis que des frimats couvrent la surface extérieure du globe, la nature prépare dans l'intérieur toutes les merveilles qui doivent charmer nos yeux au printemps et nous enrichir en automne; c'est alors, dis-je, que le feu central, le feu élémentaire, le feu de la nature agit avec plus de force et de pouvoir, c'est alors qu'il opère, quoique caché, ses plus étonnantes merveilles : *ignis ubique latet*; c'est alors qu'il embrasse la nature, qu'il la féconde, qu'il opère, dans l'univers entier, ce mouvement qui nous ramène, par un ordre constant et éternel, le soleil et ses beaux jours : *naturam amplectitur omnem*; c'est le feu caché, mais toujours agissant, qui produit tout, qui entretient tout : *cuncta parit, cunctaque alit*; c'est ce feu, l'âme de la nature dont il renouvelle perpétuellement les formes, qui divise les éléments des corps, ou qui réunit leurs molécules éparses : *cuncta renovat, cuncta que dividit*; c'est cet élément enfin qui, après avoir été le principe de la vie de tous les êtres, devient, par suite de son activité, la cause toujours agissante de leur destruction et de leur agrégation à d'autres mixtes, *cuncta urit*.

Les anciens jugèrent cet élément tellement actif, qu'ils en firent d'abord le premier agent de la nature, puis l'emblème de la Divinité, puis, enfin, la Divinité elle-même.

Tels furent, mes frères, ces éléments contre lesquels les modernes ont tant disputé; mais par lesquels les anciens expliquaient toute la nature.

Ces sages avaient trouvé un rapport singulier entre ces éléments et les organes qui, en nous, sont destinés à concevoir les impressions. Quoique cette analogie soit étrangère au sujet qui nous occupe, permettez-moi de vous la développer.

Le feu, disaient-ils, est le plus léger des éléments, il occupe la partie supérieure de l'éther, et se manifeste particulièrement à nous par la lumière; or, l'œil, destiné à en recevoir les impressions, est placé dans la partie supérieure de la face, au-dessus de tous les autres organes.

Au-dessous de l'œil, sont placées, de chaque côté, le oreilles destinées à percevoir le son, dont le véhicule est l'air. Or, l'air est placé au-dessous du feu et au-dessus des autres éléments plus grossiers.

Les houppes nerveuses du nez sont disposées pour percevoir les odeurs; or, les parfums sont des émanations aqueuses, aériformes qui pénètrent ces organes; et l'eau est au-dessous de l'air.

Enfin, la terre occupe la plus basse région comme le plus lourd et le plus matériel des éléments, et la bouche ou l'organe du goût, destiné à savourer les corps, est au bas de la face; ces principes ne sont pas la physique moderne; mais ils ont l'intérêt que leur donne l'antiquité.

J'ai dit que les emblèmes du christianisme se retrouvaient, en grande partie, ainsi que ceux des autres cultes, dans les hauts grades maçonniques. Quels sont les plus frappants de ces emblèmes? C'est sans contredit les symboles qu'on a donnés aux évangélistes, c'est-à-dire, aux porteurs de bonnes nouvelles (1).

(1) Tous les évangélistes étaient grecs. Tous les pères des quatre premiers siècles jusqu'à Jérôme ont été grecs, syriens ou africains. Les rites

Le premier de ces évangélistes est *saint Matthieu;* il est accompagné d'un *ange* ou d'un *homme* qui n'est autre que l'homme du zodiaque, le Verseau, le signe de l'hiver. Or, cet évangéliste donne la généalogie de Jésus; il retrace jusqu'aux moindres circonstances des événements qui ont précédé et de ceux qui ont accompagné sa naissance ; cet évangéliste est bien placé, puisqu'il a rapport à l'hiver, à la renaissance du soleil.

Le second évangéliste, dans l'ordre des saisons, est *saint Luc* (Lucas), dont le nom paraît avoir pour racine l'ancien mot *lux* (lumière). Il est caractérisé par le *taureau*, signe du printemps ou de la jeunesse de l'année. Et c'est saint Luc qui donne le plus de détails sur l'enfance et la jeunesse de Jésus. Il revient, comme saint Matthieu, sur sa généalogie, sur sa naissance, parce que le soleil semble en effet, au printemps, renaître de nouveau, ce que les anciens avaient symbolisé par la double naissance de Bacchus.

Le troisième est *saint Marc*. Un *lion*, ou le signe de l'été, l'accompagne, c'est la virilité du soleil; cet évangéliste commence avec les premiers miracles de Jésus, c'est-à-dire, à l'âge de 30 ans.

Enfin, *saint Jean*, le quatrième historien (1), a pour

de la communion romaine attestent, par leurs noms, l'origine grecque : *église, baptême, paraclet, liturgie, litanie, symbole, eucharistie, agape, épiphanie, évêque, prêtre, diacre, pape* même, tout annonce que l'Eglise d'Occident est la fille de l'Eglise d'Orient, fille qui, dans sa puissance, a méconnu sa mère. Aucun évêque de Rome ne fut compté ni parmi les pères, ni même parmi les auteurs approuvés pendant plus de six siècles entiers, tandis que *Athénagore, Justin, Ephram, Tertullien, Clément d'Alexandrie, Origène, Irénée, Cyprien, Athanase, Eusèbe, Jérôme, Augustin*, remplissaient le monde de leurs écrits.

(1) Dans l'Inde, *Chrisna* a aussi ses quatre *Vèdes* pour évangélistes.

emblème l'*aigle de la lyre*, l'une des principales constellations de l'automne. Il doit, par conséquent, rappeler la vie de son héros, et c'est ce qui arrive en effet; aucun des évangélistes n'a donné plus de détails que lui sur la *passion* et sur la mort du Christ. Lui seul était présent, lui seul pouvait dire : *j'ai vu*. Nous avons remarqué l'analogie qui se trouve entre son nom et celui de *Janus*, qui signifie *porte*, ou commencement d'année, de période, et c'est dans cet évangéliste seul que l'on trouve cette expression remarquable : *Ego sum ostium*, je suis la porte.

Le chapitre XV, qui commence par les mots : *Ego sum vitis vera*, je suis la vraie vigne, renferme une allégorie relative à la vigne, qui rappelle indirectement le culte de Bacchus ou du soleil d'automne.

L'ordre, en chapitre, est d'avoir les mains croisées sur la poitrine; position donnée à Jésus au moment de son baptême par saint Jean.

Mot de passe : Emmanuel (*Deus nobiscum*), Dieu est avec nous (saint Matth. ch. 1, v. 2).

Réponse : *pax vobis*, ou paix profonde (1).

Telles sont, mes frères, une grande partie des lumières

(1) L'antiquité païenne avait fait de la *paix* une divinité, fille de Jupiter et de la *Justice*. Elle avait des autels dans la Grèce et un temple à Rome. Chez les Phéniciens, le nom que portait la paix (*salam*) est le même que le peuple donnait à la *justice*. Chez les Hébreux, le nom du sage *Salomon* est aussi le même que ceux de *justice* et de *paix*.

L'Evangile a fait de la *paix* la base du bonheur de l'homme sur la terre. Le Christ abordait ses disciples par ces mots : *La* PAIX *soit avec vous*. Un président de Loge clôt les travaux par ceux-ci : *Retirons-nous en* PAIX.

Après la célébration des mystères d'Eleusis, et, en Grèce, à la conclusion de toutes les cérémonies importantes, religieuses ou civiles, on levait l'assemblée avec cette formule sanscrite : *Konx om pax*, imitée des Bramines qui, dans de pareilles occasions, disaient : *Kanska om pakscha*, trois

que l'on peut recueillir de ce haut grade, qui est le complément de la Maçonnerie moderne, comme il est celui de la philosophie antique. Il a en effet pour but spécial de célébrer la nature dans les deux grandes opérations qui la renouvellent sans cesse : *la destruction et la génération;* et relativement à l'humanité, *d'émanciper les peuples* (1).

mots qui tenaient probablement à l'esprit de la philosophie des nombres (*a*).

Le mot *konx* n'a jamais franchi le seuil de nos temples : *kanska* signifie le *sujet de nos vœux. Om* est ce fameux mot que les Indiens emploient au commencement et à la fin de leurs cérémonies.

La destinée du mot *pax* est plus singulière. En usage seulement dans le sanctuaire des mystères, étranger à la langue grecque comme à celle des Romains, ce mot a pénétré dans la vie habituelle des peuples de l'antiquité. *Pakscha* signifie *changement, devoir, travail périodique, vicissitude de la fortune;* mais, occupant, dans la formule, la dernière place, *pax* reçut une autre signification, probablement celle de *fin*, liée à la signification de *silence*. Tout se réunissait d'ailleurs pour attacher à cette exclamation une idée de *discrétion* et de *mystère*. Ce fut sous ces fausses acceptions que ce mot s'établit et circula dans nos dialectes modernes ; car *pax*, dans ce sens, est, sans nul doute, l'origine du mot *paix*, employé au lieu de *silence*.

(1) Trois grands principes, émanés des anciens mystères, constituent la doctrine du Christ : l'*unité de Dieu*, la *liberté de l'homme et de la conscience*, et l'*égalité parmi tous les membres de la famille humaine*. Elle ne dit rien de la *trinité chrétienne*, institution sacerdotale postérieure au Christ, imitée de la trinité indienne qui, n'ayant jamais été qu'une allégorie, ne peut pas être une réalité, malgré les brillants efforts d'un penseur moderne (*b*), dont le caractère individuel impose trop souvent au caractère intellectuel.

Jésus n'institua qu'un seul degré d'initiation, le *baptême ;* qu'une seule épreuve l'*eau;* et n'eut qu'un hiéroglyphe, la *croix*. Plus tard, les prêtres, ajoutèrent aux prédications, qui établirent la doctrine *exotérique* du Christ, la doctrine *ésotérique* réservée aux initiés, et qu'ils divisèrent en trois degrés, savoir : le *sous-diaconat*, le *diaconat* et la *prêtrise;* et, en

(*a*) Cette formule qui a occupé vainement beaucoup de savants, n'a été expliquée d'une manière satisfaisante que par le frère Dumast; ce sont ses idées que nous reproduisons ici.

(*b*) M. de La Mennais.

Il ne nous reste plus qu'à prouver rapidement le dernier point qui servit de voile au Rose-Croix moderne.

Ce n'est qu'au quinzième siècle que les idées politiques et religieuses des nations peuvent, après un long repos, aspirer à connaître le monde entier. Les hommes avaient besoin de s'entendre, et entre les divers peuples, comme entre les continents, devaient bientôt s'établir des communications et, plus tard, des relations régulières.

De cette époque de fermentation naquit le cosmopolitisme qui, secondé par un mobile religieux, conduisit l'Europe jusqu'à la ville du Christ. Puis deux Italiens, le vénitien *Marc Polo* et le génois *Christophe Colomb* découvrirent, le premier, le fond de l'Asie, et l'autre, les Amériques.

Mais toutes ces découvertes n'étaient que celles du monde, insuffisantes à l'esprit inquiet des peuples qui avaient besoin de connaître l'*humanité* et sa vie psycologique. Un homme bienfaisant et modeste, le chavalier *Gerson*, d'autres disent *Thomas Akempis* (qu'importe le nom?) publia l'IMITATION DE J.-C. (1).

1139, un pape, dans le onzième concile général, établit la théocratie et transgressa la doctrine du divin législateur qui avait fondé l'égalité. C'est ainsi que le christianisme primitif fut défiguré par les prêtres; cet abus donna naissance aux diverses sectes qui existent, et dont aucune ne ressemble à l'institution originelle.

(1) M. *Gence*, mort à Paris, le 18 avril 1840, traducteur et surtout commentateur des plus anciens textes de cette importante production qui fut le livre de son enfance et de sa vie entière, doit sa réputation à ses annotations latines sur cet ouvrage. Son opinion sur l'auteur présumé de l'*Imitation* ayant été confirmée, en 1837, par la découverte du manuscrit de Valenciennes, il répétait souvent qu'il mourrait sans regret, puisque le plus beau livre qui fût sorti de la main des hommes était enfin restitué à *Gerson*, à la France.

Nous ferons observer que ce qui a surtout accrédité la croyance oppo-

Cette production du génie acheva l'œuvre commencée. La consolante figure du *Christ* qui, sous le nom de *Chrisna* illuminait, depuis des siècles, l'Inde savante, servait, depuis l'ère chrétienne, de personnification et de symbole à tous les besoins ou instincts de la société nouvelle. On avait chanté et prié, tour-à-tour, le Christ ouvrier, le Christ charpentier; les Franciscains adoraient un Christ d'intelligence et de pur amour; mais il était réservé à la sagesse, à l'expérience d'un long passé, de reconnaître enfin dans ce type antique, consacré dans les mystères, le *Christ de l'humanité*, frère de tous les hommes, consécrateur de toutes les professions, et l'on atteignit à cette raison publique qu'exprime et résume, en termes admirables, l'*Imitation* de J.-C., chef-d'œuvre d'un haut initié; lequel donna lieu, sans doute, au voile mystique dont sont couverts, sous les titres de *Rose-Croix*, *chevalier de l'aigle et du pélican*, les derniers mystères de la Maçonnerie.

Voilà donc le monde connu avec ses peuplades et ses déserts; mais le Christ, par son origine, symbolise l'élément populaire ou l'humanité. Du jour qu'il est reconnu, le peuple naît et naît libre. Les chaînes pesantes, les préjugés absurdes, les vieilles entraves qui le retenaient captif dans un esclavage déshonorant, doivent peu à peu se briser et disparaître (1). Cette régénération de l'homme

sée, c'est une mention latine sur les copies disant : *fait par Akempis;* mais on a trouvé également cette mention sur des copies de la Bible, et certes *Akempis* n'a pas fait la Bible.

(1) « L'esclavage, qui a pour origine la guerre, existence normale des sociétés barbares, est le droit du plus fort appliqué aux vaincus. Le sauvage exerce ce droit en égorgeant, et quelquefois en mangeant son prisonnier. Mais en s'initiant aux besoins de la vie sociale, il le conserve et

fut et sera toujours l'œuvre de la philosophie pratiquée dans les mystères. Voilà pourquoi le chevalier d'Orient proclame la *liberté*, symbolisée ici par l'*aigle*, et le Rose-Croix l'*humanité*, symbolisée par le *pélican* (1).

On a fait sur les travaux maçonniques cette récapitulation dont le laconisme nuit à l'exactitude :

La morale, enseignée dans le premier grade,
Fortifiée dans le second par l'étude de la science,
Prouvée et rendue nécessaire par le troisième,
Pratiquée dans le quatrième,
Appuyée dans le cinquième sur des bases fixes,
Récompensée dans le sixième,
Est sanctifiée dans le septième et dernier;
Ainsi, l'apprenti se complète par l'élu;
Le compagnon se perfectionne dans le grand Ecossais;
Le maître se régénère dans le chevalier d'Orient;

Et le grade de Rose-Croix, consacré au triomphe éclatant de la vérité sur le mensonge, de la liberté sur l'esclavage, de la lumière sur les ténèbres, ou de la vie sur la mort, sous le voile du culte évangélique, développe, couronne et sanctifie tout. Le travail maçonnique est complet et s'arrête ici (2).

se l'approprie pour en disposer et l'exploiter comme il l'entend, à titre de *chose* utile, dépouillée de la condition de personne. Cette espèce d'industrie, née de la conquête, est le premier progrès de la sociabilité; le second progrès humanitaire conduit à l'affranchissement, à la liberté. »

(1) Le rite grec, qui se rapproche le plus de l'ancien sacerdoce et du christianisme primitif, conserve dans ses temples ce double emblème: l'*aigle* et le *pélican;* l'Eglise romaine n'a gardé que le dernier, pour exprimer le dévoûment de Christ au salut des hommes.

(2) De même que la Francmaçonnerie se termine par le grade de *Rose-Croix*, de même le *Paradis* du Dante et toute la *Divine Comédie* se terminent par la GRANDE-ROSE.

Cependant, nous passerons à d'autres grades dans la prochaine séance. Ils ne se rattachent qu'à des créations modernes dans lesquelles aucune révélation dogmatique de la Francmaçonnerie n'est plus possible. Ces grades n'en ont pas moins leur importance, comme complément de la doctrine et de la discipline maçonniques, et comme sanctuaires où s'élaborent, par des frères éclairés, les travaux conservateurs de l'Ordre. Ils ont encore leur utilité pour tout esprit judicieux qui, voulant savoir où il va, sait éclairer sa marche du flambeau de la philosophie et de l'histoire; mais, nous le répétons, c'est au grade de Rose-Croix que le but est atteint : CONSUMMATUM EST!!!

Frère nouvellement initié, je sais que ce n'est pas une vaine puérilité qui vous a fait désirer le grade que vous obtenez, parce que vous préférez les avantages de la science à la frivolité des décorations dont se parent beaucoup trop de Maçons qui en ignorent les symboles. C'est parce que je sais aussi que vous possédez, non-seulement la lettre, mais l'esprit des grades antérieurs qui vous ont été conférés dans la suite de ce Cours, que j'aime à entrer dans tous les développements de l'initiation, persuadé que votre zèle et votre application suppléeront à ce que j'aurais pu omettre; car vous ne voudriez pas qu'un frère vous dît ce que Jésus qui, dit-on, était initié (1), disait à l'un de ses disciples: *Quoi! vous êtes maître en Israël, et vous ignorez ces choses!* Continuez, mon frère, à vous rendre digne des révélations qui me restent à vous faire. Leur importance mérite que vous vous y prépariez sérieusement.

(1) D'anciens rabbins ont écrit que Jésus fut initié en Egypte, et que, de retour en Judée, il forma une association religieuse.

CÈNE OU RÉFECTION.

La cène, cette cérémonie trop négligée aujourd'hui, était jadis la plus importante. Elle forme le troisième et dernier point du Rose-Croix. La formule *consommatum est*, qui clôt ce repas fraternel, marque bien la fin, l'accomplissement de l'initiation.

On terminait toutes les mystagogies antiques en fracturant tous le même pain et en dégustant le vin à la coupe commune, pour rappeler entre eux la communauté des biens, et que les initiés n'ont rien en propre.

Le pain et le vin sont consacrés. Cette nourriture mystique, qui doit alimenter l'âme et le corps, était un emblème d'immortalité. On dit encore, dans une prière chrétienne; « Seigneur, *nourrissez-moi* du *pain* des anges, laissez-moi *boire* à la source de la vie. » C'est dans ce sens que les Romains disaient d'un empereur qu'on supposait divinisé, *qu'il buvait dans la coupe des immortels*.

Le *roseau* des frères rappelle le rameau de toute initiation. Sa flexibilité exprime la fragilité humaine; mais, comme plante vivace et pullulante, le roseau symbolise ici la reproduction perpétuelle de la nature.

TROISIÈME PARTIE.

MAÇONNERIE PHILOSOPHIQUE.

RÉFORMATEURS DE LA MAÇONNERIE.

LE GRAND FRÉDÉRIC.

En 1789, il parut un ouvrage anonyme intitulé : *Histoire secrète de la cour de Berlin*, ou correspondance d'un voyageur français, depuis le mois de juillet 1786 jusqu'au 19 janvier 1787, 2 vol. in-8° (1).

Cet ouvrage ayant fait une grande sensation, on apprit que son auteur était un homme qui n'avait pas hésité à renoncer à la noblesse titrée pour embrasser la défense des droits imprescriptibles des peuples, un orateur aussi éloquent que courageux qui, en combattant les absurdes prétentions du pouvoir arbitraire, devint l'un des premiers héros de la révolution française. A ce peu de mots, qui ne connaît pas l'immortel *Mirabeau* ?

Ouvrons le premier volume de cette correspondance, et nous lirons (p. 24, lettre 28, de Dresde, le 24 septembre 1786) :

(1) Il parut, dans la même année, une brochure ayant pour titre : *Correspondance* pour servir de suite à l'*Histoire secrète de la cour de Berlin*. Postdam, in-8° de 102 pages.

« Sa maladie (du roi de Prusse), qui aurait tué dix hom-
« mes, a duré onze mois sans interruption et presque sans re-
« lâche depuis le premier accès d'*apoplexie asphyxique* (1)
« d'où il revint par de l'émétique, et en proférant, avec un
« geste impérieux, pour premiers sons, ces deux mots :
« *Taisez-vous!* » (2).

Le même auteur assure, d'après Fischer, que jamais le roi de Prusse ne se mit à la tête de l'association mystérieuse des Maçons répandus dans ses Etats (3).

D'après ces faits, nous laissons aux Maçons de bonne foi à juger si, dans la supposition où les douleurs physiques l'auraient permis, l'Ordre maçonnique a pu être, dans la politique de ce monarque, d'un intérêt assez grand pour qu'il s'occupât à réformer et à régler son régime d'alors et futur.

Quoi qu'il en soit, nous profitons de cette occasion pour raconter une anecdote peu connue et qui a rapport au rite écossais :

« Le frère *Pyron*, mécontent, sans doute, d'avoir été déchu de sa qualité de Maçon par un jugement solennel du Grand-Orient de France, rêva et fit entrer, dans les hautes conceptions de sa dignité de secrétaire du Saint Empire, que le pouvoir régulier de la Francmaçonnerie, qui était passé de la famille des *Stuart* dans les mains du *Grand-Frédéric*, devait être soutenu, en France, par le *magnanime Napoléon, le souverain des souverains*. Il remit, en conséquence, lui-même, à cet empereur, une note, prétendue *histori-*

(1) Galimatias pathologique, digne nom d'une maladie impossible. Le grand Frédéric est mort des suites d'une *hydropisie de poitrine*, le 17 août 1786, à 2 heures 20 minutes du matin.

(2) Erreur; quelque temps avant de mourir, *Frédéric* eut le désir de voir *Zimmermann*, médecin célèbre autant que profond philosophe et grand littérateur. Cet entretien a été cité comme un objet de curiosité, eu égard à la position où se trouvaient les deux interlocuteurs.

(3) Mirabeau, *de la Monarchie prussienne*, tom. 5, in-8°, p. 64.

que, contenant cette filiation, et dans laquelle il dit de plus :

« La police générale dogmatique de la Haute-Maçonnerie appartient au Président du suprême Conseil du trente-troisième degré, qui doit être très-puissant souverain, Grand-Commandeur, et qui, en cette qualité, représente le roi *Frédéric*.

« Les inspecteurs, membres du même conseil, ont le droit d'annuler, réformer ou modifier ce qui leur paraît contraire au dogme.

« Les grades d'*Elu* et de *kadosch* ne doivent plus être donnés que par communication, parce que la *vengeance maçonnique est accomplie* depuis l'avènement de Napoléon au trône de l'empire français, et parce que la révolution n'y laisse plus rien à désirer aux descendants des Maçons. »

On sent que cette proposition n'eut pas de suite ; mais elle fait connaître l'opinion du frère Pyron sur le but de l'écossisme, opinion malheureusement partagée par beaucoup de Maçons, et même par des officiers éminents du Grand-Orient, opinion qui, si elle était vraie, devrait faire rejeter les *paroles* des hauts grades qui font allusion à des événements et à des projets tout à fait étrangers à l'esprit maçonnique (1). Nous aimons mieux croire qu'elle ne symbolise

(1) « De quelques noms pompeux que les derniers grades se décorent, il n'y a partout que les trois premiers *dont on ne puisse se passer*, et avec lesquels *on puisse se passer de tout le reste*. Ne devrait-on pas deviner, d'après cela, qu'ils sont les moins défigurés, et que, loin d'en subordonner l'interprétation aux idées qu'ils font naître, c'est par eux que les hauts grades, bien plus suspects d'altération à cause de leur peu d'uniformité, doivent être expliqués?

« Ceci est plus important qu'on ne pense ; non que rien de coupable se mêle en effet aux dernières institutions, mais parce que certaines fausses révélations faites pour détourner l'attention du véritable but (*a*), ou certaines additions d'origine moderne pourraient fausser le jugement de celui qui ne chercherait qu'au sommet de l'échelle la clé de la Maçonnerie,

(*a*) Kadosch, etc. L'abbé Barruel s'y est laissé prendre.

qu'un fait naturel et par conséquent le cri des anciens initiés.

SWEDENBORG.

« Un des plus illustres réformateurs des rites maçonniques fut le savant Swedenborg, né de l'évêque luthérien de Skara, à Upsal, ville de Suède, qui figure dans les légendes maçonniques. Il naquit en 1688 et mourut à Londres le 29 mars 1772. Il posséda la philosophie, la métaphysique, la minéralogie, l'astronomie; il a traité, dans ses ouvrages, de Dieu, de l'infini, de l'esprit, de la matière et de la création; il a laissé des écrits sur toutes ces sciences, et eut une profonde connaissance des langues anciennes; il fit des recherches très-savantes sur les mystères maçonniques. Il a cru et écrit que leur doctrine était de la plus haute antiquité, émanée des Egyptiens, des Perses, des Mages, des Juifs et des Grecs.

« Swedenborg s'est aussi créé chef d'une religion nouvelle; il a réformé celle de Rome, et sa réforme fut suivie d'un brillant succès en Allemagne et en Angleterre, où il y a des villes qui comptent de 14 à 15,000 de ses adeptes. A cette fin, il écrivit sa *Jérusalem céleste*, ou son *Monde*

comme réellement il fallait le faire chez les anciens, dans le temps de sa régularité. Chacun des échelons élevés a pourtant son utilité pour un esprit judicieux, capable de voir où il marche, d'y porter le flambeau de la philosophie et de l'histoire. On les fait servir aussi à prolonger la série des épreuves et à faciliter l'élimination des sujets moins méritants; mais outre qu'à présent de tels obstacles sont bientôt surmontés, il vaudrait mieux se montrer sévère dès le principe. En général, on est loin d'examiner d'assez près la Maçonnerie *bleue*, d'approfondir ce que renferment ces trois grades, incontestablement les plus antiques, les plus féconds et les plus à l'abri de toute interprétation mesquine, politique ou criminelle. »

(*Guerr. de Dum.*, note 44 du Ier chant, poëme, v. 3.)

spirituel; il mêla à sa réforme des idées purement maçonniques.

« Dans cette Jérusalem céleste, se trouve la parole que Dieu même lui a communiquée, comme autrefois à Moïse ; cette parole est *Iéhova*, perdue sur la terre, mais qu'il invite à chercher en Tartarie, pays qui est encore, de nos jours, régi par les patriarches; voulant, par-là, dire, allégoriquement, que ces peuples se rapprochent le plus de l'état primitif de la perfection de l'innocence; ce qui a été suivi par *Weishaupt*, pour le développement de son système de l'illuminisme.

« Swedenborg établit son être créateur en Jésus-Christ, Dieu unique, vie, amour, sagesse, chaleur, lumière ; il explique les livres de la religion juive, comme des écrits d'une allégorie continuelle (1), ayant toujours un double sens. D'après son système, la mort n'existe dans l'homme qu'en apparence, car c'est dans ce moment qu'il renaît à une vie future éternelle, et qu'il ressuscite à jamais, en devenant un ange.

« Swedenborg a donné l'idée à *Martinès Pascalis* de son rite des *Elus coëns*, qui se rapporte à la théosophie biblique et chrétienne, et qui est assez répandue en Allemagne et dans les villes les plus considérables.

« La Genèse a fourni au rite de Swedenborg le programme de ses trois premiers grades et toute la marche de l'initiation; en elle le *Tout-Puissant* (2), allégorie du Grand-Architecte de l'Univers, donne la vie au néophite qui sort du chaos, fait serment de discrétion, de fuir la débauche,

(1) On ne peut plus être surpris des idées que les croisés ont pu se faire de Jésus, si, au 17e siècle, Swedenborg en avait de telles.

(2) Le rite de Mesraïm se sert de ce nom au lieu de celui du grand Architecte de l'univers; c'est au rite de Swedenborg et à celui de Martinès Pascalis que le compilateur du rite prétendu égyptien l'a emprunté.

les jeux, les femmes publiques, l'adultère, et d'être fidèle à l'ordre. Or, comme, selon la bible, l'homme est formé de boue et de limon, cet instituteur a ajouté aux symboles maçonniques ceux des éléments qui sont : *un vase contenant de la terre pétrie*, *un second plein d'eau*, et *une terrine avec des charbons allumés* (1). Les doctrines du premier temple et des quatre premiers grades se rapportent à la création de l'homme, à sa désobéissance, à sa punition, aux peines du corps et de l'esprit; ce qui est réellement représenté dans l'initiation.

« La suite des grades est celle-ci : Premier temple, *apprenti*, *compagnon*, *maître*, *élu;* second temple, *compagnon*, *maître-coëns*, *grand architecte et chevalier-commandeur*, *kadosch*.

« Dans les mystères, il est dit que, lorsque l'homme, par une vie nouvelle, sainte et exemplaire, s'est réintégré dans sa dignité primitive, et que, par des travaux utiles, il a recouvré ses droits primitifs, alors il se rapproche de son Créateur par une vie nouvelle, spéculative, animée du souffle divin, il est initié *élu coëns;* dans les instructions qu'il reçoit, il apprend les sciences occultes dans toutes leurs parties, qui lui font connaître les secrets de la nature, la haute chimie, l'onthologie et l'astronomie.

« Lors de l'admission, des cercles sont tracés au milieu du temple, représentant le système universel planétaire, et le soleil au centre.

« Le grand Tout-Puissant explique et découvre comment s'est opéré le mystère de la création, etc. (Reghellini, 2e vol. p. 434).

Voici l'opinion de Buret de Longchamps sur cet auteur célèbre :

« Emmanuel Swedenborg, après avoir donné plusieurs

(1) Ces symboles furent adoptés par les *Carbonari*.

ouvrages sur les mathématiques, la physique, l'astronomie, et après avoir médité sur les mystères du christianisme, finit par se croire transporté dans le monde spirituel et céleste; il converse avec ses amis décédés, qui lui apparaissent sous la forme des anges, et croit que Dieu même se révèle à lui, à la charge de rétablir l'église chrétienne. Il abandonne depuis ce moment toutes les choses terrestres, et fait sa société habituelle des anges, voyage dans les planètes et dans les astres, et y tient des conférences fréquentes avec les esprits célestes qui, à ce qu'il prétend, lui apparaissent.

« Cet homme à révélations et à visions singulières, qui croyait avoir trouvé les clés de l'apocalypse, est auteur des *Merveilles du ciel et de l'enfer*, et *des Terres planétaires et australes;* il prétend que tout ce qu'il y rapporte a été fait dans le monde des esprits qui est entre le ciel et la terre. Il a laissé des partisans enthousiastes. Les médecins, les naturalistes et les philantropes sont encore, en Suède, plus ou moins attachés à sa secte, non pas qu'ils s'occupent de la recherche d'une nouvelle Jérusalem terrestre, non pas qu'ils regardent Swedenborg comme un homme animé de l'esprit de Dieu, ni qu'ils croient qu'il a été transporté *vivant* dans d'autres mondes; mais ils sont persuadés qu'à la faveur de ses dogmes et de la morale bienfaisante qui en découle, ils peuvent faire du bien aux hommes, propager des vérités utiles, accréditer des institutions bienfaisantes; et c'est dans cette vue qu'ils sont associés à la confrérie des Swedenborgiens. Ces sectaires sont très-répandus, non-seulement en Suède, mais en Angleterre, en Hollande et dans le Nord. »

(*Les Fastes universels*)

BÉNÉDICTE CHASTANNIER.

Ce Maçon français établit, en 1767, à Londres, une société secrète purement théosophique chrétienne, dont l'objet était de propager le système de Swedenborg. La secte devint bientôt publique.

Il institua, d'après le même système, des grades intitulés: *apprenti*, *compagnon* et *maître* théosophe; *écossais sublime*, ou *la Jérusalem céleste*; *frère bleu* et *frère rouge*, et fonda *les illuminés théosophes*.

SAVALETTE-DELANGES.

Ce Maçon, garde du trésor royal, institua à Paris, en 1773, le *Régime des philalètes* ou chercheurs de la vérité, dont la base était la même doctrine et celle du *Martinisme*. L'abbé Baruel a dit que les philalètes étaient les avortons de Swedenborg. (Voir *Hist. de la fond. du G.·. O.·. de Fr.*, p. 191).

WEISHAUPT Jean (1).

« Il fonda, en 1776, la secte des Illuminés. L'erreur et la vérité se partageaient l'empire de cette association, qui ne pouvait prospérer qu'en ces temps de demi-clartés, où les esprits vigoureux et les cœurs ardents sentent vivement la honte de l'esclavage religieux et politique, et ne trouvent pas de meilleurs moyens pour la combattre, que ceux qu'il emploie lui-même pour s'établir : *la violence et la déception*. Le génie de Weishaupt était tout germain; il fut prophète en son pays. Persécuté, condamné à mort par les uns, il fut protégé, exalté par les autres. Les progrès de la raison humaine anéantirent l'illuminisme. Les Francmaçons furent souvent confondus avec les Illuminés; les deux sectes prêchaient la liberté et l'égalité; mais les premiers ne voulurent jamais d'autres auxiliaires, pour propager les

(1) Professeur en l'université d'Ingolstadt, fondateur de l'illuminisme de Bavière; auteur de plusieurs écrits sur les dogmes, les principes et les rituels de cette secte.

principes, que la raison, la douceur et la prudence; et les seconds marchaient à leur but le poignard à la main, et entourés d'illusions et de mensonges. Dans ce nouveau tribunal secret, des spectres hideux et menaçants apparaissaient au récipiendaire, et l'excitaient à la vengeance, au meurtre, à la trahison plus infâme. L'illuminisme fit quelques progrès dans le midi de la France. Weishaupt, reçu maçon dans une loge de Munich(1), recruta ses adeptes dans nos ateliers, et compromit la maçonnerie en la faisant servir de manteau à l'illuminisme. Il est mort en 1811. »

(*Abeille Maçonnique*, n° 84).

En 1540, une secte d'Illuminés ou *Alombrandos*, parut en Espagne. Ses principes, dit Burat de Long-Champs, consistèrent en un spiritualisme mal entendu, et dans plusieurs maximes vicieuses sur l'obéissance aux souverains, sur l'usage du mariage, et sur la manière d'expliquer l'Ecriture. Eteinte par l'inquisition, cette secte reparut en France, en 1623, sous le nom de *Frères de la Rose-Croix*, ou *Frères Invisibles*.

L'Illuminisme, sous le nom de *Martinisme*, vint encore à Paris, à l'époque où Mesmer faisait des dupes d'une autre espèce.

KRAUSE.

Le docteur *Krausè*, historien et littérateur allemand, est auteur d'écrits du plus haut intérêt sur la Francmaçonnerie. Il démontra, dans son ouvrage intitulé : *Les trois plus anciens documents* de la confraternité des Francmaçons,

(1) Loge de Théodore au bon Conseil, en 1777.
Le 12 octobre 1785, il fut déposé de sa chaire de professeur, comme maître de Loge et rebelle aux ordres de son souverain.

(Dresde, in-8°, 1810), la nécessité de réformer l'Ordre par une Union dans laquelle on admettrait des femmes, des enfants, etc., ce qui lui valut quelques persécutions. On a de lui : *Les Symboles fondamentaux et authentiques de la Francmaçonnerie* (Dresde, in-8°, 1808).

En 1812, il proposa, pour remplacer les mystères maçonniques, l'institution d'une société qu'il nomma *Menscheitbund*, c'est-à-dire *Confédération* ou *Alliance du genre humain.*

RITE DE MISRAIM.

Le Rite maçonnique de Misraïm ou d'Egypte, se compose de 90 grades qui se divisent en quatre séries :

Les fêtes solennelles de ce Rite sont fixées aux jours mêmes des Equinoxes.

La première fête, c'est-à-dire celle du printemps, se célèbre sous le nom de *Réveil de la Nature.*

La seconde, ou celle de l'automne, est célébrée sous le nom de *Repos de la Nature.*

Les mots de passe, paroles sacrées, et signes des 87e, 88e, 89e et 90e degrés du Rite indiquent surtout son but, sa sublimité, ses dogmes et sa morale.

On connaît presque toute la science maçonnique, lorsqu'on a approfondi les développements des emblèmes et des allégories qui se rattachent à ces quatre degrés, dont voici l'abrégé, sous le titre d'*Arcana Arcanorum* (1).

(1) Le 8 octobre 1816, le Rite fut porté au G.·. O.·. qui l'accueillit. Cet abrégé fut remis à chacun des cinq membres de la *commission d'examen* nommée par lui, voilà pourquoi on le reproduit ici. L'année suivante, les meneurs de ce corps firent rejeter le Rite.

4ᵉ SÉRIE. — 17ᵉ CLASSE. — 87ᵉ DEGRÉ.

Le Suprême Conseil du 87ᵉ degré du Rite de Misraïm a trois appartements :

Le premier est tendu en *noir*, et représente le chaos ; il n'est éclairé que par une seule lumière.

Le second appartement est éclairé par trois lumières et tendu de *vert*, symbole d'espérance.

Le troisième appartement est éclairé par 72 bougies avec un Iéhovah dans un transparent sur le trône et sur la porte d'entrée, signe de la création éternelle et du feu vital de la nature.

Le *Signe* est d'élever les deux mains vers le ciel, les yeux en admiration et en extase, pour rendre grâces au Créateur de se trouver une œuvre pensante de la création.

Attouchement : se prendre les deux mains en croix, en signe d'union éternelle.

Parole sacrée. Il y en a deux : celui qui la demande dit : *Je suis* ; le frère qui répond dit : *Nous sommes*.

L'*âge* : est le premier du monde.

Parole de passe : celui à qui on la demande dit : *Nature* ; le demandeur répond : *Vérité*.

Décoration : Le cordon est un large ruban violacé avec un petit traînon amaranthe au bord ; sur le cordon sont brodées les lettre suivantes : S. G. P. D. S. G. C. D. S. P. D. 87ᵉ degré.

Les travaux s'ouvrent à la première heure du jour, et finissent à la première heure de la nuit.

La batterie est *un Coup*.

La signature (ou caractéristique) est une maison de pierre, carrée (1), sur laquelle reposent les bases de qua-

(1) Voir cette figure au centre de cachet de l'Ordre, page 348.

tre triangles, et au milieu un point qui signifie le monde.

88e DEGRÉ.

Le local du Suprême Conseil est oval, la décoration est vert-d'eau.

Un soleil, éclairé à jour, est placé au-dessus du trône du Grand-Président.

Il n'y a point de Surveillants.

Un Grand-Référendaire, faisant fonction d'Orateur, est placé à la droite du Grand Président, mais au-dessous du trône.

Le Grand-Président ouvre le Conseil en frappant *trois coups égaux* dans la main, et disant ensuite : *Gloire au Tout-Puissant*.

Tous les membres du Conseil répètent la même batterie, et disent trois fois *Amen*.

La Parole sacrée est : *Zao*, nom de la nature, que tous les peuples anciens ont adorée comme le symbole de la divinité.

La Parole de passe est : *Balbek*, nom du plus fameux temple consacré en l'honneur de l'Eternel.

Le Signe s'appelle de Réflexion; il se fait en portant la main gauche ouverte au-dessus du sourcil.

L'Attouchement se fait en se prenant les bras comme dans la chaîne d'union.

La Batterie consiste à frapper trois coups dans la main.

Les membres du Conseil sont décorés d'un manteau azur, avec un large cordon de même couleur, sur lequel sont brodées les lettre : S. P. D. S. C. G. D. 88e deg.

89e DEGRÉ.

On donne dans ce grade, qu'on peut appeler le dernier

de la Maçonnerie du Rite de Misraïm, une explication développée des rapports de l'homme avec la divinité, par la médiation des esprits célestes.

Ce grade, le plus étonnant et le plus sublime de tous, exige la plus grande force d'esprit, la plus grande pureté de mœurs et la foi la plus absolue.

La plus légère indiscrétion de la part d'initiés est un crime dont les conséquences peuvent être les plus terribles.

La parole sacrée est *Jéhovah.*

La parole de passe est *Uriel* (feu de Dieu), nom d'un des chefs des légions célestes qui se communiquent plus facilement aux hommes.

Le signe, qui s'appelle d'*Intrépidité*, se fait en se touchant réciproquement le cœur.

La parole d'ordre est : *Mon cœur ne tremble pas.*

Il n'y a point de batterie dans ce grade.

Les applaudissements sont sept coups dans la main.

Un manteau blanc est la décoration des membres, avec un large ruban, couleur de feu, bordé de noir, sur lequel sont brodées en or les lettres : S. G. P. D. S. C. G. D. 89e deg.

90e DEGRÉ.

Le consistoire du 90e degré s'assemble dans une salle ronde, où se trouvent dépeints collectivement *l'Univers*, la *Terre* et les *Mondes* qui les entourent.

Les travaux s'ouvrent par cette parole : *Paix aux hommes.* Elle démontre le désir ardent qu'on a de faire de tous les hommes autant de prosélytes de la raison et de la vraie lumière ; ce qui se trouve symbolisé dans tous les grades par l'*Etoile flamboyante.*

Le mot de passe est *Sophia*, qui signifie *Sagesse.*

La parolé sacrée est *Isis*, auquel l'autre frère répond *Osiris*, qui est le grand emblème de l'univers.

Combattre et éclairer les ennemis des sectateurs de la vertu est l'objet de ce grade.

Les travaux finissent par les mêmes paroles qui les ont ouverts : *Paix aux hommes;* et au lieu de batterie et d'applaudissements, tous les frères disent : *fiat! fiat! fiat* !

GRADES PHILOSOPHIQUES.

« Une instruction élémentaire plus ou moins parfaite, et une moralité irréprochable rendent *tous les Maçons* aptes à posséder les grades symboliques et capitulaires; mais les degrés supérieurs au grade de Rose-Croix étant éminemment philosophiques, une instruction générale et positive est indispensable pour se pénétrer de l'importance des diverses sciences dont traite chaque degré supérieur. »

(Extrait du balustre du Grand Consistoire des rites au Grand Orient de France, adressé, le 15 juillet 1839, aux Conseils des chevaliers élus Kadoschs, Tribunaux et Consistoires des princes du Royal Secret.)

Mes Frères,

La Francmaçonnerie, cette institution conservatrice du feu sacré que lui transmirent les sages des siècles antérieurs; la Maçonnerie, comme les associations humaines, a eu ses temps de gloire, de défaveur et de persécution.

Organisée pour le bonheur des hommes, pour la propagation des lumières et de la vérité, ses fondateurs furent essentiellement les amis de la morale, des sciences et de la philosophie; elle est le moyen qu'ils employèrent pour introduire, presque en fraude, la raison parmi les hommes.

Comme aux yeux du sage éclairé, la nature, toujours jeune, ne fait que renouveler continuellement ses formes; comme il n'y a qu'une cessation apparente de vie et d'existence; comme la nature est immuable, inaltérable et éternelle, et que, lors même que les individus périssent, elle n'en poursuit pas moins sa brillante carrière, de même, le genre humain est un être immortel, dont les membres, qui sont les hommes, ne semblent destinés à mourir que pour que le corps conserve toujours le feu de la jeunesse et toute la vigueur de l'âge mûr. Il fallait donc attacher les hommes à une institution commune, au moyen de laquelle une génération pourrait laisser à celle qui la remplace le dépôt des connaissances qu'elle a acquises, des secrets qu'elle a découverts, et du produit que son génie a imaginé de créer. Voilà le but qu'était chargée d'atteindre la Maçonnerie; but sublime, puisqu'il tend à réunir les hommes, et à joindre, pour ainsi dire, toutes les générations.

Pendant les guerres les plus sanglantes, au milieu des dissentions civiles qui déchirèrent tant de fois la Grèce, les ennemis d'Athènes pouvaient assister aux mystères; on se hâtait de leur envoyer l'assurance d'une entière sûreté. Les exilés même avaient le droit d'y paraître, et le décret du peuple qui les condamnait au bannissement tombait devant la voix puissante de la divinité dont on célébrait la fête. Pendant quelques jours, au moins, la paix et la concorde, bannies du monde, trouvaient un asile dans la plaine de *Rharia*. Réunis dans ces lieux sacrés, où tout retraçait les bienfaits de la paisible *Cérès*, les enfants de Sparte, d'Athènes, de Thèbes et d'Argos pouvaient se regarder sans colère. Une chaîne fraternelle joignait leurs mains, trop souvent armées d'un fer dérobé à l'agriculture ; plus d'ennemis, plus de combats, tout homme devenait un frère à leurs yeux.

Tels étaient les effets d'un culte trop souvent calomnié, d'une religion dont les fêtes solennelles étaient un moment de triomphe pour l'humanité ; telle est encore de nos jours la Maçonnerie ; tel est l'effet de sa puissance morale et de sa généreuse impulsion ! Combien de fois l'a-t-on vue, par la force de la raison et de la sagesse, étouffer les haines, maîtriser l'esprit de parti, et rapprocher tous les hommes ? Oui, c'est essentiellement à la Maçonnerie qu'est réservé l'honneur de desservir les autels de l'amitié, de la concorde et de l'harmonie.

Le seul reproche adressé à la Maçonnerie, est de la voir partagée en différents rites, elle qui devrait être une, invariable et indivisible.

Mais depuis l'époque où les mystères sont descendus du haut rang qu'ils occupaient autrefois, combien la Maçonnerie n'éprouva-t-elle pas d'altération ? Persécutée, elle s'était retirée de nation en nation (1); si on considère

(1) Clément XII lança contre les Francmaçons les foudres de l'Eglise ; et ce coup d'éclat fut le signal de la proscription presque générale de la Francmaçonnerie en Europe.

En 1740, le Grand-Maître de l'Ordre de Malte se laissa persuader que la bulle de Clément XII excommuniant les Francmaçons, il ne devait pas les tolérer dans les Etats soumis à la domination de l'Ordre de Malte. Plusieurs chevaliers Francmaçons furent obligés de sortir de l'île.

Benoît XIV passait dans le public pour être Francmaçon. Pour étouffer ce soupçon et calmer les esprits, il publia une nouvelle bulle d'excommunication.

Un édit du gouvernement de Berne, du 3 mars 1745, supprima et interdit sur tout le territoire de Berne *la Société et ligue des Francmaçons*. Chaque membre dut faire acte d'abjuration entre les mains des baillis,

ensuite la tradition perdue pour la plupart de ses membres, la différence des langues, les manuscrits lacérés; et, par-dessus tout, la cupidité des spéculateurs, on trouvera que la diversité des rites et la multiplicité des grades étrangers à l'institution, étaient inévitables.

En effet, les uns se sont égarés en cherchant la lumière; ils ont été en tâtonnant, lorsqu'ils ont fondé leurs rites. Les successeurs ont suivi, et marchent encore dans un sentier incertain; mais ils travaillent, ils approfondissent, et, comme le but est le même, ils finiront par se fondre dans un seul et même creuset : c'est prendre deux chemins pour arriver au même point; l'un parvient avant

sous peine de 100 thalers d'amende, de destitution de tout emploi, etc.

Charles, roi de Naples, rendit, en 1751, un édit par lequel il prohibait les assemblées de Francmaçons comme dangereuses.

En 1775, Ferdinand IV, fils de Charles, publia un édit où, renouvelant celui de son prédécesseur, il chargeait la *Giunta di Stato* de ce qui regardait les poursuites contre les Francmaçons, en ce qu'étant déclarés coupables du crime de *lèse-majesté*, il devait être procédé contre eux *ad modum belli*.

En 1774, le marquis de *Tannucci* et le conseiller d'Etat *Genaro Pallante* se servirent des dispositions de l'édit de 1751 pour exercer, contre les Francmaçons de Naples, des actes de la plus grande rigueur. Ces deux courtisans, pour persuader à Ferdinand IV que les Francmaçons conspiraient contre la monarchie et la religion, eurent recours au moyen le plus atroce. Pour perdre l'institution dans l'esprit du roi, dont ils redoutaient l'initiation comme devant leur faire perdre l'influence qu'ils avaient gagnée sur lui, ils firent composer par des inconnus un simulacre de loge qu'ils firent surprendre, et dans laquelle ils trouvèrent ce qu'ils y avaient placé d'avance, pour former des pièces de conviction. Ce lâche stratagème ne réussit pas à la trahison. Les deux courtisans échouèrent, et la vérite triompha.

On lit dans le *Miroir de la Vérité* : « En Autriche et dans les Etats ecclésiastiques, on exige des fonctionnaires publics, avant leur installation, une déclaration, sous *serment*, qu'ils ne sont pas membres de l'Ordre des Francmaçons. » (Tom. 3, p. 38, 1802.)

La liste des persécutions éprouvées par l'Ordre maçonnique serait trop longue pour la placer ici.

l'autre, et le dernier souvent n'est pas le moins instruit, parce qu'il a plus travaillé et plus acquis dans sa route.

« La Maçonnerie, simple, tranquille, sans envie, sans ambition, médite en paix, loin du luxe, du tumulte et des intrigues du monde; elle est indulgente et compâtissante : sa main pure porte le flambeau qui doit éclairer les hommes; elle ne s'en est jamais servi pour allumer l'incendie en aucun lieu de la terre.

« Un sage a dit : il viendra, ce temps où le dôme de l'éther formera la voûte du temple de la nature, où les montagnes et les vallées en seront le théâtre, où les peuplades des hameaux, rassemblées dans des fêtes fraternelles, offriront au grand Architecte, en actions de grâces et de reconnaissance, leur joie et leur plaisir : ce temps, continue-t-il, arrivera; il est marqué par le destin et dans l'ordre des siècles, il n'est peut-être pas fort éloigné.

« Déjà, dans sa balance sacrée, l'éternelle justice voit diminuer la somme des erreurs populaires, et s'accroître la masse des lumières, des principes et des vérités qui préparent son triomphe et doivent assurer son règne; alors, la Maçonnerie, comme une divinité bienfaisante, assise au sein des nations, ouvrira le code de ses lois, et réunira l'hommage et la reconnaissance des peuples. »

Oui, mes frères, malgré les persécutions de l'ignorance et les torches à demi éteintes du fanatisme, la sagesse traverse les siècles à l'aide de la raison, et la vérité finit par éclairer le monde. Les interdictions les plus fortes arriveraient-elles, qu'elles ne feraient que déplacer la philosophie; l'exemple suivant va le prouver.

Louis XV, en 1737, s'opposa au développement de

la Francmaçonnerie dans ses États, en annonçant qu'il défendait l'entrée de sa cour aux seigneurs qui se feraient initier dans cet Ordre, et en menaçant de faire mettre à la Bastille celui qui serait nommé Grand-Maître de l'Institution. Malgré de telles menaces, on vit s'établir, en 1745, dans l'intérieur du château de Versailles, une loge intitulée *Chambre du Roi*. Cet atelier était composé d'officiers attachés au service personnel du monarque et de quelques capucins. Plus tard, et sous le même règne, deux autres loges furent constituées à l'*Orient de la cour de France*, l'une sous le titre de *Frères unis*, l'autre sous celui de *Patriotisme*. Ce dernier titre est significatif : à quoi servent donc les interdictions ?

Dans la dernière séance du Cours, nous avons conféré et interprété le grade de chevalier Rose-Croix, dont la teinte, spécialement religieuse, mélancolique et chevaleresque, autorise à en placer le revoilement à l'époque des croisades, quoique ses symboles, connus des anciens, annoncent une conception bien antérieure.

Nous avons démontré que ce grade n'est pas, comme on le pense généralement, la figure d'un événement consacré dans l'institution de la religion chrétienne, avec laquelle il a quelques rapports ; mais qu'il est une allégorie fondée sur les opérations secrètes et intérieures de la nature, à la recherche desquelles on se livrait dans ces temps-là, recherche qui inventa la *chimie*, dont les sectateurs attribuaient à la connaissance de *certains mots* un pouvoir tel, qu'ils croyaient être en état de produire à l'instant ce que la nature met des siècles à former ; science surnaturelle, que l'on disait avoir été possédée par Salomon, et qui lui a valu, parmi les Orientaux, la réputation du plus riche et du plus puissant des monarques, commandant aux génies de l'air, comme aux esprits inférieurs, et à qui rien n'était impossible. Il est encore regardé par ces peuples comme le premier de tous les magiciens.

Or, la *parole perdue* n'était autre chose, pour les premiers Rose-Croix, que cette parole magique dont on croyait que Salomon avait été possesseur. Nous avons donné à cette parole une plus haute dérivation et une interprétation plus philosophique.

Arrivé à l'interprétation du trentième degré, je me bornerai à indiquer sommairement les grades qui le séparent du Rose-Croix.

Ces grades intermédiaires, au nombre de onze, étaient autant de repos et d'encouragements pour tenir en haleine les aspirants aux degrés supérieurs, dans les temps où l'étude de la Maçonnerie était plus sérieuse qu'aujourd'hui.

GRAND PONTIFE (1) OU SUBLIME ÉCOSSAIS (19e degré).

Ce grade fut consacré au pontificat de la religion universelle et régénérée, parce que les instituteurs des hauts grades voulaient que les frères les plus élevés fussent re-

(1) Cinq siècles avant l'ère vulgaire, *Horatius Coclès*, voulant s'opposer à ce que l'armée de *Porsenna* passât le pont qui donnait entrée dans Rome, se vit forcé de céder au nombre. Il fit évacuer le pont par ses soldats, et, resté seul, il le fit rompre, se jeta dans le Tibre, et sauva Rome par cet acte de courage.

En mémoire de cette action héroïque, on fonda un collége d'hommes, à la fois charpentiers et soldats, auxquels furent confiés la garde et l'entretien des ponts, avec la dénomination de *pontifices*. Leur chef s'appela *summus pontifex* (souverain pontife). Cette dignité devint une des plus considérables de la république romaine; Jules César la brigua et l'obtint l'an 92 avant l'ère vulgaire. Jusqu'au troisième siècle, elle continua à être une prérogative des empereurs. Mais Boranius nous apprend que Gratien, empereur chrétien, rejeta, en 362, le titre de *souverain pontife*, parce qu'il appartenait à la superstition des gentils. Plus tard, l'é

vêtus des hautes dignités qui distinguent les Ordres profanes, afin qu'un grand initié pût marcher à l'égal des autres dignitaires, dans l'ordre sacerdotal, militaire ou civil (1).

VÉNÉRABLE MAITRE AD VITAM, OU SOUVERAIN PRINCE DE LA MAÇONNERIE (20e degré).

Dans les premiers temps de l'introduction de la Maçonnerie en Europe, la charge de Vénérable de Loge était à vie ; et le pouvoir s'en conférait, par ce grade, à celui qui en payait la patente. Il organisait la Loge comme il le jugeait convenable, en nommant à toutes les dignités. Il convoquait l'atelier et suspendait les travaux selon sa volonté, parce que la Loge était sa propriété, comme un régiment était la propriété d'un colonel. Mais, à l'époque de la réunion du Grand Orient de Clermont au Grand Orient de France, celui-ci abolit cette monstruosité maçonnique, et émancipa tous les ateliers (2). Depuis lors,

vêque de Rome, moins scrupuleux que l'empereur Gratien, s'empara de cette dignité païenne qui fut transformée en dignité chrétienne. Ce ne fut qu'en 1090 qu'un concile donna le titre de *pape* à l'évêque de Rome, et l'institua chef de la religion catholique, à l'exclusion des autres évêques. (F.·. Vassal, p. 421.)

(1) « Autant le dix-huitième degré présente le type d'une initiation positive, autant le dix-neuvième s'en éloigne; il n'est caractérisé que par des allégories, souvent intarissables d'applications plus ou moins rationnelles, plus ou moins positives, mais en même temps plus ou moins erronées. » (F.·. Vassal, p. 420.)

(2) Les Vénérables, pourvus de cette dignité en conservèrent, pendant neuf ans, la jouissance; après ce délai, le pouvoir ne résida plus dans la majorité de chaque Loge pour l'élection de ses officiers. Une seule exception eut lieu : ce fut celle du frère *Haussement;* il avait acheté la constitution de la loge des *Amis incorruptibles*, Orient de Paris; il resta vénérable pendant quarante années consécutives, quoiqu'il se soumît chaque année à une réélection.

le vénéralat n'est plus qu'une charge temporaire, que l'on ne peut exercer, particulièrement en France, plus de trois années de suite dans une même Loge, encore faut-il que la réélection en ait lieu tous les ans ; et, pour être réélu, après trois années d'exercice, il faut l'intervalle d'une année (1).

NOACHITE OU CHEVALIER PRUSSIEN (21e degré).

Ce grade, consacré aux dangers de l'ambition et au repentir sincère, est attribué à Frédéric II. La Loge se tient dans un lieu retiré, et ne se réunit que dans la pleine lune, parce que la lumière de cette planète est la seule qui doive éclairer le conseil, par une fenêtre pratiquée exprès.

(1) « Quelque soutenue que soit l'attention de celui qui lira ce grade, quelque fertile que soit son imagination pour inventer et quelque perspicace que soit la pénétration dont il puisse être doué, nous doutons qu'il lui soit possible d'en faire ressortir la moindre notion instructive, ou d'en déduire la moindre conséquence utile. On ne trouve, dans ce grade, aucun symbole spécial, ni aucune trace des anciennes initiations ; il ne se rattache ni à une secte, ni à un parti; il ne représente ni événement, ni époque. »

(F.·. Vassal, p. 431.)

« Ainsi le vingtième grade se borne à faire connaître la propriété, le despotisme et la permanence des anciens vénérables du rite écossais ; mais, rigoureusement parlant, nous ne pouvons pas le regarder comme un grade, parce qu'il ne renferme rien de ce qui constitue un grade, et nous pensons qu'il doit être supprimé. »

(*Ibid.*, p. 435.)

« L'on est convenu d'appeler grades philosophiques tous ceux qui se trouvent compris depuis le dix-neuvième jusqu'au trentième, et nous sommes forcés de convenir que le vingtième grade n'offre rien de philosophique. »

(*Ibid.*, p. 436)

CHEVALIER ROYALE-HACHE OU PRINCE DU LIBAN (22e degré).

Ce grade, qui est une espèce d'apprentissage où, au lieu de travailler sur la pierre brute, on abat les cèdres du *Liban* (1), est consacré aux découvertes de la navigation par les Sidonniens, qui employaient les cèdres du *Liban* à la construction de leurs vaisseaux. Au moral, il est consacré au dévoûment à l'Ordre maçonnique (2).

CHEF DU TABERNACLE (23e degré).

Ce grade, qui, selon le frère Vassal, devait venir immédiatement après le *Noachite*, ne renferme que les développements de la théologie du premier grade symbolique. On le considère comme consacré à la surveillance confiée aux conservateurs de l'Ordre.

PRINCE DU TABERNACLE (24e degré).

Ce grade, qui n'est qu'une suite du précédent, est consacré à la liberté de la pensée et de la conscience (3).

(1) Mot hébreu qui signifie *blanc*, couleur de la lumière.

(2) *Pierre* Riel, marquis de Beurnonville, maréchal et pair de France, né à Champignolle (Aube), le 10 mai 1753, mort en avril 1821, à Paris, avec le titre de représentant du *Grand-Maître* de l'Ordre, était parti pour l'Inde avec M. de Suffren. Nommé major à l'île Bourbon, il y fut élu, en 1778, Grand-Maître national de toutes les loges de l'Inde, et y composa le grade d'*Empereur du Liban*.

(Thory, *Chronologie*, tom. Ier, p. 311.)

(3) « Le grade précedent aurait dû épuiser tout ce qui est relatif au tabernacle. Soit que l'on considère ce dernier comme relatif au culte, soit que, astronomiquement parlant, il ne représente que le firmament. »

(F.·. Vassal, p. 470.

« ..... Les 23e et 24e degrés ne représentent que le sabéisme. »

(*Ibid.*, p, 374.)

CHEVALIER DU SERPENT D'AIRAIN (25e degré).

Ce degré, dans lequel le récipiendaire, chargé de chaînes, est un *voyageur*, retrace un épisode de Moïse. Son nom (mot sacré du grade), et celui de INRI, (mot de passe), rappellent les instituteurs des religions juive et chrétienne. Ce grade paraît consacré à la liberté civile (1).

ÉCOSSAIS TRINITAIRE OU PRINCE DE MERCY (26e degré).

Ce grade moderne fait allusion à l'institution religieuse des *Trinitaires* ou pères de *Mercy*, qui s'étaient astreints à faire des quêtes continuelles pour le rachat des chrétiens captifs à Alger, à Tunis, etc. (2). Sous ce titre, ce grade n'a rapport qu'à l'alchimie, attribuée à Hermès, cultivée par les Égyptiens, et qui a donné naissance à la chimie moderne.

(1) « Ce grade est un composé bizarre d'événements, de faits et de science, de manière qu'il se trouve tout à la fois politique, religieux et scientifique. »

(F.·. Vassal, p. 477.)

« L'initiation de ce grade est insignifiante. »

(*Ibid.*, p. 480.)

Il a pour *mot couvert* JOHANNES RALP, supérieur d'une société religieuse et chevaleresque, sous la dénomination de *chevaliers du serpent d'airain*, parce qu'ils recevaient les voyageurs malades, qu'ils soignaient gratuitement, protégeaient contre les attaques des Sarrasins, ou les escortaient jusqu'en Palestine.

(2) A la procession annuelle de la Fête-Dieu à Marseille, les esclaves rachetés figuraient en public, et la vue de ces malheureux rendait les quêtes plus abondantes.

GRAND COMMANDEUR DU TEMPLE, OU SOUVERAIN COMMANDEUR DU TEMPLE DE JÉRUSALEM (27e degré).

Ce grade est Templier, et commémore la destruction de l'Ordre du Temple (1).

CHEVALIER DU SOLEIL OU PRINCE ADEPTE (28e degré).

Ce grade était, chez les anciens adeptes, l'école des sciences naturelles; on leur interprétait le livre de la nature; on y étudiait ses lois, on cherchait à pénétrer ses secrets par la décomposition des corps, et cette étude, en pénétrant le néophyte d'admiration envers l'auteur de tant de merveilles, le disposait encore à la reconnaissance. Ce grade et celui de Rose-Croix ont long-temps donné lieu aux erreurs de l'alchimie.

La Loge, dans ce grade, n'est éclairée que par la seule lumière d'un *soleil*, ou globe transparent, placé à l'orient, au-dessus de la tête du Grand-Maître, qui se nomme *Adam*. A chaque angle, une S, signifiant *stella sedet soli*, ou *science*, *sagesse*, *sainteté*.

On a comparé le *Prince du Liban*, qui est censé abattre les arbres, à l'*apprenti*, qui dégrossit les pierres, et le *Chevalier du Soleil*, qui livre des combats et ac-

(1) « Le vingt-septième degré ne mériterait pas d'être classé dans l'Écossisme comme grade, puisqu'il ne renferme ni symboles, ni allégories qui puissent le rattacher à l'initiation. Il mérite encore moins de figurer parmi les grades philosophiques. Nous pensons donc qu'il n'a été intercalé que pour remplir une lacune, et rappeler un Ordre qui fut justement célèbre. » (F.·. Vassal, p. 507.)

« L'instruction du grade est toute chrétienne; elle exprime la piété sincère des Templiers; voilà tout le grade. » (*Ibid.*, p. 515,

compagne les *Grands Élus Kadosch*, au *Compagnon*, qui aide les *Maîtres* (1).

Ce grade n'est pas, comme les précédents, d'invention moderne ; il est de la plus haute antiquité. C'était le dernier degré de l'initiation ; et, sous une apparence hermétique, qui varie d'intensité suivant les occasions, il offre au récipiendaire les principes plus ou moins développés du déisme, ou de la religion naturelle, partie essentielle des mystères anciens (2).

Les *Sublimes Élus* datent leurs actes de l'an du monde 00000000 (ou inconnu). Cette manière philosophique de dater, lorsque l'on veut partir de la création, est la seule raisonnable.

GRAND ÉCOSSAIS DE SAINT-ANDRÉ D'ÉCOSSE (29e degré).

L'aspirant, dans sa réception, rappelle une partie des grades antérieurs (3), son âge est de 81 ans. Ce grade a

(1) On connaît plusieurs Ordres qui répondent à ce vingt-huitième degré, que le frère Vassal classe le vingt-neuvième. En province, il a même existé des Loges du rite français, qui avaient près de leur chapitre un conseil de *Princes adeptes*, quoique ce grade ne soit pas donné dans le rite moderne.

Le plus estimé et le plus répandu est le *sublime élu de la vérité*, dont il existe un conseil métropolitain près le chapitre des souverains princes Rose Croix de la *Parfaite Union* à l'Orient de Rennes.

(2) Sous ce rapport, ce grade se rapproche beaucoup du *Sublime Elu de la vérité*, autre grade philosophique, dont le mot de reconnaissance est *nature*. Ces deux grades sont susceptibles de beaucoup de modifications dans le rituel et dans les instructions.

(3) « Et par une inadvertance impardonnable, s'écrie le frère Vassal, lorsque le récipiendaire arrive auprès du président, il lui donne le mot de Maître du rite français. Cette dernière faute décèle le chaos de ce grade; le rite français ne peut pas y figurer, puisque son dernier échelon est le dix huitième degré. Deux seules épreuves constituent l'initiation ; celle

aussi le nom du *Chevalier du Soleil*, grand-maître de la lumière, parce que les chevaliers de cet ordre ont la prétention de *compasser jusqu'au soleil.*

Le cri de *vengeance* se répète ici pour la seconde fois en donnant l'attouchement, comme pour indiquer le caractère du grade, et préparer l'aspirant à recevoir et comprendre le *Kadosch.*

Le 30e Degré est le Grand Inquisiteur Grand Ecossais, Chevalier Kadosch ou Chevalier de l'Aigle blanc et noir.

Ce Grade a été défiguré de beaucoup de manières, sans compter le Kadosch de Cromwell (1), celui de Sudermanie, des Templiers, etc.

Il est très-varié dans ses divers rituels ; mais le vrai chevalier Kadosch, celui qui nous occupe aujourd'hui, est le résumé de la plus sublime philosophie. Il n'a d'autres rapports avec ceux du même nom que les mots, signes et attouchements qui sont communs à tous. Avant d'entrer dans les détails qui le concernent, nous allons parler des rituels et de leur but. Cet examen ne peut qu'être utile aux initiés.

de la mer d'airain et celle des sacrifices, et elles appartiennent toutes les deux au quatorzième degré. Les quatre éléments font partie intégrante de ce grade, et ils représentent la physique. Voilà le résumé de toute l'initiation. Voyons si le discours historique, qui occupe vingt-six pages, nous offrira plus de lumière.....

« ...... Convenons que de pareils documents ne sont pas faits pour dédommager l'homme studieux et avide de savoir, qui lit avec une attention soutenue un volumineux cahier pour être moins éclairé qu'il ne l'était avant. » (p. 520 et suivantes.)

Etrange opinion sur les grades écossais par un partisan de l'Ecossisme!

(1) Un prêtre espagnol, qui appelle les Francmaçons des *philosophes nocturnes*, place leur naissance sous le protectorat de ce régent d'Angleterre; d'où il les amène en France, et la dénomination qu'il leur donne provient sans doute de ce que, dans le *Kadosch*, dit de Cromwell, les travaux sont censés s'ouvrir à *neuf heures du soir*, et se fermer *au point du jour.*

DES RITUELS ET DE LEUR BUT.

Les rituels ne sont qu'un moyen d'être chez soi et entre soi.

Celui de chaque grade est le recueil des cérémonies, actions, signes, marches, attouchements à faire, et des mots de passe, paroles dites sacrées à prononcer, suivant les circonstances et les lieux où l'on se trouve.

Il présente la manière dont s'ouvrent, se tiennent et se ferment les travaux du grade, et l'instruction qui s'y donne en forme de cathéchisme.

Outre les mots et les paroles des grades, la puissance suprême, régulière, qui régit l'ordre maçonnique dans les états, tel que le Grand Orient, en France, donne, à chaque révolution solaire, un mot annuel, et à chaque Saint-Jean, ou fête solstitiale, un mot de semestre.

Dans les anciens mystères, c'était au coucher du soleil et aux époques des pleines lunes que s'ouvraient et avaient lieu les travaux ; ainsi que le pratique le *Noachite* ou chevalier prussien qui rappelle, sous ce rapport, les mystères de l'antiquité. Ceux des trois grades symboliques ont aussi lieu la nuit, mais ils sont censés ouvrir à *midi* et fermer à *minuit* (1).

Cette idée ingénieuse fournit aux adeptes modernes l'occasion d'examiner l'influence extraordinaire que la *lumière* et les *ténèbres*, c'est-à-dire la philosophie et la *superstition* exercent sur le bonheur et sur le malheur des peuples.

La notice relative aux réunions et l'action de les rédiger changent de nom suivant la hiérarchie des grades :

(2) Grade d'apprenti, p. 109.

Ecrire une lettre, faire une notice, s'appelle *tracer une planche;* elle commence par ces mots : *A la gloire du Grand Architecte de l'Univers.*

J'ai dit ce qu'est le Grand Architecte pour le Maçon instruit; on peut donc concevoir pourquoi sa planche ou sa lettre, commencée ainsi, se termine en saluant par *les nombres sacrés à lui connus*, c'est-à-dire, par les nombres qui symbolisent les trois règnes, la nature, le grand tout (1), ou le Grand Architecte; c'est finir, comme il avait commencé.

Dans les grades des chapitres, on ne trace plus de planches, *on burine*, on *grave des colonnes.*

Un Rose-Croix d'Hérodom intitule ainsi les siennes :

Au nom de la très-sainte et indivisible Trinité (2).

Ces chevaliers, dans leurs correspondances, se saluent : *dans l'unité paisible des nombres sacrés.*

On voit que l'unité est parfaite; *trois* ne font *qu'un*, c'est donc encore la même chose, sous des noms différents.

Le chevalier Kadosch quitte le crayon et le burin pour *dresser des balustres* qu'il date *près du buisson ardent* (*B. A.*) image du feu, symbole de la vérité qui indique suffisamment l'occupation des frères dans ce degré, ou plutôt elle révèle l'esprit philosophique du grade.

Nous venons de signaler, dans les titres des notices, une identité de sens qui indique un système bien conçu. La fin devrait y répondre et offrir un complément parfait.

(1) Le Maçon du rite hétérogène de Misraïm intitule : *A la gloire du Tout-Puissant, honneur sur tous les points du triangle.*

(2) Les gouvernements des peuples donnent, avec un esprit différent, les mêmes titres à leurs actes ou traités entre eux.

Eh bien! que trouve-t-on dans les hauts grades philosophiques? ces mots :

« *Lux extenebris.*

« *Ordo ab chao.* »

La moindre notion symbolique fait connaître combien sont déplacées ces deux légendes dans des grades appelés le *nec plus ultrà* de la Maçonnerie. Elles ne pourraient convenir qu'au grade d'apprenti, symbole du printemps, image de la jeunesse de l'homme et de l'année. Ce n'est qu'à cette époque que l'on peut dire *emblématiquement* que la lumière sort des ténèbres, et, par métaphore, qu'à chaque printemps, la création ou l'*ordre* sort du *chaos*.

Je dis par méthaphore, car le *chaos* n'est et ne peut être qu'un vain mot ; supposons qu'une colonne se renverse : les matériaux, épars à sa base, seront bien dans une sorte de désordre ou de chaos relativement à l'arrangement qu'ils avaient auparavant, et au moyen duquel une colonne existait ; mais on ne peut nier que la position qu'ils ont prise dans leur chute ne soit elle-même un arrangement ou un ordre. Il n'y a donc point de *chaos* proprement dit.

L'année maçonnique commence au premier mars. Les Maçons, comme les Egyptiens, comptent numériquement les mois ; elle leur a donné des noms hébreux, et, selon cette manière de compter, nous disons que c'est aujourd'hui le premier jour du quatrième mois appelé *Tamuz*, de l'an de la V.·. L.·. (vraie lumière) 5838 (1).

Les quatre mille ans ajoutés à l'ère vulgaire sont une simple conséquence du voile hébraïque qui a modifié le grade de maître moderne. Les vrais Maçons ne sont point

(1) 1er juin 1838.

assez fous pour assigner une date *à la lumière*. Ils savent aussi qu'il n'y a de fausse lumière que celle reconnue par l'ignorance et le fanatisme.

La Maçonnerie antérieure au christianisme ne pouvait pas adopter l'ère chrétienne ; et pour ne point choquer l'esprit intolérant des nouveaux sectaires, au lieu de continuer leur ère ou de faire usage de celle égyptienne, ou de toute autre qui donne au monde une époque plus ancienne que la croyance judaïque, les Maçons, trop sages pour préciser l'époque originelle de l'univers, datèrent d'une création dont font mention les livres mosaïques et qu'adoptèrent les nouveaux religionnaires chrétiens. De là, sans doute, le sentiment de quelques écrivains qui ont prétendu que le secret des Maçons était la date de leur origine et leur opinion sur l'existence du monde.

Il est facile de voir que le but des rituels est de donner aux membres de la grande famille des moyens infaillibles de se reconnaître, en même temps que ces moyens sont un obstacle puissant contre les ruses de l'imposture et les tentatives de la curiosité.

Pour un grand nombre de frères, même des frères chamarrés des insignes de l'Ordre et revêtus des plus hautes dignités, les *signes*, les *paroles*, les *attouchements* sont les seuls secrets de la Francmaçonnerie : nous avons prouvé qu'il en existait d'autres.

L'existence d'un grade élevé où les Maçons inférieurs n'arrivent qu'après avoir donné à l'Ordre de longues preuves de capacité et de dévoûment, est de toute nécessité ; mais encore faut-il que ce dernier sanctuaire de la sagesse ne soit ouvert qu'à l'élite des Maçons. Il fallait, après les trois grades symboliques, établir un quatrième degré et s'arrêter là ; l'instruction était complète.

Les hauts grades n'ont été successivement produits que pour avoir un arrière sanctuaire où les vrais Maçons puissent se réunir et s'entendre; mais la facilité et la légèreté avec laquelle on initiait sans cesse, ont produit plus d'ivraie que de bon grain ; on se voyait donc incessamment obligé de créer de nouveaux grades pour trouver un refuge contre l'irruption.

Illustres frères qui m'écoutez, mettons un terme à ce désordre, pour ne point augmenter la série de nos grades. Si vous êtes chefs de loges, de chapitres ou de conseils, n'admettez aucun candidat qui ne vous aurait pas donné des preuves satisfaisantes des talents et de toutes les vertus qui font le Maçon. Vous, mes frères, qui n'êtes pas chefs d'ateliers, ne présentez que des membres dont vous avez à vous glorifier. Si vous voulez que l'égalité maçonnique soit supportable, ne recherchez que des individus nés pour penser.

Le Francmaçon est un homme libre, également ami du pauvre et du riche, s'ils sont vertueux. Il ne méconnaît jamais un frère, de quelque état et condition qu'il soit, et cela seul doit être une raison pour ne pas initier aux hauts grades surtout les hommes de tous états et de toutes conditions (1).

C'est en faisant de bons choix que nous conserverons parmi nous cette bonté, cette indulgence (2) maçonniques, apanage glorieux des hommes éclairés.

(1) « Le préfet Delaveau, interrogé sur son extrême indulgence envers la Francmaçonnerie, répondit « que les Loges maçonniques étaient des soupapes par lesquelles s'échappaient le trop plein des vapeurs révolutionnaires, et qui obvieraient à une explosion possible, si elles étaient trop hermétiquement comprimées »

(2) On confit les citrons et les fruits les plus amers, dit La Bruyère, il n'y a que les esprits aigres qu'on ne saurait adoucir. Gardons-nous donc

Rappelons-nous surtout, mes frères, que la Maçonnerie n'a pas constitué un corps d'individus vivant aux dépens des autres. Ces mendiants, qui s'associent pour faire de la misère, oseraient-ils avouer dans quel but ils se sont fait recevoir?

Ils viennent audacieusement vous imposer leur détresse et le poids de leurs vices, sans avoir été utiles à l'Ordre par aucun talent, par aucune vertu.

Cette lèpre hideuse de la maçonnerie, en France, démontre la coupable négligence des Loges, et surtout de celles de Paris (1).

bien d'admettre de ces esprits dans une société où la douceur du caractère et l'aménité sont nécessaires.

« Quand bien même un candidat serait doué de l'esprit le plus brillant du jugement le plus prompt, qu'il aurait en partage la connaissance des lois les plus parfaites, la science la plus étendue, ne l'admettez pas, très chers frères, si vous découvrez en lui le moindre penchant à la domination ; il sera despote un jour, et son esprit, ses connaissances, ses talent, seront employés pour le tourment de ses frères, pour bouleverser les règlements généraux de l'Ordre, et ceux particuliers de sa Loge par les interprétations les plus vicieuses, pour en proposer sans cesse de nouvelles.

(*Miroir de la Vérité*, t. 2, p. 162.)

« Il n'y a que ceux qui connaissent bien l'essence des règlements de l'Ordre qui savent bien apprécier le mérite d'un candidat pour les *hauts grades*. Celui qui est vraiment digne de participer à l'administration d'une Loge, est également capable de juger du mérite d'un candidat; par la même raison, celui qui est en état d'apprecier le mérite d'un aspirant, est digne de participer à l'administration d'une Loge. »

(*Ibid.*, t. 2, p. 163.)

(1) La France, appelée quelque part la *Grèce de l'Occident*, ne mérite pas ce nom en *Maçonnerie pratique*. Les Maçons français n'ont, pour la plupart, jamais eu *cette sage discrétion, cette sévérité soutenue*, ce décorum religieux, conservateurs du feu sacré, tels qu'ils existaient chez les Grecs, et que de nos jours on retrouve encore en Angleterre, aux Etats-Unis et en Allemagne.

Il y a ordinairement, chez les peuples, plus de culte ou de pratiques extérieures que de religion, c'est-à-dire de vraie piété. En serait-il de même de la Maçonnerie, que l'on accuse d'être riche en surface ou en tra-

« Ne présentez jamais dans l'Ordre, disait le frère Beurnonville au frère Roettiers de Montaleau, que des hommes qui peuvent vous présenter la main, et non vous la tendre.

Il existe généralement deux classes de candidats : ceux qui savent et ceux qui ne savent pas. La Maçonnerie n'a rien, ou presque rien à apprendre aux premiers, et beaucoup à apprendre aux seconds qui, souvent, ont besoin de désapprendre. Les Loges sont-elles toujours composées de manière à bien remplir ce devoir important ?

Il est aujourd'hui bien reconnu que l'instruction est trop négligée dans les Loges, surtout l'instruction élémentaire, celle qui tient aux bases de la Maçonnerie. C'est aux hauts initiés à la raviver et à la répandre.

Nous devons beaucoup apprécier, sans doute, et avec reconnaissance, les discours bien faits dont on nous gratifie quelquefois; mais encourageons particulièrement ceux où brille la science maçonnique, pour y faire atteindre les nouveaux initiés. Répandons les semences qui, plus tard, doivent produire de bons fruits, disons comment s'y prenaient les anciens sages pour former les adeptes; écoutons et suivons leurs préceptes, dont ceux de ce grade ne sont qu'une pâle imitation.

Voici les *obligations* ou *règles* d'après lesquelles ils dirigeaient leurs institutions philosophiques :

Elles paraissent découler naturellement du *dodécalogue*, qui servait de base à la morale de ces temps reculés.

Moïse crut devoir donner à son *décalogue* une origine

vaux futiles, et pauvre en doctrine et en travaux utiles ? Est-ce la faute de la Maçonnerie ? Non; mais c'est la faute de l'incurie et de l'ignorance de la plupart de ses chefs.

divine. Les *douze* commandements des philosophes antérieurs proviennent aussi d'une source sacrée, car c'est la *sagesse* elle-même qui semble les avoir dictés. Je pense que leur lecture doit vous intéresser.

DODÉCALOGUE.

1er COMMANDEMENT : La sagesse éternelle, toute-puissante, immuable, intelligente, c'est *Dieu*.

Tu l'honoreras par la pratique des vertus.

Ta religion sera de faire le bien par plaisir, et non par devoir.

2e. Tu deviendras l'ami du sage en observant ses préceptes.

Ton âme est immortelle. Tu ne feras rien qui puisse te dégrader. Tu combattras le vice sans relâche.

3e. Tu ne feras pas aux autres ce que tu ne voudrais pas qu'ils te fissent.

Tu seras soumis à ton sort. Tu conserveras la lumière des sages.

4e. Tu honoreras tes parents et les vieillards. Tu éclaireras la jeunesse. Tu protégeras l'enfance.

5e. Tu chériras ton épouse et tes enfants.

Tu aimeras ta patrie. Tu obéiras à ses lois.

6e. Que ton âme soit un second toi-même.

L'infortune ne t'éloignera pas de lui. Tu feras pour sa mémoire ce que tu ferais s'il était vivant.

7e. Tu fuiras les fausses amitiés.

Tu éviteras les excès en tout. Tu craindras d'affliger ta mémoire.

8e. Tu ne te laisseras dominer par aucune passion.

Tu utiliseras celle des autres. Tu seras indulgent pour l'erreur.

9e. Tu écouteras beaucoup, tu parleras peu, tu agiras bien.

10e. Tu oublieras l'injure. Tu rendras le bien pour le mal. Tu n'abuseras pas de ta force ou de ta supériorité.

11e. Tu apprendras à connaître les hommes, pour apprendre à te connaître toi-même. Tu respecteras leurs croyances et leurs Dieux.

12e Tu chercheras la vérité. Tu seras juste. Tu fuiras l'oisiveté.

Ces douze préceptes de l'antique sagesse ont donné lieu aux *règles* et *obligations* scrupuleusement observées dans les écoles de la Grèce, et dans celles d'où découle l'institution maçonnique.

Voici quelles étaient les quatre *Obligations* relatives aux candidats :

1re. Toi, qui veux devenir ami de la sagesse, pour atteindre à la perfection, cherche à épurer ton cœur en éclairant ton esprit.

2e. Chéris la morale et pratique constamment les vertus par excellence : la *justice*, la *tempérance*, la *prudence* et la *générosité*.

3e. Accoutumes-toi, dès la jeunesse, au travail et à l'étude des sciences. Par les vertus, tu t'estimeras toi-même. Par les sciences, tu deviendras utile aux autres.

4e. Apprends à goûter les charmes de l'*harmonie*. Elle seule calme les passions, soulage l'esprit et délasse le corps; cette harmonie est l'ordre de l'univers.

OBLIGATIONS RELATIVES AUX NÉOPHITES ET AUX INITIÉS.

1re. Néophites, soyez discrets, ne vous irritez jamais contre un vieillard, ne le menacez jamais.

2e. Initiés, gardez le silence sur les mystères qui vous sont connus, car la discrétion est une preuve de sagesse.

3e. Soyez modeste dans vos discours ; faites le bien sans vanité ; donnez comme vous voudriez recevoir.

4e. Recherchez l'oubli des hommes dans vos travaux, si vous voulez apprendre à les mieux instruire.

5e. Initiés, soyez sincèrement unis ; n'ayez ensemble qu'une seule pensée, une seule volonté.

6e. Instruisez-vous dans les secrets de la nature et dans les sciences ; confiez, avec modestie, vos découvertes à vos frères. Et, selon le besoin des hommes, soyez autorisés à les éclairer avec prudence.

7e. Initiés, soyez tous frères. Evitez la discorde. Ayez une amitié de tous par tous.

8e. Enfants de la sagesse, ne chérissez que la vertu, plaignez les méchants, efforcez-vous de les rendre meilleurs.

RÈGLE POUR L'ADMISSION DES NÉOPHITES.

1re. N'admettez parmi les Néophites que des hommes amis de la pureté et d'une physionomie heureuse.

2e. Que le Néophite ait le désir de s'instruire et de faire le bien.

3e. Que ce désir soit dans ses yeux, et que sa volonté soit certaine.

4e. Qu'il soit astreint à garder un long silence et soumis à de longues épreuves.

5e. Que l'Initié remplisse toutes les conditions qui lui sont imposées.

6e. Qu'il soit l'ami et l'interprète de la sagesse.

7e. Que les épreuves puissent donner de lui de grandes espérances.

8e. Qu'il se rende aux conférences avec assiduité.

9e. S'il rentre parmi les profanes, n'ayez rien à lui, et regardez le comme mort.

GOUVERNEMENT DE L'INSTITUTION.

RÈGLE 1re. Hommes de tous les âges, ayez pour chef l'interprète de la volonté générale et des lois.

2e. Que les jugements, sur les besoins de l'institution, sortent du temple de la paix et de la vertu.

3e. Qu'on obéisse au chef, et qu'aucun n'ignore son frère.

4e. Qu'on écoute avec soumission et respect l'avis des vieillards.

5e. Défendez l'entrée du sanctuaire, et chassez de son enceinte les cœurs haîneux, les indiscrets, les traîtres et les impudiques.

DES GRADES (alors au nombre de 4).

RÈGLE 1re. Que les Initiés soient classés dans l'ordre de leurs connaissances, de leurs vertus, de leurs talents, et dans l'ordre des mystères.

2e. Qu'ils ne soient admis à de nouvelles connaissances que par le vœu général de leurs anciens.

3e. Que les plus jeunes soient surveillés par les plus âgés, comme des enfants par leur père.

4e. Il faut que l'Initié ait parcouru toutes les saisons, c'est-à-dire, les quatre grades, pour découvrir la vérité.

5e. Que l'homme, dans son *été*, sache *travailler*, *obéir* et répondre (1).

6e. Qu'il approfondisse le principe des sciences, et qu'i s'instruise dans les arts.

(1) Cette maxime rappelle celle de la Maçonnerie d'adoption : *Travailler, obéir*, se taire, recommandée aux sœurs.

7e. Hommes mûrs, éclairez les âges inférieurs, faites leur aimer l'étude.

8e. Adonnez-vous à la science de la nature, étudiez la *politique* pour le bonheur de vos semblables.

9e. Vieillards, soyez purs. Habitez dans le temple de la paix et de la vertu.

10e Pénétrez les secrets de la *religion* et des hautes science, et communiquez vos idées avec prudence.

En prêtant quelque attention à ces préceptes sublimes de l'antique sagesse, on se convainc aisément que la Francmaçonnerie moderne serait encore digne de sa source, si les Loges et les Maçons de nos jours s'imposaient, ainsi qu'ils devraient le faire, l'exécution scrupuleuse des obligations prescrites.

Initiés, vous pour qui le nom sacré que vous portez devrait signifier, comme autrefois, que le dépôt des connaissances humaines vous est confié, méditez bien ces préceptes, gardez-les dans votre cœur, conformez-y vos actions, faites que les Maçons que vous éclairez de vos lumières en pratiquent les devoirs, et vous verrez bientôt qu'avec les vertus et l'amitié, la paix et le bonheur renaîtront parmi nous; nos réunions seront plus secrètes, nos temples plus épurés; chaque homme de bien voudra s'y présenter, et nous forcerons jusqu'au vulgaire des humains à nous estimer. Oui, mes frères, suivons les préceptes de notre institution, et nous serons, dans nos Temples, honorés et heureux.

Le Chevalier Kadosch doit être pur de cœur et d'âme; vrai dans ses paroles et dans ses œuvres, protecteur de la justice et prêt à se charger de tout ce qui lui sera ordonné pour le bonheur de l'humanité et le triomphe du bien.

Il connaît l'homme moral, intellectuel, civilisé et toute la nature extérieure; il connaît aussi ses droits et ses devoirs généraux. Le Kadosch n'est donc pas le Maçon des loges, le Maçon des chapitres, mais admis au troisième sanctuaire; c'est à lui que s'adresseraient ces deux préceptes que vous venez d'entendre, sur les grades :

Abandonnez-vous à la science de la nature, étudiez la politique pour le bonheur de vos semblables.

Pénétrez les secrets de la religion et des hautes sciences, et communiquez vos idées avec prudence.

Vous voyez que, chez les anciens, la *politique*, basée sur la morale, était l'art de gouverner les hommes en les rendant heureux, et que les mystères religieux faisaient partie des *hautes sciences.*

L'initié étudiait donc et la politique et la religion; mais dans des temps postérieurs, où la barbarie et le fanatisme exercèrent leurs ravages, le citoyen perdit ses droits et son titre d'homme, le prêtre oublia ses devoirs et perdit ses secrets religieux. Le despotisme du pouvoir, uni au despotisme du sacerdoce, devint de plus en plus ombrageux et cruel, et, pour exercer leur puissance et conserver leur empire, ils retinrent, le plus long-temps qu'il leur fut possible, les peuples dans l'ignorance et la servitude.

Combien les mystères maçonniques seraient dégénérés, si, comme le pense et le proclame le vulgaire des Maçons, le haut initié moderne, qui appartient à l'élite de la société, ne devait s'occuper ni de religion ni de politique, c'est-à-dire s'il était de son devoir de négliger de s'appliquer aux connaissances qui doivent, avant tout, intéresser l'homme instruit, le citoyen paisible et le père de famille!

Quoiqu'il soit certain que le Maçon jure obéissance et se conforme exactement aux lois du pays qu'il habite, ainsi que tout sage doit faire, il n'en est pas moins de son devoir de consacrer ses veilles à s'instruire et à éclairer ses concitoyens, soit sur la politique, soit sur la religion ou tout autre sujet sérieux qui intéresse le bien public.

Dans nos époques modernes, où le nombre des Francmaçons est considérable, la Maçonnerie, qui s'interdit hautement et de fait, dans ses réunions, tout ce qui a rapport aux matières religieuses et politiques, n'a jamais dû ni pu prendre qu'une part indirecte aux révolutions qui se sont succédé depuis un demi siècle (1). Nous en avons eu la preuve lors du renversement du gouvernement impérial.

Les personnages les plus élevés de l'Empire et de l'armée apppartenaient à la Francmaçonnerie, qui resta toute passive pendant cet orage politique.

Mais voici la part directe, la seule qu'elle a prise, qu'elle pouvait prendre et qu'elle prendra toujours aux événements passés, présents et à venir : les lumières vives et pures que laissent échapper, dans des séances qui se renouvellent sans cesse, les divers orateurs de cet

(1) La première révolution détruisit les ateliers, et la hache du bourreau ne fit pas de distinction entre les têtes des frères et celles des autres citoyens. L'anarchie couvre de deuil la Maçonnerie. Elle est l'ennemie des révolutions.

« C'est toujours près du trône que les Francmaçons vont chercher leur chef suprême. C'est toujours au trône qu'ils ont appelé des mesures rigoureuses prises contre eux, et presque toujours le prince a infirmé les arrêts dont on les avait frappés. Partout où la Francmaçonnerie est librement exercée, le trône est honoré, les lois puissantes, le peuple libre et conséquemment paisible et heureux. »

(*Abeille maçonn.*, 1re année, n° 2.)

ordre cosmopolite, éclairent une masse d'individus qui se répandant ensuite dans toutes les classes de la société, y versent continuellement des doctrines salutaires qui font le tour du monde, et combattent, chaque jour et partout, l'erreur et les préjugés qui souillent encore le globe.

Dans les réunions maçonniques ordinaires, on ne parle, il est vrai, ni de religion, ni de polique; mais telle est l'admirable organisation de cette institution protectrice des hautes sciences, que ses grades religieux parlent à l'intelligence de l'initié, en même temps que les formes et l'administration de cet Ordre parlent à l'esprit politique de tous les frères.

Les réflexions qu'elles leur suggèrent sont reportées dans le monde comme un type sûr et sacré, au moyen duquel ils cherchent à améliorer ou détruire ce qui, dans l'ordre religieux ou politique, perd à la comparaison avec ce que présente l'Ordre maçonnique.

Refuge assuré de la philosophie, c'est la Franmaçonnerie qui a sauvé les peuples du joug avillissant du fanatisme et de l'esclavage. C'est aux connaissances que l'initiation ou la Maçonnerie répandit dans les classes élevées de la société anglaise, qu'on attribue, en grande partie, l'émancipation de l'Angleterre et sa réforme politique en 1668. Cent-vingt un ans après, la philosophie moderne, éclairée des lumières de l'initiation, a fait plus en France, car après y avoir opéré des réformes utiles, elle a prêté ses formes administratives au gouvernement d'alors. Etablissons ici le parallèle du gouvernement de la Franmaçonnerie avec celui de la France en 1789.

Le gouvernement de la Franmaçonnerie était autrefois divisé en départements ou loges provinciales qui avaient leurs subdivisions. L'Assemblée nationale, considéran-la France comme une grande loge, décréta que son tert ritoire serait distribué selon les mêmes divisions.

Les municipalités ou communes répondent aux loges; elles correspondent à un centre commun, pour former un canton. Un certain nombre de cantons, correspondant à un centre nouveau, compose un arrondissement ou district, actuellement une sous-préfecture, et plusieurs sous-préfectures forment un département ou une préfecture.

Les grandes Loges de province avaient un centre commun dans le Grand-Orient; les départements avaient leur centre commun dans l'assemblée nationale, où tous les citoyens du royaume concouraient, par leurs représentants, à faire des lois et à constituer, comme dans la Maçonnerie, une souveraineté constitutionnelle.

Dans la Maçonnerie, toutes les loges des départements sont égales entre elles; toutes les municipalités le sont aussi.

Les maires, élus par leurs concitoyens, étaient amovibles, comme le sont les vénérables de Loge.

Le premier tribunal d'un atelier maçonnique se nomme *comité*. On y juge les matières de peu d'importance, et on y prépare celles qui doivent se traiter en loge. C'est pour le même but et dans le même esprit que des comités s'étaient formés pour préparer les matières dont on devait faire un rapport à l'assemblée nationale.

Les justices de paix sont une imitation des comités de conciliation des Loges, et en ont les mêmes attributions.

Les discussions et les jugements maçonniques étant publics dans les ateliers de la fraternité, les tribunaux ont eu ordre de plaider publiquement la cause des accusés, sauf les cas d'outrage aux mœurs ou à la morale publique.

A l'instar de chaque orateur de loge, le procureur de la commune, établi autrefois près de chaque municipalité, et aujourd'hui les procureurs du roi ont pour attribution de veiller à l'observation des lois et des statuts, d'en presser l'exécution, de prendre la parole dans des affaires importantes, comme organe de la voix publique.

L'ordre que la Maçonnerie a établi parmi ses grades a aussi été imité, Les gardes nationaux, qui nommaient alors leurs officiers, comme les Maçons nomment les leurs, ont été subordonnés à l'autorité municipale, comme les frères le sont aux dignitaires ou officiers d'une Loge.

Le chapeau des juges, les écharpes des représentants, étaient de véritables imitations des ornements ou décors maçonniques.

Les membres de l'Assemblée nationale laissaient à la porte du temple des lois toute distinction, cordons et dignités civiles, ainsi que le font les Maçons en entrant en Loge.

On procédait aux élections civiles et au choix des électeurs d'après la forme usitée dans la Maçonnerie.

La manière de prêter serment, d'obtenir la parole, de demander un congé, de porter plainte, d'entretenir l'ordre, est évidemment prise de la Maçonnerie; seulement, dans ce dernier cas, la sonnette du président remplace le maillet.

Ces usages se sont établis avec d'autant plus de facilité que presque tous les Français instruits sont Maçons.

Les commissions de l'assemblée nationale rappellent

les visiteurs et inspecteurs que le Grand Orient adresse quelquefois aux Loges.

La cotisation annuelle de chaque Maçon, pour subvenir aux charges de la puissance maçonnique, adonné lieu à la contribution personnelle en France.

Quelques personnes ont cru reconnaître, dans l'armement général de la garde nationale, l'usage adopté par tous les Maçons d'avoir un glaive en Loge. La cocarde aurait eu une semblable origine; en effet, bien des Loges adoptent un bijou ou une marque particulière et distinctive, qui sert à faire reconnaître partout les frères d'un même atelier.

On a remarqué avec raison que l'Assemblée nationale avait aboli toutes les corporations, excepté la Francmaçonnerie.

On n'a pas oublié que ce corps législateur passa sous la voûte d'acier, lorsqu'il se rendit au *Te Deum* chanté à la cathédrale de Paris, au commencement de la révolution (1).

Le 17 juillet 1789, quand Louis XVI, venant de Versailles, fut arrivé au perron de l'Hôtel-de-Ville de Paris, au milieu d'une haie de 200,000 gardes nationaux, et qu'il eût accepté et attaché lui-même à son chapeau la cocarde parisienne (2), que lui présenta le maire

(1) On appelle, en Loge, faire la *voûte d'acier*, lorsque les frères, rangés sur deux lignes, élèvent et croisent leurs épées pour honorer la personne qui doit passer sous cette voûte.

(2) Cette cocarde fut d'abord *bleue*, couleur de la ville de Paris, selon les arrêts des 12 et 13 juillet 1789, approuvés, le 16, par le roi, et qui ordonnaient le rétablissement de l'ancienne milice parisienne, sous le titre de garde nationale.

Le 26 juillet, le général Lafayette, commandant de cette garde, joignit la couleur des lys à celles adoptées, et fit arborer la cocarde tricolore,

Bailly, comme signe distinctif des Français, il monta l'escalier de l'Hôtel-de-Ville sous une *voûte d'acier*.

Ce parallèle, qu'on pourrait pousser plus loin, démontre l'influence de la Maçonnerie sur les institutions civiles, et surtout combien elle familiarise les peuples avec les gouvernements constitutionnels.

Est-ce par reconnaissance pour les services que notre institution a rendus à l'ordre civil que les *puissances suprêmes* des divers rites maçonniques s'occupent elles-mêmes, de temps à autre, de politique? Ce n'est pas, toutefois, dans l'intention de voir les membres de l'ordre s'en occuper; car la place qu'on leur laisse prendre est bien innocente; mais ces hauts frères, plus politiques que Maçons, et souvent plus esclaves que libres, désirent prouver au gouvernement de chaque année que l'*institution qu'ils dirigent marche dans le sens de la politique du jour*.

Nous ne sommes pas, dans notre France, exempts de ce défaut: en révisant les anciens cachets et les timbres du Grand Orient, lesquels ne devraient offrir que les emblèmes immuables de notre Ordre, on y découvre des empreintes maçonnico-profanes, qui présentent à l'œil du Maçon étonné les signes variables de l'autorité civile.

comme signe de l'union des trois ordres et des vertus qui en font le patriotisme, savoir:

Le *rouge*, couleur du tiers-état, était l'emblème du *courage qui entreprend*; le *bleu*, couleur du *clergé*, symbolisait *la constance qui persévère*; et la couleur *blanche* de la *noblesse* désignait la *pureté qui justifie*.

La Maçonnerie peut aussi revendiquer l'idée de ces trois couleurs: les grades symboliques ont fourni le *bleu*, couleur de cordon de maître; les grades chapitraux, le *rouge*, couleur du cordon de Rose-Croix; et les grades philosophiques, le *blanc*, couleur de l'écharpe du grand-inspecteur, 33e degré.

Depuis 1789, on voit d'abord les *lys* antiques remplacés par un *bonnet de liberté*, auquel succéda le *faisceau républicain*, qui fit place à son tour à l'*aigle impériale*, après lequel revinrent les *lys*, qui disparurent pendant les Cent-Jours, pour reparaître encore jusqu'à leur abolition en 1830 (1). N'est-ce pas rappeler trop fidèlement les diverses phases politiques qui se sont succédé depuis un demi-siècle ?

Si je vous déroulais les listes de mots d'ordre qu'ont fait circuler, dans cet Orient, les prétendues suprêmes puissances qui ont surgi dans ces derniers temps, vous reconnaîtriez mieux cette vérité : *que tous les chefs maçonniques se mêlent de politique*, malgré la défense faite aux adeptes de s'y livrer.

Je ne puiserai pas mes exemples à ces sources peu régulières ; mais je vous ferai remarquer la concordance des mots d'ordre du Grand Orient ave[illegible] [illegible]s événements politiques. Déjà, au 24 juin 1787, sous la présidence du Grand-Maître, le duc d'Orléans, le mot solsticial était *sagesse* et *patriotisme* ; cette dernière parole n'est nullement équivoque. En 1798, l'expédition d'Egypte, composée de savants et de militaires, est commémorée par les mots *science*, *paix*. Deux ans après, *victoire*, *immortalité* rappellent Montébello et Marengo. La rupture du traité d'Amiens, qui occasionna un nouvel appel à la guerre, produisit *unité*, *réussite*. Puis, vinrent les mots *élévation*, *contentement*, lorsque le premier consul se fit empereur. Le couronnement et le sacre sont indiqués par *Napoléon*, *réunion*. Le frère Cambacérès donna les mots *empereur*, *confiance*, à l'occasion de la victoire

(1) Cet écusson, resté long-temps en blanc, est, depuis 1840, occupé par un *globe*.

d'Austerlitz. Deux ans après, pour la victoire de Friedland, on eut cette légère variante : *Napoléon*, *confiance*.

Le Grand Consistoire des rites eut peur qu'on ne manquât de fidélité, et, sous la présidence du frère Montaleau fils, le 30 novembre 1807, année de la supression du Tribunat, on donna ces mots *fidélité*, *fidélité*.

Le mariage de Marie-Louise donna lieu à ceux-ci, *bonheur*, *impératrice*. Puis vint sa grosesse, on eut *Napoléon*, *postérité*. *Naissance*, *allégresse* sont donnés à l'occasion du roi de Rome. Nos armées se dirigent-elles vers la Russie, et l'impératrice rentre-t-elle dans Paris, vite, les mots *victoire*, *retour*. En 1814, *dévoûment*, *protection* s'adressent à Louis XVIII, restauré sur le trône de ses ancêtres.

Le 22 juin 1815, les représentants et les pairs reconnaissent Napoléon II, de là les mots *fidélité*, *sécurité* donnés le 24 juin. Six mois après, le frère de Beurnonville, pour célébrer le retour de Gand, donne les mots de *lys*, *fidélité*. On voit que le grand consistoire des rites, avait de la *fidélité* pour toutes les époques, ce mot est répété quatorze fois en dix-huit ans. Le mariage du duc de Berri, en 1816, est désigné, sous la présidence du frère Macdonald, par ces mots *Union*, *Bonheur*. Quatre ans après, le frère Lacépède donne *Modération*, *Bordeaux* (1), pour la naissance du duc de Bordeaux. Je ne pousserai pas plus loin ces citations qui prou-

(1) Beaucoup de Loges nouvelles prirent égalcment des titres conformes à la politique du jour; des anciennes modifièrent ou changèrent les leurs; par exemple, la Loge de la Trinité, fondée en 1783, porta dans un tableau du Grand Orient ce titre : *Loge de la* TRINITÉ, dite de 'ÉGALITÉ.

En 1810, la *Loge de la Réunion des Etrangers*, présidée par le baron

vent suffisamment l'invasion inutile et fort ridicule de la politique dans la Maçonnerie.

Mes frères, n'imitons pas cet exemple dans nos réunions.

J'ai, dans ce Cours philosophique, récapitulé les divers grades de la Maçonnerie actuelle, et interprété les plus importants. Vous avez pu reconnaître ce qu'il y a de vraiment antique, et le distinguer de ce qui n'est que moderne. Vous avez pu voir qu'en tout temps, les philosophes se sont appliqués à introduire les sciences dans la société, à porter l'homme à un culte pur, simple et dégagé de toute superstition et à le conduire à la pratique de toutes les vertus sociales, en consacrant à la sagesse cette belle institution, remplie d'une morale douce et persuasive, de cette morale unique, universelle et de tous les temps, qui n'appartient exclusivement à aucune secte, à aucune nation. De là, l'union si intime et si admirable qui existe entre tous les Maçons de l'univers, sans exception de religion et de rites; car tous les initiés sont frères et ne forment qu'une seule famille.

Les vertus hospitalières, animées du zèle fraternel de l'humanité et embellies des charmes d'une profonde philosophie, ont présidé jadis à la création de ce grade sublime, plus antique qu'on le pense.

Les doctrines professées dans le grade de Kadosch forment le complément essentiel de la véritable Maçonnerie, dont la philosophie découle des écoles de Pythagore qui, de nos jours, ont encore des disciples.

Passons à son interprétation.

de Walterstoff, chambellan du roi de Danemarck, et son ambassadeur près de Napoléon, changea son titre en celui de *Loge de* Marie-Louise.

GRAND ÉLU,

Chevalier Kadosch, ou Chevalier de l'Aigle blanc et noir.

(30e degré.)

INTERPRÉTATION.

Il y a, dans ce grade, quatre appartements ; l'initiation s'accomplit dans le quatrième.

Ils symbolisent les quatre saisons ; c'est dans la quatrième que l'année s'accomplit.

L'adepte a goûté, pendant l'année, de l'arbre de la science du bien et du mal, c'est-à-dire des six fruits ou six mois du règne du bien, et autant du règne du mal.

A l'époque où l'on ne comptait que trois saisons, on disait, symboliquement, que le monde, éclairé par le soleil, ne contenait que trois parties; cette division fut celle du temple de Jérusalem, qui n'était que l'allégorie du temple de la nature.

L'échelle mystérieuse, comme celle de Memphis, présente sept degrés ascendants qui symbolisent les vertus morales qui ont amené l'initié à pénétrer dans le troisième sanctuaire de la Maçonnerie; les sept degrés descendants désignent les connaissances que le nouvel initié doit avoir. *L'histoire naturelle*, *la physique* et la *chimie*, sciences parvenues à un si haut degré chez les modernes, n'y figurent point, parce qu'on les suppose suffisamment étudiées dans les grades intermédiaires, dits philosophaux ou alchimiques (1).

(1) Le nombre des grades hermétiques est immense, et l'on peut cha-

Toutes les connaissances utiles sont l'objet des recherches du Kadosch ; elles ont pour résultat l'admiration et la reconnaissance envers le grand Architecte, et pour but le bien-être du genre humain ; ce résultat et ce but sont symbolisés par les deux montants de l'échelle.

Le mot hébreu *Kadosch* signifie *saint*, *consacré*, *purifié ;* il ne faut pas croire pour cela que les chevaliers de l'Aigle blanc et noir aient quelque prétention à la sainteté, ils veulent exprimer par ce mot qu'eux seuls sont les *élus*, les hommes par excellence, purifiés de toute la souillure des préjugés (1). Ce mot annonce une préparation à de grands mystères, et non pas à l'accomplissement de vains projets de vengeance, pour l'exécution desquels on serait fort embarrassé, puisque les ennemis dont on aurait à se venger ont disparu depuis longtemps.

Dailleurs une société fondée sur de telles bases, pour de tels projets, si elle a jamais existé, n'a pu durer qu'un très court espace de temps ; il n'y a que ce qui est fondé sur la vertu et la morale qui puisse avoir quelque durée.

La main étendue sur le cœur indique la *franchise*

que jour en créer de nouveaux, car il suffit pour cela d'imaginer quelques cérémonies bizarres, d'entasser au hasard des mots bien inintelligibles. Le libraire Drieu en possédait, il y a trente ans, une collection en six volumes in-4° avec figures, comprenant plus de cent grades, que l'on pouvait comparer au *liber mutus*, aux emblèmes de Meïer et autres *sublimes* productions de ce genre.

(1) Dans un grade de Kadosch, censé établi à Jérusalem en 1128, sous le pontificat du pape Honoré II, du temps de Raymond Dupuis, gentilhomme de la province du Dauphiné, alors élu, en 1118, Grand-Maître de l'Ordre de S. Jean de Jérusalem, et depuis de l'Ordre de Malte, on ne recevait que des hommes libres. Il y est dit que les moines et ceux liés par des vœux ne peuvent pas y être reçus. On y considérait les chevaliers de Malte comme ennemis.

d'un chevalier Kadosch ; le toucher de la cuisse dans l'attouchement approche de la manière des anciens dans la *sanction du serment* (encore usité chez les Arabes.)

Nous retrouvons, dans ce grade, l'allégorie des deux principes qui se partagent le monde : le *bien* et le *mal*, cette fable qu'on a voulu rapporter à la morale, plutôt qu'à la physique ; de là le titre de chevalier de l'Aigle *blanc et noir* (1).

Les sept degrés de l'échelle nous rappellent que les Perses, dès la plus haute antiquité, avaient sept pyrées ou sept autels sur lesquels brûlaient l'encens en l'honneur des sept planètes ; qu'aux mystères de Mythra, on figurait le passage de l'âme par les sept sphères ; que, dans le poème solaire, dit l'*Apocalypse*, l'âme s'élève par sept sphères ou par sept églises, afin d'arriver au *nec plus ultrà*, au ciel des fixes indiqué par la mer de cristal. Pour figurer ce passage, on élevait une échelle où il y avait sept portes ; la première était de plomb, la seconde d'étain, la troisième d'airain, la quatrième de fer, la cinquième de cuivre, la sixième d'argent et la septième d'or ; qu'enfin, les géographes indiens faisaient de l'univers un édifice à sept étages, tous différents de beauté et de perfection.

(1) Le cahier de ce grade, dans une ancienne collection, se termine ainsi :

Avertissement. « Le grand-inspecteur frère Etienne Morin, fondateur de la Loge de *Perfection*, dans un consistoire des princes de *royal secret*, tenu à Kingstown à la Jamaïque, en janvier de l'année maçonnique 5769, avertit les princes Maçons que dernièrement une commission avait eu lieu à Paris, et que des recherches avaient été faites pour savoir si les Maçons, sous le titre de chevaliers *Kadosch*, n'étaient pas réellement des *chevaliers templiers* ; qu'il fut en conséquence résolu, dans le grand chapitre de communication de *Berlin* et de *Paris*, que ledit grade serait dénommé *chevalier de l'Aigle blanc et noir*, et que le bijou serait un *aigle noir*. »

Nous voyons la *croix* ou le *thau phallisé* qui fut jadis une marque d'honneur, de dignité, de croyance.

Les prêtres égyptiens étaient armés de la *croix*, symbole du principe fécondant, et les Assyriens portaient sur leurs enseignes la *colombe*, emblème du principe fécondé.

Le serpent désigne le mauvais principe ; ses trois têtes seront l'emblème des abus ou du mal qui s'introduit dans les trois hautes classes de la société.

La tête du serpent qui porte une couronne indique les souverains ;

Celle qui porte une thiare ou clé indique les papes ;

Celle qui porte un glaive, l'armée.

Le grand initié qui occupe des fonctions civiles, doit veiller, dans l'intérêt de sa patrie et de la philosophie, à la répression de ces abus.

Le poignard qui effraie la foule ignorante des Maçons, n'est pas cette arme vile que nous abandonnons aux mains jésuitiques, mais il n'est autre chose que le poignard mythriaque, la faulx de Saturne ; ainsi, cet attribut des élus rappelle de nouveau aux parfaits initiés, l'empire dominant du bien et du mal, symbolisés par le manche qui est *blanc* et par la lame qui est *noire*. Cette arme, au moral, rappelle aux grands élus qu'ils doivent continuellement travailler à combattre et détruire les préjugés, l'ignorance et la superstition.

Le sens du mot sacré nous fait connaître la manière allégorique dont *Horus* se vengea du meurtre d'*Osiris*, commis par *Thyphon*, et le festin des agapes.

Le premier cri de vengeance s'échappe dans le grade d'élu, il se répète dans le 29e degré, et reparaît dans ce grade. Nous avons vu que cette vengeance n'est autre que celle que *Horus*, fils du soleil, exerça sur les meurtriers de son père, *Jupiter* contre *Saturne*, etc. Ce permanent système de vengeance remonte aux temps les plus reculés (1); on en trouve l'interprétation dans les opérations de la nature, qui présentent une suite de combats et de réactions entre le principe générateur et le principe destructeur, état de désordre, de confusion et de ténèbres que les anciens désignaient par le mot *chaos* qui précède le développement et l'apparition du germe régénérateur. Ce chaos, regardé comme l'aurore des siècles, le précurseur de la création du monde, n'était, pour les sages de l'antiquité qu'une hypothèse, ou plutôt qu'une induction qu'ils tiraient de la génération des êtres.

Pour ne laisser aucune obscurité sur leur doctrine, à cet égard, et pour rendre plus sensible, en même temps, la justesse de leurs allégories, reportons-nous à l'interprétation du grain de blé, dans l'*élu* (p. 218), considéré tantôt comme père épousant sa mère ; tantôt comme fils donnant la mort à son frère.

(1) Pausanias (1, 23 et 28) décrit la cérémonie du procès criminel intenté chaque année à la hache du sacrificateur, après qu'il avait abattu le bœuf, dans la religion de Mithra. Cette antique vengeance de l'agriculture, aussi innocente que celle de l'*élu*, rappelle le *nekar nekum* de ce grade, imité du cri des anciens initiés.

Le plus ou le moins de développement, d'extension ou d'application que l'on donne à la vengeance, introduit dans le Kadosch une multitude de variantes, ou plutôt en fait comme autant de grades différents Nous connaissons un de ces grades dont les maximes sont horribles, et par conséquent anti-maçonniques ; c'est lui, sans doute, qui aura inspiré Baruel contre la Maçonnerie.

On trouve dans de très anciens manuscrits de la Maçonnerie anglaise que le Kadosch est appelé *Killer*, assassin.

Les Allemands ont un Kadosch qu'ils appellent *Sage*, et dont la hardiesse le fait plutôt rapporter à l'Illuminisme qu'à la Maçonnerie.

« Les adeptes des anciens mystères, accoutumés aux leçons d'une morale pure et initiés aux hautes sciences, devaient facilement prénétrer le sens des symboles offerts à leur méditation ; ainsi, lorsqu'ils étaient élus à venger le meurtre d'Osiris, premier bienfaiteur de l'Egypte, il devait leur être facile de deviner ce qu'étaient Typhon et ses complices.

En effet, qu'était Osiris ? L'auteur du bien et de l'ordre parmi les hommes. Qui tue Osiris ? Toutes les passions humaines : la mauvaise foi du cultivateur, la fraude du négociant, l'insubordination du soldat, l'ambition de ses chefs, l'iniquité des magistrats, l'orgueil des philosophes, l'impureté du sacerdoce, l'impiété des enfants, la dureté des pères, l'infidélité des époux, le relâchement des initiés et l'égoïsme de tous. Tels étaient les ennemis qu'il fallait combattre et vaincre pour venger Osiris (1), se rendre digne de connaître la doctrine sacrée, et voir la lumière dans toute sa pureté. » (Boulaye, *des Myst. d'Isis*).

« *Horus* signifie travail, intelligence. Ce n'est que par le travail, aidé de l'intelligence, que l'homme parvient à combattre et à subjuguer les passions qui, sans un tel secours, le rendent esclave. » (Boul., *Myst. d'Isis*).

Lorsqu'on interroge sur son âge un chevalier Kadosch,

(1) *Osiris*, selon Plutarque, était représenté par un sceptre surmonté d'un œil, pour signifier *celui qui voit et qui règne*. *Isis* serait le même nom privé du radical ou de l'élément qui désigne la puissance, d'où l'on peut traduire *Isis* par la *sagesse*, et *Osiris* par la *force*, qui sont les deux paroles sacrées des deux premiers degrés de l'initiation maçonnique. Tous deux ne faisaient qu'un dieu, père du temps, et l'auteur de toutes choses; car il ne pouvait pas y avoir deux divinités, un dieu fort et un dieu sage, le premier eût été plus puissant que son collègue.

Le soleil et la lune représentent, dans les temples maçonniques, ces deux symboles.

il répond : *un siècle et plus*, ou bien *je ne compte plus*. Il ne porte point de tablier, parce que, pour lui, l'*ouvrage est fini* (1).

Nous avons dit que la réception d'un chevalier *Kadosch* se fait, en quatre points, dans quatre appartements; frère nouvellement initié, nous allons les retracer à ton esprit; en t'en donnant l'explication morale et scientifique :

Premier appartement. Il est tendu en noir, éclairé par une seule lampe de forme triangulaire, suspendue à la voûte. Il communique à un caveau, espèce de cabinet de réflexion, où se trouvent confondus les symboles de la destruction et de la mort. Ce lieu sépulcral et silencieux, cet appareil funèbre et les questions qui partent d'un cercueil inspirent au candidat de sérieuses réflexions. Cette sombre allégorie lui rappelle les dangers auxquels se sont exposés les propagateurs de la philosophie : *Socrate, Jésus, Galilée* et beaucoup d'autres, et lui donne à penser qu'il pourra, peut-être un jour, s'y trouver également exposé ; c'est dans cette prévision qu'une voix lui crie : *Si tu ne te sens pas le courage d'affronter les plus grands dangers, retourne sur tes pas!*

Le candidat persévère : deux voix se font entendre et disent :

« Fais pour les autres ce que tu voudrais qu'ils fissent pour toi.

« Ne fais pas aux autres ce que tu ne voudrais pas qu'ils te fissent.

(1) Cette déclaration initiatique prouve que la Maçonnerie est terminée au Rose-Croix ; car nous savons qu'il n'y a pas de véritable travail maçonnique sans tablier. Ce grade n'est donc, pour les sages qui s'y trouvent admis, qu'un sanctuaire, un foyer d'intelligences scientifiques destiné à conserver, à *dignifier* le but de la Francmaçonnerie dans tous ses degrés.

« Adore l'Etre suprême, rends-lui un culte dégagé de toute superstition.

« Aime ton prochain comme toi-même.

« Soulage les malheureux.

« Sois vrai et fuis le mensonge.

« Sois patient et supporte les défauts de tes frères.

« Sois fidèle à tes engagements, et songe qu'une des premières vertus des philosophes est la discrétion.

« Supporte l'adversité avec résignation :

« Tels sont les désirs des philosophes (1). »

(1) Ce grade, que nous regardons comme fort important aujourd'hui, si l'on ne le prodigue pas, n'est au fond qu'une declaration de principes maçonniques auxquels on pouvait ajouter ceux-ci :

« Tout ce que l'esprit peut concevoir de bien est le patrimoine du Maçon.

« L'ami des hommes ne peut être l'ami des fourbes, qui furent, dans tous les âges, les vrais fléaux de la terre.

« Vertu, anime-nous de ton feu bienfaisant; raison, guide nos pas dans le chemin de la vie; vérité, que ton flambeau nous éclaire.

« Sois juste, parce que l'équité est le soutien du genre humain.

« Sois bon, parce que la bonté enchaine tous les cœurs.

« Sois indulgent, parce que, faible toi-même, tu vis avec des êtres aussi faibles que toi.

« Sois doux, parce que la douceur attire l'affection.

« Sois reconnaissant, parce que la reconnaissance alimente et nourrit la bonté.

« Sois modeste, parce que l'orgueil révolte des êtres épris d'eux-mêmes.

« Pardonne les injures, parce que la vengeance éternise les haines.

« Fais du bien à celui qui t'outrage, afin de te montrer plus grand que lui, et de t'en faire un ami.

« Sois retenu, tempéré, chaste, parce que la volupté, l'intempérance et les excès détruiront ton être et te rendront méprisable.

« Sois citoyen, parce que la patrie est nécessaire à ta sûreté, à tes plaisirs, à ton bien-être.

« Sois fidèle et soumis à l'autorité légitime, parce qu'elle est nécessaire au maintien de la société qui t'est nécessaire à toi-même.

« Obéis aux lois, parce qu'elles sont l'expression de la volonté publique, à laquelle ta volonté doit être subordonnée.

« Défends ton pays, parce que c'est lui qui te rend heureux, et qui ren-

Deuxième appartement. Il est tendu en blanc. Deux autels occupent le centre ; sur l'un est une urne pleine d'esprit-de-vin allumé qui éclaire la salle ; sur l'autre autel est un réchaud avec du feu et de l'encens à côté ; un aigle aux ailes déployées est suspendu au *delta*. Cette pièce n'est occupée que par le frère sacrificateur qui, sur la demande de l'aspirant, a été introduit dans le temple de la vertu, et qui lui dit :

« Mortel, prosterne-toi. »

Le candidat obéit, et, jetant de l'encens sur le feu, il entend cette invocation :

« O sagesse toute-puissante ! objet de nos adorations, c'est toi qu'en ce moment nous invoquons ! cause et souveraine de l'univers, raison éternelle, lumière de l'esprit, loi du cœur, inspire-nous l'éloquence nécessaire pour faire sentir à cet aspirant combien est auguste et sacré ton culte sublime, soutiens ses pas chancelants dans cette carrière ! Pour toi, l'immense assemblage des êtres forme un tout régulier ! tu es le flambeau dont l'éclat peut seul dissiper les ténèbres qui dérobent à nos yeux la nature. Née pour connaître et aimer le vrai, notre âme ne trouve qu'en toi seule de quoi se satisfaire. Purifie de ton souffle divin ce candidat, et fais qu'il soit digne de te rendre ses hommages ! »

ferme tous tes biens, ainsi que tous les êtres les plus chers à ton cœur.

« Ne souffre point que la patrie, cette mère commune de toi et de tes concitoyens, tombe dans les fers de la tyrannie, parce que, pour lors, elle ne serait plus pour toi qu'une prison.

« Si ton injuste patrie te refuse le bonheur, si, soumise à un pouvoir injuste, elle souffre que l'on t'opprime, éloigne-toi d'elle en silence, mais ne la trouble jamais. »

Ces apophtegmes, base de la morale de tous les grades, établissent évidemment l'unité des principes de l'Ordre.

Mes frères, ce culte sans pompe, et dont la simplicité a le parfum de l'antique, doit, lorsqu'il émane d'un cœur sincère, être le plus agréable à la Divinité.

« Relève-toi et poursuis ta route! » dit l'introducteur au récipiendaire. »

Troisième appartement. Sa tenture est bleue, sa voûte est étoilée; il n'est éclairé que par trois bougies jaunes. C'est l'ARÉOPAGE, c'est-à-dire *réunion de sages*.

« Le président rappelle à l'introducteur qu'on ne peut admettre aux derniers mystères que ceux dont l'intégrité, la réputation intacte et la probité la plus épurée placent au-dessus du vulgaire; ceux que la fidélité, le zèle et la fermeté mettent au-dessus de toute crainte; ceux qui, dégagés de tous préjugés, sont susceptibles d'adopter les principes philosophiques, enfin que ceux dont le génie, guidé par la raison, peut atteindre à la découverte de la vérité, en perçant le sombre voile qui dérobe aux mortels les mystères de la nature. »

L'introducteur, ayant répondu de l'aspirant comme de lui-même, il l'introduit, avec les formalités voulues, dans le quatrième appartement où se tient le conseil souverain des *Grands Élus Chevaliers Kadosch*.

Cet appartement est tendu en rouge (1). A l'est est un

(1) Voilà, dans un autre ordre, la reproduction des trois couleurs *blanc*, *bleu* et *rouge*. Cependant le grand pavillon de l'Ordre est moitié blanc, moitié noir, ayant au milieu la croix teutonique, qui fait partie des *armoiries* de cette chevalerie.

Les armoiries, ces hiéroglyphes du moyen-âge (*a*), appartenaient aux anciennes initiations. Les époptes en portèrent comme signe des circonstances de leur réception ou des vertus qu'ils se proposaient d'acquérir, ou des travaux qu'ils avaient en vue d'accomplir. Le *tétragone* que le cin-

(*a*) En Maçonnerie, les hiéroglyphes sont, pour la plupart, des préceptes sans définition.

trône surmonté d'un double aigle couronné, les ailes déployées, tenant un glaive dans ses serres. Dans ce local, éclairé de douze bougies jaunes, le chapitre prend le titre de *sénat*, c'est-à-dire, l'assemblée des *anciens* (1). Les frères se nomment *chevaliers* (2).

Parvenu dans ce divin sanctuaire, le candidat apprend les engagements qu'il contracte, puis on lui fait monter et descendre l'échelle mystérieuse qui, par sa forme, rappelle le *delta*. Elle se compose de deux montants : l'un représente la *morale*, base première de la Maçonnerie, et l'autre, la *science* qui doit éclairer les hommes, but principal de l'institution. Ce rapprochement ingénieux et philosophique signifie que la science doit éclairer la morale, et que la morale doit modérer les écarts de la science. A chaque degré que monte l'aspirant, on lui explique une moralité dont l'ensemble répond à celui des maximes entendues dans le premier appartement. A chaque échelon descendant, on lui fait l'interprétation d'une science.

quième des Ptolémées reçut le droit de placer au-dessus de son *fanum*, dès qu'il fut initié (*Inscr. de Rosette*), n'est autre chose qu'une armoirie. Les chevaliers initiés aux grades essentiels de l'Ordre du Temple recevaient, par suite de cette tradition, des armes blasonnées, qu'on a, depuis et à tort, confondues avec une marque d'anoblissement.

(1) Ce grade, pour bien des Maçons, est censé tirer son origine des croisades, et avoir pour objet l'institution des chevaliers templiers. Il aurait été créé en Suède. Les *neuf* lumières qui éclairent le sénat seraient en mémoire des *neuf* fondateurs des Templiers.

Voici l'opinion du frère Vassal sur l'historique du Kadosch :

« On a placé en tête de ce grade un discours historique qui devrait faire connaître son origine, son motif et son but, tandis qu'il ne renferme que des erreurs et des mensonges, vices inhérents à la plupart des discours des degrés écossais, parce que leurs auteurs ne se sont pas pénétrés de l'antiquité que renferment et représentent presque tous les grades. »

(p. 550 de son Cours.)

(2) Tous se tutoient, on tutoie même le Grand-Maître.

Les sciences sont classées ainsi :

Grammaire, ou l'art du langage et de l'écriture ;

Rhétorique, qui apprend à discourir sur tous les sujets;

Logique, l'art de discerner le faux du vrai ;

Arithmétique, ou la science des nombres;

Géometrie, l'art de mesurer les corps ;

Musique, qui représente l'harmonie universelle;

Astronomie, ou la connaissance des corps célestes, et l'art d'en mesurer l'élévation et d'en déterminer les distances.

Cet ordre paraîtrait naturel, si l'on pa... it de la base du triangle pour arriver au sommet où il serait rationnel d'expliquer l'astronomie. C'est cependant l'ordre inverse qui a lieu. Ne serait-ce pas parce qu'en Égypte l'observatoire astronomique était placé dans les souterrains ? On sait que les pyramides sont orientées, et que du fond du puits dont l'ouverture était dirigée vers le nord, on voyait l'étoile polaire, et qu'il faut aujourd'hui, dit-on, remonter le puits aux deux tiers pour la découvrir. L'ancien proverbe *la vérité sort du fond du puits*, pourrait bien, dans cette hypothèse, se rapporter à l'astronomie qui était le dernier degré de l'étude après laquelle toute la vérité était connue.

Mes frères, en résumant ce grade, nous trouvons, comme dans l'initié de Memphis, qui avait aussi lieu en quatre points, dans le premier : *étude de la morale et de la philosophie*; dans le second : *culte d'admiration et de reconnaissance envers le grand Être ;* dans le troisième point : *examen du candidat ;* et dans le quatrième : *récompense accordée à son zèle et à son savoir;* puis, après les développements scientifiques de l'échelle, sa consécration.

« Mes frères, ce tableau moral et allégorique ne couvre-t-il pas, sous ses emblèmes, quelque grande vérité ? Ces signes ne sont-ils pas les indices de quelque réalité puissante, principe et base de notre société ? Les *épreuves* et les *combats* ne supposent-ils point d'*ennemis* à vaincre, point de *victoire* à remporter, point de *prix* qui en soit la récompense ? La chute du bandeau, le passage soudain des *ténèbres* à la *lumière*, ne désignent-ils point un changement d'état, la cessation d'une *erreur pénible*, et la découverte de quelque important secret dont la connaissance peut contribuer à notre bonheur ? Tant de symboles n'exciteraient-ils dans l'esprit aucune pensée ? L'entendement serait-il tellement matérialisé que l'on ne conclût point qu'un temple suppose un culte, un autel une divinité à laquelle revient le culte, mais un culte sans prêtres, simple, moral et silencieux. Les préceptes de la sagesse, les devoirs de la morale, en un mot, cet édifice majestueux suppose un grand but, un système de perfectionnement, d'adoration silencieuse, de vertus et de bonheur (P. Dejou). »

« Chevalier nouvellement admis,

« Tu connais les fonctions qui te sont confiées, les devoirs que tu as à remplir : il n'est point de vertus, si l'on ne se rend utile, et le savoir n'est donné que pour agir ! Tu te connais maintenant toi-même ; n'oublie jamais qu'il n'existe aucun degré de lumière et de bonheur auquel l'homme, qui rentre dans ses droits primitifs, ne puisse prétendre ! N'oublies point que tu renfermes en toi le fil précieux à l'aide duquel tu peux sortir du labyrinthe des choses matérielles ! Tu l'as reconnu ; tout ce qui s'est rendu visible pour toi serait encore voilé à ta pensée, s'il n'eût existé dans ton intérieur. C'est dans le cœur que souvent sont forgés les fers de la captivité humaine. Ces ennemis intellectuels pénètrent dans le centre même de l'existence; ils y font naître mille alarmes, y livrent ces assauts cruels qui placent sur les yeux cet épais bandeau qui garrotte l'esprit, enchaîne la pensée, et fait de l'homme un esclave.

« Réintégré aujourd'hui dans tes pouvoirs naturels, éclairé sur tes droits, te voilà pour toujours affranchi du joug des préjugés; applique-toi sans cesse à en délivrer tes semblables. Ce n'est point dans les abstractions d'un solitaire contemplatif, ce n'est point dans la spéculation de vains systèmes que tu rempliras ta noble tâche. Vis dans la société, sans te laisser corrompre par elle; consacre tous tes travaux au bien de ton pays, de ta famille, de tous les humains, *quels qu'ils soient !* Souviens-toi que l'homme a besoin de l'homme, qu'il n'est point de bonheur sans humanité, et que tout égoïste est un monstre. Enfin, souviens-toi que chacun des captifs que tu auras déliés placera sur ton front une fleur immortelle, et que, de la somme de tous les heureux que tu auras faits par tes leçons et par tes vertus, se composera ce diadème qui doit couronner tout homme qui ne sera point *mort* sans avoir vécu; mais qui, parvenu au développement de toutes ses puissances, par l'humilité, la tempérance et le sincère amour de ses frères, se sera ouvert, en conquérant, les portes du *temple*, celles de cet édifice éternel dont tu as vu, dans ces lieux, la fidèle représentation (1) ! »

Mes frères, je termine ici le Cours philosophique et

(1) Ce grade porte, avec raison, le titre de *nec plus ultrà*. Les trois degrés au-dessus ne sont qu'administratifs. Les travaux auxquels ils peuvent

interprétatif de nos mystérieux travaux. Quoique je sois loin d'avoir rempli la tâche que m'ont imposée votre confiance et mes fonctions, votre indulgence m'a encouragé quand j'ai pris la plume. Je l'invoque encore en finissant. J'ose espérer qu'elle vous fera excuser les faibles esquisses d'un IMMENSE TABLEAU. Heureux si mes lectures inspirent de nouveaux adeptes et les dirigent dans la voie des études maçonniques ! Je me trouverai en même temps satisfait, si j'ai pu parvenir à prouver ce que j'ai avancé d'abord, que LA MAÇONNERIE EST UNE SCIENCE PARFAITE ET POSITIVE, BASÉE SUR UNE DOCTRINE ÉMANÉE DE LA RAISON HUMAINE PERFECTIONNÉE.

donner lieu, quoique maçonniques, ne sont et ne peuvent être que des travaux sur la Maçonnerie.

En effet, il n'y a plus de révélation maçonnique possible au-delà du Rose-Croix. Mais au-dessus du collége de Rose-Croix existe un ARÉOPAGE conservateur, dépositaire de traditions non altérées, et qui ne doit être composé que de l'élite des Maçons; cet aréopage est celui des CHEVALIERS KADOSCH, 30e degré.

Pour nous résumer, nous dirons que, dans les grades dont le Rose-Croix est la fin, le terme, les hommes studieux et les philosophes deviennent des SAGES, et que, dans les degrés au-dessus, ils deviennent LÉGISLATEURS.

REMARQUE. Dans les temps anciens, quand les travaux de l'initiation avaient toute leur regularité, c'était au sommet de l'échelle qu'il fallait chercher la clé des mystères. Aujourd'hui cette clé, si l'on veut qu'elle soit à l'abri de toute interprétation mesquine ou fausse, politique ou criminelle, ne se trouve que dans les trois premiers degrés.

Les grades au-dessus du Rose-Croix ne peuvent aujourd'hui servir qu'à prolonger la série des épreuves, et à faciliter l'élimination des sujets peu méritants. Mais ces obstacles deviennent trop souvent inutiles par le manque de sévérité dans l'admission aux grades supérieurs. Mais heureusement les nouveaux statuts du Grand Orient de France commencent à y mettre ordre; espérons que ses vues seront secondées par tous les chefs d'ateliers.

Les lois de la Maçonnerie de France étaient, en 1741, conformes à celles de Londres de 1721; il serait curieux de comparer aujourd'hui les codes maçonniques des deux pays.

RÉCAPITULATION ANALYTIQUE

DES 33 DEGRÉS DE L'ÉCOSSISME,

Avec l'indication du but auquel chaque Grade paraît consacré (1).

---

1 r. Apprenti : ce grade est consacré au développement des principes fondamentaux de la Maçonnerie, à l'enseignement de ses lois et de ses usages, renfermé tout entier dans ces trois mots : *Dieu*, *bienfaisance*, *fraternité*.

2e. Compagnon : à la direction de la jeunesse vers le bonheur possible, au moyen du travail, de la science et de la vertu, qui lui sont recommandés.

3e. Maitre : à l'honneur inflexible qui ne transige point avec le devoir; aux grands hommes qui se sont immolés au bien et à la sûreté publique.

4e Maitre secret : à la discrétion du sage, à la vigilance du bon ouvrier.

5e. Maitre parfait : à la perfection de l'esprit et du cœur; à toutes les hautes vérités, à toutes les connaissances utiles, énumérées sur la *pierre cubique*.

6e. Secrétaire intime : au besoin de connaître qui a produit tant de précieuses découvertes, et aux dangers d'une vaine curiosité.

7e. Prévot et juge : à l'équité sevère avec laquelle nous devons juger une action.

8e. Intendant des batiments : à l'esprit d'ordre et d'analyse.

9e. Maitre élu : au zèle vertueux, au talent éclairé, qui,

(1) Extrait de l'*Abeille Maçonnique*, n° 67. L'auteur de ce travail ingénieux a cherché et est plus ou moins heureusement parvenu à donner à cette multitude de grades un sens qui résultât naturellement du cérémonial et des symboles propres à chaque grade.

par de bons exemples, de généreux efforts vengent la vérité, la vertu, de l'erreur et du vice.

10e. Maitre élu des 15 : à l'extinction totale de toutes les passions, de tous les penchants coupables.

11e. Sublime chevalier élu : à la régénération des mœurs et des lumières.

12e. Royal-arche : au courage persévérant.

13e. Grand maitre architecte : à la mémoire de quelques-uns des premiers instituteurs des hommes, les Mages, les pontifes de Mizraïm et de Jérusalem.

14e. Grand écossais : au Grand Architecte de l'Univers, sous le symbole du *delta* sacré.

15e. Chevalier d'Orient : aux héros libérateurs de leur patrie.

16e. Prince de Jérusalem : à l'allégresse de leur triomphe.

17e. Chevalier d'Orient et d'Occident : au développement des avantages assurés par la Maçonnerie.

18e. Chevalier rose-croix : au triomphe de la lumière sur les ténèbres, c'est-à-dire au culte évangélique.

19e. Grand Pontife : au pontificat de la religion universelle et régénérée.

20e. Maitre ad vitam : aux devoirs des chefs d'ateliers maçonniques.

21e. Chevalier prussien : aux dangers de l'ambition, et au repentir sincère.

22e. Prince du Liban : à la gloire de l'ancienne chevalerie propagatrice des sentiments nobles et généreux; et au dévoûment à l'ordre.

23e. Chef du tabernacle : à l'active surveillance des conservateurs de l'Ordre.

24e. Prince du tabernacle : à la conservation des doctrines maçonniques.

25e. Chevalier du serpent d'airain : à l'émulation qui crée les plans utiles.

26e. Prince de merci : à l'estime, à la récompense dues au génie.

27e. Commandeur du temple : à la supériorité, à l'indépendance que donnent les talents et la vertu.

28e. Chevalier du soleil : à la vérité nue sur tout ce qui intéresse le bonheur des hommes.

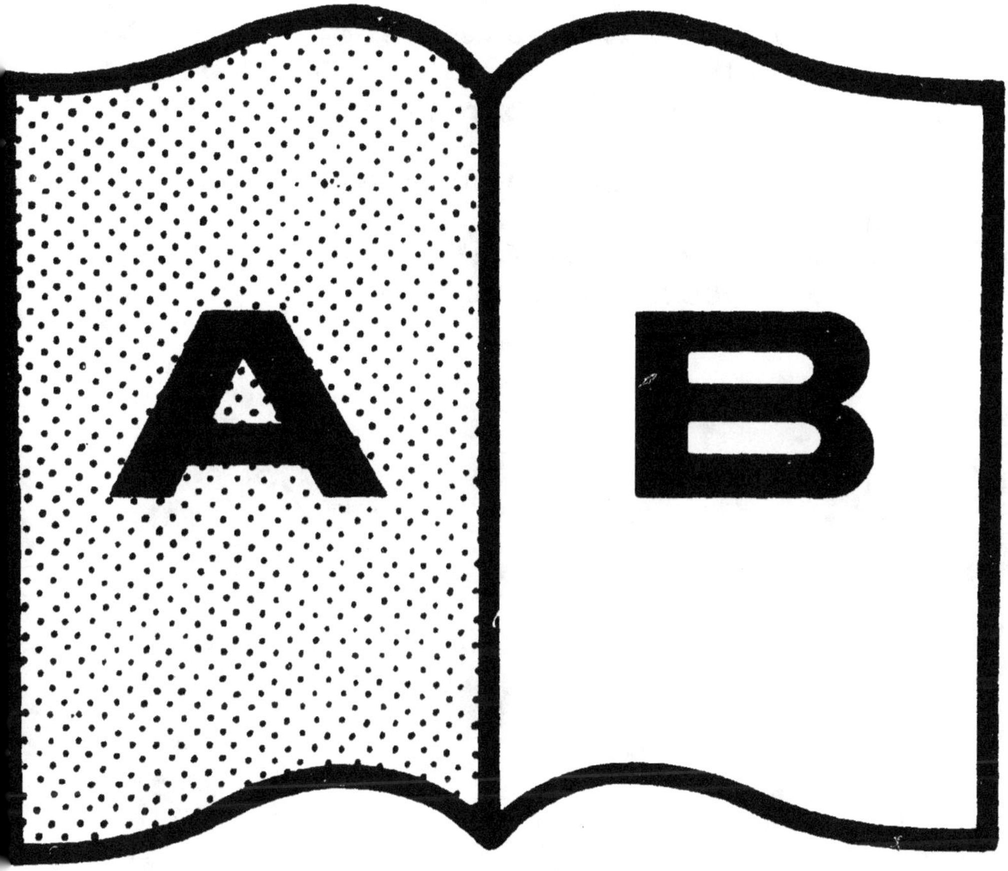
A
B

FIN DE LA TABLE.

OUVRAGE MAÇONNIQUE DU MÊME AUTEUR.

HERMÈS

OU

ARCHIVES MAÇONNIQUES.

2 VOL. IN-8°. (1818—1819).

Cet ouvrage, rempli de matériaux propres à l'histoire de la Francmaçonnerie dans ces temps modernes, retrace ce qu'était l'Ordre en France et à l'étranger pendant quelques années de la *restauration,* et représente au Maçon studieux des morceaux pleins d'intérêt, qui rendent ce recueil indispensable dans une bibliothèque maçonnique.

On y remarque surtout :

1° Des recherches savantes sur les mystères anciens, sur les cultes mythologiques, sur les chevaliers du Temple, sur les *Francs-régénérés*, et sur certains schismes maçonniques ;

2° Des explications ingénieuses sur les trois premiers grades, et sur les PORTES SYMBOLIQUES DU TEMPLE ;

3° Une dissertation profonde sur le SCIENCE ou la THÉOLOGIE DES NOMBRES. (Voir le grade d'ECOSSAIS du Cours philosophique) ;

4° Des réflexions philosophiques sur les JOURS DE REPOS ;

5° Un examen critique sur les tentatives de RÉFORMATION *de la Francmaçonnerie dans le royaume des Pays-Bas*, en 1818 ;

6° Des discours instructifs et des anecdotes maçonniques curieuses.

Le prix de cet ouvrage, dont il ne reste qu'un petit nombre d'exemplaires, primitivement du prix de 15 *fr., se trouve réduit à* 7 *fr., pris à Paris.*

S'adresser, par lettre affranchie, au F.·. RENARD, libraire, rue Sainte-Anne, n° 71.

Et au F.·. Berlandier, libraire, rue Chilpéric, 4.

Trinosophes (Loge, chapitre et conseil des), à Paris.
Turquan, ancien notaire, à La Ferté-Sous-Jouarre.

Val d'Amour (Loge chapitrale du), à Dôle.
Vallat, à Alger.
Vautier, à Paris.
Vrigny, propriétaire, à Igny, près Paris.

Wentz (Henri), avocat, à Paris.
Wentz de Lacretelle, propriétaire, à Paris.
Wickham, bandagiste herniaire, breveté, à Paris.

TABLE

DES MATIERES.

pages.

tant particulier du Grand-Maître en France.
Boucaut, négociant, à Mézin.
Bouttemard, homme de lettres, à Paris.
Bouttevillain (L.-F.), mécanicien, à Paris.
Brault (Charles), commissonnaire, à Paris.

Cary, aîné, à Boulogne-sur-Mer.
Cas, aîné, à Mézin.
Chabrillan, (comte de), chef d'escadron, à Paris.
Charpagne, restaurateur, à Montereau.
Chassaigne, docteur médecin, à Paris.
Chassaignes (J.-M.-X.), de Porto-Rico
Chaumier (Siméon), homme de lettres, à Paris.
Chevassus (Léonor), à Lyon.
Clavel (Bégue), homme de lettres, à Paris.
Clavière (J. B.), ingénieur civil, à Paris.
Clément, propriétaire, à Paris.
Courcier, propriétaire, près Montereau.
Cuny, aîné, à Boulogne-sur-Mer.

Dearne (Ch.), à Londres.
Decourcelle, inspecteur des postes, à Paris.
Desgranges, homme de lettres, à Paris.
Deguernel, employé des postes, à Paris.
Dessaux, avocat à la Cour royale, à Rouen.
Déval, propriétaire, à Lorient.
Deville (Eélix), directeur des assurances sur la vie, à Paris.
Don (Thomas), ingénieur civil, à Londres.
Donnadieu, lieutenant de gendarmerie, à Rhodez.
Duchesne, aîné, à Paris.
Dubaut, capitaine en retraite, à Saumur.
Durand, propriétaire, à Rouen.
Durbec, propriétaire, à Toulon.
Duroc, pharmacien en retraite, à Toulon.
Dussard, homme de lettres, à Paris.
Durand, chef d'institution, à Asnières.

Emerique, à Alger.
Etoile de la Gironde (Loge de l'), à Bordeaux.

Fleutiaux, négociant en vins, à Paris.
Foissac, docteur médecin, à Paris.
Fougues, officier comptable, à Bône.

Galleu, à Alger.
Gareau de Loubresse, à Alger.
Genisson fils, commissaire-priseur, à Provins.
Giraudeau de St-Gervais, docteur médecin, à Paris.
Grangoir, propriétaire, à Paris.
Grat, jeune, propriétaire, à Lyon.
Guereau (Antoine), propriétaire, à Reims.
Guilhery (J.-C), propriétaire, à Paris.

Hardy (University - College), à Londres.
Haussard (Alexis), à Paris.
Hecquet, directeur de l'établissement des nourrices, à Paris.
Hinkelbein, officier retraité, à Pontrieux.
Hinoult (Prosper), avocat, à Paris.
Hitard, fils, chef d'institution, à Toulon.
Huvier (Pierre), homme de loi, à Paris.

Ingé, (P.-N.), mécanicien, à Paris.
I***, à Paris.

Janssens, marchand de drap, à Paris.
Jérusalem écossaise (Loge de), à Paris.
Jobert, vénérable de la Loge de Bélisaire, à Alger.
Juge, juge de paix, rédacteur en chef du *Globe*, à Paris.
Jawinski, employé au cadastre, à Corbeil.

La Basse Moûturie (chevalier de), propriétaire, à Lille.
Labbé, propriétaire, à Paris.
Lalouel, professeur, à Londres.
Lejeune (J.), négociant en vins, à Paris.
Lenoble (Victor), notaire, à Versailles.
Leyladie, négociant, à Angers.
Longepied, chef d'institution, à Belleville.
Lowental, propriétaire, à Paris.
Luczot, propriétaire, à Lorient.

Magnien (C.-F.), propriétaire, à Paris.
Mallien (A.-J.), à Jory-sur-Seine.
Marast, à Alger.
Martin (J.-B.), employé, à Paris.
Martin-Martignon (Joseph), à Château-Renard.
Mazian, à Alger
Mége, docteur médecin, à Paris.
Mendousse (Joseph), propriétaire, à Mézin.
Miller (Charles), gérant des fortifications militaires, à Bône.
Moisson, vénérable de la Loge Mars et les Arts, à Paris.
Moitié (F.-L.) architecte, à Paris.
Monnier (Gédéon-David), émailleur, à Paris.
Monsanto (C.-M.), à Mayaguès (Porto-Rico).
Morand, secrétaire-général du Grand Orient de France.
Moré, négociant, à Avise.
Morison de Grand, à Paris.

Nadal, fabricant de chandelles, à Toulouse.
Neustadt (Daniel), rentier, à Paris.

Pagnotte, à Lorient.
Perin de Joinville, docteur médecin, à Paris.
Persévérance couronnée (Loge de la), à Rouen.
Picory (H.-P.), à Paris.
Poulet, rentier, à Paris.
Progrès maçonnique (Loge du), à Belleville.

Raffaneau de la Blc lterie, à Paris.
Ragon (Ad.), professeur, University-Collége, à Londres.
Renard, libraire, à Paris.
Réunion (Loge chap. et consist. de la), à Toulon.
Richardson, propriétaire, à la Villette.
Rognon, propriétaire, à Paris.
Ronsin, idem.
Rougé, T.·. S.·. du ch.·. de Bélisaire, à Alger.
Russel (S.-C.), à Mayaguès (Porto-Rico.)

St-Joseph des Arts (Loge de), à Toulouse.
Savary (Edouard), aux Batignoles.
Sévenet (Séb.), à Bray-sur-Seine.
Sincérité (Loge de la), à Reims.
Siroux (Pierre), à Paris.
Strakerjan, Fr, propriétaire, à Bordeaux.

Tardieu, à Paris.
Terqueau, à Alger.
Thérouanne, avocat, à Paris.
Timmermans, à Paris.
Tombé, à Paris.
Tordo, colonel, à Alger.

29e. ECOSSAIS DE SAINT-ANDRÉ : à l'antique Maçonnerie écossaise.

30e. CHEVALIER GRAND ÉLU KADOSCH : au but même de la Maçonnerie dans tous ses dégrés (1).

31e. INQUISITEUR, INSPECTEUR, COMMANDEUR : à la haute justice de l'Ordre

32e. SOUVERAIN PRINCE DU ROYAL SECRET : au commandement militaire de l'Ordre.

33e. GRAND INSPECTEUR GÉNÉRAL : à l'administration suprême du rite écossais (2).

(1) Ce grade est le seul dans lequel la haute Maçonnerie, dite *philosophique*, soit réellement digne de son objet, et le seul que puisse ambitionner un Maçon éclairé.

(2) Ce grade et les deux précédents paraissent n'avoir pour objet que de compléter le nombre de 33 ; ils n'ont rien de l'ancienne initiation, et ne semblent être que des commémorations templières. C'est ainsi que dans l'illuminisme de Weishaupt, l'*Aréopagite*, qui forme le dernier grade, n'appartient qu'aux chefs suprêmes de l'administration, et ne sert qu'à former le conseil général de l'Ordre.

Le *nec plus ultrà* se trouve reproduit dans le *trente-troisième* degré, comme étant le dernier de la série écossaise; mais il n'appartient pas moins au grade de chevalier Kadosch, comme terminant l'échelle initiatique, et l'on en trouve la preuve dans des cahiers particuliers où le classement des 33 degrés est fait ainsi :

1 Apprenti,	12 Maître anglais,	23 Chev.·. d'Orient,
2 Compagnon,	13 Maître irlandais,	24 Chev.·. du Soleil,
3 Maître,	14 Petit architecte,	25 Subl.·. écossais,
4 Maître parfait,	15 Grand architecte,	26 Chev.·. d'Occ.·.,
5 Prévôt et Juge,	16 App.·. écossais,	27 Royal Arche,
6 Maître en Israël,	17 Comp.·. écossais,	28 Ecoss.·. de S. And.·.,
7 Elu des Neuf,	18 Maître écossais,	29 Prince de Jérusal.·.,
8 Élu illustre,	19 Elu parfait,	30 Command.·. du T.·.,
9 Chevalier du T.·.,	20 Elu suprême,	31 Chev.·. du gd Aigle,
10 Elu de l'Inconnu,	21 Chev.·. victorieux,	32 R.·. C.·. d'Héréd.·.,
11 Elu des Quinze,	22 Chev.·. de l'aigle,	33 Chev.·. Kadosch.

LISTE

DES SOUSCRIPTEURS

AU

COURS PHILOSOPHIQUE.

LE GRAND ORIENT DE FRANCE.

Acollas (P.-H), ingénieur civil, à Paris.
Aimé (Ed.), à Londres.
Alexander, ingénieur mécanicien, à Paris.
Amis de la paix (Loge des), à Angoulême.
Anglaise (Loge), à Bordeaux.
Anquetil (J.-P.), homme de lettres, à Paris.
Anselme, huissier, à Paris.
Arbout (Jules), négociant, à Lille.
Aubagne-Jourdan, à Aubagne.
Avich (J.-Isidore), à Bourg.

Baer, libraire, à Francfort-sur-Main.
Bailleul (Antoine), propriétaire, à Moulignon.
Barré (E.-F.), à Paris.
Barthès (de), officier comptable, à Bône.
Baudouin, imprimeur, à Paris.
Belzac, entrepreneur des ponts et chaussées, à Versailles.
Bemet, rentier, à Paris.
Bernaux (F.-A.-V.), ancien agréé, à Paris.
Berlandier, libraire, à Paris.
Berthès (S.-A.), négoc., à Porto-Rico.
Bezinge (J.-A.), chef de bureau, aux Batignoles.
Blondin, avoué et maire, à S.-Dié.
Bonnein (Louis), vénérable des amis de la Paix, à Angoulême.
Bonnin, notaire, à Jouy, près Versailles.
Bonvalet, négociant, à Paris.
Bouilly, homme de lettres, Repré-

www.ingramcontent.com/pod-product-compliance
Lightning Source LLC
Chambersburg PA
CBHW072004270326
41928CB00009B/1544
* 9 7 8 2 0 1 2 5 3 4 2 9 2 *